COMENTÁRIOS À LEI DE INTRODUÇÃO ÀS NORMAS DO DIREITO BRASILEIRO – LINDB

SOBRE OS AUTORES

André de Carvalho Ramos é Doutor e Livre-docente em Direito Internacional pela Universidade de São Paulo (USP) e docente universitário há 25 anos. É Professor Associado da Faculdade de Direito USP (Largo São Francisco) na graduação e na pós-graduação, além de ter sido aprovado por unanimidade em seu concurso público de ingresso, obtendo todos os votos dos cinco componentes da Banca. É Professor Titular de Mestrado e Doutorado da Faculdade Autônoma de Direito (FADISP). É Procurador Regional da República. Foi o primeiro Secretário de Direitos Humanos e Defesa Coletiva da Procuradoria-Geral da República (2017-2019); e o primeiro Coordenador Nacional do Grupo Executivo da Função Eleitoral (GENAFE) do Ministério Público Federal. Foi Procurador Regional Eleitoral do Estado de São Paulo (2012-2016), entre outras funções exercidas. É Coordenador Nacional do Grupo de Trabalho Migração e Refúgio da Procuradoria Federal dos Direitos do Cidadão (2020-2022). Foi aprovado em concursos públicos para os cargos de Procurador da República (1º lugar nacional em todas as provas – preambular, escrita e oral – e 2º lugar nacional após o cômputo dos títulos), Juiz Federal substituto (4ª Região, 1º lugar) e, ainda, Procurador do Estado (Paraná, 1º lugar). É autor de diversas obras jurídicas de Direito Internacional Privado, Público e de Direitos Humanos.

Erik Frederico Gramstrup é Doutor e Mestre em Direito das Relações Sociais pela Pontifícia Universidade Católica de São Paulo (PUC-SP). É Juiz Federal na 3ª Região (SP-MS), cargo para o qual foi aprovado em 1º lugar em seu concurso público de ingresso. Foi Procurador do Estado de São Paulo. É Professor da PUC-SP, na cadeira de Direito Civil. Também foi aprovado no concurso para o cargo de Procurador da Fazenda Nacional. Foi Diretor, Vice-presidente e Presidente da Associação dos Juízes Federais da 3ª Região (AJUFESP). Foi Juiz auxiliar da Corregedoria Regional da Justiça Federal da 3ª Região e Professor da Faculdade de Direito de Osasco (FIEO), da Universidade São Judas Tadeu e da Faculdade Autônoma de Direito (FADISP).

Av. Paulista, 901, Edifício CYK, 3º andar
Bela Vista – SP – CEP 01310-100

SAC | sac.sets@saraivaeducacao.com.br

Diretoria executiva	Flávia Alves Bravin
Diretoria editorial	Ana Paula Santos Matos
Gerência editorial e de projetos	Fernando Penteado
Novos projetos	Dalila Costa de Oliveira
Gerência editorial	Isabella Sánchez de Souza
Edição	Aline Darcy Flôr de Souza
Produção editorial	Daniele Debora de Souza (coord.) Daniela Nogueira Secondo
Arte e digital	Mônica Landi (coord.) Camilla Felix Cianelli Chaves Claudirene de Moura Santos Silva Deborah Mattos Guilherme H. M. Salvador Tiago Dela Rosa
Projetos e serviços editoriais	Daniela Maria Chaves Carvalho Kelli Priscila Pinto Marília Cordeiro Nicoly Wasconcelos Razuk
Diagramação	Fabricando Ideias Design Gráfico
Revisão	Daniela Georgeto
Capa	Tiago Dela Rosa
Produção gráfica	Marli Rampim Sergio Luiz Pereira Lopes
Impressão e acabamento	

DADOS INTERNACIONAIS DE CATALOGAÇÃO NA PUBLICAÇÃO (CIP)
ELABORADO POR VAGNER RODOLFO DA SILVA - CRB-8/9410

R175c Ramos, André de Carvalho

Comentários à Lei de Introdução às Normas do Direito Brasileiro - LINDB / André de Carvalho Ramos, Erik Frederico Gramstrup. - 2. ed. - São Paulo : Saraiva Educação, 2021

456 p.

ISBN 978-65-5559-781-3

1. Direito. 2. Normas. 3. Direito brasileiro. I. Gramstrup, Erik Frederico. II. Título.

CDD 340
2021-2082 CDU 34

Índices para catálogo sistemático:

1. Direito 340
2. Direito 34

Data de fechamento da edição: 13-7-2021

Dúvidas? Acesse www.editorasaraiva.com.br/direito

CL 607173 CAE 774131

André de Carvalho Ramos

Erik Frederico Gramstrup

COMENTÁRIOS À LEI DE INTRODUÇÃO ÀS NORMAS DO DIREITO BRASILEIRO – LINDB

Atualizada de acordo com a
Lei n. 13.655/2018 (Lei da Segurança Jurídica)

2ª edição
2021

saraiva jur

Dedicamos este livro aos nossos queridos familiares Monique, Victor, Daniel, Denise e Sílvia, por tudo.

APRESENTAÇÃO

Esta obra tem o propósito de analisar, de modo atualizado e de acordo com a jurisprudência recente, artigo por artigo da *Lei de Introdução às Normas do Direito Brasileiro* (LINDB, Lei n. 12.376/2010), anteriormente denominada "Lei de Introdução ao Código Civil" (Decreto-Lei n. 4.657/42).

A LINDB possui três partes distintas: na primeira, há os artigos referentes à Teoria Geral do Direito (arts. 1º a 6º); na segunda, há os relativos ao Direito Internacional Privado (arts. 7º a 19) e, na terceira, há os novos artigos referentes à segurança jurídica no direito público adicionados pela Lei n. 13.655/2018 ("Lei da Segurança Jurídica"; arts. 20 a 30).

Para analisar de modo aprofundado essas três partes da LINDB, a obra contou com os esforços de dois autores com experiência acadêmica e profissional em cada uma das temáticas, André de Carvalho Ramos e Erik Frederico Gramstrup, que, respectivamente, analisaram os artigos referentes ao direito internacional privado e teoria geral do direito e segurança jurídica no direito público. Assim, cada autor é o único responsável pela sua respectiva parte da obra, a saber: Erik Frederico Gramstrup, dos artigos 1º a 6º e 20 a 30; André de Carvalho Ramos, dos artigos 7º a 19.

André de Carvalho Ramos é Doutor (USP) e Livre-docente (USP) em Direito Internacional e docente universitário há vinte e cinco anos. É Professor Associado da Faculdade de Direito da Universidade de São Paulo (USP, Largo São Francisco), na graduação e na pós-graduação, além de ter sido aprovado no seu concurso público de ingresso por unanimidade, com todos os votos dos cinco componentes da Banca. É Professor Titular de Mestrado e Doutorado da Faculdade Autônoma de Direito (FADISP). É Procurador Regional da República. Foi o primeiro Secretário de Direitos Humanos e Defesa Coletiva da Procuradoria-Geral da República (2017-2019); foi o primeiro Coordenador Nacional do Grupo Executivo da Função Eleitoral (GENAFE) do Ministério Público Federal. Foi Procurador Regional Eleitoral do Estado de São Paulo (2012-2016), entre outras funções exercidas. É Coordenador Nacional do Grupo de Trabalho "Migração e Refúgio" da Procuradoria Federal dos Direitos do Cidadão. Foi aprovado nos concursos públicos para os cargos de Procurador da República (1º lugar nacional em todas as provas – preambular, escrita e oral – e 2º lugar nacional após o cômputo dos títulos), Juiz Federal substituto (4ª Região, 1º lugar) e, ainda, Procurador do Estado (Paraná, 1º lugar). É autor de diversas obras jurídicas em direito internacional privado, direito internacional público e direitos humanos.

Erik Frederico Gramstrup é Doutor e Mestre em Direito das Relações Sociais pela Pontifícia Universidade Católica de São Paulo. É Juiz Federal na 3ª Região (SP-MS), cargo para o qual foi aprovado em 1º lugar no seu concurso público de ingresso. Foi Procurador do Estado de São Paulo. É Professor da Pontifícia Universidade Católica de São Paulo, na cadeira de Direito Civil. Também foi aprovado no concurso para o cargo de Procurador da Fazenda Nacional. Foi Diretor, Vice-presidente e Presidente da Associação dos Juízes Federais da 3ª Região – AJUFESP. Foi Juiz auxiliar da Corregedoria Regional da Justiça Federal da 3ª Região e Professor da Faculdade de Direito de Osasco (FIEO), da Universidade São Judas Tadeu e da Faculdade Autônoma de Direito (FADISP).

Essa "união de saberes" dos dois autores é a característica distintiva e inédita desta obra no mercado editorial brasileiro, para que os leitores (bacharelandos e profissionais) possam contar com comentários feitos por especialistas na matéria tratada por cada um dos artigos da Lei, tratando-a com a seriedade que sua longevidade na história jurídica nacional exige.

Além dos comentários aos novos artigos da LINDB, a obra foi inteiramente revista, tendo sido agregados novas passagens e precedentes atualizados dos tribunais brasileiros.

Boa leitura!

André de Carvalho Ramos
Erik Frederico Gramstrup

SUMÁRIO

CAPÍTULO 1

CAPÍTULO 2

ANEXO

PARTE I

TEORIA GERAL DO DIREITO: COMENTÁRIO AOS ARTS. 1º A 6º DA LEI DE INTRODUÇÃO ÀS NORMAS DO DIREITO BRASILEIRO

Erik Frederico Gramstrup

CAPÍTULO 1

PROPEDÊUTICA: NATUREZA E CONTEÚDO DA LEI DE INTRODUÇÃO ÀS NORMAS DO DIREITO BRASILEIRO

1.1. PROPÓSITO E DEFINIÇÃO

A Lei de Introdução às Normas do Direito Brasileiro já foi conhecida pelo título de Lei de Introdução ao Código Civil. Sua versão precedente datava de 1916, quando da adoção do Código Civil de Beviláqua, sendo substituída em 1942 pela versão presente[1]. A Lei de Introdução, que será tratada abreviadamente como LINDB[2], contém normas de sobredireito; ou seja, em vez de visar diretamente ao comportamento das pessoas a ela sujeitas, versa sobre outras normas constantes do Ordenamento Nacional. O propósito da LINDB é o de propiciar a interpretação, a integração e a aplicação de outras leis no tempo e no espaço – e não o de reger diretamente as ações ou omissões de particulares. Outro modo de dizer o mesmo: a LINDB dirige-se àqueles que tenham a competência de aplicar outras leis, como ocorre com membros da Administração Pública, magistrados e árbitros.

Nesse sentido, Eduardo Espínola e Eduardo Espínola Filho apontam: "(...) só aplausos merece a diretriz de conferir independência a essa lei, que, entretanto, pelas ponderações expostas, nenhuma razão existe para

---

1 Em vigor em 24 de outubro de 1942, por força do Decreto-Lei n. 4.707, de 17 de setembro de 1942. Ver mais detalhes da evolução legislativa da LINDB na introdução ao tema de Direito Internacional Privado desta obra.

2 Ganhou esse nome por força da Lei n. 12.376/2010.

considerar-se uma Lei de Introdução ao Código Civil, quando é, verdadeiramente, o diploma da aplicação, no tempo e no espaço, de todas as leis brasileiras"[3].

1.2. ESTRUTURA E PARTES

Examinando-se a redação da LINDB, percebe-se que foi concebida segundo o costume de seu tempo, isto é, é uma lei enxuta, com pequeno número de dispositivos abrangendo vasta gama de assuntos relevantes. Precisamente por seu caráter econômico, o texto é contínuo e não se percebe a divisão em Títulos, a não ser, é claro, os 19 artigos que constituem sua espinha dorsal. Olhando-se mais perto, há duas claras seções não expressamente anunciadas: (a) a primeira parte (arts. 1º a 6º) cuida das fontes do direito, da vigência da lei, da interpretação dos textos legislativos e sua integração, além de estabelecer a presunção de conhecimento da lei por todos; (b) a segunda parte (arts. 7º a 19) cuida do *Direito Internacional Privado*, focando nos conflitos de lei no espaço, da aplicação da lei estrangeira e do reconhecimento de atos jurídicos praticados fora do território nacional, inclusive a sentença estrangeira[4].

1.3. OBJETO

A "lei" a que se reporta a LINDB é principalmente a lei em sentido formal, o ato aprovado pelo Poder Legislativo em conformidade ao rito constitucionalmente previsto; mas também os demais atos com força de lei. Dessa forma, por "lei", para efeitos da LINDB, pode-se entender as Medidas Provisórias editadas conforme os requisitos constitucionais; as leis delegadas; as leis complementares; as leis ordinárias; as leis estrangeiras e até mesmo os tratados internacionais. Quanto a estes últimos, veja-se os comentários que se farão adiante. A LINDB não se ocupa de atos de valor infralegal, como os regulamentos ou atos administrativos; também

3 ESPÍNOLA, Eduardo; ESPÍNOLA FILHO, Eduardo. *A Lei de Introdução ao Código Civil brasileiro*. Rio de Janeiro: Renovar, 1999, p. 9.

4 Esta segunda parte será objeto dos comentários de André de Carvalho Ramos.

não se ocupa da maioria dos atos jurisdicionais, a não ser de modo reflexo e feita exceção à menção que faz ao divórcio concedido no estrangeiro.

1.4. RELAÇÕES SISTEMÁTICAS

Parte das matérias tratadas pela LINDB acabaram por ser absorvidas, ou pelo menos por sofrer a incidência concorrente de outros Diplomas. Dois casos notórios devem ser lembrados. O primeiro deles: as sucessivas Constituições ocuparam-se da sucessão de bens de estrangeiro no Brasil, a partir de 1934[5]. Assim, essa matéria passou a ser disciplinada diretamente pelo texto constitucional, como hoje ocorre no art. 5º, XXXI, da Constituição de 1988[6]. Essa mesma Constituição determina, por outra parte, que a elaboração e a modificação de leis devem ser objeto de lei complementar[7]. Tal é o mister da LC n. 95/98, que, portanto, também veicula normas de sobredireito, concorrendo, pois, com a LINDB.

Um caso à parte é o projeto de Estatuto das Famílias, que tem a pretensão de reger não apenas as relações familiares propriamente ditas, mas igualmente os aspectos processuais, registrários e de direito internacional privado correspectivos. Daí a proposta de seu art. 7º, que elege o domicílio da "entidade familiar" como elemento de conexão aplicável, proibindo, porém, a aplicação da lei estrangeira em caso de violação dos "princípios fundamentais" do direito das famílias brasileiro[8]. Entendemos ser bastante inconveniente a reunião de tópicos tão díspares em um único Estatuto,

---

5 Dispôs a Constituição de 1934: "Art. 134. A vocação para suceder em bens de estrangeiros existente no Brasil será regulada pela lei nacional em benefício do cônjuge brasileiro e dos seus filhos, sempre que não lhes seja mais favorável o estatuto do *de cujus*". Ver mais no comentário ao art. 10 da LINDB.

6 Art. 5º, XXXI – "a sucessão de bens de estrangeiros situados no País será regulada pela lei brasileira em benefício do cônjuge ou dos filhos brasileiros, sempre que não lhes seja mais favorável a lei pessoal do *de cujus*". Ver mais no comentário ao art. 10 da LINDB.

7 Art. 59, parágrafo único, da CF/88: "Lei complementar disporá sobre a elaboração, redação, alteração e consolidação das leis".

8 PL n. 674/2007, art. 7º: "A lei do país em que tiver domicílio a entidade familiar determina as regras dos direitos das famílias. Parágrafo único. Não se aplica a lei estrangeira se esta contrariar os princípios fundamentais do direito brasileiro das famílias".

mas se vingar, sem dúvida, mais uma matéria será subtraída da LINDB, com perda para sua unidade sistemática[9]; sem nenhuma vantagem, inclusive quanto ao parâmetro adotado, porque o projeto nada explica sobre a lei aplicável caso os sujeitos integrantes da entidade familiar tenham domicílios diversos.

1.5. COMPARAÇÃO COM OUTRAS TRADIÇÕES

A técnica seguida pelo legislador pátrio não segue o padrão de outras nações. Estados há em que as normas de sobredireito aparecem, por força da tradição, no próprio texto dos Códigos Civis. Um exemplo conhecido é Portugal, cujo Código Civil cuida da aplicação de outras normas em seu Livro I, Título I[10]. Outro exemplo a ser lembrado é a França, cujo Código Civil conta com um Título Preliminar com a matéria que nos interessa[11]. A Argentina adotou recentemente nova codificação[12], que conta com um Título I *de las leyes*[13]. Saiu-se melhor o legislador brasileiro ao afetar as normas de sobredireito a um Diploma destacado. Afinal, dirigem-se a outras normas de modo geral – embora muitos de seus dispositivos estejam claramente relacionados com a ordem de organização das matérias de Direito Privado.

---

9 Sobre o regramento das relações familiares na LINDB, ver comentário ao art. 7° a seguir.

10 Bastante extensamente, por sinal, nos arts. 1° a 65.

11 Arts. 1° a 6°.

12 Promulgada em 8 de outubro de 2014, em substituição ao Código que vigorara em 1871.

13 Arts. 1° a 22.

CAPÍTULO 2

COMENTÁRIOS AOS ARTIGOS DE TEORIA GERAL DO DIREITO DA LINDB

Art. 1º Salvo disposição contrária, a lei começa a vigorar em todo o país quarenta e cinco dias depois de oficialmente publicada.

§ 1º Nos Estados, estrangeiros, a obrigatoriedade da lei brasileira, quando admitida, se inicia três meses depois de oficialmente publicada. (*Vide Lei n. 2.807, de 1956*)

§ 2º (*Revogado pela Lei n. 12.036, de 2009*).

§ 3º Se, antes de entrar a lei em vigor, ocorrer nova publicação de seu texto, destinada a correção, o prazo deste artigo e dos parágrafos anteriores começará a correr da nova publicação.

§ 4º As correções a texto de lei já em vigor consideram-se lei nova.

1. VIGÊNCIA SINCRÔNICA E VIGÊNCIA DIACRÔNICA

1.1. SINCRONIA *VS.* DIACRONIA

O art. 1º, *caput*, da LINDB, assume o que é chamado de princípio da vigência sincrônica. A lei começa a viger em todo o território nacional simultaneamente, dentro de um certo intervalo (quarenta e cinco dias) contado da sua publicação. Em relação ao território estrangeiro, há diacronia, pois o início da vigência sucede em tempo diferente, três meses depois de oficialmente publicada a lei no Brasil. Não queremos ser mal-entendidos: em cada âmbito (vigência interna e vigência externa) considerado em si mesmo, há sincronia. Somente comparando-se um com o outro é que se pode falar em diacronia.

Nem sempre foi assim. A antiga "Introdução ao Código Civil" de 1916 adotava prazos diferentes para a "obrigatoriedade" da lei: três dias depois de oficialmente publicada, no Distrito Federal; quinze dias depois, no Estado do Rio de Janeiro; trinta dias, nos Estados marítimos e no Estado de Minas Gerais; e cem dias nos demais[1]. Portanto a diacronia, vigência em momentos diversos conforme o território, já foi a regra mesmo no âmbito interno. Essa diferença deve-se às dificuldades de comunicação no território brasileiro. Repare-se que, nos Estados "marítimos", a vigência era mais precoce do que nos Estados sem essa via de transporte e comunicação porque, por muito tempo, foi mais fácil transitar assim do que pelos precários caminhos que ligavam o interior do País.

Hoje essas discriminações não se justificam mais.

1.2. CIRCULAÇÃO DO ÓRGÃO OFICIAL

Já houve caso, porém, de a vigência da lei tributária ser contestada por conta de circulação restrita do *Diário Oficial*. A circulação em horário tardio – ou sem revenda comercial – não foi considerada, pelo Superior Tribunal de Justiça, motivo para que a lei deixasse de viger no dia em que publicada (com reflexos para a anterioridade tributária)[2]. Mas a ausência de circulação (publicando-se o *Diário Oficial* com data retroativa) já foi tida como fundamento para que se negasse vigência à lei no dia em que pretendida pelo Poder Executivo, também com reflexos tributários[3].

---

1 Art. 2º da Introdução ao Código Civil de 1916.

2 A referência é à Lei n. 8.383/91, que instituiu a UFIR como indexador de tributos. Conforme o julgado: "Como o *Diário Oficial da União* de 31.12.91 começou a circular no mesmo dia, a partir das vinte horas e quarenta e cinco minutos, a Lei n. 8.383/91 entrou em vigor a partir do 1º de janeiro de 1992, pois o que determina a vigência da lei, neste caso, é exclusivamente a data de sua publicação. Precedentes" (EDcl no REsp 204.133/RJ, Rel. Min. Castro Meira, Segunda Turma, *DJ* 19-12-2005).

3 "O princípio constitucional da anterioridade consagra que nenhum tributo pode ser cobrado no mesmo exercício financeiro que o instituiu ou que o aumentou. Norma jurídica publicada no *Diário Oficial* do último dia do ano, sem que tenha ocorrido a sua efetiva circulação, não satisfaz o requisito da publicidade, indispensável à vigência e eficácia dos atos normativos" (STJ, AgRg no Ag 967.969/SP, Rel. Min. José Delgado, Primeira Turma, julgado em 8-4-2008, *DJe* 24-4-2008). Aqui, a questão também era

O intérprete não deve se espantar com o fato de que se preveja vigência da lei no estrangeiro; afinal, por reciprocidade, Estados estrangeiros podem aplicar a lei brasileira. Além disso, há órgãos brasileiros que funcionam no território de outras nações e que podem dar cumprimento à lei pátria, dentro do âmbito de suas atribuições.

Os prazos para vigência interna e externa das leis são contados, no primeiro caso, em dias e, no segundo, em meses. Isso resulta em diferentes regras de contagem, o que será objeto de comentários adiante. Estatuir o intervalo de três meses não é o mesmo que o de 90 dias.

2. INÍCIO DA VIGÊNCIA DA LEI

2.1. TERMO INICIAL

O art. 1º da LINDB está relacionado com a vigência da lei. Vigência é um conceito correspectivo ao tempo e ao espaço. Uma lei vige em certo território e por um intervalo de tempo. O artigo ocupa-se do momento em que a lei começa a viger, com seu termo inicial de vigência.

Como as leis, para que seja possível sua observância, devem ser conhecidas por seus destinatários, é inevitável que o início da vigência esteja ligado à publicação, ao ato oficial que lhes dá ciência presumida a todos.

2.2. TERMO PADRONIZADO E NÃO PADRONIZADO

O dispositivo distingue três situações: o início da vigência, contada da publicação em um prazo padronizado; o início da vigência em prazo diverso do padrão; e o início da vigência em território estrangeiro, quando lá for aplicável a lei brasileira.

No território nacional, a lei inicia sua vigência 45 dias após a sua publicação. Esse intervalo é conhecido pelo nome de *vacatio legis* (ou vacância) e tem por objetivo permitir a adaptação dos súditos à lei. É a regra, mas não uma regra absoluta, pois a própria lei cuja vigência está por se

---

tributária, porque ganhou maior dimensão nessa seara: tratava-se da instituição de teto para compensação de prejuízos/resultados negativos, em matéria de imposto de renda e contribuição social sobre o lucro líquido.

iniciar pode dispor de modo diferente; pode estabelecer um prazo inferior ou superior a 45 dias, como também eliminar qualquer *vacatio legis*, estipulando que sua vigência se dará de imediato.

Essa solução não é desejável, recomendando a Lei Complementar n. 95 que toda lei seja editada com *vacatio legis* proporcional e razoável[4]. Sempre que houvesse uma modificação significativa no mundo jurídico, deveria haver um prazo de adaptação compatível com a substância e a intensidade daquela alteração. No entanto, a própria LC n. 95 estipula que não se pode negar obediência à lei sob o pretexto de desobediência às suas prescrições[5].

A isso se alia a vocação autoritária do Estado Brasileiro. Convictos de que detêm o monopólio da razão e normalmente guiados por conveniências de momento, os governantes e legisladores brasileiros querem que suas leis tenham vigor imediato, sem nenhuma consideração para com as necessidades dos que precisam com elas se acomodar. Essa inclinação pelo governante e legislador taumaturgos é hábito odioso de longa data, que remonta aos tempos da monarquia absoluta. Nenhum governo republicano emendou esse costume vicioso. Em que pese toda essa tradição pouco honrosa, entendemos que a adoção de inovações jurídicas significativas sem a intermediação de um intervalo adequado implica inconstitucionalidade, por violação dos princípios da razoabilidade e proporcionalidade, e, portanto, em desrespeito ao devido processo legal em sentido material. Em sentido contrário, porém, já se decidiu que a razoabilidade da *vacatio legis* supõe um juízo de conveniência política do legislador ordinário (até mesmo com reflexos criminais!), orientação com a qual de modo algum podemos concordar[6].

---

4 Art. 8º, LC n. 95/98: "A vigência da lei será indicada de forma expressa e de modo a contemplar prazo razoável para que dela se tenha amplo conhecimento, reservada a cláusula 'entra em vigor na data de sua publicação' para as leis de pequena repercussão".

5 Art. 18, LC n. 95/98: "Eventual inexatidão formal de norma elaborada mediante processo legislativo regular não constitui escusa válida para o seu descumprimento".

6 "A definição da data inicial de vigência de Lei insere-se no âmbito do juízo de conveniência política própria da atividade legislativa de modo que, tendo a Lei n.

O art. 1º, § 1º, ainda se refere ao início da vigência da lei no território estrangeiro. Em outras disposições, a LINDB cuida da aplicação da lei estrangeira no Brasil, mas não é disso que se trata aqui, e sim da situação simetricamente oposta: a vigência da lei brasileira para efeito de aplicação por Estado estrangeiro, nas hipóteses em que isso for admitido pela norma de conflitos. Para esse fim, a lei brasileira considera-se, em regra, vigente três meses depois de oficialmente publicada. O prazo é superior ao da vigência interna, porque se supõe que o conhecimento da lei brasileira pode tardar um pouco mais no estrangeiro, demandando uma *vacatio legis* maior. Mas lembremos que se trata apenas da regra: a própria lei cuja vigência está por se iniciar poderia dispor em sentido contrário, embora de tal hipótese não haja exemplos práticos.

3. INÍCIO DA VIGÊNCIA E LEIS PROCESSUAIS

Conforme o disposto no art. 2º do Código de Processo Penal: "A lei processual penal aplicar-se-á desde logo, sem prejuízo da validade dos atos realizados sob a vigência da lei anterior". O Código de Processo Civil de 2015 dispõe em sentido quase idêntico: "Art. 14. A norma processual não retroagirá e será aplicável imediatamente aos processos em curso, respeitados os atos processuais praticados e as situações jurídicas consolidadas sob a vigência da norma revogada".

4. INÍCIO DA VIGÊNCIA DAS LEIS TRIBUTÁRIAS E ORÇAMENTÁRIAS

4.1. LEIS TRIBUTÁRIAS

As leis instituidoras ou majoradoras de tributos sujeitam-se ao princípio constitucional da anterioridade, tanto a geral quanto a nonagesimal. O gravame novo ou exacerbado não pode ser cobrado no exercício em que publicadas as leis respectivas, nem antes de noventa dias contados dessa

---

11.464/07 previsto em seu próprio a vigência imediata, não cabe ao Poder Judiciário em uma situação concreta concluir em sentido diverso" (AgRg no HC 221.784/SP, Rel. Min. Jorge Mussi, Quinta Turma, julgado em 6-2-2014, *DJe* 20-2-2014).

publicação[7]. Então, poderia se dizer que a vigência dessas leis não segue o disposto na LINDB; entretanto, o problema reclama a distinção entre vigência e eficácia da lei. A lei tributária pode até viger na data de sua publicação, mas seus efeitos ficam procrastinados em razão da anterioridade.

Em relação às contribuições sociais securitárias, a anterioridade é tão somente nonagesimal: não podem ser exigidas antes de 90 dias da lei instituidora[8].

4.2. LEIS ORÇAMENTÁRIAS. ESPÉCIES

Já as leis orçamentárias[9] são desenhadas para atender à sua periodicidade própria: a lei do orçamento anual e a lei de diretrizes orçamentárias vigem nos respectivos exercícios financeiros; assim como a lei do plano plurianual vige por quatro exercícios. Sem prejuízo disso, a lei orçamentária anual pode produzir efeitos posteriormente ao fim de sua vigência, como demonstra a previsão de "restos a pagar". *Vide*, a seguir, a distinção entre vigência e eficácia.

5. VIGÊNCIA DOS ATOS ADMINISTRATIVOS

5.1. ATOS E REGULAMENTOS

Os atos administrativos não são cuidados pela LINDB. Longa tradição de nosso Direito é no sentido de que tenham vigência imediata, mesmo

---

7 Art. 150 da Constituição Federal: "Art. 150. Sem prejuízo de outras garantias asseguradas ao contribuinte, é vedado à União, aos Estados, ao Distrito Federal e aos Municípios: (...) *b)* no mesmo exercício financeiro em que haja sido publicada a lei que os instituiu ou aumentou; *c)* antes de decorridos noventa dias da data em que haja sido publicada a lei que os instituiu ou aumentou, observado o disposto na alínea *b*".

8 Art. 195 da Constituição Federal: "A seguridade social será financiada por toda a sociedade, de forma direta e indireta, nos termos da lei, mediante recursos provenientes dos orçamentos da União, dos Estados, do Distrito Federal e dos Municípios, e das seguintes contribuições sociais: (...) § 6º As contribuições sociais de que trata este artigo só poderão ser exigidas após decorridos noventa dias da data da publicação da lei que as houver instituído ou modificado, não se lhes aplicando o disposto no art. 150, III, *b*".

9 Art. 165 da Constituição Federal.

porque não têm o condão de inovar na ordem jurídica. Quando tais atos são de natureza regulamentar e destinados a produzir efeitos externos, devem ser publicados integralmente e pelo modo cabível para as leis, tornando-se obrigatórios com essa publicação[10].

6. EXISTÊNCIA, VALIDADE, VIGÊNCIA E EFICÁCIA

6.1. EXISTÊNCIA DA LEI

Até aqui, fez-se a exegese literal do dispositivo em comento. É preciso agora cuidar das noções por ele pressupostas. Tais são: a existência, a validade e a eficácia, planos em que todo fato jurídico pode ser desdobrado e analisado. Também será necessário estabelecer o liame entre aqueles três conceitos e a vigência.

A lei **existe** quando reúne os elementos mínimos essenciais, que correspondem ao processo legislativo constitucional. Uma lei é reconhecível como tal se passou pelas etapas do processo necessário. Resumidamente, podem assim ser descritas: a) Iniciativa: a Constituição Federal indica os legitimados para a proposta legislativa nos três Poderes e ainda a iniciativa popular[11]; b) Discussão e Deliberação: uma e outra devem ser realizadas de acordo com os Regimentos das Casas Legislativas e com a Constituição; c) Promulgação: ato do Poder Executivo que reconhece e manda obedecer

---

10 É a lição de Hely Lopes Meireles, *Direito administrativo brasileiro*. São Paulo: RT, 1988, p. 140.

11 Arts. 14, III, 27, § 3º e 61, § 2º: iniciativa popular; art. 27, § 2º: iniciativa de lei estadual para fixar subsídio de Deputados Estaduais; art. 28, § 2º: iniciativa da lei que fixa o subsídio de Governador; art. 29, V: iniciativa da lei que fixa o subsídio de Prefeito e outros agentes; art. 29, XIII: iniciativa popular de lei municipal; art. 37, X: iniciativa de lei que fixa a remuneração de servidores públicos; art. 37, § 15: iniciativa de lei que trata do regime de previdência complementar dos servidores; art. 51, IV: iniciativa da lei que trata do funcionamento da Câmara dos Deputados; art. 52, XIII: idem, para o Senado; art. 61: iniciativa, em geral, das leis ordinárias e complementares; art. 61, § 1º: iniciativa privativa do Presidente da República; art. 93: iniciativa para o Estatuto da Magistratura; art. 125, § 1º: iniciativa da lei de organização judiciária estadual; art. 128, § 5º: iniciativa da lei complementar de organização do Ministério Público; art. 165: iniciativa da lei orçamentária; art. 8º, § 3º, ADCT: iniciativa de lei para reparação econômica de anistiado.

ao ato como lei. Promulgar é atestar a existência formal da lei; d) Sanção: ato pelo qual o Poder Executivo manifesta sua concordância com o que foi deliberado e aprovado, sendo seu correspectivo contrário o veto, pelo qual a discordância é manifestada, seja por razões de oportunidade, seja por inconstitucionalidade. Se a proposta percorreu as etapas constitucionais, pode-se dizer que a lei *existe*: apresenta-se no plano da existência. Mas isso ainda não é suficiente para *viger*, pois, como vimos, a vigência ainda dependerá da publicação; portanto não se confundem a existência e a vigência. Para viger, a lei ainda terá de ser conhecida por todos.

Já houve entre nós situação prática que ilustra a distinção. Determinado texto foi publicado no órgão oficial da União, mas não correspondia ao autógrafo (o original) oriundo do Congresso. Pouco depois, a publicação foi retificada. Então pôs-se a discussão: essa retificação corresponde a uma lei nova ou não? Partindo-se da distinção entre existência e vigência, pode-se responder: o texto publicado jamais foi uma lei, nunca existiu como tal. Portanto a "retificação" correspondia, na verdade, à publicação original do texto autógrafo oriundo do Congresso. O caso comentado envolvia anistia penal em crime de omissão de recolhimento de contribuição previdenciária. No dia seguinte à publicação da suposta anistia, porém, a lei foi republicada com indicação de incorreção. Esse exemplo mostra o seguinte: uma lei pode existir, sem viger; mas o contrário não é verdadeiro. Não há vigência de texto que jamais existiu como lei. A retificação em causa era da publicação, mas não da lei. À lei inexistente o aplicador pode recusar qualquer efeito jurídico, descabendo falar em modulação, como ocorreria com uma lei inválida por inconstitucionalidade[12]. Em caso mais antigo, o mesmo fenômeno ocorreu de forma surpreendente: o texto publicado não refletia o veto aposto pelo Presidente da República; nem por isso o veto pode existir como sanção[13].

---

12 Ou, como afirmou o Supremo Tribunal Federal ao julgar o caso que tomamos como exemplo: "Simples erro material na publicação do texto não lhe confere, só por essa razão, força de lei" (HC 77.734, Rel. Min. Néri da Silveira, Tribunal Pleno, julgado em 4-11-1998, *DJ* 10-8-2000, p. 5 *Ementário* v. 1999-03, p. 525, *RTJ* 174/02, p. 552).

13 "Operante é o veto desde que lançado nos autógrafos remetidos pelo Congresso. A publicação infiel do texto não pode transformar o veto em sanção, pois a lei vale tal

6.2. VALIDADE DA LEI

Uma vez que exista, uma lei pode ser válida ou não. A validade é plano diferente do plano da existência; ela depende da compatibilidade da lei com a Constituição Federal, de sua constitucionalidade. O oposto, a inconstitucionalidade, pode ter origem na incompatibilidade entre os enunciados normativos da Constituição e da lei em questão; como também pode ter origem em vício de procedimento. No primeiro caso, a inconstitucionalidade diz-se material; no segundo, formal[14]. O leitor atento perceberá que há uma aparente superposição entre a invalidade por inconstitucionalidade formal e a inexistência, porque esta também está ligada ao procedimento. Este é o momento de refinarmos a ideia para dar-lhe contorno mais nítido. Entendemos que a lei não existe se o texto que aparenta sê-la, que se alega ser lei, é falso; ou seja, não foi o texto aprovado, sancionado e promulgado, como nos casos que comentamos, em que o texto publicado não refletia o autógrafo do Congresso Nacional. Nesses casos não há necessidade de veto, mas de retificação do texto da lei, para que se revele o ato atualmente existente. Os demais vícios do processo legislativo não prejudicam a existência, mas a validade da lei. Implicam, em outras palavras, inconstitucionalidade formal. Em tal hipótese, caberia veto por inconstitucionalidade (formal).

Para deixar ainda mais clara a separação dos planos da existência e da validade, imaginemos que um funcionário da imprensa oficial, por malícia ou humor inoportuno, publicasse no *Diário Oficial* um texto apócrifo. Como mencionado, as autoridades judiciárias podem recusar reconhecimento à lei inexistente. Mas, quanto mais patente fosse a inexistência, maior o número de legitimados a negar qualquer efeito à aparência de lei – administradores, tabeliães, registradores e até mesmo qualquer do povo. Não é assim com a inconstitucionalidade, que sempre

---

como foi emitida pelos órgãos competentes" (STF, RC 994, Rel. Min. Rocha Lagoa, Tribunal Pleno, julgado em 13-11-1953, *DJ* 23-4-1954). Entretanto, o problema, indevidamente qualificado como de "validade", era, na verdade, de "existência" do veto.

14 A rigor, pode haver também inconstitucionalidade por omissão. As espécies que mencionamos são as que interessam para o comentário e derivam de ato positivo.

terá de ser declarada pelo Judiciário no exercício do respectivo controle, seja concentrado, seja difuso[15].

A definição de lei com que trabalhamos – e que lhe permite dizer existente – é, portanto, procedimental e formal, porque é a de interesse para a análise e interpretação da LINDB. Mas é claro que se poderia tentar definir a lei em função da matéria, e não da forma. Nessa linha, poder-se-ia buscar os atributos que associamos normalmente à lei: a permanência, a generalidade, a originalidade (na introdução de novos deveres jurídicos) e a obrigatoriedade[16]. Essa seria uma definição material e funcional de lei.

6.3. EFICÁCIA DA LEI

Por fim, chamamos eficaz à lei apta para produzir qualquer efeito. Mesmo que não seja o efeito esperado pelo elaborador da lei, ou pelo titular da iniciativa. Esse conceito é relevante porque a eficácia não se confunde com a vigência. A produção de efeitos – como veremos no tempo oportuno – pode ocorrer antes mesmo da vigência (retroeficácia ou eficácia retroativa) ou após o término da vigência (ultraeficácia ou ultratividade da lei). Entendemos desejável não confundir a aptidão para algum efeito (eficácia) com a efetividade, que seria a produção dos efeitos desejados pelos que idealizaram a lei.

Diz-se que uma lei não é efetiva se não produz os resultados esperados. Se pode ter efeitos no plano jurídico, quaisquer que sejam esses efeitos, é uma lei eficaz, no sentido jurídico da expressão. Eficácia é potência, e efetividade é ato.

6.4. RELAÇÕES RECÍPROCAS. POSIÇÃO DE KELSEN

Nesse ponto, caberia a pergunta: mas a vigência está relacionada com a existência, com a validade, com a eficácia ou com nenhuma delas? Kelsen, por exemplo, associava a vigência à existência (vigência, para ele, é o

---

15 Salvo, é claro, a hipótese de veto.

16 Cf. SILVA, José Afonso da. A lei. *Interesse Público*, n. 75-87, nov./dez. 2011.

modo específico de uma norma existir). Confira-se: "Com a palavra 'vigência', designamos a existência específica de uma norma. Quando descrevemos o sentido ou o significado de um acto normativo dizemos que, com o acto em questão, uma qualquer conduta humana é preceituada, ordenada, prescrita, exigida, proibida; ou então consentida, permitida ou facultada. Se, como acima propusemos, empregarmos a palavra 'dever-ser' num sentido que abranja todas essas significações, podemos exprimir a vigência (validade) de uma norma dizendo que certa coisa deve ou não deve ser, deve ou não ser feita. Se designarmos a existência específica da norma como a sua 'vigência', damos por esta forma expressão à maneira particular pela qual a norma – diferentemente do ser dos factos naturais – nos é dada ou se nos apresenta. A 'existência' de uma norma positiva, a sua vigência, é diferente da existência do acto de vontade de que ela é o sentido objectivo. A norma pode valer (ser vigente) quando o acto de vontade de que ela constitui o sentido já não existe"[17].

A definição é atraente, mas não para nós, porque estamos tratando de problemas diferentes (existência da "lei" e não da "norma", sentido da lei) e definimos validade como conformidade com a Constituição (por isso, a validade também não pode se confundir com a vigência). Kelsen tinha diante de si dificuldades diferentes para solucionar, e atribuiu às expressões sentidos especializados. Para nós, trabalhando com definição mais restrita e apropriada a propósitos práticos, a existência não é condição suficiente da vigência da lei. Nem a validade. Expliquemos: uma lei pode ser material e formalmente compatível com a Constituição, mas ainda não vige, porque não foi publicada, ou não se esgotou o prazo de *vacatio legis*; ou, ainda, pode ser plenamente conforme à Constituição (validade), mas não vige, porque foi revogada por outra lei.

Para nós, a vigência é uma categoria elementar da ciência jurídica, que não pode ser definida por ela mesma. Assim acontece com os princípios e as categorias de cada disciplina do conhecimento humano; elas partem de noções que não têm recursos para definir, cuja pesquisa caberá a outras ciências ou até mesmo à filosofia. É o que acontece com certas noções

---

17 KELSEN, Hans. *Teoria pura do direito*. Coimbra: Armênio Amado, 1984, p. 28-29.

como a de coisa, fato e vigência. Isso não significa que não possamos dar-lhes algum esclarecimento. Entendemos que a vigência estaria parcialmente relacionada com a eficácia – e não com a vigência/validade, como queria Kelsen. Nossa razão: a vigência, com (ou após) a publicação da lei, e até seu termo ou sua revogação, parece corresponder ao tempo em que o legislador idealizou a projeção de efeitos. Resumidamente: o tempo de eficácia ideal da lei; aquele tempo em que a produção de efeitos é considerada "normal". Nem por isso a lei produz efeitos só nesse tempo, bem entendido. Já dissemos que pode haver retroeficácia e ultratividade (dos efeitos). O intervalo em que a lei produz os efeitos normais seria a noção mais próxima de vigência que vislumbramos possível, sem a ambição de uma definição precisa e fechada. E é bom lembrar que a comparação com Kelsen é puramente verbal, já que ele trabalha com noção de validade diversa da nossa.

7. CORREÇÃO DE TEXTO DE LEI ANTERIOR E POSTERIOR À VIGÊNCIA

7.1. CORREÇÃO *EX ANTE*

A nova publicação, destinada à correção da lei, implica que o prazo de 45 dias (ou três meses, no estrangeiro) volte a correr por inteiro, desde que não esteja iniciada a vigência. Está-se tratando da correção promovida durante o prazo de *vacatio legis*. Como mencionado, o prazo pode ser maior ou menor dos que foram padronizados pela LINDB.

7.2. CORREÇÃO PARCELAR

Há uma questão não resolvida: a retificação parcial de um texto ainda não vigente reabre o prazo somente para a parte retificada, ou para a íntegra? A resposta não pode ser única para todas as situações, pois depende de interpretação sistemática. Se a parcela corrigida é sistematicamente vinculada à outra, perfeita desde o início, o prazo de *vacatio legis* terá de ser contado *ab initio* para uma e para outra; senão, poderá haver partes que entrem em vigor antes de outras (objeto de correção), com prejuízo à integridade lógica da lei. Essa é a regra, pois os dispositivos de uma lei estão normalmente em relação orgânica com os demais lá presentes. É usual, por isso, a republicação integral da lei.

7.3. CORREÇÃO *EX POST*

Quanto à publicação que pretende corrigir a lei já vigente, trata-se, na verdade, de outra lei que complementa ou até mesmo revoga a anterior; lei nova, portanto. Mas isso pressupõe que a anterior existisse, na forma como definimos. Se a "antiga" nem existe, não há propriamente lei "nova", mas a edição original da lei. Para esse efeito, confira-se o que alinhamos a respeito da existência, validade e eficácia.

Quando o problema realmente se põe, ou seja, quando a lei existiu, entrou em vigor e foi posteriormente corrigida, a lei posterior considera-se nova. A lei anterior existiu (se, e somente se, reuniu os pressupostos mínimos de existência), vigeu e foi revogada pela lei que lhe fez "correção".

8. CONTAGEM DOS PRAZOS

8.1. CONTAGEM EM DIAS

A contagem dos prazos de vacância ou *vacatio legis* obedece ao disposto no art. 8º, § 1º, da Lei Complementar n. 95/98, ou seja, computam-se os dias inicial (isto é, o dia da publicação) e final no prazo, entrando a lei em vigor no dia imediato ao final[18]. Não importa que esse dia seja útil ou feriado; isso não prorroga a vigência da lei. A lei deve ser obedecida sempre, não importando seja o dia útil ou não. É reconfortante que haja tal regra, mas ela se aplica unicamente aos prazos contados em dias.

8.2. CONTAGEM EM MESES E ANOS

A LC n. 95 não esclarece como se daria a contagem dos prazos em meses ou em anos. Na ausência, parece que seria oportuno aplicar as regras

---

18 Art. 8º, § 1º, LC n. 95/98: "§ 1º A contagem do prazo para entrada em vigor das leis que estabeleçam período de vacância far-se-á com a inclusão da data da publicação e do último dia do prazo, entrando em vigor no dia subsequente à sua consumação integral".

constantes do Código Civil, porque elas correspondem a um antigo costume, cristalizado na Lei n. 810/49: o prazo em meses – ou em anos – será contado do dia inicial até o dia de idêntico número do mês (ou ano) final. Não havendo essa coincidência, o prazo será contado até o dia imediato; por exemplo: o prazo de um mês, a partir de 15 de janeiro, encerra-se no dia de mesmo número (15) do mês final (fevereiro); e se ele fosse de três meses, encerrar-se-ia no dia 15 de abril. O prazo de um mês, contado a partir de 31 de janeiro, não tem dia equivalente em fevereiro, então ele se conta até 1º de março; o prazo de dois anos, computado a partir de 15 de junho, encerrar-se-á no dia 15 de junho do segundo ano subsequente; e assim por diante.

Não concordamos com a ideia de que o prazo em meses ou anos deva ser convertido em dias. A LC n. 95 simplesmente não cogitou dessa possibilidade, de modo que deve ser obedecida a cláusula de vigência da lei em causa. Se a lei em questão afirmar que entra em vigor dois meses após a sua publicação ou um ano após, aplica-se a contagem da forma como descrevemos, no mesmo dia do segundo mês subsequente, no primeiro caso, e no mesmo dia e mês do ano subsequente, no segundo.

Em um importante precedente, o Superior Tribunal de Justiça aplicou à Lei de Propriedade Industrial, que fixara a *vacatio legis* em 1 ano para alguns de seus dispositivos, critério semelhante ao parâmetro por nós defendido, sob as seguintes considerações: (a) o prazo para vigência de uma lei deve ser buscado, originalmente, nela mesma e na hipótese em comento havia disposição expressa; (b) "ano", na Lei n. 810/49, é o período de doze meses contados do dia e mês iniciais até os mesmos dia e mês do ano seguinte[19]. Tal precedente não resolveu integralmente o problema, pois con-

---

19 "Processo legislativo. Lei de propriedade industrial. Vigência. Patentes. Pipeline. Depósito. Prazo. Contagem. 1. O art. 243 da Lei de Propriedade Industrial (LPI) possui uma peculiaridade, consistente no fato de dispor que parte dos seus dispositivos teve vigência imediata e parte ficou sujeita a um prazo de vacância. Assim, os arts. 230, 231, 232 e 239 da LPI entraram em vigor no dia 15.05.1996 e os prazos de depósito de patente pipeline, previstos nos arts. 230 e 231, encerraram-se no dia 15.05.1997. O restante da Lei n. 9.279/96 entrou em vigor no dia 16.05.1997. 2. A fixação do início da vigência de uma lei deve ser buscada primeiramente nela própria,

siderou a Lei de Propriedade Industrial anterior à LC n. 95, de modo que não se sabe a solução cabível caso esta última já estivesse em vigor.

Art. 2º Não se destinando à vigência temporária, a lei terá vigor até que outra a modifique ou revogue. (*Vide Lei n. 3.991, de 1961*)

§ 1º A lei posterior revoga a anterior quando expressamente o declare, quando seja com ela incompatível ou quando regule inteiramente a matéria de que tratava a lei anterior.

§ 2º A lei nova, que estabeleça disposições gerais ou especiais a par das já existentes, não revoga nem modifica a lei anterior.

§ 3º Salvo disposição em contrário, a lei revogada não se restaura por ter a lei revogadora perdido a vigência.

1. MODALIDADES DE PERDA DE VIGÊNCIA DA LEI

1.1. CONCEITO

O art. 2º da LINDB remete novamente ao difícil conceito de vigência. Sustentamos que não se pode dar definição exata a ele porque se trata de

---

quando prevista em disposição especial, podendo estabelecer que entra em vigor na data de sua publicação ou após um prazo de vacância. Somente em caso de omissão do legislador é que se aplica o art. 1º, *caput*, da LICC. 3. A LPI contém dispositivo expresso estabelecendo que seus arts. 230, 231, 232 e 239 entram em vigor na data de sua publicação, de sorte que, em relação a esses artigos, ela entrou em vigor no dia 15.05.1996, data em que foi veiculada na imprensa oficial. A contagem do prazo de vacância deve iniciar-se nessa mesma data (15.05.1996), única maneira de evitar distorções e incongruências entre os dispositivos da própria LPI. 4. O § 2º do art. 8º da LC n. 95/98 dispõe que as leis que estabeleçam período de vacância deverão utilizar a cláusula 'esta lei entra em vigor após decorridos (o número de) dias de sua publicação oficial'. Evitam-se, com isso, dúvidas oriundas da utilização de vocábulos imprecisos para a indicação de um determinado período de tempo, como as expressões ano, mês ou quinzena, cujo cômputo pode ser realizado de mais de uma maneira. 5. Por ser anterior à LC n. 95/98, a LPI não fica sujeita à regra que exige a fixação da *vacatio legis* em número de dias, devendo admitir-se como legítima a opção do legislador, que estipulou essa vacância em 01 ano (e não em 365 dias). A partir daí, resta apenas buscar o conceito legal do que vem a ser 01 ano, conferido pelo art. 1º da Lei n. 810/49, que define ano como sendo o período de doze meses contados do dia do início ao dia e mês correspondentes do ano seguinte. 6. Recurso especial a que se nega provimento" (REsp 1.038.032/RJ, Rel. Min. Nancy Andrighi, Terceira Turma, julgado em 19-10-2010, *DJe* 24-11-2010).

categoria elementar do Direito. A mais próxima possível é: vigência é o período de tempo (correlacionado com um território) em que a lei projeta seus efeitos normais, a partir de seu conhecimento público (ou em certo tempo depois dele) e até seu termo ou sua revogação. Discordamos de quem define a vigência segundo a existência da lei, pois já tivemos a oportunidade de elucidar que os conceitos se relacionam, mas são diferentes. As características desse conceito (vigência) não muito preciso aflorarão no comentário ao presente dispositivo.

1.2. VIGÊNCIA TEMPORÁRIA E INDETERMINADA

O art. 2º distingue as leis de vigência temporária (determinada) das leis de vigência indeterminada. Normalmente, o legislador edita leis que perdurarão de modo indefinido no tempo. Nesse caso, a vigência se estenderá até que outra lei revogue a anteriormente vigente. Em outras ocasiões, menos frequentes, o legislador adota leis vocacionadas a viger durante certa ocasião, ou por certo período, findos os quais a vigência cessará, sem a necessidade de que outra lei venha a cassá-la. Pode-se dizer então que a vigência simplesmente se esgota (para as leis de vigência definida no tempo) ou que há revogação, para as leis de vigência indefinida no tempo.

1.3. MODALIDADES DE REVOGAÇÃO

A seu turno, a revogação pode ser expressa ou tácita. Expressa, quando a lei revogadora enuncia explicitamente que está revogando a outra. Essa é a opção preferencial da Lei Complementar n. 95: idealmente, a revogação deveria sempre ser expressa. É de boa técnica profissional que o legislador o faça. Mas com frequência não é assim; então haverá revogação tácita (implícita).

Quanto à revogação tácita, também se desdobra em dois tipos: (a) a revogação tácita por incompatibilidade e (b) a revogação tática sem incompatibilidade. Em qualquer dos casos, a LINDB está expressando um princípio milenar: *lex posterior derogat priori* – a lei mais recente ou posterior revoga a mais antiga ou anterior. Quando há incompatibilidade, a lei nova revoga a antiga por essa mesma razão: não podem conviver as normas presentes no texto, a mais e a menos recente, porque implicariam uma contradição ou, dizendo melhor, uma antinomia. Essa quebra lógica é corrigida pelo afastamento da norma mais antiga do sistema. Quando as leis são compatíveis em sentido estrito, isto é, contêm exatamente as mesmas prescrições, a lei mais nova simplesmente toma o lugar da mais antiga (e, portanto, a revoga); mas deve-se notar que essa hipótese restou omissa na Lei de Introdução; e essa não é a omissão mais importante.

1.4. REVOGAÇÃO TÁCITA GLOBAL

A LINDB, art. 2º, não faz igualmente referência a outra hipótese muita mais momentosa e problemática, que alguns doutrinadores batizaram de revogação tácita global; e tem esse nome porque a revogação tácita não dependeria de incompatibilidade ou contradição ponto a ponto. E seria global, no sentido de que atingiria todas as leis anteriores à lei revogadora, não sendo indispensável que cada uma das leis revogadas fosse incompatível, em todos os detalhes, com aquela, a lei nova. Mas como isso poderia acontecer? A ocasião propícia seria a edição de um Estatuto ou de um Código – portanto, somente leis com essa abrangência – que culminasse por alterar todo um sistema ou microssistema jurídico, de forma que a legislação esparsa anterior ficasse superada – ainda que não fosse incompatível em todos os aspectos regulados. Como se percebe, é um fenômeno possível de ocorrer, mas difícil de especificar e dependente de muita argúcia por parte do intérprete; porque a incompatibilidade, no caso, dar-se-ia entre o sistema em que a legislação revogada foi editada e o sistema novel, trazido pela lei revogadora, como já assinalado, normalmente uma codificação nova de um setor do Direito.

Há um fator psicológico que torna a apreensão da revogação tácita global ainda mais difícil de manipular do que já seria por suas dificuldades intrínsecas: os operadores do direito são conservadores por natureza e hábito profissional e tendem a resistir às inovações da lei que tragam um novo sistema. Daí provém as inevitáveis alegações *ad doc* ou casuísmos, com o intuito de provar que a legislação anterior (ou parcelas dela) não teria sido revogada da maneira cogitada. Consideremos um exemplo a ilustrar esse problema.

O Fundo de Garantia por Tempo de Serviço foi introduzido no Direito Pátrio por lei datada de 1966. Durante as décadas de vigência desse

Diploma, leis esparsas ocuparam-se de microaspectos do Fundo, inclusive o Decreto-Lei n. 194, de 1967, que criou um benefício especial para certos estabelecimentos filantrópicos. Esses estabelecimentos não recolheriam as contribuições devidas mensalmente ao Fundo, mas pagariam o valor acumulado diretamente ao empregado, por ocasião da dispensa sem justa causa; portanto gozavam de uma dilação do recolhimento das contribuições fundiárias. Em 1990, foi editada outra lei[20], mas não uma lei qualquer: ela visava tratar organicamente do Fundo de Garantia, definindo seus contornos, natureza e propósitos. Tratava-se, por assim dizer, de um novo Estatuto do FGTS, que não contemplava o benefício acima descrito. O gestor do Fundo, uma instituição financeira pública, passou a exigir dos estabelecimentos hospitalares o recolhimento regular das contribuições fundiárias, como de resto de qualquer outro empregador; com razão, em nossa opinião. Embora a lei anterior, que dispusera sobre um benefício idiossincrático para aqueles entes, não tivesse sido revogada expressamente, nem de forma tácita por incompatibilidade, houve revogação tácita global. O novo Diploma regedor do FGTS regulou inteiramente a matéria, sem aduzir o benefício anteriormente existente. Ele então deve ser considerado abolido, embora não houvesse um só artigo na lei nova a respeito, nem para consolidar a sinecura, nem para afastá-la expressamente.

Outro exemplo, mais familiar aos interessados no Direito Privado: com a entrada em vigor do Código Civil de 2002, pôs-se em questão se as leis que tratavam do instituto da União Estável (ambas dos anos 1990[21]) estariam em vigor, porque cuidavam de detalhes relativos àquela união não cogitados pela codificação; a nosso ver, uma discussão ociosa. O

---

20 A Lei n. 8.036, de 11 de maio de 1990.

21 A Lei n. 8.971/94 regulava o direito dos companheiros a alimentos e à sucessão; enquanto a Lei n. 9.278/96 tratava dos deveres recíprocos dos conviventes, da presunção de esforço comum na aquisição de bens, dos alimentos e do direito real de habitação sobre o imóvel destinado à residência da família. Como exemplo do que afirmamos: o usufruto sobre bens do falecido, tratado pela Lei n. 8.971/94, não foi objeto de tratamento pelo Código Civil de 2002 e deve ser considerado, não obstante o seu silêncio, revogado.

Código Civil entrou em vigor tratando globalmente do assunto, de forma que eventuais omissões não significam a mantença de normas específicas próprias do regime anterior. Observe-se que aqui não se discute se a regência dada pelo Código Civil à união estável (e outras formas de famílias) é conveniente ou não, se seria melhor ou pior, nem se está pretendendo debater sua compatibilidade vertical com a Constituição nesse passo. O que se argumenta é que a sistemática nova tratava globalmente do assunto, não havendo que cogitar a vigência de normas particulares anteriores, próprias do sistema derrogado (isso não implica desconsiderar a aplicação da lei anterior aos fatos ocorridos durante sua vigência).

Cremos que é a esse problema que alude Maria Helena Diniz, no seguinte excerto: "Em caso de antinomia entre o critério de especialidade e o cronológico, valeria o metacritério *lex posterior generalis non derogat priori speciali*, segundo o qual a regra de especialidade prevaleceria sobre a cronológica. Esse metacritério é parcialmente inefetivo, por ser menos seguro que o anterior, podendo gerar uma antinomia real. A metarregra *lex posterior generalis non derogat priori speciali* não tem valor absoluto, dado que, às vezes, *lex posterior generalis derogat priori speciali*, tendo em vista certas circunstâncias presentes. A preferência entre um critério e outro não é evidente, pois se constata uma oscilação entre eles. Não há uma regra definida; conforme o caso, haverá supremacia ora de um, ora de outro critério"[22].

Tomemos outro exemplo ilustrativo da dificuldade. Como se sabe, o Código Civil de 2002 extinguiu o instituto da enfiteuse, ressalvando as constituídas anteriormente à sua vigência. Fê-lo expressamente. Suponhamos, para fim de debate, que apenas tivesse omitido a enfiteuse como direito real, sem a suprimir por expresso. Ainda assim, não se poderia argumentar que a enfiteuse privada estivesse em vigor no Brasil, porque concorreriam as "circunstâncias" especiais mencionadas pela supracitada autora: a) o silêncio teria de ser interpretado como proposital; b) direitos

---

22 DINIZ, Maria Helena. *Lei de Introdução ao Código Civil interpretada*. São Paulo: Saraiva, 1994, p. 76-77.

reais são típicos, o que reforça o argumento anterior; c) a Constituição Federal determinara, já antes do Código Civil, a extinção progressiva da enfiteuse. Nesse caso, claramente haveria a revogação de uma norma por outra, pelo simples silêncio.

José de Oliveira Ascensão é bastante claro e taxativo quanto à possibilidade de revogação tácita global, acrescentando um exemplo muito convincente: "Se uma lei nova regula todo um instituto jurídico (por exemplo, arrendamento rural) ou todo um ramo do direito (por exemplo, processo penal), os preceitos da lei anterior ficam revogados, sem ser necessário demonstrar a incompatibilidade específica de cada um deles com o preceituado na nova lei. Por exemplo, o regime das letras de câmbio, constante do Código Comercial, foi afastado pela adopção de uma lei uniforme sobre esta matéria. Suponhamos então que existe uma lacuna na lei uniforme e que um daqueles preceitos do Código Comercial regula diretamente esse aspecto. Nem por isso nos é lícito, para resolver o caso, lançar mão do preceito do Código Comercial. Ele foi revogado. Há que confessar a lacuna da lei, que deverá ser preenchida nos termos gerais"[23].

2. DERROGAÇÃO E AB-ROGAÇÃO

A propósito da revogação da lei, cabe distinguir (a) ab-rogação, a revogação completa de um Diploma legislativo por outro e (b) derrogação, sinônimo de revogação parcial.

Similar à revogação é a não recepção de uma lei por um sistema constitucional novo. As leis adotadas sob o regime anterior não são inconstitucionais, mas (a) recepcionadas, se compatíveis com a nova ordem e (b) não recepcionadas, se incompatíveis, caso em que se consideram revogadas.

De acordo com André de Carvalho Ramos, a posição atual (2015) do Supremo Tribunal Federal em relação ao estatuto interno dos tratados internacionais resume-se a três tipos de hierarquia normativa: (i) *equivalente à emenda constitucional*, para os tratados de direitos humanos in-

---

23 ASCENSÃO, José de Oliveira. *O direito:* introdução e teoria geral. Almedina: Coimbra, 1991, p. 278.

corporados internamente de acordo com o rito especial do art. 5º, § 3º[24]; (ii) *supralegal* (acima das leis e abaixo da Constituição), para os tratados de direitos humanos anteriores ou posteriores à Emenda Constitucional n. 45/2004, desde que aprovados de acordo com o rito simples (ou seja, não aprovados pelo rito do art. 5º, § 3º da CF/88); e (iii) *equivalente à lei ordinária federal* para os demais tratados[25]. Estes últimos, de todo modo, gozam do valor de lei ordinária, desde que internados pelo procedimento constitucional adequado, retirando a eficácia de leis que sejam com eles incompatíveis[26].

Do ponto de vista doutrinário, cabe ressaltar que há aqueles que defendem o estatuto constitucional de todos os tratados de direitos humanos; entre eles, Carvalho Ramos, em outra obra, sustenta – em que pese a atual posição do STF – que *todos os tratados de direitos humanos* possuem estatuto normativo constitucional, entendendo "ser inegável o estatuto diferenciado dos tratados internacionais de direitos humanos, em face do

---

24 *In verbis:* "§ 3º Os tratados e convenções internacionais sobre direitos humanos que forem aprovados, em cada Casa do Congresso Nacional, em dois turnos, por três quintos dos votos dos respectivos membros, serão equivalentes às emendas constitucionais" (Incluído pela Emenda Constitucional n. 45, de 2004).

25 CARVALHO RAMOS, André de. *Pluralidade das ordens jurídicas* – a relação do direito brasileiro com o direito internacional. Curitiba: Juruá, 2012, em especial p. 45 e seguintes. O autor ainda cita posição do Min. Gilmar Mendes, pela qual se sugere que, no futuro, o STF deveria dar estatura *supralegal* a todos os tratados internacionais. Op. cit., p. 46. Ver ainda o tópico "Tratados internacionais" no comentário ao art. 4º.

26 Por exemplo, no seguinte julgado do STF: "Ementa: Direito internacional público. Direito constitucional. Imunidade de jurisdição. Organização das Nações Unidas (ONU). Programa das Nações Unidas para o Desenvolvimento (ONU/PNUD). Reclamação trabalhista. Convenção sobre privilégios e imunidades das nações unidas (Decreto 27.784/1950). Aplicação. 1. Segundo estabelece a 'Convenção sobre Privilégios e Imunidades das Nações Unidas', promulgada no Brasil pelo Decreto 27.784, de 16 de fevereiro de 1950, 'A Organização das Nações Unidas, seus bens e haveres, qualquer que seja seu detentor, gozarão de imunidade de jurisdição, salvo na medida em que a Organização a ela tiver renunciado em determinado caso. Fica, todavia, entendido que a renúncia não pode compreender medidas executivas'. 2. Esse preceito normativo, que no direito interno tem natureza equivalente a das leis ordinárias, aplica-se também às demandas de natureza trabalhista. 3. Recurso extraordinário provido" (RE 578.543, Rel. Min. Ellen Gracie, Rel. p/ Acórdão: Min. Teori Zavascki, Tribunal Pleno, julgado em 15-5-2013, *DJE* 100, 26-5-2014, publicado 27-5-2014, *Ementário* v. 2732-01, p. 1).

disposto especialmente no art. 1º, *caput*, e inciso III (estabelecimento do Estado Democrático de Direito e consagração da dignidade humana como fundamento da República), e ainda em face do art. 5º, § 2º. Assim, os tratados de direitos humanos possuem natureza constitucional"[27].

Além disso, o Supremo Tribunal Federal já reconheceu a prevalência de convenções internacionais diante de leis ordinárias na temática de benefícios tributários, com fulcro no art. 98[28] do Código Tributário Nacional[29].

3. REPRISTINAÇÃO

O art. 2º, § 3º, da LINDB versa sobre a repristinação tácita. Repristinar significa revigorar a lei já revogada. O dispositivo comanda que isso jamais ocorra tacitamente, apenas porque a lei revogadora, por sua vez, foi revogada. Pode ocorrer, mas somente de forma expressa; ou seja, uma lei há

---

27 CARVALHO RAMOS, André de. *Teoria geral dos direitos humanos na ordem internacional.* 7. ed. São Paulo: Saraiva, 2019, p. 320.

28 Art. 98. Os tratados e as convenções internacionais revogam ou modificam a legislação tributária interna, e serão observados pela que lhes sobrevenha.

29 "Ementa: Direito tributário. Recepção pela Constituição da República de 1988 do acordo geral de tarifas e comércio. Isenção de tributo estadual prevista em tratado internacional firmado pela República Federativa do Brasil. Artigo 151, inciso III, da Constituição da República. Artigo 98 do Código Tributário Nacional. Não caracterização de isenção heterônoma. Recurso extraordinário conhecido e provido. 1. A isenção de tributos estaduais prevista no Acordo Geral de Tarifas e Comércio para as mercadorias importadas dos países signatários quando o similar nacional tiver o mesmo benefício foi recepcionada pela Constituição da República de 1988. 2. O artigo 98 do Código Tributário Nacional 'possui caráter nacional, com eficácia para a União, os Estados e os Municípios' (voto do eminente Ministro Ilmar Galvão). 3. No direito internacional apenas a República Federativa do Brasil tem competência para firmar tratados (art. 52, § 2º, da Constituição da República), dela não dispondo a União, os Estados-membros ou os Municípios. O Presidente da República não subscreve tratados como Chefe de Governo, mas como Chefe de Estado, o que descaracteriza a existência de uma isenção heterônoma, vedada pelo art. 151, inc. III, da Constituição. 4. Recurso extraordinário conhecido e provido" (RE 229.096, Rel. Min. Ilmar Galvão, Rel. p/ Acórdão: Min. Cármen Lúcia, Tribunal Pleno, julgado em 16-8-2007, *DJE* 65 10-4-2008, publicação 11-4-2008, *Ementário* v. 2314/05, p. 985, *RTJ* v. 204/02, p. 858, *RJTJRS* v. 45, n. 275, 2010, p. 29-42).

de ser repristinada expressamente por outra, senão não há que falar em repristinação.

4. ANTINOMIAS DE PRIMEIRO E DE SEGUNDO GRAU. CRITÉRIOS E METACRITÉRIOS DE SOLUÇÃO

O art. 2º da LINDB, em comento, alude a uma das possíveis antinomias de primeiro grau (conflitos de normas), que é a antinomia solúvel pelo critério temporal: norma posterior revoga a anterior. Ao lado dessa antinomia, há duas outras solucionáveis por critérios milenares: o conflito entre a norma especial e geral, com a prevalência da primeira sobre a segunda (*lex specialis derogat generali*) e o conflito entre a norma superior e inferior, que termina pela supressão da última por invalidade (*lex superior derogat inferiori*).

Em resumo, as antinomias de primeiro grau e respectivos critérios de solução são:

Lei posterior X Lei anterior	Critério Temporal	*lex posterior derogat priori*
Lei especial X Lei geral	Critério de Especialidade	*lex specialis derogat generali*
Lei superior X Lei inferior	Critério Hierárquico	*lex superior derogat inferiori*

Quando tais situações se combinam em um conflito de normas mais complexo, diz-se que a antinomia é de segundo grau; por exemplo, imagine-se (a) uma lei especial e anterior em conflito com (b) a lei geral mas posterior. A lei (a) deveria prevalecer pelo critério de especialidade, enquanto a lei (b) deveria ter preferência pelo critério temporal. Não existe um metacritério que permita solução indisputada para esse tipo de antinomia. A única hipótese privilegiada – e mesmo assim sujeita a dificuldades na sua operação – seria a já comentada revogação tácita global da norma anterior-especial pela posterior-geral, mas isso apenas nas condições já explicitadas: é preciso que a posterior-geral regule inteiramente o assunto, levando ao intérprete à conclusão de que o legislador instituiu um sistema novo, incompatível com o anterior.

Já as antinomias de segundo grau envolvendo simultaneamente os critérios hierárquico e cronológico são menos difíceis de lidar, porque haverá preponderância do critério hierárquico. Assim, uma norma anterior-inferior não é recepcionada pela posterior-superior que prescreva de modo contraditório com aquela (tem-se por revogada a norma anterior-inferior); e uma norma anterior-superior prevalece sobre a posterior--inferior contraditória com aquela, porque a última (inferior) não terá fundamento de validade.

Havendo conflito entre norma superior-geral e inferior-especial, normalmente se chegará à conclusão de que cada uma regerá sua órbita própria (geral e especial), sem a eliminação de uma delas do sistema. O mesmo acontecendo se o conflito for entre norma superior-especial e inferior-geral. Esse é o sentido do art. 2º, § 2º, da LINDB.

Art. 3º Ninguém se escusa de cumprir a lei, alegando que não a conhece.

1. CONHECIMENTO E FORÇA OBRIGATÓRIA DA LEI

1.1. OBRIGATORIEDADE DA LEI

O art. 3º da LINDB trata da alegação de desconhecimento da lei, tida como incabível. Trata-se de uma *ficção*, mais que presunção de conhecimento geral da lei. Sabe-se bem que, ante a complexidade do sistema jurídico, nem mesmo especialistas e profissionais estão em condições de apreendê-lo em toda sua riqueza e detalhe. Por isso mesmo se cuida de ficção, mantida como pressuposto necessário ao funcionamento do Direito. Caso fosse possível ao súdito da norma escusar-se, alegando que não a conhece, solapada estaria a obrigatoriedade que distingue o Direito em face de outros complexos normativos, tais como os de origem religiosa, moral e de cortesia. A razão da ficção de conhecimento generalizado da lei serve a propósitos de ordem prática, a possibilitar a organização da vida social pelo padrão do Direito. De onde o brocardo antigo: *ignorantia legis neminen excusat.*

Outras justificativas podem ser acrescentadas, sem a importância da necessidade já mencionada. O fato é que, mesmo sem conhecer a lei em toda minudência, os membros de uma coletividade são capazes de apreender seus princípios e valores básicos. Nas situações ordinárias da vida, é o que basta para conduzir-se sem violação da lei. Caso o sujeito em questão exerça atividade que requeira conhecimento especializado, será razoável exigir que adquira igualmente o conhecimento das normas setoriais aplicáveis àquela atividade; assim, por exemplo, com os exercentes de profissões regulamentadas, com os que exercem atividade empresária e com os que contratam com o Poder Público. Outro exemplo: é exigível que uma pessoa jurídica operadora de engenharia genética conheça as normas de biossegurança. Tudo isso é dito, porém, sem perder de vista que a razão própria e principal da pressuposição de que a lei é conhecida por todos atende a uma necessidade vital do próprio Direito.

1.2. OBRIGATORIEDADE E CONHECIMENTO DA LEI

Caio Mário da Silva Pereira sustenta que tanto a teoria da presunção quanto da ficção são frágeis. *In verbis:* "os juristas modernos preferiam encarar a realidade e focalizar o problema à luz da verdade objetiva. A lei é obrigatória, a lei tem de ser obedecida, não por motivo de um conhecimento presumido ou ficto, mas para que seja possível a convivência social. A lei é obrigatória por uma razão de interesse da própria vida social organizada. Quando a Lei de Introdução ao Código Civil declara que ninguém se escusa de cumprir a lei, sob alegação de que não a conhece, está pura e simplesmente proclamando o princípio de que ela é obrigatória para todos, ainda para aqueles que efetivamente a ignoram"[30].

Apesar de acompanharmos o autor quanto à asserção de que a obrigatoriedade da lei impõe-se pela necessidade de harmonia na convivência social, ele apenas conseguiu dar o motivo pelo qual se estabeleceu a ficção de seu conhecimento geral, uma vez publicada.

Embora tão importante, a ficção do art. 3º da LINDB contempla exceções.

1.3. EXCEÇÕES. NORMAS DISPOSITIVAS

Sendo primacialmente dirigida à conduta do agente sujeito a uma norma de ordem pública, a proibição da alegação de desconhecimento é nor-

---

30 PEREIRA, Caio Mário da Silva. *Instituições de direito civil* – introdução ao direito civil. Rio de Janeiro: Forense, 2009, p. 102.

malmente irrelevante perante normas dispositivas, isto é, aquelas que podem ser afastadas em um negócio jurídico entre particulares, porque estes desejaram adotar balizas de comportamento, na seara da autonomia privada. Mesmo que o tenham feito desconhecendo a existência de normas dispositivas, isso não representará violação da lei e, portanto, não terá relevância jurídica. É claro que essa exceção não importa em autorização para o descumprimento de norma dispositiva no silêncio do negócio jurídico, porque nessa hipótese ela incidirá, ainda que a parte interessada a desconheça.

1.4. EXCEÇÕES. *ERROR IURIS*

Em matéria de erro, enquanto defeito do negócio jurídico, o desconhecimento da lei pode ser alegado e dessa alegação podem advir efeitos importantes. Erro é a falsa percepção, que conduz a uma declaração de vontade que não seria emitida, caso o agente estivesse consciente do engano (erro substancial). Os casos mais corriqueiros de erro dizem respeito aos fatos, mas o que ora nos interessa é o erro de direito (*error iuris*). Caso o declarante de um negócio jurídico venha a justificavelmente equivocar-se, por desconhecimento do Direito aplicável, praticando ato que de outro modo não faria, pode requerer em Juízo sua anulação por erro. Hoje se exige que tal erro seja reconhecível pela outra parte do negócio jurídico – a qual, mesmo podendo reconhecê-lo, foi adiante e concluiu o negócio. Nessas condições – erro justificável, nas condições pessoais do agente; substancialidade do erro e possibilidade de reconhecimento pela contraparte –, o erro de direito conduz à anulabilidade do ato, tal como seria com o erro a propósito de circunstâncias fáticas.

1.5. EXCEÇÕES. ERRO DE PROIBIÇÃO

No Direito Penal, é importante mencionar o erro de proibição, como circunstância que afasta ou mitiga a pena. Erro de proibição é justamente o erro quanto à ilicitude do fato que, no direito pátrio, isenta de pena, se inevitável, ou a reduz, se evitável[31].

---

31 Art. 21 do Código Penal: "O desconhecimento da lei é inescusável. O erro sobre a ilicitude do fato, se inevitável, isenta de pena; se evitável, poderá diminuí-la de um

1.6. EXCEÇÕES. PUBLICIDADE DEFICIENTE DA LEI

Por fim, não se pode exigir do destinatário da lei o conhecimento de ato que não tenha sido regularmente publicado. Se a lei sequer foi publicada, não iniciou sua vigência, e, portanto, é admissível a alegação de desconhecimento. Mas estamos nos referindo a outra possiblidade, que já ocorreu na prática: já sucedeu de a lei ser publicada em órgão oficial com escassa circulação, só normalizada posteriormente. Nas circunstâncias concretas do caso e da pessoa envolvida, seria aceitável a arguição de desconhecimento da lei enquanto não regularizada a circulação do jornal oficial. O exemplo é mais difícil de imaginar hoje, porque há tendência de que o *Diário Oficial* circule em meio eletrônico, mas, se tal distribuição fosse de algum modo tolhida ou prejudicada, a hipótese poderia ser considerada para fins de escusabilidade da ignorância da lei.

Art. 4º Quando a lei for omissa, o juiz decidirá o caso de acordo com a analogia, os costumes e os princípios gerais de direito.

1. FONTES DO DIREITO

1.1. PROPÓSITO DO DEBATE

O art. 4º da LINDB remete à vetusta discussão das fontes do Direito, nem por isso desimportante. As fontes reconhecidas determinam os limites do debate jurídico: quando um argumento é considerado efetivamente jurídico ou não. É vital que o operador do Direito saiba que argumento invocar, como também que o membro de uma comunidade humana saiba a que norma deve prestar obediência ou não. É ainda relevante apurar quando há critério de decidibilidade evidente ou não. Por isso, jamais se deixará de discutir, principalmente no âmbito profissional, quais são as fontes pelas quais o Direito é produzido e revelado.

---

sexto a um terço. (Redação dada pela Lei n. 7.209, de 11-7-1984) Parágrafo único. Considera-se evitável o erro se o agente atua ou se omite sem a consciência da ilicitude do fato, quando lhe era possível, nas circunstâncias, ter ou atingir essa consciência".

1.1.1. ORIGEM DAS FONTES NA LINDB

Percebe-se que o legislador resolveu, segundo o habitual em sua época, tomar partido na questão, e não apenas enumerou as fontes reconhecidas, como também pretendeu estabelecer uma hierarquia entre elas. A levar-se a sério o teor do art. 4º da LINDB, a fonte principal do Direito seria a lei. As demais (analogia, costumes e princípios gerais) seriam fontes auxiliares ou secundárias, invocáveis pelo intérprete e pelo aplicador quando a lei fosse incompleta por omissão ou por contradição. Esse é o ponto de vista correspondente ao chamado positivismo jurídico, ou seja, a concepção que tende a identificar o Direito com uma criação do Estado, quando não a manifestação do próprio Estado. Essa jusfilosofia, que teve ampla aceitação no Ocidente durante o século XIX e parte do século XX, concilia-se facilmente com outra ainda mais restritiva, o legalismo: a concepção de que o Direito iguala-se à lei. Facilmente se infere que uma e outra estão presentes na gênese do art. 4º em comento. Nele, a lei é posicionada de modo privilegiado, e as demais fontes reconhecidas por uma espécie de concessão ou de tolerância por parte da lei. Dentro dessa ordem de ideias, o Juiz (e o árbitro, no contexto de arbitragem de direito estrito) aplicaria a lei do modo mais restrito possível e teria de justificar-se para invocar o recurso à analogia, aos costumes e aos princípios gerais de direito. A única e verdadeira fonte do Direito seria a lei, como, aliás, chegou a sustentar expressamente a doutrina oitocentista. A união do legalismo com o liberalismo político e econômico levou à suposição de que essa fonte única, a lei, poderia ser objeto de interpretação unívoca. Nesse clima espiritual, o intérprete seria a pessoa adestrada em uma técnica que levaria sempre a uma única interpretação correta; de um lado – e contrariamente a tudo que a História ensina – porque a fonte do Direito seria uma só (a lei), e, de outro, porque a ideologia liberal forneceria o suporte cognitivo para que a lei fosse interpretada de uma só forma, sem variações relevantes.

1.1.2. LEGALISMO POSITIVISTA E SUA SUPERAÇÃO

O legalismo positivista corresponde a um momento histórico de glorificação do Estado nacional e da lei como sua expressão jurídica, a ponto de abranger idealmente todo (ou quase todo) o Direito; mas advém igualmente da doutrina da vontade geral, que exerceu forte influência intelectual à época da Revolução Francesa. Segundo essa concepção, seria possível chegar a uma vontade comum ou geral dentro do governo representativo; e essa seria a maneira mais racional de organizar-se politicamente. É claro que essa noção é uma perigosa fantasmagoria, que pode conduzir facilmente ao totalitarismo, mas impressionou muitos espíritos à época e depois. Ao par disso, fazia sentido, naquele momento histórico, substituir a soberania do monarca absoluto (governo dos homens) pelo governo de critérios gerais e impessoais (governo das leis). Da reunião dessas ideias, surgiu um encantamento com a lei positiva, que se revestiu das auras de perfeição e infalibilidade.

Sobre o monopólio da lei como fonte do direito, narra Caenegam: "O monopólio do estatuto como fonte de direito tinha de ser consolidado: os juízes receberam instruções para se manterem estritamente dentro de suas tarefas e evitar qualquer intervenção legislativa. Isso deve ser entendido à luz da doutrina da separação dos poderes, tal como era defendida por Montesquieu. Robespierre teria ficado feliz ao ver que o termo 'jurisprudência' havia desaparecido da língua francesa, já que, 'num Estado que tem uma constituição e uma legislação, a jurisprudência dos tribunais nada mais é do que outra lei'. O artigo 5 do Code Civil de 1803 dispõe o seguinte: 'os juízes estão proibidos de pronunciar disposições normativas gerais nos casos a eles submetidos'"[32].

O século XX veio comprovar as limitações desses pressupostos ideológicos. Logo nas primeiras décadas do século, as democracias liberais cederam espaço a regimes totalitários, ora de viés fascista (estatismo corporativista), ora de viés socialista (estatismo esquerdista), uns e outros dispostos a todo tipo de crimes, genocídios e barbaridades. E os sistemas legalistas clássicos foram incapazes de conter tais calamidades; e às vezes até aproveitados pelos novos potentados tirânicos[33] e apropriados

---

32 CAENEGAM, R. C. Van. *Uma introdução histórica ao direito privado*. São Paulo: Martins Fontes, 1995, p. 132-133.

33 Não se perca de vista que o regime nacional-socialista não revogou o Código Civil Alemão de 1900; como ainda aproveitou para seus próprios fins a doutrina das

aos seus fins. Na metade do século, ao final da Segunda Guerra Mundial, instalou-se um clima de desencanto com a lei. Não que o princípio da legalidade, em si, fosse abandonado; mas percebeu-se sua insuficiência. Tirante o Reino Unido, o legislador perdeu o prestígio de que antes fruíra. Daí o reconhecimento, no plano internacional, dos direitos humanos e, no interno, da importância das declarações de direitos fundamentais constantes das Constituições. No entanto, os princípios contidos nesses documentos vão além da lei no sentido clássico. Para que um Estado fosse considerado de Direito, não bastaria que houvesse representação popular ou que as leis fossem votadas por mandatários eleitos, mas que um conjunto de valores, associado a direitos individuais e coletivos, conformasse e subordinasse a atuação de indivíduos, de entidades e do próprio Estado.

1.1.3. PLURALIDADE DE FONTES COMO "ESTADO NORMAL" DO DIREITO

O legalismo positivista, no entanto, jamais esteve em compasso com o legado histórico ocidental. Essa tradição priorizava o pluralismo de fontes jurídicas e não uma fonte única. No Direito Romano, por exemplo, o costume convivia com o direito criado nos tribunais (direito pretoriano), com as leis aprovadas em comícios (*leges*), com as deliberações senatoriais (*senatus consulta*), com a doutrina dos jurisconsultos (*responsa prudentium*) e com as constituições imperiais. Somente na época da decadência é que as fontes plúrimas tenderam a perder o vigor em favor desta última.

Na Idade Média, o direito imperial (Sacro Império) conviveu com o canônico, com os costumes locais, com os estatutos de guildas das cidades e com a revivescência do direito romano, adotado como direito comum (*ius commune*). Esse pluralismo é visível até mesmo na reorganização determinada em Portugal e no Brasil, quando editada a assim chamada

---

cláusulas gerais, como prenunciado por Hedemann (*Die Flucht ihn die Generalklauseln*, 1933). Por seu turno, o regime de Lenin e Stalin instituiu a sua própria "legalidade socialista", o que não os impediu de dirigir o terror contra os membros de seu partido, seus concidadãos e também contra as nacionalidades minoritárias da antiga URSS.

"Lei da Boa Razão"[34]. A diversidade de fontes, portanto, parece ser o "estado normal" do Direito.

A "Lei da Boa Razão" tratou, dentre outras matérias, da aplicação das "leis, estilos da Corte e costumes do Reino" como fontes primárias, relegando o Direito Romano à aplicação subsidiária – mais pela "boa razão" que contivessem do que pela autoridade dos textos antigos em si mesmos; reservou a aplicação do direito canônico aos tribunais eclesiásticos; determinou que não fossem mais seguidas as glosas de Acúrsio e Bártolo; e determinou a observância dos costumes quando fossem, simultaneamente, razoáveis, não contrários às leis e antigos com mais de cem anos. Essas e outras medidas centralizadoras procuraram dar ordem ao tumulto em que vivia o direito português (e, por consequência, o aplicado nos territórios ultramarinos), pela grande diversidade de fontes e, mais importante, pela liberdade com que os tribunais se serviam delas.

Harold Berman relata, ainda, que: "Talvez a característica mais distintiva da tradição jurídica ocidental seja a coexistência e concorrência, dentro de uma mesma comunidade, de diversas jurisdições e diversos sistemas jurídicos. É essa pluralidade de jurisdições e de sistemas legais que faz com que a supremacia do direito seja, ao mesmo tempo, necessária e possível"[35].

2. FONTES DO DIREITO NO BRASIL

Sem incorrer em discussões teóricas sobre as fontes, ponhamos a seguinte questão: quais são os materiais a que pode acudir o operador do Direito, no exercício do seu mister? E, dentre eles, o Juiz? A essa pergunta, indiretamente, procura o art. 4º da LINDB responder – e o faz ao modo

---

34 Por ordem de D. José I e sob os auspícios do Marquês de Pombal, em 1769.

35 BERMAN, Harold J. *La formación de la tradición jurídica de Occidente*. México: Fondo de Cultura Económica, 1996, p. 20: "Talvez la característica más distintiva de la tradición jurídica occidental sea la coexistencia y competencia, dentro de una misma comunidad, de diversas jurisdicciones y diversos sistema jurídicos. Es esta pluralidad de jurisdicciones y de sistemas legales la que hace que la supremacía del derecho sea, a la vez, necesaria y posible".

clássico: deve-se acorrer à lei e, na sua falta, às fontes elencadas de modo subordinado – analogia, costumes e princípios gerais do Direito. Essa resposta hoje está obsoleta, pelas razões que já sumariamos: o Direito nunca teve uma fonte só, e a tentativa histórica de fazer prevalecer a versão contrária esgotou sua vitalidade. Então é necessário rediscutir o art. 4º em questão à luz da experiência histórica posterior ao oitocentismo. Antes disso, algumas definições elementares para sua melhor compreensão.

3. FONTES DO DIREITO: A LEI

Sobre esta já nos alongamos o suficiente nos comentários anteriores. Apenas recordemos que lei, na acepção da LINDB, é o ato positivo de origem estatal que adveio de um processo constitucional, culminando com a sua promulgação. Seu conhecimento geral e, como vimos, a obrigatoriedade dão-se com a publicação, por sua vez associada à vigência da lei.

4. FONTES DO DIREITO: ANALOGIA

4.1. ARGUMENTO *A PARI RATIONE*

Analogia é o estabelecimento de regra para um caso não regulado, por semelhança com outro, que já o é. Baseia-se no argumento *a pari ratione*: deve haver normas semelhantes quando houver identidade de razões.

Na época clássica, a analogia foi idealizada como uma operação lógica, baseada em indução, seguida de dedução. Na primeira fase, indutiva, o intérprete passaria da regra conhecida para as razões ou princípios abstratos que a ditaram; na segunda, dedutiva, passaria dessas abstrações para o caso concreto, não regulado, concluindo que para este se aplicaria uma prescrição similar.

4.2. JUÍZO DE VALOR NA BASE DE TODA ANALOGIA

No entanto, na analogia não há uma simples operação lógico-formal. Não há como ser assim. Se os dois casos em comparação são semelhantes em certos aspectos, isso significa que também são diferentes em outros; se fossem idênticos, não haveria motivo para invocar a analogia – eles seriam simplesmente regulados pela mesma norma, tornando ocioso o recurso à analogia. Se é o caso de aplicar analogia, os dois casos têm necessariamente semelhanças e diferenças. Ao raciocinar por analogia, o intérprete afirma que as semelhanças são mais relevantes do que as diferenças, de modo que se justifica a construção de regra similar por afinidade de razões. Se as diferenças fossem sentidas como mais importantes, então não haveria espaço para analogia. Ela está, portanto, baseada em um juízo de valor (preponderância das semelhanças e relativa insignificância das diferenças), e não em um argumento puramente lógico.

4.3. ARGUMENTOS *A MAIORI AD MINUS* E *A MINORI AD MAIUS*

Formas derivadas do argumento *a pari ratione* são também modalidades de analogia: o argumento *a maiori ad minus* (o permitido para o mais é também permitido para o menos) e *a minori ad maius* (o proibido para o menos é também proibido para o mais). Pelo primeiro, infere-se que a permissão de uma conduta mais grave ou intensa implica a licitude de outra, menos grave, mas semelhante; por exemplo, se é permitido estacionar veículo em determinado local, razoável é que seja possível uma simples parada para desembarque; pelo segundo, se uma conduta menos grave ou intensa é proibida, outra assemelhada e mais grave também o é – até com maior razão. Se uma norma proíbe atentar contra a saúde ou a integridade de alguém, com maior força de razão está proibido matá-lo, ainda que essa proibição não fosse expressa. São variações do raciocínio por analogia.

Em síntese: a analogia é um método de construção de normas. Parte-se de um caso regulado para outro, não regulado, a fim de estabelecer se é possível aplicar a norma já conhecida por semelhança de razões.

5. FONTES DO DIREITO: COSTUMES

5.1. DEFINIÇÃO

Costumes são hábitos sociais que correspondem a uma consciência de obrigatoriedade. Ensinam Eduardo Espínola e Eduardo Espínola Filho: “O costume jurídico apresenta-se como um fato, ou um conjunto de fatos;

a sua repetição, aliada à convicção de que se aplica uma norma de direito (*opinio necessitatis*), é que lhe dá força obrigatória. Em síntese, para que se tenha um costume como fonte do direito objetivo, é indispensável o concurso de dois requisitos: a) o elemento material, consistente na continuidade, generalidade, uniformidade, durante um longo espaço de tempo; b) o elemento espiritual ou psicológico, que é a consciência da sua obrigatoriedade (*opinio necessitatis*), a convicção de que se aplica uma regra de direito (*ratio juris*)"[36].

5.2. REQUISITOS

Vejamos os elementos dessa definição. Em primeiro lugar, é necessário que o costume seja reconhecido como tal, quer dizer, um hábito comportamental e mental, vivido socialmente e assim enxergado pela maioria dos membros da comunidade, ou pelo menos pelos membros aos quais se aplicará a norma extraída a partir do costume.

Em segundo lugar, é preciso que haja consciência de obrigatoriedade. Nem todo hábito social é tido como vinculante. As festividades religiosas, por exemplo, estão acompanhadas de diversos costumes comemorativos, que nem por isso são vistos como vinculantes. Do mesmo modo, o hábito de comemorar-se o Carnaval não é considerado obrigatório pela sociedade. Essa consciência de vinculação, ainda que expressa como simples padrão moral, é necessária para a juridicidade do costume.

Um exemplo: o hábito de formar filas, segundo a ordem de chegada dos que aguardam atendimento. O atendimento segundo a ordem sequencial de chegada é um costume social cuja observância é vista como obrigatória[37]. O integrante da sociedade que seja preterido pode facilmente indignar-se, levando todos os demais à mesma atitude; então há consciência de obrigatoriedade, o que faz desse um costume jurídico.

---

36 ESPÍNOLA, Eduardo; ESPÍNOLA FILHO, Eduardo. *A Lei de Introdução ao Código Civil brasileiro*. Rio de Janeiro: Renovar, 1999, v. 1, p. 92-93.

37 Tanto é assim que foi necessária a edição de lei para alterar, em parte, esse costume, dando-se precedência a certas categorias, como os idosos.

5.3. COSTUME JURÍDICO

Não basta enfim que um *standard* social esteja consolidado pela longa repetição (costume não jurídico); a ela deve associar-se a consciência de vinculação (costume jurídico).

Os costumes são correlacionados com as leis; e as relações entre eles podem ser de três espécies. Nas palavras de Carlos Roberto Gonçalves, os costumes classificam-se assim: "1) o *secundum legem*, previsto na lei, que reconhece sua eficácia obrigatória. Por exemplo: CC, arts. 588, § 2º; 1.192, II; 1.210; 1.218; 1.219; 1.242; 1.569; 2) o *praeter legem*, quando se reveste de caráter supletivo, suprindo a lei nos casos omissos, na conformidade do art. 4º da Lei de Introdução; 3) o *contra legem*, que se forma em sentido contrário ao da lei. Em princípio, o costume não pode contrariar a lei, pois esta só se modifica ou se revoga por outra da mesma hierarquia ou de hierarquia superior"[38].

6. FONTES DO DIREITO: PRINCÍPIOS GERAIS DE DIREITO

6.1. DEFINIÇÃO DE PRINCÍPIO

A palavra princípio tem dois significados ligados: em primeiro lugar, princípio é aquilo que está no início de um sistema; em segundo lugar, princípio é a norma de maior grau de abstração, que rege todo um setor do Direito ou o Direito por inteiro. A segunda definição é a mais afeita aos juristas, mas não se deve negligenciar a primeira.

6.2. PRINCÍPIO COMO NORMA

Diz-se que o princípio é norma com a intenção de ressaltar a sua obrigatoriedade jurídica. Não se trata de simples ideal (embora o princípio carregue consigo valores), nem de mera recomendação ou conselho – mas de prescrição que implica proibições, permissões e deveres. E claro que essa prescrição não tem a mesma estrutura de outras normas, e, por isso,

38 GONÇALVES, Carlos Roberto. Análise da lei de introdução ao Código Civil: sua função no ordenamento jurídico e, em especial, no processo civil. *Revista de Processo*, v. 37, jan./1985, p. 7.

convém fazer a distinção entre princípio e regra (ou, como seria preferível dizer, entre norma-princípio e norma-regra).

As regras são espécies do gênero norma que visam à situação mais concreta (em comparação com os princípios); portanto convolam linguagem mais próxima das situações da vida que regulam. São aplicadas de modo mais imediato e por vezes óbvio, porque descrevem uma hipótese que está bastante vizinha da situação por elas regida. A posição das regras, no sistema jurídico, é considerada, em nosso tempo, hierarquicamente inferior, em comparação com os princípios.

6.3. CARACTERÍSTICAS DOS PRINCÍPIOS

Os princípios são normas com altíssimo grau de generalidade e abstração, e estão mais próximos dos valores e de concepções ideais do que das situações concretas da vida de relação; portanto, sua aplicação pode ser mediada por uma regra. Mesmo que seja aplicado "diretamente", o princípio normalmente requer uma justificativa mais elaborada por parte do aplicador, porque, na verdade, o aplicador constrói a regra mediadora no momento dessa aplicação "direta". Os princípios são vistos como hierarquicamente superiores dentro do sistema jurídico. Na verdade, a própria noção de "sistema" só é possível porque em última instância ele reverte aos princípios que lhe dão unidade. Por isso insistimos em que não se perca de vista que princípio é aquilo que está no início (do sistema)[39].

Na síntese do constitucionalista português J. J. Gomes Canotilho: "(1) Os princípios são normas jurídicas impositivas de uma optimização, compatíveis com vários graus de concretização, consoante os condicionalismos fácticos e jurídicos; as regras são normas que prescrevem imperativamente uma exigência (impõem, permitem ou proíbem) que é ou não é cumprida (nos termos de Dworkin: aplicable in all-or-nothing fashion); a convivência dos princípios é conflitual (ZAGREBELSKY); a convivência das regras é antinômica. Os princípios coexistem; as regras antinômicas

---

39 A propósito dos princípios no direito privado brasileiro, *vide* BODIN DE MORAES, Maria Celina (Coord.). *Princípios do direito civil contemporâneo.* Rio de Janeiro: Renovar, 2006.

excluem-se. (2) Consequentemente, os princípios, ao constituírem exigências de optimização, permitem o balanceamento de valores e interesses (não obedecem, como as regras, à 'lógica do tudo ou nada'), consoante o seu peso e a ponderação de outros princípios eventualmente conflitantes; as regras não deixam espaço para qualquer outra solução, pois se uma regra vale (tem validade) deve cumprir-se na exacta medida das suas prescrições, nem mais nem menos; (3) em caso de conflito entre princípios, estes podem ser objeto de ponderação, de harmonização, pois eles contêm apenas 'exigências' ou 'standards' que, em 'primeira linha' (*prima facie*), devem ser realizados; as regras contêm 'fixações normativas' definitivas, sendo insustentável a validade simultânea de regras contraditórias; (4) os princípios suscitam problemas de validade e peso (importância, ponderação, valia); as regras colocam apenas questões de validade (se elas não são corretas devem ser alteradas)"[40].

Excelente resumo sobre as características dos princípios jurídicos é dado por Jorge Miranda: "A doutrina tem assinalado, de diferentes ópticas e com diversos acentos tônicos, as seguintes características dos princípios: a) A sua maior aproximação da ideia de direito ou dos valores do ordenamento. b) A sua amplitude, o seu grau de maior generalidade ou indeterminação frente às normas-regras; c) A sua irradiação ou projecção para um número vasto de regras ou preceitos, correspondentes a hipóteses de sensível heterogeneidade; d) A sua versatilidade, a sua susceptibilidade de conteúdos algo variáveis ao longo dos tempos e das circunstâncias, com densificações variáveis; e) A sua abertura, sem pretensão de regulamentação exaustiva, ou em plenitude, de todos os casos; f) A sua expansibilidade perante situações ou factos novos, sem os absorver ou neles se esgotar; g) A sua virtualidade de harmonização, sem revogação ou invalidação recíproca"[41].

Ainda, quanto ao modo como os princípios podem contribuir para uma decisão, ensina Humberto Ávila: "Os princípios consistem em normas

---

40 CANOTILHO, J. J. Gomes. *Direito constitucional*. Coimbra: Almedina, 1996, p. 167-168.

41 MIRANDA, Jorge. *Teoria do Estado e da Constituição*. Rio de Janeiro: Forense, 2002, p. 433.

primariamente complementares e preliminarmente parciais, na medida em que, sobre abrangerem apenas parte dos aspectos relevantes para uma tomada de decisão, não têm a pretensão de gerar uma solução específica, mas de contribuir, ao lado de outras razões, para a tomada de decisão. Já as regras consistem em normas preliminarmente decisivas e abarcantes, na medida em que, a despeito da pretensão de abranger todos os aspectos relevantes para a tomada de decisão, têm a aspiração de gerar uma solução específica para o conflito entre razões"[42].

6.4. ESPÉCIES DE PRINCÍPIOS

Ainda, sobre os princípios, é possível detectá-los expressos no sistema jurídico (por exemplo, os que aparecem explícitos na Constituição ou nas Declarações Internacionais) ou implícitos nesse mesmo sistema. Do que dissemos, é fácil deduzir que há princípios gerais e princípios setoriais no Direito.

Os princípios gerais de enunciação mais antiga e célebre são:

Honestae vivere, viver honestamente, que hoje poderia ser compreendido como atuar conforme um padrão ético; ou princípio da boa-fé, aplicável tanto ao Direito Público como ao Privado. Não por menos, fala-se hoje em moralidade da Administração Pública, como também na necessidade de comportar-se conforme a boa-fé nos contratos, na atividade empresária, no fornecimento de produtos ou serviços etc.

Neminen laedere, abster-se de prejudicar ou lesar os demais, o que está na base de toda responsabilidade por danos.

Suum cuique tribuere, dar a cada um o que lhe é devido. Há quem critique a formulação desse princípio porque ele seria circular, porque não permite saber *a priori* o que é devido a cada um. Mas é claro que ele pressupõe a existência de normas de atribuição (indicam o devido a cada um), e conformar-se ao princípio consiste em atentar fidedignamente a essas normas, sem fraude ou tentativa de contorno[43].

---

42 ÁVILA, Humberto. *Teoria dos princípios*. São Paulo: Malheiros, 2013, p. 226.

43 A enunciação dos famosos três princípios está documentada nas Institutas do Imperador Justiniano: "Juris praecepta sunt haec: honeste vivere, alterum non laedere, suum cuique tribuere" (Institutionum Iustiniani, Livro I, Título I, Fragmento 3).

Outros exemplos de princípios:

- Princípio da legalidade – no Direito Privado, significa que toda conduta não expressamente proibida é autorizada para o particular; no Direito Público, que a Administração deve pautar-se estritamente pelas competências que lhe são atribuídas por lei. Esse princípio admite nuances em cada ramo específico de aplicação, como é o caso do Direito Tributário: a legalidade exige que não se pode instituir ou majorar tributo sem lei. No Direito Penal: nenhuma conduta pode ser tida como crime, sem lei anterior que a defina como tal. No Direito Registrário: só podem ser inscritos os títulos tipificados por lei.
- Princípio da dignidade da pessoa humana – é tido como a chave mestre de toda a aplicação do direito contemporâneo. Singelamente, indica que a pessoa tem fins em si mesma, o que lhe confere dignidade que impede sua instrumentalização para propósitos outros que não a realização plena das potencialidades do sujeito[44].
- Princípio da função social – os diferentes institutos de direito, ainda que tenham sido concebidos originalmente sob uma ótica individualista (caso da propriedade, dos contratos e das entidades morais), têm uma vertente social; é dizer, ao mesmo tempo atendem a interesses do particular e da sociedade, sendo necessário compor uns e outros.
- Princípio da proibição do enriquecimento sem causa[45] – não se permite a ninguém que enriqueça sem uma causa juridicamente reconhecida; cabendo ressarcir os eventuais prejudicados, caso desatendido o princípio.
- Princípio da obrigatoriedade das convenções, segundo o qual deve-se cumprimento à palavra dada em um contrato ou negócio jurídico.

A partir dessa distinção princípio *versus* regra, fica evidente que a posição dos princípios gerais de direito na LINDB é completamente ina-

---

44 Sobre o conceito de dignidade humana, suas dimensões e usos ver, por todos, CARVALHO RAMOS, André de. *Curso de direitos humanos*. 8. ed. São Paulo: Saraiva, 2021, em especial p. 81 e seguintes.

45 Não se confunda o princípio com o instituto do enriquecimento sem causa, regulado pelo Código Civil.

dequada. No art. 4º em comento os princípios são recursos a que o aplicador e intérprete acode no caso de ausência de lei, e essa técnica de aplicação é hoje considerada obsoleta; corresponde à visão da época clássica, em que a lei era considerada a manifestação por excelência da racionalidade, do Estado e do Direito. Ora, hoje se admite facilmente que a regra contida em uma lei pode ser afastada, mitigada ou alterada por colidir com um princípio; então não tem cabimento pensar em princípios unicamente como recurso para o preenchimento de lacuna da lei (embora eles possam eventualmente prestar-se a essa finalidade).

7. FONTES DO DIREITO: EQUIDADE

7.1. EQUIDADE E JUSTIÇA

A equidade é uma das fontes a propósito da qual a LINDB é omissa; no entanto, sempre foi lembrada na literatura especializada. Equidade nada mais é que o próprio ideal de justiça, por isso mesmo difícil de definir. Já fora objeto da preocupação do filósofo Aristóteles, que a ela se referia com o termo especial "epiqueia".

Seguindo, textualmente, o filósofo grego: "O que faz surgir o problema é que o equitativo é justo, porém não o legalmente justo, e sim uma correção da justiça legal. A razão disto é que toda lei é universal, mas a respeito de certas coisas não é possível que seja correta. Nos casos, pois, em que é necessário falar de modo universal, mas não é possível fazê-lo corretamente, a lei considera o caso mais usual, se bem que não ignore a possibilidade de erro. E nem por isso tal modo de proceder deixa de ser correto, pois o erro não está na lei, nem no legislador, mas na natureza da própria coisa, já que os assuntos práticos são dessa espécie por natureza. Portanto, quando a lei se expressa universalmente e surge um caso que não é abrangido pela declaração universal, é justo, uma vez que o legislador falhou e errou por excesso de simplicidade, corrigir a omissão – em outras palavras, dizer o que o próprio legislador teria dito se estivesse presente, e que teria incluído na lei se tivesse conhecimento do caso"[46].

---

46 ARISTÓTELES, *Ética a Nicômaco*, Livro V, 10, p. 20-25.

Como já sustentamos em outro trabalho, justiça é um correspectivo de igualdade[47]. A dificuldade está em que a igualdade não pode ser sempre pensada – embora por vezes sim – em termos absolutos; por exemplo, dois estudantes com desempenho assemelhado fazem jus a uma avaliação semelhante. Nessa hipótese há uma igualdade em sentido absoluto. Mas um paciente com um leve resfriado não deve receber o mesmo tipo de atendimento que se daria a outro com moléstia grave e mortal. Devem ser atendidos na medida de sua desigualdade. Duas pessoas com rendas notavelmente diversas podem ser tributadas segundo a sua capacidade, portanto, na medida em que são desiguais. Então o problema está em estabelecer que igualdade (= justiça) regula cada caso; ou, melhor dizendo, em que medida a igualdade pode e deve ser aplicada.

7.2. IGUALDADE ABSOLUTA E PROPORCIONAL

Então a igualdade pode ser concebida de forma absoluta (para todos, o mesmo; de cada qual, o mesmo) e relativa (a cada qual, ou de cada qual, na medida de certo critério), sendo a última estabelecida em função: (a) do mérito (a cada qual, segundo seu desempenho); (b) da fortuna (a cada qual, segundo sua necessidade); (c) das possibilidades e aptidões (de cada qual, segundo seus recursos) etc. Conquanto que o critério seja judiciosamente aplicado, sem arbitrariedade, pode-se dizer que foi respeitada a igualdade segundo certa medida. A equidade consiste em encontrar essa medida no caso concreto. Para melhor entendimento da questão, repare-se que o legislador a enfrenta diuturnamente – legislar é discriminar situações segundo uma medida racionalmente justificável. Tomando-se outro exemplo: certas pessoas são ditas incapazes, e outras, capazes, segundo parâmetros que implicam nessa discriminação – mas uma discriminação aceitável do ponto de vista da racionalidade. O aplicador da lei, ao decidir por equidade, vê-se diante de uma situação parecida: ele deve formar o critério para decisão no caso concreto, tratando as partes com igualdade, segundo a medida

47 GRAMSTRUP, Erik Frederico. *O princípio da igualdade entre os cônjuges*. Dissertação de mestrado apresentada à Faculdade de Direito da Pontifícia Universidade Católica de São Paulo, 2000.

extraída daquele critério e tendo-se por suposto que deva ser justificável pela razão; ou seja, aplicará uma das medidas da igualdade.

7.3. EQUIDADE: DEFINIÇÃO TRADICIONAL

Não por outro motivo, costuma-se afirmar que a equidade consiste em formular regra para o caso concreto, a partir do ponto de vista que o legislador teria. O "legislador" dessa frase é uma pessoa racional, portanto de existência ideal. Bem se sabe que com alguma frequência os motivos do legislador real são inomináveis; não é esse o "legislador" acima mencionado. O julgador deve formular regra para o caso em questão atentando à racionalidade que o legislador ideal empregaria, aplicando a igualdade absoluta ou proporcional, conforme possa justificar na espécie em exame.

7.4. JULGAMENTO POR EQUIDADE. CASOS

É dever do Juiz aplicar a lei, preservados os direitos fundamentais previstos na Constituição e os direitos humanos. Mas há hipóteses em que a lei mesma comete ao Juiz competência para julgar por equidade[48]. Algumas delas: nos processos de jurisdição voluntária, em que não há contencioso, mas administração de interesses particulares pelo Judiciário[49]; na fixação de honorários de advogado, falhando os critérios primários de aferição[50]; na

---

48 Art. 140, parágrafo único, do CPC/2015. *In verbis:* "Art. 140. O juiz não se exime de decidir sob a alegação de lacuna ou obscuridade do ordenamento jurídico. Parágrafo único. O juiz só decidirá por equidade nos casos previstos em lei".

49 Art. 723, parágrafo único, do CPC/2015. *In verbis*: "Art. 723. O juiz decidirá o pedido no prazo de 10 (dez) dias. Parágrafo único. O juiz não é obrigado a observar critério de legalidade estrita, podendo adotar em cada caso a solução que considerar mais conveniente ou oportuna".

50 Art. 83, § 8º, do CPC/2015. *In verbis*: "Art. 83. O autor, brasileiro ou estrangeiro, que residir fora do Brasil ou deixar de residir no país ao longo da tramitação de processo prestará caução suficiente ao pagamento das custas e dos honorários de advogado da parte contrária nas ações que propuser, se não tiver no Brasil bens imóveis que lhes assegurem o pagamento. (...) § 8º Nas causas em que for inestimável ou irrisório o proveito econômico ou, ainda, quando o valor da causa for muito baixo, o juiz fixará o valor dos honorários por apreciação equitativa, observando o disposto nos incisos do § 2º".

arbitragem, a mesma distinção comparece quanto ao juízo de direito estrito e por equidade (cláusula *ex aequo et bono*), sendo a solução predeterminada pelos conventes do compromisso arbitral ou cláusula compromissória.

A doutrina reconhece que, havendo lacuna insolúvel pelos métodos convencionais, pode o Juiz valer-se de julgamento por equidade. Essa hipótese tende a tornar-se cada vez mais rara, na medida em que a aplicação de princípios constitucionais parece imunizar o sistema contra lacunas.

Cumpre atentar à advertência de Karl Larenz: "O que querem dizer expressões como 'boa-fé', 'equidade' ou 'exigibilidade' não pode certamente indicar-se de modo exaustivo com a simples forma de uma explicação verbal ou uma definição, mas pode esclarecer-se mediante exemplos 'ilustrativos'. O legislador, que utiliza tais expressões, tem sem dúvida presentes aqueles casos sobre cuja apreciação existe um consenso geral, segundo a pauta indicada. A pauta contém uma ideia jurídica geral que sugere uma orientação segundo certos pontos de vista. Assim, a pauta da 'boa-fé' faz referência tanto ao ponto de vista do resgate da confiança manifestada e posta em causa, como à consideração da relação recíproca entre as partes; a 'equidade' significa um justo equilíbrio, seja na relação entre as partes do contrato (§ 315 do BGB), seja entre o lesante e o lesado (§ 847 do BGB). Não é nada de diverso o que o jurista pensa quando diz que as oportunidades e os riscos (dos participantes numa estipulação jurídica), as vantagens e os ônus têm que estar numa 'relação de equilíbrio', que os interesses em conflito, mas dignos de proteção, devem ser 'equilibrados'. Certamente que de tais ideias jurídicas gerais e princípios não podem logo obter-se, de imediato, decisões jurídicas concretas; mas o que elas não são é completamente destituídas de conteúdo"[51].

8. FONTES DO DIREITO: JURISPRUDÊNCIA

O termo jurisprudência refere-se ao conjunto de decisões que obedeçam ao mesmo parâmetro interpretativo e que, portanto, disponham no

---

51 LARENZ, Karl. *Metodologia da ciência do direito*. Lisboa: Calouste Gulbekian, 1997.

mesmo sentido. Refere-se, primariamente, às decisões judiciais, mas também se usa dizer "jurisprudência administrativa".

Etimologicamente, o sentido era outro. "*Prudentia*" é sinônimo de saber ou sabedoria; um tipo de conhecimento que não se adquire de maneira técnica, mas pelo exercício da virtude, da reflexão e pela vivência. Então a "prudência do direito" era algo parecido com o que hoje chamamos de doutrina dos grandes juristas. "Prudentes" eram os jurisconsultos de grande experiência e reputação. Só em momento mais evoluído o termo jurisprudência ganhou o significado que tem hoje.

Cabe alertar que esse termo é coletivo (refere-se ao conjunto de decisões harmônicas) e jamais deve ser usado no plural, como infelizmente tem-se tornado comum no jargão forense. Não se cita "jurisprudências", porque esse plural não é admissível na norma culta, mas decisões, ementas, acórdãos, precedentes etc. Jurisprudência, sempre no singular, é o conjunto daquelas decisões, acórdãos etc.

Tradicionalmente, refuta-se a possibilidade de que a jurisprudência seja fonte do direito, ao menos nos países que seguem o sistema europeu-continental. Tal sistema, também referido como de *civil law* seria uno: o juiz estaria jungido aos termos da lei, podendo interpretá-la ou até integrá-la, mas não criar direito novo. Diferentemente do que sucede nos sistemas duais, a exemplo da *common law* de origem britânica (e adotada nas antigas colônias do Império Britânico). O pano de fundo do sistema da *common law* é um agregado de decisões de tribunais (*case law*) que evoluem desde a Idade Média Ocidental até a contemporaneidade. Somam-se a essas decisões o direito estatutário (*statutes*), isto é, a lei positiva. O juiz, portanto, está adstrito ao precedente judicial – exceto se evidentes divergências permitam abandoná-lo no caso concreto – e à lei (direito estatutário): portanto, um sistema dual. Nos sistemas herdeiros do europeu-continental (uno), a jurisprudência não poderia criar nada e, assim, não seria fonte do direito.

Esse temor da criação judicial adveio da ideologia revolucionária francesa, como testemunha John Henry Merryman: "El temor de un 'gouvernement des juges' pendía sobre las reformas francesas posrevolucionarias y matizaba el proceso de codificación. El hincapié en la separación completa de los poderes, con todo el poder de legislación concentrado en una legislatura representativa, era un procedimiento para asegurar que se negara al poder judicial la facultad legislativa. La experiencia de los tribunales prerevolucionarios habia hecho que los franceses temieran al poder legislativo de los jueces disfrazado de interpretación de las leyes. Por lo tanto, algunos autores sostuvieron que debería negarse a los jueces incluso la facultad de interpretar la legislación"[52].

Outra diferença – ainda segundo o ponto de vista tradicional – estaria em que os sistemas de *common law* adotariam o *stare decisis*, isto é, os precedentes judiciais que formam seu pano de fundo (o direito comum) seriam de observância obrigatória, devendo o Juiz justificar-se para não segui-los em um caso concreto. Os sistemas continentais (*civil law*) não conheceriam esse tipo de vinculação. Como nestes o Juiz sempre se ocupa do caso singular, seu parâmetro decisório não influenciaria (a não ser pela força da argumentação) o julgamento de casos futuros. A jurisprudência teria apenas autoridade moral, mas não obrigaria os Juízes singularmente considerados – nem o próprio Juiz que emitiu o precedente! Como a atividade judicial, no contexto da *civil law*, não implicaria critério de decidibilidade obrigatório para o futuro, argumenta-se com base nisso que a jurisprudência (ao contrário do que ocorreria no contexto da *common law*) não seria fonte do Direito.

Em resumo: em sistemas como o brasileiro, herdeiro da tradição jurídica continental, o Juiz estaria sempre vinculado à lei e julgaria o caso singular – de modo que o critério de decisão não se repetiria para o futuro. A única fonte genuína do direito seria a lei, porque nesse caso haveria vinculação de todos (inclusive do Juiz), abstração, generalidade e aplicabilidade aos casos futuros. Nessa posição clássica está bastante evidente a influência do positivismo legalista e da típica concepção da lei como "vontade geral da nação". Como vimos, é nesse padrão de pensamento que se costuma atribuir privilégio à lei como fonte do direito – quando não exclusividade.

---

52 MERRYMAN, John Henry. *La tradición jurídica romano-canónica*. México: Fondo de Cultura Económica, 1998, p. 64.

Hoje não há mais como sustentar que as diferenças apontadas sejam tão nítidas; há uma clara tendência à convergência entre os sistemas de *common law* e *civil law*, no sentido de complexos que oram privilegiam sem exclusividade o precedente, ora a aplicação da lei (*statute*). Restringiremos nossas observações ao que se tornou visível na história recente do Direito Brasileiro.

De um lado, é preciso reconhecer que o Juiz brasileiro sempre foi criador do Direito, embora de maneira ocasional e disfarçada. O trabalho de sistematizar, de corrigir as contradições normativas e de suprir as omissões do legislador – portanto ainda em perspectiva bastante conservadora – já implicava no passado, como também hoje, na lapidação final da lei e do sistema. Sem fazer alarde, alguns tribunais já murmuraram que "a lei termina por ser elaborada aqui"; e isso é inerente à atividade de dizer o Direito, quer se goste disso ou não. Não estamos propondo discutir se isso é bom ou mau, legítimo ou ilegítimo, mas encarando o fato com a sua crueza: mesmo na era do apogeu do legalismo positivista, o aplicador da lei tinha função criadora de Direito Novo. A diferença específica dessa época é que tal atividade era exercida menos frequentemente e sob diversos disfarces. Os rituais destinados a encobrir a criação judicial do Direito ainda são praticados contemporaneamente, mas com menos timidez.

Nos dias de hoje, além de sistematizar, corrigir e preencher as falhas da lei – o que já garante um amplo espaço de atuação – o juiz (e demais aplicadores do direito) tem de aplicar normas-princípio e cláusulas gerais que lhe garantem ampla margem de discricionariedade. Sim, discricionariedade, embora tal expressão cause pânico em alguns doutrinadores. Sem dúvida, o Judiciário continua organizado em instâncias de revisão, mas nesse caso a discricionariedade simplesmente se transfere para a instância final de julgamento. Tudo que a limita é a autocontenção (*self-restraint*) e a ideologia judicial de apego à lei (esta, cada vez menos ensinada e praticada). Enfim, é tempo de abandonar o velho preconceito, resultante da ideologia dominante no século XVIII, de que não há criação judicial do Direito: ela sempre houve, há e prosseguirá no futuro; o que varia de época para época é a intensidade e o desabrimento com que é exercida. Então não é esse o motivo que impediria o reconhecimento de sistema dual no Brasil, mas sim outro.

O argumento considerado definitivo nessa matéria era a singularidade das decisões judiciais. O juiz julga no caso concreto. A coisa julgada (imutabilidade da decisão) reporta-se aos seus limites subjetivos (partes e terceiros legalmente atingidos pela decisão) e objetivos. Mesmo que o juiz criasse Direito, o que alguns até concedem, essa criação ficaria limitada ao caso singular, diferentemente do que ocorre com as deliberações do legislador. A questão crítica está nesse ponto: esse raciocínio é hoje em parte válido e parcialmente inválido. Não são poucas as evidências de que se caminha para um sistema próximo da *common law*, em que o critério adotado para um julgamento hoje vincula para o futuro.

São exemplos disso: (a) as Súmulas vinculantes (exemplo ademais privilegiado, porque seu texto coloca problemas interpretativos semelhantes aos da lei); (b) Julgamentos em ações declaratórias de constitucionalidade ou inconstitucionalidade, com eficácia vinculante (não por menos, a "jurisdição" exercida nesses casos sempre foi considerada atividade legislativa); (c) Julgamentos de recursos repetitivos por parte de tribunais de superposição, que abrem aos tribunais intermediários a oportunidade de adaptar suas decisões ao precedente; (d) Cláusula de reserva de plenário para a declaração de inconstitucionalidade de lei, vinculando os órgãos fracionários dos tribunais ao julgamento do pleno; (e) uniformização de jurisprudência nos tribunais, com similares efeitos vinculantes para os órgãos fracionários; (f) autorização legal para juízes de primeiro grau sentenciarem liminarmente demandas repetitivas, com base em um julgamento paradigmático; (g) o incidente de demandas repetitivas previsto no projeto de código de processo civil. Em todas essas situações, o Judiciário, já dotado de bastante flexibilidade para a criação do Direito, pode ainda criá-lo com obrigação de observância futura, como se legislador fosse.

O Código de Processo Civil de 2015 adicionou novo tempero nessa discussão, na medida em que reforçou a necessidade de observar os precedentes judiciais. Deve o Juiz, ao fundamentar a decisão, justificar a adequação do caso ao precedente invocado ou, pelo contrário, explicitar por que o caso não se afeiçoa ao precedente invocado pela parte, ou ainda que se trata de entendimento superado. Então o precedente, súmula ou jurisprudência passa a ter – mesmo sem efeito vinculante – uma eficácia jurídica mínima, que é a de resultar na nulidade da decisão que não enfrenta as questões acima descritas[53]. Esse passo conduz a uma aproximação ainda mais forte de nosso sistema, herdeiro dos europeus de tipo continental, com o da *common law*.

Não queremos dizer que foram apagadas todas as diferenças entre legislar e julgar, muito menos que a tarefa do legislador tornou-se inócua. A pretensão é bem mais modesta: mostrar, sem as tergiversações habituais nesse assunto, que houve aproximação do sistema brasileiro, cuja origem histórica era ligada à *civil law*, com certos elementos próprios de um sistema de *stare decisis*. Não pode deixar de ser desse modo, pois a litigiosidade elevadíssima e o julgamento em massa de demandas impõem tal solução.

Destarte nos vemos obrigados a cometer um parricídio e negar o que aprendemos de nossos maiores – hodiernamente, a jurisprudência é fonte do Direito, com características iniludivelmente peculiares, é certo, mas, ainda assim, fonte.

9. FONTES DO DIREITO: DOUTRINA

Doutrina é a vetusta denominação que se dá à literatura jurídica, ao conjunto das obras teóricas sobre direito; ela inclui as exposições sistemáticas dos manuais e tratados, como também as monografias jurídicas, além dos pareceres e opiniões de jurisconsultos. Não haveria problema nenhum em incluir na doutrina as preleções orais, aulas e palestras. Essa tradição oral, porém, torna-se mais influente e efetiva quando registrada por escrito ou em outro suporte material. O doutrinador tem em comum com

---

53 CPC de 2015: "Art. 489. São elementos essenciais da sentença: I – o relatório, que conterá os nomes das partes, a identificação do caso, com a suma do pedido e da contestação, e o registro das principais ocorrências havidas no andamento do processo; II – os fundamentos, em que o juiz analisará as questões de fato e de direito; III – o dispositivo, em que o juiz resolverá as questões principais que as partes lhe submeterem. § 1º Não se considera fundamentada qualquer decisão judicial, seja ela interlocutória, sentença ou acórdão, que: VI – deixar de seguir enunciado de súmula, jurisprudência ou precedente invocado pela parte, sem demonstrar a existência de distinção no caso em julgamento ou a superação do entendimento".

o juiz a necessidade de interpretar e integrar o Direito; da mesma forma, tem de aplicar os princípios jurídicos. Mas sua autoridade é sobretudo moral e persuasória – a doutrina vale pelo quanto puder convencer outros aplicadores do Direito, seja pela boa retórica empregada, seja pelo prestígio do autor: por tal razão, a doutrina não é considerada fonte do Direito.

Abrimos exceção para um caso: na Administração pública brasileira, há espaço para que um parecer, depois de aprovado pela autoridade competente, torne-se vinculante para efeitos internos. Nessa hipótese o parecer passa a ter eficácia mais que pedagógica ou persuasória, tornando-se norma para o braço da Administração a que foi dirigido.

10. FONTES DO DIREITO: TRATADOS INTERNACIONAIS

Dos tratados internacionais, pode-se afirmar com certeza que são fontes do Direito, com vigor cada vez maior. E não estamos falando apenas de seu âmbito característico, o Direito Internacional Público. Os tratados têm o condão, quando cuidarem desse particular, de lançar as bases para normas que vigorarão no âmbito interno. Por mais de um modo.

Por expresso mandamento da Lei Maior, os tratados internacionais cujo conteúdo versar sobre direitos humanos são considerados parte integrante da Constituição, desde que aprovados com o quórum próprio de emendas constitucionais. Doutrinadores, porém, acrescentam que virtualmente qualquer tratado sobre direitos humanos integra-se na Constituição, porque esta admite princípios implícitos, decorrentes do sistema[54].

Quanto aos tratados que versem sobre temas diversos, porém destinados a produzir efeitos internos no Brasil, basta que tenham sido devidamente ratificados e promulgados. O primeiro ato é de competência do Congresso Nacional: a ratificação dá-se por decreto-legislativo; o segundo é ato do Poder Executivo: a promulgação do tratado ratificado é veiculada por Decreto do Poder Executivo. Com isso se conclui a internação do Tratado. A opinião dominante nos dias de hoje é no sentido de que os

---

54 Por todos, ver CARVALHO RAMOS, André de. *Teoria geral dos direitos humanos na ordem internacional*. 7. ed. São Paulo: Saraiva, 2021, p. 320.

Tratados (exceto os de direitos humanos) têm eficácia equivalente à lei ordinária federal. Contudo, há possibilidade de mudança de tal posição no Supremo Tribunal Federal: em decisão monocrática, o Min. Gilmar Mendes (STF) reconheceu que: "[p]ortanto, parece evidente que a possibilidade de afastar a aplicação de normas internacionais por meio de legislação ordinária (*treaty override*), inclusive no âmbito estadual e municipal, está defasada com relação às exigências de cooperação, boa-fé e estabilidade do atual cenário internacional e, sem sombra de dúvidas, precisa ser revista por essa Corte"[55]. Para Carvalho Ramos, essa decisão monocrática sugere a possibilidade de, no futuro, o STF reconhecer o estatuto *supralegal* de todos os tratados, mantendo-se, é claro, o tratamento especial dos tratados de direitos humanos já mencionado[56].

11. CONCLUSÃO: ELENCO DE FONTES DO DIREITO NO BRASIL

Procurando, então, atualizar a doutrina das fontes do Direito interno, podemos reconhecer como tais no Brasil:

- os tratados internacionais de Direitos Humanos e demais tratados internados na forma prevista pela Constituição;
- os princípios jurídicos, sejam eles explícitos ou implícitos, de origem constitucional ou decorrentes do sistema;
- a jurisprudência quando criar Direito novo e por ocasião de julgamento com efeito vinculante para o futuro;
- a equidade, seja na forma de concepção de justiça (caso em que se confunde com os princípios jurídicos), seja nos casos particulares em que a lei autoriza o juiz a aplicá-la;
- a lei;

---

55 Conferir STF, AC 2.436 MC/PR – Paraná, incidental ao RE 460.320, julgada em 3-9-2009, publicada em 15-9-2009 – Decisão Monocrática do Min. Gilmar Mendes. Citado por CARVALHO RAMOS, André de. *Pluralidade das ordens jurídicas* – a relação do direito brasileiro com o direito internacional. Curitiba: Juruá, 2012, em especial p. 46.

56 CARVALHO RAMOS, André de. *Pluralidade das ordens jurídicas* – a relação do direito brasileiro com o direito internacional. Curitiba: Juruá, 2012, em especial p. 46.

- o costume;
- os negócios jurídicos de direito privado, ainda que sua eficácia seja normalmente limitada às partes.

12. VEDAÇÃO DE *NON LIQUET*

O art. 4º da LINDB tem um sentido principal – parcialmente obsoleto –, o de elencar as fontes do Direito, e um secundário: o de impedir que o Juiz recuse jurisdição sob o pretexto de lacuna ou de obscuridade da lei. Está harmonizado com a proibição análoga do Código de Processo Civil[57], também conhecida como proibição do *non liquet*: o juiz não se escusa de aplicar o Direito alegando dificuldade ou obscuridade. Desde que presentes as condições da ação e os pressupostos para a instituição e o desenvolvimento válido e regular do processo, não pode o Juiz deixar de julgar a demanda que lhe foi apresentada. Essa vedação tem um suporte político: o Estado retirou do particular o poder de resolver a lide por si (vedação do exercício arbitrário das próprias razões), inclusive criminalizando essa conduta. Como contrapartida, não pode recusar a dicção do Direito no caso concreto.

13. INTERPRETAÇÃO DO DIREITO

Segundo antiga lição, interpretar é determinar o sentido da lei. Alguns apressadamente corrigem essa definição, afirmando que o intérprete atribui sentido à lei; mas isso daria a impressão de que a atividade de interpretação é completamente arbitrária, o que reputamos falso. Todos os sistemas jurídicos criam balizas para delimitar o que o intérprete pode ou não fazer, ou, o que é o mesmo, que tipo de argumento é considerado válido ou inválido. Tanto faz dizer "determinar" ou "atribuir" sentido à lei, porque o intérprete, sem dúvida, exerce atividade criativa, mas não uma criação sem limites ou *ex nihilo*. Hermenêutica é a disciplina que estuda a atividade da interpretação e fixa-lhe os cânones. Se há tais cânones,

---

57 Art. 140 do CPC de 2015. *In verbis:* "Art. 140. O juiz não se exime de decidir sob a alegação de lacuna ou obscuridade do ordenamento jurídico".

então a atividade do intérprete não é inteiramente *ad libitum*. Há modos aceitáveis de argumentar juridicamente e modos que simplesmente não fazem sentido.

Houve um momento histórico em que ingenuamente se afirmou: *in claris cessat interpretatio*. A clareza da lei dispensaria a interpretação. Só haveria interpretação nas situações de obscuridade ou por má-fé do profissional que estivesse tentando forçar o sentido de um texto claro. Na realidade, nenhum texto é claro se não passar por um trabalho prévio de interpretação. A aparente clareza advém de interpretação pelo menos em seu nível mais epidérmico. Sem a compreensão ao menos gramatical, seria impossível afirmar que se tomou contato com o texto.

A interpretação é tarefa inelutável do jurista; fá-lo-á inexoravelmente, às vezes sem perceber. Apesar dessa necessidade imperiosa, houve historicamente "inimigos" da Hermenêutica jurídica. O Imperador romano-oriental Justiniano tentou predeterminar as soluções de casos jurídicos escolhendo os juristas do passado clássico, cujas opiniões seriam vinculantes. Com isso, criou um tribunal dos mortos! Napoleão Bonaparte teria se horrorizado ao saber da publicação do primeiro comentário ao Código Civil Francês. Tais reações são próprias de déspotas, cujas tentativas de limitar ou impedir o trabalho dos hermeneutas sempre fracassaram rotundamente.

Em traços largos, há dois grandes braços da interpretação. Um deles é o tradicional, e sua cristalização demorou séculos, sendo sistematizada por Friedrich Carl von Savigny; e está em uso até hoje. O sistema tradicional recolheu, na argumentação usualmente empregada pelos operadores do Direito, diversos "métodos" ou "momentos", de que logo trataremos. Essa tradição, na forma como a conhecemos, está muito ligada à era clássica e, portanto, à visão de que a lei é a mais perfeita forma de expressão do Direito; dirigindo-se, então, à interpretação da lei antes de tudo o mais. Reúne as maneiras pelas quais o jurista faz seu trabalho há séculos.

A essa tradição – segundo alguns, com a pretensão de substituí-la – somou-se no século XX o "neoconstitucionalismo". Como a denominação indica, dirige-se à aplicação da Constituição e mais especificamente aos direitos fundamentais. A interpretação constitucional sublinha a ponderação de princípios, notadamente na solução de casos de maior complexidade (*hard cases*), para os quais os métodos tradicionais revelavam-se insatisfatórios. Alcançou tal prestígio em nossos dias, graças à reafirmação da autoridade dos textos constitucionais e dos direitos humanos, que, por equívoco, chega-se a pensar que a interpretação constitucional é a única forma admissível de embasar a argumentação jurídica. O erro crucial dessa concepção exagerada é fácil de notar: se os operadores do direito fossem os únicos intermediários entre a Constituição e o povo, faliria a Democracia. Juristas, como tais, não são eleitos pelo povo. No dia a dia, deverão considerar a lei e outras fontes, aplicando aos casos mais corriqueiros os "métodos" de interpretação tradicionais.

14. INTERPRETAÇÃO, CLÁUSULAS GERAIS E TERMOS LEGAIS INDETERMINADOS

14.1. TERMOS INDETERMINADOS

Os textos legais são dotados de diferentes graus de vagueza e de indeterminação. Em alguns casos notáveis, o legislador propositadamente serve-se de termos cujo significado tenha conotação (conjunto de atributos) e extensão (objetos a que o termo é atribuível) extraordinariamente vagos. A eles se refere a doutrina como "conceitos legais indeterminados" (preferimos: termos legais indeterminados). Exemplos deles: "ordem pública"; a expressão "logo" ao delimitar o limite admissível na autodefesa da posse; a "atividade (...) implicar (...) risco", para caracterização da responsabilidade civil objetiva[58]. Ao eleger termos indeterminados, o legislador deliberadamente deixa nas mãos do intérprete – ordinariamente, o Juiz – a atividade de reduzir sua vacuidade, levando em consideração a compreensão que o termo possa ter diante do caso concreto; entretanto não deixa as consequências nas mãos do aplicador; os termos legais indeterminados deixam em aberto a hipótese da norma jurídica, mas não a sanção cabível.

O Código de Processo Civil de 2015 fez referência expressa a esses termos, chamando-os de "conceitos legais indeterminados", para conside-

58 Sobre o conceito de ordem pública, ver comentários ao art. 17 da LINDB, adiante.

rar não fundamentada (e, portanto, nula) a decisão judicial que os empregue, sem justificar a razão de sua incidência ao caso em julgamento[59].

14.2. CLÁUSULAS GERAIS

Ao adotar cláusulas gerais, o legislador faz uma opção mais radical. Nesse caso, o direito será construído inteiramente pelo intérprete *a posteriori*. Tanto o antecedente da norma jurídica é integrado por termos vagos e indeterminados, como também o consequente; ou seja, além de concretizar a hipótese da norma, o aplicador também terá de eleger a sanção mais apropriada ao caso. Como prefere dizer Judith Martins-Costa, o enunciado da lei terá uma tessitura aberta, intencionalmente, conferindo um mandato ao Juiz para resolver a questão posta mediante reenvio a elementos extrassistemáticos[60].

Depois de repassar a doutrina a respeito, Alberto Gosson Jorge Jr. dá-nos a seguinte síntese: "Transitando entre a generalidade, a vagueza e os valores, inseridas numa roupagem de proposição prescritiva escrita, as cláusulas gerais afirmam o objetivo de dotar o sistema de normas com características de mobilidade, que propiciem abertura ao ordenamento jurídico, evitando-se a tensão entre preceitos normativos rígidos e valores em mutação a implicar um indesejável mal-estar decorrente de um embate sem solução sistêmica"[61].

Quanto à relação entre cláusulas gerais e princípios, a primeira consiste em uma técnica legislativa, uma forma de enunciar normas que podem muito bem ser – e frequentemente são – princípios. Cláusula geral é uma técnica de composição de texto legislativo; enquanto princípio, como já vimos, é uma espécie de norma jurídica.

---

59 Art. 489, § 1º, II, do CPC 2015: "§ 1º Não se considera fundamentada qualquer decisão judicial, seja ela interlocutória, sentença ou acórdão, que: (...) II – empregar conceitos jurídicos indeterminados, sem explicar o motivo concreto de sua incidência no caso".

60 Cf. MARTINS-COSTA, Judith. *A boa-fé no direito privado*. São Paulo: RT, 1999, p. 272-377.

61 JORGE JUNIOR, Alberto Gosson. *Cláusulas gerais no novo Código Civil*. São Paulo: Saraiva, 2004, p. 10.

14.3. CLÁUSULAS GERAIS E O BGB ALEMÃO

As cláusulas gerais mais famosas advêm do Código Alemão de 1900, §§ 138, 242 e 826: "É vedado o ato jurídico contra os bons costumes"; "O devedor é obrigado a efetuar a prestação de acordo com os requisitos da boa-fé, levados em consideração os usos ordinários"; "A pessoa que causar dano a outra contra os bons costumes é obrigada a compensá-la". Se bem que, mais do que por seu enunciado, essas cláusulas gerais assim se tornaram por conta do emprego que lhes deram os tribunais alemães nas décadas seguintes à entrada em vigor do CC Alemão, o BGB. Por exemplo, retiraram a possibilidade de se emitir ordem proibitória da conduta ilícita a partir do § 826, que a princípio se referia apenas à indenização do dano.

Foi notória a influência dessas cláusulas gerais sobre o legislador brasileiro, que adotou a função social e a boa-fé como cláusulas norteadoras de todo o direito privado, com as inevitáveis repercussões sobre o direito público.

15. MÉTODOS TRADICIONAIS DE INTERPRETAÇÃO

Método é o mesmo que instrumento; uma ferramenta para chegar-se a um fim. Na atividade do intelecto, é um instrumento para chegar-se a uma conclusão rigorosamente justificada. Os métodos tradicionais de interpretação do Direito têm a pretensão de propiciar meios para a determinação do sentido e do alcance da lei, de maneira a reduzir sua subjetividade e atingir resultados que possam ser aceitos pela comunidade jurídica. Surgiram esses "métodos" da praxe jurídica. Não advieram de descoberta feita em um gabinete de teórico. Os doutrinadores simplesmente recolheram e reconheceram certos métodos como racionalmente admissíveis.

A enumeração dos métodos tradicionais de interpretação é variável: depende muito da forma de exposição, aglutinando ou destacando alguns deles. Tentaremos fazê-lo com mais preocupação com a clareza do que qualquer outra.

16. MÉTODO GRAMATICAL

Como a interpretação tradicional firmou-se, na época clássica, como ferramenta para a inteligência da lei e, portanto, do texto, é natural que o primeiro "método" a ser invocado seja o gramatical ou literal. Ele leva em consideração as palavras, que podem ser empregadas no sentido usual ou no sentido técnico. Isso é a interpretação no nível semântico. Também considera as palavras do texto em suas relações sintáticas. A sintaxe ainda é observada nas orações e nos períodos. Resultam daí: a interpretação gramatical-semântica e gramatical-sintática. Vejamos exemplos de cada uma.

16.1. EXEMPLO DE INTERPRETAÇÃO GRAMATICAL-SINTÁTICA

Reza o art. 47 do Código Civil de 2002: "Obrigam a pessoa jurídica os atos dos administradores, exercidos nos limites de seus poderes definidos no ato constitutivo". A primeira oração é composta do sujeito "os atos dos administradores", do verbo "obrigar" (no plural, concordando com o sujeito), e do objeto, "a pessoa jurídica". Levando-se tudo em consideração, conclui-se que o sentido é: os atos dos administradores geram consequências para as pessoas jurídicas, são imputáveis juridicamente a estas. Se "pessoa jurídica" fosse confundida com o sujeito da frase, não se chegaria a esse resultado. A segunda oração "exercidos nos limites de seus poderes etc." está em modo condicional. Ela significa: "desde que" exercidos os poderes nos limites definidos no ato constitutivo, os atos dos administradores vincularão a pessoa jurídica.

16.2. EXEMPLO DE INTERPRETAÇÃO GRAMATICAL-SEMÂNTICA

Conforme o art. 434 do Código Civil, "Os contratos entre ausentes tornam-se perfeitos desde que a aceitação é expedida (...)". Para correto entendimento, é preciso determinar previamente o que significa a expressão "entre ausentes". São os contratantes que não se encontravam em posição de interação imediata, mas dependiam de um meio de comunicação que impunha intervalo de tempo entre a proposta e a aceitação do contrato[62]. Somente com esse esclarecimento a disposição passa a fazer

62 Ver mais sobre os contratos entre ausentes no comentário ao art. 9º.

sentido: nesses contratos, em que a comunicação imediata entre as partes não foi possível, o instante inicial coincidirá (com exceções que não vêm ao caso) com a expedição da aceitação.

17. MÉTODO SISTEMÁTICO

Esse método ou instante da interpretação leva em conta que as normas jurídicas não existem isoladamente. Uma vez esclarecido o sentido gramatical do texto, é preciso considerá-lo em seu meio: o contexto. Nenhuma norma é aplicada por si só: a aplicação toma em conta, muitas vezes implicitamente, o restante do ordenamento jurídico. O erro mais comum do leigo em direito ou do operador pouco experiente é o de ignorar essa premissa, tomando norma com abstração de sua relação recíproca com outras.

Exemplo de interpretação sistemática: a Lei de Locações estipula que o imóvel residencial não pode ser retomado, pelo locador, antes do término do prazo contratual. Mesmo terminado, porém, o locador não poderá despejar o inquilino sem um motivo (denúncia vazia), a não ser que a duração tenha sido convencionada por pelo menos 30 meses. Em outras palavras, o locador de imóvel residencial tem direito à denúncia vazia nas locações tratadas por pelo menos 30 meses. Haveria um erro de interpretação, porém, se essa norma fosse indevidamente estendida a outras locações. Conhecendo o sistema vigente, o intérprete perceberá que há locações de bens móveis regidas pelo Código Civil; locações de imóveis rurais aos quais não se aplica a Lei do Inquilinato; locações de imóveis públicos regidas por lei própria; além de outros casos excetuados pela própria Lei de Locação Predial Urbana. Se esse contexto maior não for levado em consideração, o intérprete pode chegar à errônea conclusão de que a denúncia vazia após 30 meses de vigência contratual seria aplicável nessas outras espécies de locações. O erro simetricamente oposto também poderia ocorrer: fossem consideradas as disposições gerais sobre a locação do Código Civil, poderia o intérprete enganar-se, pensando que a denúncia vazia (imotivada) poderia ser exercida em qualquer locação, sem restrições.

18. INTERPRETAÇÃO LÓGICA

18.1. CONCEITO

O cânone da interpretação lógica é muito simples: ele interdita que se chegue a resultados contraditórios ou absurdos na atividade interpretativa. Na expressão feliz de um autor renomado, é preciso que o sentido faça sentido. Então, entre várias inteligências possíveis, deve-se ficar com aquela que não implique em contradição. Essa contradição pode ocorrer entre normas situadas em diversos setores do Ordenamento; por isso, alguns preferem alocar o método lógico conjuntamente com o sistemático.

18.2. EXEMPLO DE APLICAÇÃO DO MÉTODO LÓGICO

Segundo o art. 579 do Código Civil, o comodato é uma modalidade de empréstimo gratuito. Então não faria sentido interpretar qualquer dos artigos subsequentes com a consequência de que seria devido algum aluguel ou renda. Isso implicaria contradição e confusão entre esse contrato e a locação, na qual o uso e fruição da coisa são cedidos em contrapartida ao pagamento do aluguel.

19. INTERPRETAÇÃO TELEOLÓGICA

19.1. PRESSUPOSTO

O "método" teleológico pressupõe que a lei tem uma finalidade identificável, que comparece não apenas nas normas, mas também nos institutos jurídicos; por exemplo: a pessoa jurídica foi criada para que tivesse um patrimônio separado de seus sócios e representantes. Aceita a premissa, a lei deve ser interpretada de modo a que essa finalidade seja atendida; por oposição, ficam interditos os resultados interpretativos que estejam em colisão com as finalidades da lei. A premissa de que toda lei tenha uma finalidade é razoável, e por isso a interpretação teleológica é empregada diariamente, corrigindo as indeterminações a que o método gramatical poderia levar; porém não é isenta de polêmica.

Poder-se-ia perguntar: a finalidade da lei seria aquela desejada pelo legislador? Ou a lei teria uma finalidade inerente, que se distingue dos objetivos de seu criador? Na verdade, ambas podem servir de suporte a argumentos favoráveis a este ou aquele resultado interpretativo. Esse problema reaparece no método histórico, de que cuidaremos a seguir.

Embora a interpretação teleológica seja um método muito bem-sucedido e aplicado com frequência, têm suas aporias. A primeira é a de que nem sempre a finalidade é evidente ou foi declarada com clareza pelo legislador. Então, ao argumentar em função da finalidade, o intérprete poderia estar agregando à norma seus próprios valores e preconceitos. Esse não é um problema fatal, porque é impossível interpretar dissociando-se da própria ideologia. A segunda aporia é mais séria: uma norma pode ser editada com vistas a diversas finalidades. No caso concreto, como distinguir, principalmente se aquelas finalidades forem incompatíveis entre si? Não há resposta *a priori.*

19.2. EXEMPLO DE INTERPRETAÇÃO TELEOLÓGICA

O famoso exemplo do cão pode ser muito ilustrativo. Suponha-se uma norma que proíbe a entrada de cães em um parque. O administrador desse parque, portanto, veda a entrada de cães, mesmo que estejam presos. A certa altura, apresenta-se um frequentador acompanhado de uma onça e pretendendo entrar, argumentando que a norma não proíbe a entrada de felinos. O administrador recusa, argumentando teleologicamente: a finalidade da norma é preservar a segurança dos demais usuários. Uma onça significa perigo muito maior; portanto a norma proibitiva é extensível a esse animal. Tempos depois, apresenta-se à entrada do parque um deficiente visual, acompanhado de um cão-guia. O administrador permite a entrada, explicando-se: esse tipo de cão é treinado para propiciar segurança não apenas ao deficiente, mas também para as demais pessoas, e, portanto, é permitido.

20. INTERPRETAÇÃO HISTÓRICA

20.1. CONCEITO

Como indica o nome, a interpretação histórica baseia-se na história da lei cujo sentido quer-se determinar. Logo, leva em consideração tanto a origem da lei, quanto sua evolução, suas alterações e as mudanças do contexto social. No primeiro caso, pode-se falar em interpretação histórico-genética; no segundo, em interpretação histórico-evolutiva.

A interpretação histórico-genética não tem hoje o prestígio de que gozou na era liberal. É que então estava relacionada com a aferição da "vontade do legislador". O legalismo positivista via grande valor em resgatar qual teria sido a vontade histórica do criador da lei. Contemporaneamente, ainda está presente nas formas de argumentação jurídica. Costuma recorrer não apenas ao contexto histórico em que a lei foi editada, mas também aos trabalhos preparatórios – porque deles há registro escrito –, aos debates, à tramitação do projeto, enfim, a todos os precedentes do texto legal.

20.2. EXEMPLO DE INTERPRETAÇÃO HISTÓRICO-GENÉTICA

Em um certo período, a legislação paulista começou a fazer referência à "gratificação natalina" dos servidores públicos estaduais. Então surgiu a dúvida: tratava-se de uma vantagem pecuniária nova ou do já conhecido décimo terceiro salário? Um dos recursos para responder positivamente estava na interpretação histórico-genética: a justificativa do projeto de lei que sistematizava a gratificação esclarecia sua sinonímia com o décimo terceiro salário.

20.3. EXEMPLO DE INTERPRETAÇÃO HISTÓRICO-EVOLUTIVA

Ao tratar da quantificação dos danos decorrentes de homicídio, o Código Civil inclui na indenização o luto da família. Historicamente, esse luto compreendia uma série de gastos materiais com a expressão da tristeza pela perda, gastos esses empenhados em vestimentas e na decoração da vivenda da família. Mas esses costumes se alteraram. Hoje, luto poderia ser tomado como sinônimo de dano moral.

21. RESULTADOS DA INTERPRETAÇÃO

21.1. RESULTADO EXTENSIVO, RESTRITIVO OU DECLARATIVO

Conforme o resultado, a interpretação pode ser extensiva, declarativa ou restritiva. Essa classificação toma em linha a comparação entre a interpretação literal e a que resulta do emprego dos demais métodos. Se o sentido literal não é ultrapassado, a interpretação é declarativa; é extensiva, quando se chega à conclusão que a norma abrange mais casos do que parecia em vista do sentido literal; se o sentido final é reduzido em relação ao que o sentido literal parecia indicar, a interpretação é restritiva.

21.2. EXEMPLO DE INTERPRETAÇÃO EXTENSIVA

Exemplo interessante encontra-se em julgado do Superior Tribunal de Justiça que ampliou o termo "transmissão". O caso era de usucapião extraordinário, discutindo-se se o registro da propriedade dependia de averbação da reserva legal. Por força da legislação então vigente, a transmissão de imóvel dependeria dessa averbação. O STJ decidiu que usucapião, embora aquisição originária da propriedade, podia ser compreendido dentro da extensão da palavra "transmissão", dando a este termo interpretação ampliativa, invocando o princípio *in dubio pro natura*[63].

21.3. EXEMPLO ADICIONAL

Outro exemplo de interpretação extensiva: a lista de serviços constante da lei complementar, para fim de incidência do imposto sobre ser-

63 "Recurso especial. Civil e ambiental. Usucapião. Imóvel rural sem matrícula. Registro da sentença. Necessidade de delimitação da reserva legal ambiental. Registro no Cadastro Ambiental Rural – CAR. Novo código florestal. 1. Controvérsia acerca da possibilidade de se condicionar o registro da sentença de usucapião de imóvel sem matrícula à averbação da reserva legal ambiental. 2. 'É possível extrair do art. 16, § 8º, do Código Florestal que a averbação da reserva florestal é condição para a prática de qualquer ato que implique transmissão, desmembramento ou retificação de área de imóvel sujeito à disciplina da Lei 4.771/65' (REsp 831.212/MG, *DJe* 22-9-2009). 3. Extensão desse entendimento para a hipótese de aquisição originária por usucapião, aplicando-se o princípio hermenêutico *in dubio pro natura*. 4. Substituição da averbação no Cartório de Registro de Imóveis pelo registro no Cadastro Ambiental Rural – CAR, por força do novo Código Florestal. 5. Adaptação do entendimento desta Corte Superior à nova realidade normativa, mantida a eficácia da norma protetiva ambiental. 6. Necessidade de prévio registro da reserva legal no CAR, como condição para o registro da sentença de usucapião no Cartório de Registro de Imóveis. 7. Recurso especial provido" (REsp 1.356.207/SP, Rel. Min. Paulo de Tarso Sanseverino, Terceira Turma, julgado em 28-4-2015, *DJe* 7-5-2015).

viços de qualquer natureza, não pode ser ampliada, mas dentre os serviços expressamente previstos, pode haver extensão aos congêneres[64].

21.4. EXEMPLO DE INTERPRETAÇÃO RESTRITIVA

Em contrapartida, o princípio da insignificância em matéria penal tem sido considerado fundamento para a interpretação restritiva dos tipos penais[65]. Outros exemplos de interpretação restritiva: normas que signifiquem restrição de direitos subjetivos; impenhorabilidades legais; hipóteses de suspeição de magistrados; contrato de fiança (as obrigações do fiador interpretam-se restritivamente); contratos benéficos de modo geral.

21.5. INTERPRETAÇÃO DECLARATIVA PELA ADMINISTRAÇÃO

A interpretação taxativa ou declarativa impõe-se na aplicação da lei pela Administração Pública, porque especialmente vinculada ao princípio da legalidade estrita, particularmente em se cuidando do regime de servidores[66].

22. INTERPRETAÇÃO AUTÊNTICA

22.1. INTERPRETAÇÃO AUTÊNTICA: SUAS VICISSITUDES

A interpretação é atividade necessária para qualquer pessoa sujeita à norma; no entanto é mais frequentemente associada ao profissional do direito e, em particular, aos comentaristas e doutrinadores. Em uma situação muito particular, o autor da interpretação é o próprio legislador: é

---

64 Dentre muitos: REsp 1.338.554/RS, Rel. Min. Humberto Martins, Segunda Turma, julgado em 7-5-2015, *DJe* 13-5-2015.

65 "O princípio da insignificância surge como instrumento de interpretação restritiva do tipo penal que, de acordo com a dogmática moderna, não deve ser considerado apenas em seu aspecto formal, de subsunção do fato à norma, mas, primordialmente, em seu conteúdo material, de cunho valorativo, no sentido de sua efetiva lesividade ao bem jurídico tutelado pela norma penal, consagrando os postulados da fragmentariedade e da intervenção mínima" (HC 147.052/MG, Rel. Min. Arnaldo Esteves Lima, Quinta Turma, julgado em 15-12-2009, *DJe* 1º-2-2010).

66 Exemplo: AgRg no AgRg no REsp 1.266.658/SP, Rel. Min. Regina Helena Costa, Primeira Turma, julgado em 28-4-2015, *DJe* 11-5-2015.

denominada de interpretação autêntica. O próprio emissor da lei encarrega-se de resolver dúvida ou ambiguidade em sua aplicação, por meio de outro ato de mesma natureza.

Na era clássica (liberal) essa interpretação gozava de grande prestígio. Como a lei era vista como o definitivo instrumento de governo racional e expressão máxima do Direito, a edição de lei interpretativa considerava-se como palavra final a respeito do sentido da lei interpretada; afinal, a vontade do legislador era o paradigma interpretativo mais apreciado: ninguém melhor que ele próprio para revelá-la. Mas não é tão simples.

22.2. VONTADE DO LEGISLADOR

A "vontade do legislador" não passa de uma abstração. Não sendo um ser biológico dotado de psicologia, o legislativo não tem vontade a não ser em sentido figurado. Não há como garantir que a lei interpretativa reflita fielmente o sentido que se pretendeu atribuir à lei interpretada. A lei interpretativa pode, sob esse pretexto, modificar a lei original supostamente objeto de interpretação autêntica. Desse modo, ela não goza mais da autoridade definitiva de que fruiu no passado. É preciso, caso a caso, examinar se houve ou não interpretação autêntica ou verdadeira mudança da lei.

O Supremo Tribunal Federal já julgou caso exemplar[67] em que suposta interpretação autêntica realizada pelo legislador foi desautorizada. Em

---

67 RE 566.621/RS, em repercussão geral. Relato desses julgados no seguinte acórdão: "Tributário. Não incidência da contribuição previdenciária. Auxílio-doença. Primeiros 15 dias de afastamento. Natureza indenizatória do adicional de 1/3 de férias. Repetição de indébito. Tributo lançado por homologação. Prazo de prescrição quinquenal a contar de cada pagamento indevido. Incidência retroativa indevida. Entendimento do supremo tribunal federal. Aplicação do novo prazo às ações ajuizadas a partir de 9.6.2005. 1. Cinge-se a demanda à existência ou não de relação jurídico-tributária quanto à cobrança de contribuição social sobre verbas referentes a 1/3 de férias e aos valores pagos nos quinze primeiros dias de afastamento do trabalhador. O Recurso Especial da Fazenda Nacional foi parcialmente provido para reconhecer a aplicação do prazo quinquenal na forma do art. 3º da LC 118/2005. 2. Sobre o Agravo Regimental da Fazenda Nacional destaca-se que a contribuição previdenciária não recai sobre os primeiros 15 dias do auxílio-doença pagos pelo empregador, por possuir natureza indenizatória. Precedentes do Superior Tribunal de Justiça. Após o julgamento da Pet 7.296/DF, o STJ realinhou sua jurisprudência para acompanhar o STF pela

matéria de prescrição da pretensão de repetição de indébito tributário, fixara o Código Tributário Nacional o prazo de 5 anos. Havia, no entanto, intranquilidade sobre o termo inicial desse prazo. Deveria correr desde o pagamento indevido ou da homologação tácita da Administração? Com a edição da Lei Complementar n. 105, pretendeu-se por fim à questão explicitando que o prazo de 5 anos correria da apresentação da declaração pelo contribuinte, ou seja, desde que efetivado o pagamento indevido.

A LC n. 105, portanto, apresentou-se como interpretativa do comando inscrito no Código Tributário Nacional; porém o STF desabonou essa compreensão, estabelecendo que o prazo novel (5 anos, contados da declaração) o era realmente e não poderia retroagir; ou seja, o prazo de cinco anos, computado do novo termo inicial, só poderia fluir a partir da vigência da LC n. 105 (esta determinada aos 120 dias de sua publicação).

23. INTERPRETAÇÃO CONSTITUCIONAL

Três fatores, em nossa concepção, condicionaram o advento da interpretação constitucional como um ramo diferenciado do tradicional: a constatação de que os textos constitucionais implicavam problemas pró-

---

não incidência de contribuição previdenciária sobre o terço constitucional de férias. 3. Em relação ao Agravo Regimental da empresa Queiroz Filhos Comércio Ltda., considera-se que: a) o egrégio STF concluiu o julgamento de mérito do RE 566.621/RS em repercussão geral, em 4.8.2011, afastando parcialmente a jurisprudência do STJ fixada no REsp 1.002.932/SP (repetitivo); b) o STF ratificou a orientação do STJ, no sentido de ser indevida a retroatividade do prazo de prescrição quinquenal, nos termos da LC 118/2005, para o pedido de repetição do indébito relativo a tributo lançado por homologação. Entretanto, quanto ao termo e ao critério para que incida a novel legislação, o STJ entendeu 'válida a aplicação do novo prazo de 5 anos tão somente às ações ajuizadas após o decurso da vacatio legis de 120 dias, ou seja, a partir de 9.6.2005', afastando o óbice aos pagamentos realizados antes do início de vigência da LC 118/2005, como vinha decidindo; c) a Primeira Seção deliberou, no dia 24.8.2011, pela imediata adoção da jurisprudência do STF; e d) no presente caso, a demanda foi ajuizada em 25.7.2007, razão pela qual o prazo prescricional quinquenal deve ser contado a partir de cada pagamento indevido nos termos da LC 118/2005. 4. Agravos Regimentais da Fazenda Nacional e da empresa Queiroz Filhos Comércio Ltda. não providos" (AgRg no AREsp 103.294/RN, Rel. Min. Herman Benjamin, Segunda Turma, julgado em 8-5-2012, *DJe* 23-5-2012).

prios de hermenêutica; a necessidade de afirmação mais vigorosa da hierarquia das Constituições e o reconhecimento universal dos direitos humanos após o encerramento da Segunda Guerra Mundial[68].

É cediço que uma Constituição não pode ser interpretada como uma lei, por conta de seu significado político e por contar com uma declaração de direitos fundamentais. Então a hermenêutica constitucional é original, embora não totalmente estranha à hermenêutica jurídica em geral. Por exemplo, não se pode deixar de considerar as normas constitucionais como um sistema; desse ponto de vista, há necessidade de observar-se o velho método sistemático, mas com uma ressalva crucial: a Constituição positiva normas-princípio que podem estar em rota de colisão.

Essa colisão não se resolve com os métodos clássicos de solução de antinomias. Um princípio constitucional não pode ser dito, *a priori*, nem superior, nem especial, tampouco posterior a outro. Os princípios podem ser ponderados para ver-se qual prevalecerá no caso concreto; entretanto isso não impõe que o princípio prevalecente afaste desnecessariamente qualquer grau de incidência do outro; nem implica que o outro deixará de prevalecer em um caso futuro. Portanto, os critérios cronológico, hierárquico e de especialidade de nada ajudam.

Além disso, houve certa demora a que os operadores do Direito percebessem que a Constituição não é mera construção programática. Ela veicula as normas de hierarquia máxima no sistema, e hoje preza-se muito por sua eficácia e efetividade. O desenvolvimento da hermenêutica constitucional foi uma forma de reafirmar-se tanto a hierarquia quanto a efetividade das normas constitucionais.

Por último, os direitos fundamentais (direitos humanos positivados) estão intimamente vinculados às duas discussões anteriores. Deseja-se que tenham aplicabilidade imediata e frequentemente entram em colisão, induzindo casos que não podem ser resolvidos com recurso aos métodos antigos de interpretação.

---

68 Sobre a evolução histórica dos direitos humanos e a sua afirmação universal, ver CARVALHO RAMOS, André de. *Teoria geral dos direitos humanos na ordem internacional*. 7. ed. São Paulo: Saraiva, 2019, em especial p. 52-60.

Mas a hermenêutica constitucional, uma vez reconhecida sua importância inegável, não se conteve nos textos constitucionais. É que os princípios que a têm como objeto irradiam-se por todo o Direito, condicionando a inteligência que se possa ter das normas infraconstitucionais. Acaba por influenciar todos os ramos do Direito, até mesmo o Direito Privado. Hoje não se pretende que os direitos fundamentais sejam oponíveis apenas pelo particular em face do Estado. Um particular pode invocar direito fundamental em face de outro; e o próprio Estado, como pessoa jurídica, deve ter seus direitos fundamentais respeitados.

24. INTERPRETAÇÃO CONFORME A CONSTITUIÇÃO

Conhecido como princípio de "interpretação constitucional", a impropriedade desse nome vê-se logo de saída, e isso tem sido notado pela doutrina. Escreve, a respeito, Virgílio Afonso da Silva: "É um fato curioso que essa forma de interpretação seja incluída entre os chamados princípios de interpretação constitucional, visto que é fácil perceber que quando se fala em interpretação conforme a Constituição não se está falando em interpretação constitucional, pois não é a Constituição que deve ser interpretada em conformidade com ela mesma, mas as leis infraconstitucionais. A interpretação conforme a Constituição pode ter algum significado, então, como um critério para a interpretação das leis, mas não para a interpretação constitucional"[69].

Decerto que não é apropriado qualificar a interpretação conforme como interpretação da própria Constituição – ela é na verdade um princípio contemporâneo de hermenêutica dos atos infraconstitucionais, notadamente as leis[70].

O primeiro ponto que chama a atenção, quanto à interpretação conforme, é que ela é uma forma de controle de constitucionalidade. Sem

---

69 AFONSO DA SILVA, Virgílio. *Interpretação constitucional e sincretismo metodológico. Interpretação constitucional.* São Paulo: Malheiros, 2005, p. 132-133.

70 Sobre a interpretação conforme no direito privado, *vide* COELHO, Inocêncio Mártires. O novo Código Civil e a interpretação conforme à Constituição. In: FRANCIULLI NETTO, Domingos; MENDES, Gilmar Ferreira; MARTINS FILHO, Ives Gandra da Silva. *O novo Código Civil.* São Paulo: LTr, 2003, p. 25-53.

declarar a invalidade do texto interpretado, possibilita que ele seja conservado, desde que fixado o sentido adequado à Constituição. Reafirma as normas constitucionais como hierarquicamente supremas no sistema e viabiliza a mantença, sem nulidade, do texto cujo sentido quer-se determinar, adotando-se aquele senso conforme à Constituição.

O inverso (ou a outra face da mesma moeda) seria determinar os sentidos potenciais do texto que se veem em confronto com a Constituição, para excluir a sua possibilidade jurídica. Exemplo disso deu o Supremo Tribunal Federal ao examinar a união estável entre o homem e a mulher, regulada pelo Código Civil de 2002. Assentou-se então que o dispositivo não poderia ser interpretado de modo a excluir a união homoafetiva[71]. Por ocasiões, chama-se a essa interpretação de "declaração de inconstitucionalidade sem redução de texto", sem muito rigor terminológico.

---

71 "Ementa: 1. Arguição de descumprimento de preceito fundamental (ADPF). Perda parcial de objeto. Recebimento, na parte remanescente, como ação direta de inconstitucionalidade. União homoafetiva e seu reconhecimento como instituto jurídico. Convergência de objetos entre ações de natureza abstrata. Julgamento conjunto. Encampação dos fundamentos da ADPF n. 132/RJ pela ADI n. 4.277/DF, com a finalidade de conferir 'interpretação conforme à Constituição' ao art. 1.723 do Código Civil. Atendimento das condições da ação. 2. Proibição de discriminação das pessoas em razão do sexo, seja no plano da dicotomia homem/mulher (gênero), seja no plano da orientação sexual de cada qual deles. A proibição do preconceito como capítulo do constitucionalismo fraternal. Homenagem ao pluralismo como valor sócio-político-cultural. Liberdade para dispor da própria sexualidade, inserida na categoria dos direitos fundamentais do indivíduo, expressão que é da autonomia de vontade. Direito à intimidade e à vida privada. Cláusula pétrea. O sexo das pessoas, salvo disposição constitucional expressa ou implícita em sentido contrário, não se presta como fator de desigualação jurídica. Proibição de preconceito, à luz do inciso IV do art. 3º da Constituição Federal, por colidir frontalmente com o objetivo constitucional de 'promover o bem de todos'. Silêncio normativo da Carta Magna a respeito do concreto uso do sexo dos indivíduos como saque da kelseniana 'norma geral negativa', segundo a qual 'o que não estiver juridicamente proibido, ou obrigado, está juridicamente permitido'. Reconhecimento do direito à preferência sexual como direta emanação do princípio da 'dignidade da pessoa humana': direito a autoestima no mais elevado ponto da consciência do indivíduo. Direito à busca da felicidade. Salto normativo da proibição do preconceito para a proclamação do direito à liberdade sexual. O concreto uso da sexualidade faz parte da autonomia da vontade das pessoas naturais. Empírico uso da sexualidade nos planos da intimidade e da privacidade constitucionalmente tuteladas. Autonomia da vontade. Cláusula pétrea. 3. Tratamento constitucional da instituição da família. Reconhecimento de que a constituição federal não empresta ao substantivo 'família' nenhum significado ortodoxo ou da própria técnica jurídica. A família como categoria sociocultural e princípio espiritual. Direito subjetivo de constituir família. Interpretação não reducionista. O *caput* do art. 226 confere à família, base da sociedade, especial proteção do Estado. Ênfase constitucional à instituição da família. Família em seu coloquial ou proverbial significado de núcleo doméstico, pouco importando se formal ou informalmente constituída, ou se integrada por casais heteroafetivos ou por pares homoafetivos. A Constituição de 1988, ao utilizar-se da expressão 'família', não limita sua formação a casais heteroafetivos nem a formalidade cartorária, celebração civil ou liturgia religiosa. Família como instituição privada que, voluntariamente constituída entre pessoas adultas, mantém com o Estado e a sociedade civil uma necessária relação tricotômica. Núcleo familiar que é o principal lócus institucional de concreção dos direitos fundamentais que a própria Constituição designa por 'intimidade e vida privada' (inciso X do art. 5º). Isonomia entre casais heteroafetivos e pares homoafetivos que somente ganha plenitude de sentido se desembocar no igual direito subjetivo à formação de uma autonomizada família. Família como figura central ou continente, de que tudo o mais é conteúdo. Imperiosidade da interpretação não reducionista do conceito de família como instituição que também se forma por vias distintas do casamento civil. Avanço da Constituição Federal de 1988 no plano dos costumes. Caminhada na direção do pluralismo como categoria sócio-político-cultural. Competência do Supremo Tribunal Federal para manter, interpretativamente, o Texto Magno na posse do seu fundamental atributo da coerência, o que passa pela eliminação de preconceito quanto à orientação sexual das pessoas. 4. União estável. Normação constitucional referida a homem e mulher, mas apenas para especial proteção desta última. Focado propósito constitucional de estabelecer relações jurídicas horizontais ou sem hierarquia entre as duas tipologias do gênero humano. Identidade constitucional dos conceitos de 'entidade familiar' e 'família'. A referência constitucional à dualidade básica homem/mulher, no § 3º do seu art. 226, deve-se ao centrado intuito de não se perder a menor oportunidade para favorecer relações jurídicas horizontais ou sem hierarquia no âmbito das sociedades domésticas. Reforço normativo a um mais eficiente combate à renitência patriarcal dos costumes brasileiros. Impossibilidade de uso da letra da Constituição para ressuscitar o art. 175 da Carta de 1967/1969. Não há como fazer rolar a cabeça do art. 226 no patíbulo do seu parágrafo terceiro. Dispositivo que, ao utilizar da terminologia 'entidade familiar', não pretendeu diferenciá-la da 'família'. Inexistência de hierarquia ou diferença de qualidade jurídica entre as duas formas de constituição de um novo e autonomizado núcleo doméstico. Emprego do fraseado 'entidade familiar' como sinônimo perfeito de família. A Constituição não interdita a formação de família por pessoas do mesmo sexo. Consagração do juízo de que não se proíbe nada a ninguém senão em face de um direito ou de proteção de um legítimo interesse de outrem, ou de toda a sociedade, o que não se dá na hipótese sub judice. Inexistência do direito dos indivíduos heteroafetivos à sua não equiparação jurídica com os indivíduos homoafetivos. Aplicabilidade do § 2º do art. 5º da Constituição Federal, a evidenciar que outros direitos e garantias, não expressamente listados na Constituição, emergem 'do regime e dos princípios por ela adotados', *verbis*: 'Os direitos e garantias

Dissemos que são aspectos da mesma realidade, porque, se fosse declarada a inconstitucionalidade de todas as interpretações possíveis de uma norma, exceto uma, tida por compatível com a Constituição, o resultado prático seria o mesmo da interpretação conforme. É possível que por essa razão os tribunais não sejam rígidos ao empregar as expressões interpretação conforme e inconstitucionalidade sem redução de texto, por vezes tomando uma pela outra.

Nelson Nery Jr. e Rosa Maria Andrade Nery parecem identificá-las, ao afirmar: "A interpretação conforme a Constituição (...) é forma de controle de constitucionalidade, excluindo por inconstitucionalidade determinadas hipóteses de aplicação (...) do programa normativo, sem que isso implique qualquer alteração do texto legal. Quando a lei contém em abstrato vários sentidos possíveis, mas objetivamente apenas um deles, diante do problema *decidendo*, é constitucional, este, alcançando mediante a interpretação conforme a Constituição, é o único possível juridicamente"[72].

---

expressos nesta Constituição não excluem outros decorrentes do regime e dos princípios por ela adotados, ou dos tratados internacionais em que a República Federativa do Brasil seja parte'. 5. Divergências laterais quanto à fundamentação do acórdão. Anotação de que os Ministros Ricardo Lewandowski, Gilmar Mendes e Cezar Peluso convergiram no particular entendimento da impossibilidade de ortodoxo enquadramento da união homoafetiva nas espécies de família constitucionalmente estabelecidas. Sem embargo, reconheceram a união entre parceiros do mesmo sexo como uma nova forma de entidade familiar. Matéria aberta à conformação legislativa, sem prejuízo do reconhecimento da imediata autoaplicabilidade da Constituição. 6. Interpretaçao do art. 1.723 do código civil em conformidade com a constituição federal (técnica da 'interpretação conforme'). Reconhecimento da união homoafetiva como família. Procedência das ações. Ante a possibilidade de interpretação em sentido preconceituoso ou discriminatório do art. 1.723 do Código Civil, não resolúvel à luz dele próprio, faz-se necessária a utilização da técnica de 'interpretação conforme à Constituição'. Isso para excluir do dispositivo em causa qualquer significado que impeça o reconhecimento da união contínua, pública e duradoura entre pessoas do mesmo sexo como família. Reconhecimento que é de ser feito segundo as mesmas regras e com as mesmas consequências da união estável heteroafetiva" (ADPF 132, Rel. Min. Ayres Britto, Tribunal Pleno, julgado em 5-5-2011, *DJe* 198 13-10-2011, publicação 14-10-2011, *Ementário* v. 2607/01, p. 1). *Vide*, também: ADI 4.277, Rel. Min. Ayres Britto, Tribunal Pleno, julgado em 5-5-2011, *DJE* 198, 13-10-2011, publicação 14-10-2011, Ementário v. 2607/03, p. 341, *RTJ* v. 219, p. 212.

72 NERY, Rosa Maria Andrade; NERY JUNIOR, Nelson. *Instituições de direito civil.* São Paulo: RT, 2014, p. 324.

25. DIREITOS FUNDAMENTAIS E DIREITO PRIVADO

Resulta do que expusemos que o intérprete hoje deve-se pôr como um servo dos direitos humanos e dos direitos fundamentais[73]. A propósito da influência dos direitos fundamentais no âmbito privado, Claus-Wilhelm Canaris oferece-nos a seguinte sinopse: "1. Os direitos fundamentais devem ser aplicados a leis de direito privado como direito imediatamente vigente" (no Brasil, isso resulta diretamente do enunciado do art. 5º, da Constituição Federal); Como decorrência, "a vinculação do legislador de direito privado aos direitos fundamentais é 'imediata'". "2. Os direitos fundamentais valem também para a aplicação e desenvolvimento do direito privado. 3. Em contraposição às leis do direito privado, bem como à sua aplicação e desenvolvimento pela jurisprudência, os sujeitos de direito privado e o seu comportamento não estão, em princípio, sujeitos à vinculação imediata aos direitos fundamentais. Estes desenvolvem, porém, os seus efeitos nesta direção, por intermédio da sua função como imperativos de tutela"[74].

Segundo os maiores especialistas, o discurso baseado nos direitos fundamentais não leva a um resultado unívoco. Não é possível estabelecer soluções prontas de antemão, nem se atingir a segurança jurídica absoluta ou a uniformidade de discurso que se buscava na época clássica, proibindo os processos de interpretação, primeiramente, e, em segundo momento, procurando encerrá-los em alguns tipos bem definidos e buscando encerrar o pensamento em soluções interpretativas que se pretendiam eternas. Essa foi a utopia da era liberal, porque os textos eram animados por ideologia que garantia resultados únicos, pelo menos na maioria dos casos. As divergências jurisprudenciais, ainda que em casos

---

73 *Vide*, a respeito, MONTEIRO, Antonio Pinto; NEUNER, Jorg; SARLET, Ingo. *Direitos fundamentais e direito privado* – uma perspectiva de direito comparado. Coimbra: Almedina, 2007. Ver também a eficácia horizontal (ou entre particulares) dos direitos humanos em CARVALHO RAMOS, André de. *Teoria geral dos direitos humanos na ordem internacional*. 7. ed. São Paulo: Saraiva, 2019.

74 CANARIS, Claus-Wilhelm. *Direitos fundamentais e direito privado*. Coimbra: Almedina, 2012, p. 129-133.

de número reduzido, eram vistas como verdadeiros escândalos ou, pelo menos, como graves inconvenientes a serem contornados.

Sem prejuízo das técnicas legislativas que buscam a uniformização e o respeito aos precedentes, não se pode hoje sequer sonhar com aquela clausura do pensamento, como ilustra Alexy: "O discurso dos direitos fundamentais é um procedimento argumentativo que se ocupa com o atingimento de resultados constitucionalmente corretos (...). Como a argumentação no âmbito dos direitos fundamentais é determinada apenas de forma incompleta por sua base, a argumentação prática geral torna-se um elemento necessário do discurso nesse âmbito. Isso significa que o discurso no âmbito dos direitos fundamentais, como o discurso jurídico em geral, compartilha da insegurança quanto aos resultados, característica do discurso prático geral. Por isso, a abertura do sistema jurídico, provocada pelos direitos fundamentais, é inevitável. Mas ela é uma abertura qualificada. Ela diz respeito não a uma abertura no sentido de arbitrariedade ou de mero decisionismo"[75].

Guardemos com cuidado as duas advertências: nem soluções fechadas e definitivas, nem arbitrariedade pura.

26. A DISTINÇÃO PRINCÍPIO-REGRA E A INTERPRETAÇÃO CONSTITUCIONAL

Esboçamos acima a distinção entre norma-princípio e norma-regra. Essas expressões têm o condão de frisar que uns e outros são dotados de força normativa. Também dissemos que os velhos brocardos dirigidos à solução de antinomias de primeiro grau não servem para resolver colisões de princípios (quer dizer, para determinar qual deles deve prevalecer na solução de um caso em que parecem indicar resultados conflitantes). A razão disso está no resultado da aplicação dos critérios hierárquico, cronológico e de especialidade, em relação à norma-regra. Se uma regra é superior a outra e ambas estão em contradição, esta segunda fica sem

75 ALEXY, Robert. *Teoria dos direitos fundamentais*. São Paulo: Malheiros, 2008, p. 573-574.

fundamento de validade. Se uma regra, hierarquicamente igual, colide com outra mas é posterior, revoga esta última. Se for especial, afastar a aplicação da geral no seu âmbito específico de incidência. Logo, pode-se dizer que na solução das antinomias clássicas, a regra é expulsa do sistema (por aplicação dos critérios hierárquico e cronológico), ou, no mínimo, tem o seu âmbito de irradiação de efeitos definitivamente comprometido (por aplicação do critério de especialidade). Esses fenômenos não se verificam quando da solução de colisões de normas-princípio. Um princípio não ab-roga outro, nem compromete definitivamente a eficácia do outro, mas somente naquele caso em que a colisão foi solucionada. Ademais, mesmo nesse caso concreto é preciso que o sacrifício do princípio não prevalecente seja o menor possível.

27. ARGUMENTAÇÃO JURÍDICA

27.1. INTRODUÇÃO

Intrinsecamente ligado ao tema da interpretação é o estudo das formas de argumentação jurídica, ou, como preferimos, os modos como a retórica jurídica é empregada no contexto da justificação de determinada interpretação. Se interpretar é tarefa da qual não se pode fugir, expor persuasivamente os motivos e o resultado da interpretação é o trivial do operador do Direito.

27.2. TIPOS DE DISCURSO INTERPRETATIVO

Recorrendo às lições de Ennio Russo, que por sua vez comenta a síntese precedente de G. Tarello, traçamos a seguir um resumo dos argumentos jurídicos usuais.

27.3. ARGUMENTOS DESTINADOS A OBTER O SIGNIFICADO LITERAL

- Argumento filológico: é aquele que tenta reconstruir o significado literal pela intenção atribuída ao legislado (vontade da lei).
- Argumento *a contrario*: exclui a possibilidade de analogia com base no próprio silêncio da lei.
- Argumento sistemático: concebe a lei como unidade e o discurso jurídico como organicamente estruturado. Apela ora à coerência do

Direito, ora à necessidade de evitar-se interpretações redundantes; ora à necessidade de iniciar a partir de princípios gerais.

- Argumento histórico: recorre à tradição para estabelecer o conteúdo semântico da linguagem legislativa.
- Argumento *ad absurdum*: busca mostrar que certo resultado interpretativo, se aplicado de modo geral, leva a soluções contrárias à razão.
- Argumento naturalístico: louvando-se na natureza das coisas, do ser humano e das relações humanas, afirma a impotência do legislador – este não pode senão explicitar dita natureza dos sujeitos, coisas e relações.
- Argumento pela autoridade: trabalha com o produto da interpretação realizada por outrem (a autoridade), que pode ser, *v. g.*, a jurisprudência.
- Argumento equitativo: advém de previsão da própria lei, quando compete ao intérprete o dever de interpretá-la por equidade.

27.4. ARGUMENTOS PARA OBTENÇÃO DO SIGNIFICADO LÓGICO DA LEI

- Argumento psicológico: parte da vontade atribuída ao legislador.
- Argumento teleológico: pressupõe que todo discurso é dotado de uma direção intencional; interpreta a lei pelos fins. Pelo viés sistemático, estabelece fins que sejam coerentes com outras finalidades previstos em outros setores da lei; pelo viés valorativo, parte dos valores ínsitos nas coisas ou nos interesses que se têm por merecedores de tutela.

27.5. ARGUMENTOS PARA OBTENÇÃO DO SIGNIFICADO ANALÓGICO DA LEI

- Argumento a *simili ad simile*: estipula um campo de aplicação mais amplo do que seria abarcado pelo sentido puramente literal.
- Argumento da integridade ou completude do direito: parte da concepção de que a lei prevê todas as situações, de modo completo (e isso porque o juiz não pode recusar-se a julgar o caso concreto, invocando o contrário)[76].

---

76 Cf. RUSSO, Ennio. *L'interpretazione delle leggi civili*. Torino: G. Giappichelli, 2000, p. 480-515.

28. LACUNAS DA LEI/DO DIREITO

28.1. DEFINIÇÃO

Lacunas são vazios indesejados de norma jurídica. Situações em que não há critério de decidibilidade evidente e, mais, situações nas quais se sente ausência de regulação jurídica. O ponto importante é que essa sensação é acompanhada do desejo de que houvesse tal regulação. Percebe-se que o silêncio da lei não é satisfatório; parece que o legislador deveria ter regulado essa ou aquela situação ou relação, conquanto não o tenha feito.

Como se vê, estamos seguindo de perto a concepção de lacuna sustentada por Karl Engisch: "A primeira questão, que de modo algum é fácil de responder, é a de saber o que devemos entender em geral por uma lacuna. Se abstrairmos da imagem espacial – fala-se, por exemplo, de uma lacuna na dentição ou numa estacada – o elemento conceitual, aquilo que é transplantável para o domínio do Direito, podemos dizer: uma lacuna é uma incompletude insatisfatória no seio de um todo. Aplicado ao Direito, o conceito de lacuna significa que se trata de uma incompletude insatisfatória no seio do todo jurídico"[77].

Essa última observação é assaz importante: não há lacuna quando uma questão não é, nem deve ser, regulada pelo Direito; ou seja, quando aquele vazio é proposital.

Esclarece Tércio Sampaio Ferraz, a propósito das lacunas, que há dúvidas sobre a propriedade em assumi-las como um fenômeno real ou fictício: "Nos quadros da dogmática analítica, que elabora a sistematização do ordenamento, a questão é controvertida. Há autores que afirmam ser a plenitude lógica dos ordenamentos uma ficção doutrinária de ordem prática, que permite ao jurista enfrentar os problemas de decidibilidade com um máximo de segurança. Trata-se de uma ficção porque o ordenamento de fato é reconhecido como lacunoso (cf. Geny, 1925:193). Há outros que afirmam ser a incompletude uma ficção prática, que permite ao juiz

77 ENGISCH, Karl. *Introdução ao pensamento jurídico*. 6. ed. Lisboa: Calouste Gulbenkian, p. 276.

criar direito quando o ordenamento, que, por princípio, é completo, lhe parece insatisfatório no caso em questão (assim Kelsen, 1960:35)"[78].

28.2. ESPAÇO VAZIO DE DIREITO

Afirmamos que não lá lacunas quando a incompletude do Direito é proposital. Tomem-se como exemplo os sentimentos e pensamentos íntimos de uma pessoa. Enquanto não são expressados, são fenômenos puramente individuais, não se refletindo na vida de relação. Sendo o Direito eminentemente bilateral – quer dizer, reclama pelo menos dois sujeitos interagindo –, não há de regular tais fenômenos, que se esgotam no plano puramente íntimo. No exemplo, há também uma questão política: se o Direito tratasse dos sentimentos ou ideias de alguém como tais, seria a expressão de um regime tirânico. Os fatos puramente psicológicos, que não se exteriorizaram em um comportamento visível, estão simplesmente fora do Direito. Nesse caso, o vazio é oportuno e desejado, não se devendo falar em lacuna.

Só há lacuna se é sentida a necessidade de regular-se juridicamente dada questão. Um exemplo disso são os crimes cometidos contra redes de computadores. Na época em que essa tecnologia não existia, não havia necessidade da previsão desses fatos típicos penais. Mas essa necessidade passou a ser premente quando se percebeu a possibilidade de extrair-se material reservado por violação da segurança das redes. Como estamos exemplificando com um delito penal, essa lacuna não poderia ser preenchida senão com a intervenção do legislador.

Até aqui, definimos a lacuna como um espaço ausente de Direito, mas que deveria ter sido regulado, porque a sociedade vê a ausência como inconveniente ou indevida. O ponto mais discutível da definição está em que alguns veem no Direito um sistema completo, de modo que não cabe falar em lacuna. Quando muito, haveria lacuna na lei; há espaços não ocupados pelo legislador, que podem ser preenchidos por recurso às outras

---

78 FERRAZ JR., Tércio Sampaio. *Introdução ao estudo do direito*. São Paulo: Atlas, 1994, p. 218.

fontes. Os aplicadores da lei e, em especial, os juízes, são obrigados a preencher as lacunas porque não podem escusar-se de julgar sob pretexto de incompletude da lei. Essa discussão não pode ser totalmente resolvida: dependerá da visão ontológica que se tenha do próprio Direito – seria ele um sistema fechado ou aberto? Seria um sistema apoiado em si mesmo (autopoiético) ou em elementos externos a si?

Kelsen, em obra póstuma, parece afirmar que não há lacunas porque há juízes encarregados de formular normas jurídicas concretas; e porque toda conduta não proibida, é permitida. Nas suas palavras: "Distingue-se, nesse sentido, uma regulação positiva e negativa da conduta humana pelo ordenamento jurídico, toda conduta de um indivíduo que está sob uma ordem jurídica – positivamente ou negativamente – é juridicamente regulada. Então pode-se – neste sentido – falar de uma plenitude do ordenamento jurídico. Então não pode haver 'lacunas' no Direito, contanto que com isso se entenda que uma determinada conduta humana não é juridicamente regulada e, por conseguinte, o direito vigente não pode ser aplicado a essa conduta. Isto jamais é o caso, pois o Direito vigente pode ser aplicado em todas as hipóteses em que um indivíduo, por causa de uma conduta por ele expressa, for juridicamente chamado à responsabilidade, quer dizer, se a questão a decidir é se esta conduta representa um ilícito porque, segundo o Direito em vigor, a esta conduta se deve reagir com uma consequência do ilícito, estatuída pelo Direito válido. Esta questão sempre pode ser decidida com aplicação do Direito vigente"[79].

Não partimos desse pressuposto de plenitude porque nossos propósitos são diferentes. Tratamos de lacuna da lei e não do Ordenamento. O que cabe assentar, em uma obra como a presente, é que o operador do Direito percebe, com frequência, a falta de critérios de decidibilidade para conflitos de interesses que carecem de uma qualificação jurídica e, portanto, de critérios de decidibilidade. Ao perceber essa carência, dá-se

79 KELSEN, Hans. *Teoria geral do direito e do Estado*. Porto Alegre: Sergio Fabris, 1986, p. 168.

conta da necessidade de buscar solução, em outras palavras, de praticar a atividade de integração: está diante de uma lacuna.

Roldán e Suárez afirmam que, no Código Civil Espanhol, há preceito no sentido de que juízes e tribunais devem resolver todos os casos atendo-se ao sistema de fontes estabelecido (há norma semelhante no Brasil). Isso parece pressupor a ideia de plenitude do ordenamento, isto é, há no ordenamento uma norma para regular cada caso. O dogma consequente seria o de que não há lacunas, reforçado, na Idade Média, com a recepção do Direito Romano[80], que se supunha acabado e completo. Seu desenvolvimento teria como corolário o ideal de codificação, com a estruturação de um sistema de fontes devidamente hierarquizadas (como vimos também ser o caso de nosso País). Com todos esses materiais forma-se o "Código", que representa todo o Direito.

Nos tempos modernos, tais concepções servem ao intento de controle e monopolização do Direito por parte do Estado, que resiste a aceitar fontes não oficiais. Por aí se vê que a plenitude é uma aspiração antiga, que implica maior perfeição do ordenamento e pelo qual se deve lutar, ainda que inalcançável, já que a sociedade gera uma série de distorções e desavenças que não se podem resolver pelas normas do ordenamento jurídico. Tais distorções têm origem nos fenômenos sociais provocados por novas descobertas e novas técnicas, que por sua vez provocam mudanças nas estruturas sociais[81]. É um bom resumo para que compreendamos que não há como se livrar do problema das lacunas, mesmo que se considerem uma ficção para fins práticos.

29. INTEGRAÇÃO DE LACUNAS

29.1. PREENCHIMENTO DA LACUNA

A lacuna da lei é preenchida – integrada – por recurso a ela mesma (lei) e a outras fontes do Direito, inclusive as normas-princípio, como já

---

80 Sobre a recepção do direito romano na Europa, *vide* GILISSEN, John. *Introdução histórica ao direito*. Lisboa: Calouste Gulbenkian, 1995, p. 350 e seguintes.

81 ROLDÁN, Luís Martinez; SUÁREZ, Jesús A. Fernández. *Curso de teoría del derecho*. Barcelona: Ariel, 1999, p. 109-110.

mencionamos. No primeiro caso, temos a analogia, empregada, sem nenhum exagero, há milênios como técnica de integração.

A analogia parte de um caso conhecido e regulado juridicamente para outro, cuja semelhança justifica solução igual. A justificativa racional da analogia está aí: situações semelhantes merecem tratamento simétrico. Há uma exigência de justiça e igualdade por trás dessa afirmação.

Uma primeira concepção da analogia a definia como raciocínio em que se parte do particular, chegando-se a uma conclusão da mesma natureza, particular. Mas tal concepção põe mais problemas do que resolve. Indaga-se, com razão, Karl Engisch: "com que direito me é lícito presumir, ou muito menos concluir, que aquilo que convém a um particular também convém a outro particular?"[82]. De fato é uma interrogação para a qual não se pode dar uma resposta inteiramente satisfatória.

No passado, pensou-se também que seria possível tratar da analogia como uma questão puramente lógica. O aplicador da lei faria uma indução e uma dedução. Por indução, abstrairia, a partir do caso concreto regulado, uma solução genérica, que por dedução seria invocada para o caso não regulado mas similar. Porém, essa descrição do procedimento revelou-se excessivamente simplista.

A análise da analogia como procedimento lógico de dois passos (indução – dedução) falha por esquecer-se de que há juízo de valor na sua base. Os dois casos, um juridicamente regulado e o outro não, são semelhantes, mas não iguais (se fossem iguais, não haveria lacuna). Se são apenas assemelhados, quer dizer que há diferenças entre eles. Para justificar a analogia, o aplicador da norma decidiu que as semelhanças são mais relevantes do que as dessemelhanças, o que implica valoração. Ora, estando esse juízo de valor na raiz de todo procedimento analógico, ele não pode ser puramente lógico-formal.

A estrutura mais simples do argumento por analogia é chamada de *a pari ratione*, pelos motivos já discutidos: funda-se na exigência de equa-

---

82 ENGISCH, Karl. *Introdução ao pensamento jurídico*. 6. ed. Lisboa: Calouste Gulbenkian, p. 288.

nimidade, de que problemas assemelhados devem ter as mesas soluções. O argumento pode ser modificado para as formas: (a) *a maiori ad minus*, segundo o qual o que é permitido para o mais, também o é para o menos (se posso trafegar até o máximo de 60 km/h, também posso a 40 km/h); (b) *a minori ad maius*, o que é proibido para o menos, também o é para o mais (se é proibido ferir alguém, mais ainda é vedado matá-lo).

Como se percebe, a grande dificuldade da analogia está em uma questão retórica: persuadir os destinatários do argumento de que as semelhanças são mais relevantes do que as diferenças; tão relevantes a ponto de justificar a incidência da mesma norma. Quem estiver interessado em impedir a aplicação analógica da norma deverá atacar o ponto mais frágil do argumento, que justamente está aqui e, como vimos, equivale a um juízo de valor, fácil de confrontar.

29.2. VEDAÇÕES DE ANALOGIA

Há setores em que a analogia (e mesmo a interpretação extensiva) é proibida; assim, com as normas penais incriminadoras (não se pode criar um tipo penal a partir de outros, por analogia), com as normas instituidoras ou agravadoras de tributos e com as normas que instituem tipos de direitos reais.

30. PRINCÍPIOS GERAIS DE DIREITO: FUNÇÃO INTEGRADORA

Os princípios gerais de Direito servem de vetor interpretativo – já o frisamos – mas também de pano de fundo para a integração do Direito. Não por menos, a doutrina menciona amiúde a função integradora dos princípios.

Anteriormente discutimos a noção de princípio, destacamos sua força normativa e o comparamos com as regras. Discute-se se haveria diferença essencial entre eles ou não, resolvendo-se em uma questão de grau. A nosso ver, a segunda resposta é a exata. Princípios diferenciam-se das regras por uma escala: são mais abstratos; de maior incidência; mais próximos dos valores etc. Tudo é uma questão de mais e menos. É por isso que estamos de acordo com quem evita exagerar a distinção, que não obstante permanece útil. Havendo lacuna, os princípios serão invocados para a construção da regra incidente no caso: se fossem completamente heterogêneos, isso seria impossível.

A origem dos princípios que servem ao preenchimento de lacunas é, como nos demais casos, muito variada. Há princípios explícitos e implícitos; positivados ou não nas Constituições e declarações de direitos humanos. Não estamos de acordo com quem, a título de evidenciar a importância dos princípios constitucionais, nega a existência de princípios gerais de direito privado. Isso é desnecessário para os efeitos pretendidos e, ademais, falso. Tome-se como exemplo o princípio da vedação do enriquecimento sem causa, que, embora não esteja expresso nos textos constitucionais, continua a ser reconhecido no direito privado. Basta para tanto que não haja conflito com os princípios constitucionais expressos ou implícitos. É claro que poder-se-á argumentar que a "concordância" com a Constituição faz dos princípios gerais de direito privado um tipo de princípio constitucional implícito. Não vemos problema nisso: ao destacar os princípios gerais de direito privado, estamos fazendo referência à sua origem histórica e não propriamente à sede normativa.

31. COSTUMES

O costume, como já foi referido no tópico próprio, é fonte imemorial do Direito. Pode ser invocado, nos termos em que o definimos acima, para preencher lacunas, devendo tomar cuidado com um detalhe: é da lacuna da lei que se está tratando (e não de lacuna do Direito).

32. EQUIDADE

Segundo a doutrina – porque não há disposição expressa na LINDB –, a equidade é o recurso extremo a que o Juiz pode recorrer na integração de lacuna da lei. Expusemos em tópico anterior o conceito de equidade enquanto justiça do caso concreto. Para evitar repetições, remetemos o leitor para lá.

Art. 5º Na aplicação da lei, o juiz atenderá aos fins sociais a que ela se dirige e às exigências do bem comum.

1. FINS SOCIAIS DA LEI

1.1. INDIVIDUALISMO *VS.* FINS SOCIAIS

Ao aplicar a lei, deve o juiz ter em conta seus fins sociais. O art. 5º da LINDB tem origem na tentativa de temperar os excessos positivistas atribuídos – a nosso ver injustamente – ao Código Civil de 1916. Visava combater a mera exegese literal dos textos legais e o conceptualismo jurídico típicos da atmosfera intelectual do século XIX. Embora promulgado durante o regime ditatorial inaugurado com a Constituição de 1937, seu espírito pode ser resgatado nos ideais sociais da Carta anterior, de 1934.

Essa Constituição reconheceu os sindicatos (em contraste com nossa primeira Constituição, que extinguira e pusera na ilegalidade as "corporações de ofício"), organizou a Justiça do Trabalho em moldes arbitrais e paritários e mencionou pela primeira vez a vedação de exercício da propriedade em frustração do interesse social ou coletivo. Apesar de sua curta vigência, preparou o ambiente para que o Brasil absorvesse a influência da Constituição Alemã de 1919, a famosa Constituição de Weimar – primeira a mencionar expressamente a função social da propriedade – e também da Constituição Mexicana, pioneira na enunciação de direitos trabalhistas. Pode-se dizer que, com a Constituição de 1934, e depois com o art. 5º da LINDB (então LICC), o Brasil entrava no século XX do ponto de vista normativo, com as décadas de atraso típicas de uma economia periférica e de industrialização ainda recente.

O século XX consagrou a noção de função social, que retornaria ainda embrionária na Constituição de 1946, e finalmente seria positivada nas Cartas de 1967, na Emenda Constitucional n. 01, de 1969, e na Constituição de 1988.

Referindo-se à socialidade como característica do Direito Civil contemporâneo (se bem que é possível extrapolar a lição para todos os ramos do Direito), Judith Martins Costa e Gerson Luiz Carlos Branco ensinam: "O quadro que hoje se apresenta ao Direito Civil é o da reação ao excessivo individualismo característico da Era codificatória oitocentista que tantos e tão fundos reflexos ainda nos lega. Se às Constituições cabe proclamar o princípio da função social – o que vem sendo regra desde Weimar – é ao Direito Civil que incumbe transformá-lo em instrumento concreto de ação. Mediante ao recurso à função social e também à boa-fé – que tem uma face marcadamente ética e outra solidarista – instrumentaliza o Código agora aprovado a diretriz constitucional da solidariedade social, posta como um dos 'objetivos fundamentais da República'"[83].

Os autores mencionados assim expõem a solidariedade social como vetor do Código Civil de 2002. Entendemos que o mesmo fundamento constitucional – o objetivo fundamental solidarista da República Federativa do Brasil – serve de esteio para a regra de interpretação contida no art. 5º da LINDB, que será a velha interpretação finalística orientada aos "fins sociais" da lei.

1.2. UNIVERSALIDADE DOS FINS SOCIAIS

Que a lei tem fins sociais, seria despiciendo afirmar. O art. 5º em comento consagra a interpretação teleológica – dando suporte positivo à noção de que a lei persegue finalidades a serem tomadas em conta forçosamente pelo aplicador – mas vai além disso. Aponta que esses fins são "sociais", isto é, transcendem os interesses individuais das pessoas contempladas pela lei. Para compreender isso, tenha-se em conta que, ao instituir obrigações, deveres e sujeições, as normas jurídicas automaticamente criam os respectivos créditos, direitos e poderes. Uns (situações jurídicas ativas) e outros (situações jurídicas passivas) não são instituídos com fins puramente individuais, não importam em vantagem ou carga que se esgote na esfera unicamente do indivíduo. Eis porque a função social é afirmada tranquilamente, hoje, como predicamento dos principais institutos de Direito Privado: fala-se em função social da propriedade, função social da empresa e função social do contrato; e é estendida ao patrimônio público, aos convênios e contratos administrativos.

1.3. FINS SOCIAIS E FUNÇÃO SOCIAL

Estamos, portanto, tomando "fins sociais" e "função social" como expressões correlativas: senão sinônimas, têm pelo menos idêntico pro-

---

83 MARTINS-COSTA, Judith; BRANCO, Gerson Luiz Carlos. *Diretrizes teóricas do novo Código Civil brasileiro*. São Paulo: Saraiva, 2002, p. 144.

pósito prático. Logo, importa definir o que entendemos por função social. Esse conceito evidentemente se presta a muita discussão doutrinária, mas a visão mais aplicada pragmaticamente indica que se busque na própria Constituição Federal – e ela é generosa nesse ponto.

1.4. NOÇÃO CONSTITUCIONAL DE FUNÇÃO SOCIAL

Além das menções genéricas à função social (da propriedade, art. 5º; princípio da ordem econômica, art. 170), a Constituição Federal dá excelentes indicativos do que pretende com ela ao disciplinar as sanções cabíveis, por descumprimento da função social e também ao tratar do usucapião constitucional. Se o Texto Maior for perscrutado cuidadosamente, veremos que: (a) a função social resulta na necessidade de que o bem ou ativo não permaneça ocioso, podendo-se até medir a efetividade do seu emprego; (b) o uso efetivo não é um uso qualquer, mas socialmente adequado, não destrutivo nem predatório (medido, no caso da propriedade imóvel, pela legislação urbanística e agrária); (c) reconhece-se que a função social exige um mínimo essencial para cada brasileiro ou residente[84]. Fizemos a demonstração analítica desse mínimo conteúdo semântico da expressão função social em outro trabalho, para o qual remetemos o leitor[85].

A vantagem de estabelecer-se um mínimo semântico para a expressão função social está em reduzir a arbitrariedade no emprego dessa noção e também em evitar-se o malogro do programa constitucional. Não prejudica, porém, o esforço da doutrina em aclarar outros sentidos supervenientes, pois os princípios assim são, como já notamos acima.

É claro que essa definição de função social tem em mira, principalmente, a propriedade imobiliária – é dela que se ocupa a Constituição com minudência – mas ela pode ser abstraída de modo a abranger todas as titularidades jurídicas. Fechando o raciocínio, podemos afirmar, com base no Texto Constitucional positivo, que o legislador, ao atribuir essas titularidades, tem em mira sua função social, e ela é de consideração obrigatória pelo Juiz, ao aplicar a lei.

---

84 Referência ao texto explícito do art. 5º da Constituição. Mas é óbvio que o mínimo essencial do não residente em trânsito pelo Brasil há de ser respeitado.

85 GRAMSTRUP, Erik Frederico. O princípio da igualdade. *Videtur*, n. 17, 2002, p. 21-31.

1.5. APLICADOR DOS FINS SOCIAIS/FUNÇÃO SOCIAL

Mas a função social obriga apenas ao Juiz? Temos a impressão de que a lei disse menos do que pretendia (*lex dixit minus quam voluit*). Obriga, na verdade, a qualquer aplicador da lei que o faça como autoridade. O administrador, ao aplicar a lei, não pode deixar de lado seus fins sociais. O que vale para o Juiz também vale para ele, conquanto não tenha a mesma elasticidade na aplicação do Direito.

O ponto mais delicado está na figura do árbitro. Estaria ele, também, vinculado pelos dizeres do art. 5º da LINDB? Parece que uma resposta sensata importa em uma distinção clássica: a arbitragem por ser de direito estrito ou de equidade (*ex aequo et bono*). Se as partes, na convenção, ataram o árbitro ao primeiro caso (direito estrito), ele não tem como escapar, pelo menos na arbitragem interna, à consideração dos fins sociais da lei. Na arbitragem por equidade, sua liberdade é mais dilargada pelos próprios termos ditados pelas partes. A aplicação obrigatória do art. 5º, da LINDB, também é de apontar-se no caso de arbitragem processada fora do Brasil, mas em que as partes tenham remetido à lei brasileira como critério de julgamento.

Art. 6º A Lei em vigor terá efeito imediato e geral, respeitados o ato jurídico perfeito, o direito adquirido e a coisa julgada. (*Redação dada pela Lei n. 3.238, de 1957*)

§ 1º Reputa-se ato jurídico perfeito o já consumado segundo a lei vigente ao tempo em que se efetuou. (*Incluído pela Lei n. 3.238, de 1957*)

§ 2º Consideram-se adquiridos assim os direitos que o seu titular, ou alguém por ele, possa exercer, como aqueles cujo começo do exercício tenha termo prefixo, ou condição preestabelecida inalterável, a arbítrio de outrem. (*Incluído pela Lei n. 3.238, de 1957*)

§ 3º Chama-se coisa julgada ou caso julgado a decisão judicial de que já não caiba recurso. (*Incluído pela Lei n. 3.238, de 1957*)

1. IRRETROATIVIDADE DA LEI

1.1. GARANTIA CONSTITUCIONAL

A garantia inscrita no art. 6º da LINDB foi incorporada ao texto das Constituições Brasileiras e presentemente está reproduzida no art. 5º, XXXVI, da Constituição Federal: *"a lei não prejudicará o direito adqui-*

rido, o ato jurídico perfeito e a coisa julgada". O tema é correlato à irretroatividade da lei.

Note-se que a garantia em questão não proíbe a retroação. A noção de irretroatividade é dirigida ao intérprete. Em princípio, não se interpreta uma lei de modo a que se aplique a fatos pretéritos, salvo se ela for expressa nesse sentido. Ao retroagir, porém, a lei deve pôr a salvo o direito adquirido, o ato jurídico perfeito e a coisa julgada. Então o mandamento constante da LINDB e da Constituição Federal significa que a lei, nas hipóteses em que retroaja, deve respeitar as mencionadas balizas. A retroação, por conseguinte, é exceção e não regra; mesmo quando excepcionalmente se materialize, encontra óbice no direito adquirido, no ato jurídico perfeito e na coisa julgada.

1.2. RETROATIVIDADE E ULTRATIVIDADE

A retroatividade é um problema que se põe no plano da eficácia da lei. Considerados os três planos, da existência, validade e eficácia, a retroatividade ligar-se a este último. A projeção de efeitos para o passado é chamada de retroeficácia; e a mantença de efeitos após a revogação é conhecida como ultratividade. Então as garantias do direito adquirido, do ato jurídico perfeito e da coisa julgada podem ser entendidas de duas maneiras: uma, como impedimentos à retroeficácia da lei; a outra, como fundamentos de sua ultratividade. No direito adquirido, a lei revogada continua a viver, isto é, projeta efeitos mesmo depois do fim de sua vigência. Um exemplo característico é o da abolição do instituto da enfiteuse privada pelo Código Civil de 2002: não podem ser constituídos novos direitos reais a esse título, mas os preexistentes continuam a ser regidos pela legislação anterior, até que sejam extintos. Trata-se de respeitar os direitos adquiridos pelos foreiros segundo a lei vigente à época da sua criação. As disposições do Código Civil de 1916 continuam eficazes em relação aos aforamentos constituídos sob sua vigência[86].

---

86 O Supremo Tribunal Federal, julgado a Ação Direta de Inconstitucionalidade n. 29/DF, teve a oportunidade de distinguir entre retroatividade e retrospectividade, na forma do excerto que segue: "Primeiramente, é bem de ver que a aplicação da Lei

1.3. NORMAS PENAIS E NORMAS PENAIS TRIBUTÁRIAS

No direito penal, a irretroatividade é instituída de modo mais restrito: a norma penal incriminadora não pode retroagir de modo algum. Retroagem, porém, a norma abolidora do tipo penal (*abolitio criminis*) e a norma que melhore a condição do réu (retroatividade *in bonam partem*,

---

Complementar n. 135/10 com a consideração de fatos anteriores não viola o princípio constitucional da irretroatividade das leis. De modo a permitir a compreensão do que ora se afirma, confira-se a lição de J. J. GOMES CANOTILHO (*Direito constitucional e Teoria da Constituição*, 5. ed. Coimbra: Almedina, 2001, p. 261-262), em textual: '(...) *Retroactividade* consiste basicamente numa ficção: (1) decretar a validade e vigência de uma norma a partir de um marco temporal (data) anterior à data da sua entrada em vigor; (2) ligar os *efeitos jurídicos* de uma norma a situações de facto existentes antes de sua entrada em vigor. (...)' (Os grifos são do original.) O mestre de Coimbra, sob a influência do direito alemão, faz a distinção entre: (i) a *retroatividade autêntica*: a norma possui eficácia *ex tunc*, gerando efeito sobre situações pretéritas, ou, apesar de pretensamente possuir-eficácia meramente *ex nunc*, atinge, na verdade, situações, direitos ou relações jurídicas estabelecidas no passado; e (ii) a *retroatividade inautêntica* (ou *retrospectividade*): a norma jurídica atribui efeitos futuros a situações ou relações jurídicas já existentes, tendo-se, como exemplos clássicos, as modificações dos estatutos funcionais ou de regras de previdência dos servidores públicos (v. ADI 3.105 e 3.128, Rel. para o acórdão Min. Cezar Peluso). Como se sabe, a retroatividade autêntica é vedada pela Constituição da República, como já muitas vezes reconhecido na jurisprudência deste Tribunal. O mesmo não se dá com a *retrospectividade*, que, apesar de semelhante, não se confunde com o conceito de *retroatividade mínima* defendido por Matos Peixoto e referido no voto do eminente Ministro Moreira Alves proferido no julgamento da ADI 493 (j. 25.06.1992): enquanto nesta são alteradas, por lei, as consequências jurídicas de fatos ocorridos anteriormente – consequências estas certas e previsíveis ao tempo da ocorrência do fato –, naquela a lei atribui novos efeitos jurídicos, a partir de sua edição, a fatos ocorridos anteriormente. Repita-se: foi o que se deu com a promulgação da Emenda Constitucional n. 41/03, que atribuiu regimes previdenciários diferentes aos servidores conforme as respectivas datas de ingresso no serviço público, mesmo que anteriores ao início de sua vigência, e recebeu a chancela desta Corte. A aplicabilidade da Lei Complementar n. 135/10 a processo eleitoral *posterior* à respectiva data de publicação é, à luz da distinção *supra*, uma hipótese clara e inequívoca de *retroatividade inautêntica*, ao estabelecer limitação prospectiva ao *ius honorum* (o direito de concorrer a cargos eletivos) com base em fatos já ocorridos. A situação jurídica do indivíduo – condenação por colegiado ou perda de cargo público, por exemplo – estabeleceu-se em momento anterior, mas seus efeitos perdurarão no tempo. Esta, portanto, a primeira consideração importante: ainda que se considere haver atribuição de efeitos, por lei, a fatos pretéritos, cuida-se de hipótese de retrospectividade, já admitida na jurisprudência desta Corte".

lex mitior). Do mesmo modo, a norma tributária que extinga ou reduza multas retroage. A norma instituidora ou majoradora de tributo não pode retroagir a fatos geradores ocorridos antes de sua vigência.

2. DIREITO ADQUIRIDO

2.1. NOÇÃO

A Constituição não define o direito adquirido; mas ao viger ela recolheu uma tradição que fora incorporada ao texto da LINDB, que traz elementos importantes para circunscrever esse conceito crucial. Alguns se enganam a esse respeito, afirmando que não se pode interpretar uma Constituição a partir de texto de hierarquia inferior. Esse enquadramento falseia a questão. O problema na verdade não é esse: a Constituição valeu-se de um termo que já tinha um uso tradicional e modificar arbitrariamente esse sentido implica anular ou enfraquecer a própria garantia constitucional. Aquele uso tradicional, por outro lado, fixara-se no texto da LINDB, e é na medida em que recolhe essa tradição que o texto legal releva.

Em termos simples, direito adquirido é aquele que completou suas etapas de formação, segundo a lei vigente ao tempo em que aquelas etapas se esgotaram. Sobrevindo uma lei revogadora, o direito adquirido permanece intacto, protegido pelo art. 5º, XXXVI, da Constituição Federal. Como já dissemos, isso produz dois fenômenos: o da sobrevivência da lei antiga (ultratividade) no direito adquirido e a vedação da retroeficácia da lei nova. A definição é simples, mas sua aplicação não. Ela implica necessidade de perquirir se todos os momentos de formação do direito alegadamente adquiridos foram ou não percorridos, porque, em caso negativo, a lei nova impor-se-á com efeito imediato e geral. Essa perquirição, por sua vez, impõe que se conheça com exatidão o regime anterior, da lei antiga, para que se possa concluir se houve ou não incorporação do direito ao patrimônio jurídico do titular. É aqui que reside a grande dificuldade de aplicação do instituto do direito adquirido.

Em todo caso, ainda tem aplicação prática a definição de Rubens Limongi França: "(...) o conceito de Direito Adquirido pode ser o seguinte: É a consequência de uma lei, por via direta ou por intermédio de fato idôneo; consequência que, tendo passado a integrar o patrimônio material ou moral do sujeito, não se fez valer antes da vigência de lei nova sobre o mesmo objeto"[87].

2.2. EXEMPLOS

Vamos exemplificar com alguns casos de fácil entendimento. Suponhamos que as parcelas componentes dos vencimentos de um servidor público fossem alteradas por uma lei nova, revogadora da que anteriormente regulava a matéria. Entende-se que o direito aos vencimentos é *pro labore facto*, ou seja, adquire-se ao encerrar-se cada ciclo aquisitivo (o mês de competência). Se, ao advento da lei nova, o servidor já trabalhara o período completo (aquisitivo), aquela não pode incidir, mesmo que os vencimentos não tenham ainda sido pagos. Mas incidirá nos meses subsequentes, porque esses ainda não foram objeto de contraprestação laborativa, e, em relação a eles, não há direito adquirido.

Exemplo semelhante tornou-se famoso, no Brasil, por ocasião dos planos econômicos que alteraram as regras do mercado financeiro e, especificamente, a remuneração incidente nas cadernetas de poupança (para reduzir essa remuneração). O direito aos juros e correção monetária adquiria-se a cada trintídio, da data de "aniversário" da caderneta de poupança. Assim, a lei nova não poderia ser eficaz em relação ao trintídio esgotado, mas só em relação ao período que ainda não se encerrar quando de sua vigência. No entanto, o Supremo Tribunal Federal deu uma compreensão diferente a essa matéria, à luz da teoria do ato jurídico perfeito, a que remetemos o leitor, a seguir.

Como afirmamos, a LINDB cristalizou uma tradição quanto aos contornos do direito adquirido que, entendemos, foi incorporada ao texto constitucional. Dita tradição ajuda a completar a definição acima discutida. Por força dela, entendem-se adquiridos: (a) os direitos que já podem ser exercidos pelo titular (isto é, não estão sujeitos a condição ou a termo); (b) os direitos sob condição suspensiva (vale dizer: não podem

87 FRANÇA, Rubens Limongi. *A irretroatividade das leis e o direito adquirido*. São Paulo: RT, 1994, p. 231.

ainda ser exercidos, na pendência da condição (e nesse sentido estrito não são ainda "adquiridos"), mas são considerados adquiridos em sentido lato para efeito da superveniência de lei nova); (c) os direitos a termo, isto é, aqueles cujo exercício está sobrestado por termo inicial. Na tradição jurídica pátria, o que importa é que as etapas de aperfeiçoamento do direito já tenham sido percorridas: ainda que o exercício do direito esteja obstado por termo ou condição, ele já é considerado adquirido para fins de direito intertemporal.

2.3. ATO CONDICIONAL

Portanto, não se deve fazer confusão com a aparente antinomia que há entre a Lei de Introdução e o Código Civil de 2002. Este último – como também o seu precedente de 1916 – afirma que o direito condicional não se tem por adquirido. Parece haver uma contradição, mas um exame mais cuidadoso revela que não. O Código Civil nega a aquisição do direito sob condição suspensiva apenas para esclarecer que, se a condição frustrar-se, ele tem-se por inexistente (na verdade, ineficaz). É um pormenor do regime jurídico da condição suspensiva no direito privado. Já a Lei de Introdução cuida da aquisição de direito em face de lei nova, o que é um problema diferente. Para o fim de resistir à retroeficácia da lei nova, o direito condicional já se considera adquirido, porque já integrou seus elementos de formação, e apenas não pode ser exercido na pendência da condição.

O direito adquirido, com o conteúdo explicitado, é uma importantíssima garantia do Estado Democrático de Direito, porque associado ao direito à segurança jurídica. E a tradição jurídica colacionada pela Lei de Introdução ajuda o intérprete a compreender seus contornos no Brasil.

Uma advertência importante e decorrente da originalidade da tradição jurídica brasileira é a de que lições da doutrina estrangeira a propósito do direito adquirido nem sempre se aclimatam corretamente entre nós. Na França, por exemplo, a garantia do direito adquirido está prevista em lei infraconstitucional e não no texto da Lei Maior. Entre eles a garantia será compreendida de modo mais flexível e não se podem importar lições sem ter em conta o abismo que há entre o regime pátrio e o estrangeiro.

2.4. LEIS DE DIREITO ECONÔMICO

Afirma-se por vezes que as leis de direito econômico podem suplantar direitos adquiridos; mais especificamente, as leis que introduzem planos de estabilização econômica. Essa distinção segundo a matéria é sibilina e afrontosa à Constituição. A Lei Maior só distingue certas matérias para efeito de reserva de lei complementar, não para o fim de prejudicar o direito adquirido. Não há qualquer base dogmática para a afirmação de que as leis interventivas na ordem econômica não estejam sob o império dos direitos fundamentais, e, dentre eles, a proteção do direito adquirido.

2.5. LEIS AMBIENTAIS E DIREITO ADQUIRIDO: COLISÃO

Um ponto mais delicado está na incidência de leis ambientais. Sói ocorrer que as exigências de preservação do meio ambiente e proscrição de atividades nocivas ou poluidoras venham em prejuízo de situações jurídicas já constituídas há muito tempo. O desconforto gerado é visível quando da adoção de normas mais restritivas e onerosas. Como no caso anterior, não é possível afirmar que uma norma, apenas por ventilar matéria ambiental, prejudique sem mais explicações o direito adquirido, inapelavelmente. O problema é um pouco mais sutil. O direito ao meio ambiente é um direito fundamental, tanto quanto a garantia constitucional do direito adquirido. Havendo colisão, deve ser resolvido por ponderação. No caso concreto, as exigências de preservação das condições necessárias à vida podem revelar-se mais urgentes; pode ser que a tutela de direitos coletivos se verifique mais ponderosa que o direito adquirido individual. Como também pode concluir-se em sentido contrário. Prevalecendo o bem ambiental, como em toda ponderação, será de qualquer forma imperioso reduzir ao mínimo o sacrifício do direito adquirido, verificando-se previamente se as medidas que impliquem nesse sacrifício são realmente inevitáveis. Essas indicações, percebe-se, são aplicáveis em qualquer colisão de direitos fundamentais.

3. ATO JURÍDICO PERFEITO

3.1. ATO "PERFEITO"

O ato jurídico perfeito tem esse nome porque sua definição é simétrica a de direito adquirido – ato perfeito é aquele que integrou as etapas necessárias à sua conformação. "Perfeito" é sinônimo de acabado ou terminado. É de bom aviso prevenir uma confusão: o que está acabado não são os efeitos do ato, mas sim os passos necessários ao seu aperfeiçoamento. Logo – e do mesmo modo que o direito adquirido –, para concluir-se que um ato é perfeito, é preciso conhecer o regime jurídico vigente ao tempo da sua suposta formação. Mesmo que esse regime venha a ser modificado por lei superveniente, se os elementos do ato jurídico já foram todos reunidos, ele resistirá à lei nova – isto é, seus efeitos resistirão à lei nova.

Vê-se por essas observações que há uma simetria estrutural entre o ato jurídico perfeito e o direito adquirido; ademais um é fonte do outro. O ato jurídico perfeito é origem de direitos (adquiridos) para as partes que o praticaram. Desse modo, o ato sob condição suspensiva (gerador de direitos também condicionais) será equiparado ao perfeito para o específico fim de resistência à lei nova que pretenda alterar seu regime ou efeitos; de igual modo quanto ao ato cujos efeitos estejam sobrestados ao aguardo da realização de termo inicial.

O ponto mais difícil – e aqui está outra semelhança com o direito adquirido – está em saber, caso a caso, se o ato está ou não aperfeiçoado; se empreendeu todos os passos indispensáveis à sua conformação. Não há como estabelecer um parâmetro *a priori* – isso deve ser averiguado em cada hipótese concreta. O que se pode adiantar, no tocante aos atos jurídicos de direito privado, é o seguinte: (a) negócios consensuais serão considerados perfeitos assim que a aceitação for manifesta (nos negócios entre presentes) ou expedida (nos negócios entre ausentes); (b) negócios reais serão tidos como perfeitos com a tradição do objeto; (c) negócios formais serão perfeitos no momento em que o rito ou solenidade estiver esgotado. Não é viável antecipar mais do que essas indicações, porque o caso concreto pode revelar situações mais complexas. Casuisticamente, será necessário consultar o regime vigente ao tempo em que o negócio se completou, e, se for possível afirmar que todos os passos indispensáveis foram palmilhados, então o ato será considerado perfeito e, portanto, resistente à lei nova que pretenda retroagir em seu prejuízo.

3.2. EXEMPLO. CADERNETAS DE POUPANÇA

A propósito das leis interventivas na ordem econômica, que modificaram o método de remuneração de cadernetas de poupança, entendeu o Supremo Tribunal Federal que não poderiam violar o ato jurídico perfeito, alterando a fórmula de dita remuneração com respeito aos períodos em curso[88]. A questão foi examinada à luz do instituto do ato jurídico perfeito e não do direito adquirido, pois o resultado seria diverso no segundo caso.

3.3. ATOS REGIDOS PELO DIREITO PÚBLICO

Diante da relação apresentada, seria o caso de perguntar-se se a garantia do ato jurídico perfeito também tutelaria os atos regidos pelo direito público. Entendemos que sim. O que obstava a resposta positiva no passado era a convicção, hoje superada, de que os direitos fundamentais seriam escudos erguidos pelo particular perante o Estado, funcionando de modo puramente negativo. Sabe-se hoje que seu significado é muito mais amplo. O Estado, como pessoa jurídica, pode invocar na tutela de seus interesses os direitos fundamentais – um caso banal é o da garantia do devido processo legal quando a Fazenda Pública atua em juízo. Semelhantemente, o ato regido pelo direito público é perfeito, assim que reunidos os elementos essenciais necessários, segundo a lei do tempo em que foram reunidos. Lembrando, nunca é demais repetir, que assim se considera para efeito de resistir à retroação da lei superveniente. Nada do que dissemos tem relação com o dever de a Administração anular seus próprios atos, quando ilegais ou viciosos. O problema que nos ocupa é o direito intertemporal. Se o ato reuniu seus elementos essenciais, resiste à lei nova; se era vicioso, obviamente, continua com defeito.

---

88 Por todos, exemplifica-se: "Agravo regimental em agravo de instrumento. 2. Caderneta de poupança. Contrato de depósito. Medida Provisória n. 32 convertida na Lei n. 7.730, de 1989. Eficácia. Inaplicável aos contratos celebrados anteriormente em face do ato jurídico perfeito. Inexistência de violação ao princípio do direito adquirido (art. 5º, XXXVI, da CF). Precedente. 3. Agravo regimental a que se nega provimento" (AI 642.251 AgR, Rel. Min. Gilmar Mendes, Segunda Turma, julgado em 1º-4-2008, *DJE* 70, 17-4-2008, publicação 18-4-2008, *Ementário* v. 2315/11, p. 2234).

3.4. NEGÓCIO JURÍDICO E ATO NÃO NEGOCIAL

A expressão ato jurídico perfeito é dual: carrega dois elementos constitutivos. Até aqui vínhamos discutindo o significado jurídico da palavra "perfeito". Conclusivamente, perfeito é o ato que reúne os elementos necessários à sua existência e os requisitos legais de validade. Já vimos que, ainda que não seja eficaz, a tradição jurídica brasileira assume que o ato é perfeito, para o propósito de imunidade à retroação da lei posterior, mesmo que sujeito a termo ou condição – e essa tradição foi encampada pela Lei de Introdução. A perfeição do ato, portanto, não tem como pressuposto sua eficácia; esgota-se nos planos da existência e da validade. Resta agora indagar o significado a expressão "ato jurídico".

Segundo lição antiga, ato jurídico é todo ato humano (voluntário e consciente) apto, em tese, a irradiar consequências jurídicas (ainda que tais consequências dependam de fatores de eficácia, como acabamos de afirmar). No direito privado, há que distinguir os atos negociais e não negociais. Em nossa concepção, os primeiros são aqueles em que há, em alguma medida, exercício de autonomia privada, notadamente no que se refere ao conteúdo do ato. Enquanto o agente preserva o poder de definir o conteúdo, mesmo que parcial, do ato, ele é negocial. O que afirmamos permite concluir que a autonomia privada admite graus. Se ela persiste, ainda que em grau pequeno, trata-se de negócio jurídico. Se o conteúdo – e por consequência os efeitos – do ato estão predeterminados pela lei, ele, ainda que voluntário, é de natureza não negocial. Eis porque não nos contentamos com a definição clássica: declarações de vontade destinadas à produção de efeitos jurídicos. Tanto o ato negocial quanto o não negocial caberiam nessa conformação dúbia. A diferença está em que no ato negocial aqueles efeitos foram predeterminados porque as partes tinham sob seu controle o conteúdo – ainda que parcial – do ato. No segundo caso (não negocial), o agente pode resguardar, em sua esfera de liberdade, a faculdade de praticar ou não o ato; mas, uma vez que o pratique, os efeitos derivarão de uma prévia configuração legal.

3.5. RESISTÊNCIA DOS ATOS NEGOCIAIS

Para as questões de direito intertemporal, a distinção entre os atos negociais e não negociais – um dos pontos mais debatidos do direito privado – é importante porque a garantia do ato jurídico perfeito parece referir-se, mais claramente, aos primeiros do que aos últimos. Algumas decisões judiciais já se pronunciaram no sentido de que a expressão "ato jurídico perfeito" seja na verdade sinônimo de "negócio jurídico perfeito". Assim ocorreu com o fundo de garantia por tempo de serviço. Discutiu-se se a legislação alteradora da remuneração das contas fundiárias violava o ato jurídico perfeito, e a jurisprudência do Superior Tribunal de Justiça orientou-se pela negativa, dentre outras razões, porque a garantia não se estenderia a ato não negocial (o ato de adesão ao regime fundiário, que no passado era opcional). O fundamento dessa orientação está em que, como o regime é predeterminado pela lei, não cabe invocar ato jurídico perfeito – nem direito adquirido –, porque a lei sempre pode alterá-lo. Já simpatizamos com essa ideia, mas não é possível fechar a questão de modo definitivo. O que parece, no entanto, é que de algum modo a garantia não se aplica aos atos não negociais com a mesma plenitude que para com os negócios jurídicos.

4. COISA JULGADA (MATERIAL)

4.1. COISA JULGADA FORMAL E MATERIAL

A definição de coisa julgada da LINDB já não se compadece com a melhor técnica. A referência feita ao esgotamento de recursos define a coisa julgada em sentido formal. Coisa julgada formal é a imutabilidade da sentença no feito em que proferida, porque exauridos os recursos que poderiam suplantá-la. Porém, a garantia constitucional da coisa julgada atine à coisa julgada material, isto é, à imutabilidade da decisão judicial, salvo ação rescisória ou inconstitucionalidade da própria decisão. Podem fazer coisa julgada material as decisões com resolução do mérito e as equiparadas. Consideram-se imutáveis, a ponto de que nem mesmo a lei superveniente pode vir em seu prejuízo[89].

---

89 Art. 502 do CPC de 2015. Denomina-se coisa julgada material a autoridade que torna imutável e indiscutível a decisão de mérito não mais sujeita a recurso.

4.2. QUESTÕES PREJUDICIAIS

O Código de Processo Civil de 2015 estendeu a coisa julgada à assim dita "questão prejudicial", com algumas condições, nomeadamente: a) que tenha havido efetivo contraditório em torno da questão prejudicial; b) que a resolução dela fosse essencial ao julgamento do mérito; c) que o Juízo fosse competente para resolvê-la, tendo em vista a pessoa e a matéria; d) que no processo não houvesse restrições probatórias ou limitações à cognição da questão prejudicial[90].

4.3. RELAÇÕES CONTINUATIVAS

Um ponto especial está nas relações jurídicas continuativas[91], isto é, aquelas que projetam efeitos permanentes no tempo. A coisa julgada material, versando sobre esse tipo de relação jurídica, pressupõe um regime jurídico de base que tenha permanecido inalterado; caso contrário, a coisa julgada não mais incide. Um caso famoso é o dos alimentos: a sua fixação presume certas circunstâncias (necessidades do alimentado e possibilidades do alimentante) que, modificando-se, prejudicam a coisa julgada. Outra hipótese famosa diz respeito à coisa julgada tributária. Decisão de mérito sobre relação jurídico-tributária é protegida pela coisa julgada material, enquanto os aspectos dessa relação permanecerem intactos. Mudança em qualquer dos elementos da hipótese de incidência do tributo terá efeito deletério sobre a coisa julgada tributária. Nos tribunais, essa questão foi percebida com respeito ao imposto de renda: por isso, de maneira incompleta e inadequada, afirmava-se que a coisa julgada não ultrapassava o exercício fiscal. Esse enunciado sumular[92] deve ser com-

---

90 Art. 503, §§ 1º e 2º, do CPC de 2015.

91 Art. 505 do CPC de 2015: "Nenhum juiz decidirá novamente as questões já decididas relativas à mesma lide, salvo: I – se, tratando-se de relação jurídica de trato continuado, sobreveio modificação no estado de fato ou de direito, caso em que poderá a parte pedir a revisão do que foi estatuído na sentença".

92 A referência é feita ao enunciado n. 239 da Súmula de Jurisprudência do E. STF, cujo texto dispõe: "decisão que declara indevida a cobrança do imposto em determinado exercício não faz coisa julgada em relação aos posteriores".

preendido de acordo com as observações já expendidas: o problema não é tanto o exercício fiscal, mas o advento de norma modificadora dos elementos da relação jurídico-tributária.

4.4. OUTRAS MANIFESTAÇÕES JUDICIAIS

Decisões interlocutórias e finais sem resolução de mérito não fazem coisa julgada, assim como os despachos de mero expediente. Pela mesma razão, sentenças que decidem sobre medidas cautelares não estão acobertadas pela coisa julgada material.

4.5. SENTENÇA INCONSTITUCIONAL

Um importante limite à garantia da coisa julgada material foi percebido em época historicamente recente: a assim dita "coisa julgada inconstitucional" (na verdade, a decisão é que dita solução inconstitucional e não a coisa julgada propriamente falando). Tendo a decisão judicial conteúdo afrontoso a direito fundamental, de novo o problema se resolverá por ponderação de princípios, cedendo aquele em benefício do direito violado. Considera-se tão grave o vício de inconstitucionalidade, que há hoje pelo menos três modos de combatê-lo: por ação rescisória; por ação declaratória de nulidade ou por apresentação do meio impugnatório cabível no processo de execução ou de cumprimento de sentença (admitindo-se, portanto, superação da coisa julgada).

PARTE II

DIREITO INTERNACIONAL PRIVADO DE MATRIZ LEGAL: OS ARTS. 7º A 19 DA LEI DE INTRODUÇÃO ÀS NORMAS DO DIREITO BRASILEIRO

André de Carvalho Ramos

CAPÍTULO 1

INTRODUÇÃO AO DIREITO INTERNACIONAL PRIVADO DE MATRIZ LEGAL

1.1. ASPECTOS GERAIS DO DIREITO INTERNACIONAL PRIVADO

O Direito Internacional Privado (DIPr) consiste em uma disciplina jurídica que se debruça sobre a regência – tanto normativa quanto de julgamento e implementação de decisões – de fatos sociais praticados pelos indivíduos que se relacionam com mais de uma comunidade humana, também denominados *fatos transnacionais*. Esses fatos sociais são *multiconectados* ou *plurilocalizados*, podendo ser regulados por mais de um ordenamento jurídico.

Cabe ao Direito Internacional Privado (DIPr) regrar justamente essa *potencialidade de aplicação espacial* de mais de um ordenamento jurídico, evitando sobreposição (disputa normativa) ou omissão (ausência de normas), bem como fixar a jurisdição em litígios contendo vínculos com mais de um ordenamento jurídico (os chamados elementos de estraneidade), e ainda regular a cooperação jurídica internacional por meio do reconhecimento e da execução de decisões estrangeiras referentes a fatos transnacionais.

Com isso, o Direito Internacional Privado contemporâneo é caracterizado pela *pluralidade de objetos*, que orbitam em torno da *gestão da diversidade* de ordenamentos jurídicos diante de um fato transnacional. Entre os objetos da disciplina, há (i) a escolha da lei; (ii) a determinação da jurisdição e (iii) o reconhecimento e execução de decisões estrangeiras (também conhecido como cooperação jurídica internacional). A gestão da diversidade da regulação jurídica sobre a atividade transnacional dos indivíduos atrai ao Direito Internacional Privado a inclusão dos temas referentes à (iv) nacionalidade e (v) à mobilidade internacional humana (a antiga "condição jurídica do estrangeiro")[1].

Por outro lado, a percepção contemporânea do DIPr vivencia o *pluralismo de fontes*, que consiste na diversidade da origem das normas de DIPr (fontes internacionais, regionais e nacionais), gerando diversas questões envolvendo a coexistência e o conflito de fontes, com recurso à especialidade e à hierarquia[2].

A expressão *fontes do direito* é, antes de tudo, polissêmica: retrata, por um ângulo, os modos pelos quais as normas jurídicas são produzidas (fontes formais) e, por outro, os eventos sociais que geram as necessidades a serem reguladas pelas normas jurídicas (fontes materiais). As fontes materiais do DIPr são consequências da *sociedade que se move e não obedece* às fronteiras políticas de um Estado: os *fatos transnacionais* são aqueles eventos do mundo fenomênico envolvendo indivíduos com *elemento (ou vínculo) de estraneidade.*

Tal vínculo de estraneidade pode ser classificado como (i) *de fato*, que é aquele gerado por uma situação de fato, como a existência de bens localizados em diversos países (gerando dúvida quanto à sucessão, por exemplo); ou (ii) *de direito*, que é aquele gerado por um ato jurídico, como, por exemplo, a cláusula contratual – fruto da autonomia da vontade – determinando o uso de lei estrangeira. A proliferação de relações jurídicas transnacionais dos indivíduos – gerada pela facilidade de comunicação (como se vê na internet) – massificou o Direito Internacional Privado,

---

1 Entre os defensores desse objeto amplo do DIPr, ver DOLINGER, Jacob. *Direito internacional privado* – Parte geral. 10. ed. Rio de Janeiro: Forense/GEN, 2011; CARVALHO RAMOS, André de. *Curso de direito internacional privado.* 2. ed. São Paulo: Saraiva, 2021, p. 26.

2 Conferir em CARVALHO RAMOS, André de. Pluralidade das fontes e o novo direito internacional privado. *Revista da Faculdade de Direito da Universidade de São Paulo*, v. 109, jan./dez. 2014, p. 597-620. GAUDEMET-TALLON, Hélène. Le pluralisme en droit international privé: richesses et faiblesses (Le funambule et l'arc-en-ciel). 312 *Recueil des Cours de l'Académie de Droit International de la Haye*, 2005, p. 9-40.

multiplicando os fatos com *vínculos de estraneidade* com que uma pessoa pode se envolver ao longo de sua vida.

Já as fontes formais correspondem às normas que contêm as regras a serem aplicadas a tais fatos transnacionais. Elas podem ser classificadas quanto à origem, da seguinte maneira: (i) *fontes nacionais*, que são aquelas encerradas em normas produzidas em cada Estado e (ii) *fontes internacionais*, que são aquelas contidas em normas do Direito Internacional. Entre as fontes internacionais, incluem-se também as normas internacionais do Direito Regional da Integração, como, por exemplo, as normas de DIPr da União Europeia ou do Mercosul.

Consequência da pluralidade de fontes é o reconhecimento de que o Direito Internacional Privado (DIPr), como os mais diversos ramos do direito, possui normas internas e internacionais. Essa realidade não é nova: desde o século XIX, com os tratados de Lima e Montevidéu, há intenso processo de produção de normas internacionais de DIPr. Lentamente, há até mesmo um predomínio de normas internacionais na matéria, o que, obviamente, é consequência de seu próprio objeto, nitidamente transnacional, no qual um Estado teria dificuldade de, sozinho e por leis internas, regular.

Porém, o espaço normativo das leis internas ainda é grande. O Brasil conta com uma Lei de Introdução às Normas do Direito Brasileiro (antiga Lei de Introdução ao Código Civil), que trata do DIPr em grande parte de seu texto: dos seus 30 artigos, 13 são destinados à disciplina (arts. 7º a 19 – quase metade), como veremos a seguir.

1.2. O DIREITO INTERNACIONAL PRIVADO DE MATRIZ LEGAL

No seu desenvolvimento histórico, o Direito Internacional Privado (DIPr) clássico apresentou uma tensão entre a doutrina de ambição *universalista*, especialmente retratada nas obras de Savigny[3] e Mancini[4], e a

---

3 SAVIGNY, Friedrich Carl von. *Sistema do direito romano atual.* Tradução de Ciro Mioranga (edição original de 1849). Ijuí: Unijuí, 2004, v. VIII.

4 MANCINI, Pasquale Stanislao. *Direito internacional.* Tradução de Ciro Mioranga (edição original em italiano de 1873). Ijuí: Unijuí, 2003, em especial "A nacionalidade como fundamento do direito das gentes" e "A vida dos povos na humanidade", respectivamente p. 31-86 e p. 175-226.

progressiva edição de normas *nacionais* de Direito Internacional Privado pelos Estados.

A defesa do universalismo partiu da ideia doutrinária (difundida por Savigny[5]), de claro conteúdo abstrato, da existência de uma "comunidade jurídica entre os povos" de ascendência europeia, o que faria que o DIPr fosse um direito universal. Ocorre que essa ideia doutrinária era frágil, e só se concretizaria com a edição de tratados que, então, provariam que os Estados aceitavam valores comuns de DIPr. Porém, a necessidade dos Estados contarem com normas próprias de Direito Privado para atender às demandas dos agentes econômicos de cada sociedade fez nascer, já no século XIX, ordenações nacionais de DIPr.

Essa tendência de codificação nacional gerou consequências, levando à criação de um *direito internacional privado positivado de matriz legal*, superando-se a visão de que a disciplina seria de fonte internacional costumeira ou mesmo doutrinária.

Além disso, essas leis nacionais geraram a concepção – ainda difícil de ser superada – de ser o DIPr uma disciplina de forte raiz nacional, distanciando-se da visão de maior apelo universal. E, finalmente, a onda de leis domésticas de DIPr gerou o reconhecimento, inserido nas normas nacionais, de valores internos considerados intangíveis, consagrando o conceito de ordem pública e o óbice à aplicação do direito estrangeiro, podendo inclusive levar à xenofobia e ao chauvinismo jurídicos.

No final do século XIX, esboçou-se uma tímida reação à fragmentação legalista do Direito Internacional Privado, com a elaboração dos primeiros tratados da matéria, como o Tratado de Lima de 1877 (sobre conflito de leis) e os Tratados de Montevidéu de 1889. Na Europa, Mancini esforçou-se para a criação do *Institut de Droit International* (1873), organização não governamental de cunho acadêmico que repercutiu os debates sobre uma visão universal do DIPr. Em 1893, a Holanda, sob a influência de Tobias M. C. Asser, sediou a primeira *Conferência da Haia de Direito*

---

5 SAVIGNY, Friedrich Carl von. *Sistema do direito romano atual*. Tradução de Ciro Mioranga (edição original de 1849). Ijuí: Unijuí, 2004, v. VIII.

Internacional Privado, que se transformou, em 1955, em organização internacional voltada ao estudo e desenvolvimento de tratados de DIPr.

Porém, em boa parte do século XX, o DIPr nacionalista (ou unilateral) aumentou sua importância pelos seguintes fatores: (i) criação de novos Estados, com a crise e posterior desaparecimento do colonialismo europeu, fazendo nascer novas ordenações nacionais de DIPr e (ii) uma nova conduta intervencionista do Estado, após a crise global do capitalismo em 1929, gerando o reforço à edição de leis nacionais para a proteção de valores internos.

Assim, a evolução do *Direito Internacional Privado multilateral*, baseado em tratados e demais normas internacionais, convive com o *Direito Internacional Privado nacionalista ou unilateral*, que é aquele fruto de leis internas.

1.3. BRASIL E A PLURALIDADE DAS FONTES

A Constituição brasileira é, naturalmente, fonte do Direito Internacional Privado (DIPr), ao dispor, genericamente, que a República Federativa do Brasil rege-se nas suas relações internacionais pelo *princípio da cooperação entre os povos para o progresso da humanidade* (art. 4º, IX). Em termos focados na integração latino-americana, prevê o art. 4º, parágrafo único, que "A República Federativa do Brasil buscará a integração econômica, política, social e cultural dos povos da América Latina, visando à formação de uma comunidade latino-americana de nações". Pairando sobre esses dispositivos, há ainda a menção, como *fundamento do Estado Democrático de Direito* brasileiro, da promoção da *dignidade da pessoa humana* (art. 1º, III).

Esses dispositivos constitucionais gerais permitem o rechaço de uma eventual visão *xenófoba* e *chauvinista*, refratária à essência do DIPr, que é a *gestão da diversidade jurídica*, aplicada aos fatos transnacionais. Assim, eventual recusa sem motivo adequado (i) à aplicação da lei estrangeira, ou (ii) ao rechaço injustificado à jurisdição estrangeira, bem como (iii) à cooperação jurídica internacional, além de tratamento discriminatório na análise da nacionalidade e da mobilidade internacional humana (os cinco objetos principais do DIPr), devem ser tidos como inconstitucionais, pois ameaçam a cooperação entre os povos e amesquinham a *idêntica dignidade humana entre nacionais e estrangeiros.*

Claro que a Constituição não veda a recusa *justificada* à aplicação da lei estrangeira, o que, na nossa visão, deve se dar com fundamento na *gramática dos direitos humanos.* Da mesma maneira que o respeito à dignidade de todos (não só de nacionais) impulsiona a aceitação do Brasil à aplicação direita ou indireta do direito estrangeiro, essa mesma dignidade pode servir para impedir a escolha de uma lei discriminatória ou uma cooperação jurídica internacional na qual se solicite, ao Brasil, que auxilie na violação de direitos de determinado indivíduo.

Além desses dispositivos genéricos, a CF/88 possui ainda regras específicas sobre cooperação jurídica internacional, ao regular a carta rogatória e a homologação de sentença estrangeira, (art. 105, I, *i*), bem como a extradição (art. 5º, LII e art. 102, I, *g*).

No plano infraconstitucional, destacam-se as seguintes leis sobre o DIPr: (i) a Lei n. 12.376/2010 (Lei de Introdução às Normas do Direito Brasileiro), que altera meramente a epígrafe da Lei de Introdução ao Código Civil de 1942, tratando do DIPr dos arts. 7º a 19[6]; (ii) Código de Processo Civil (temas de jurisdição e cooperação jurídica internacional); (iii) Código de Processo Penal (temas de jurisdição e cooperação jurídica internacional), (iv) Lei n. 9.307/96 ("Lei da Arbitragem"; escolha da lei e jurisdição), (v) Lei n. 13.445/2017 ("Lei de Migração"), sem contar outras leis extravagantes, como o Código Brasileiro de Aeronáutica (Lei n. 7.565/86 – arts. 1º a 10).

A dispersão é evidente: não há um único diploma normativo de cunho legal que abranja todo o objeto contemporâneo do DIPr, a saber: (i) concurso de leis, (ii) determinação da jurisdição, (iii) cooperação jurídica internacional, (iv) nacionalidade e (v) mobilidade internacional humana.

Mesmo a presente Lei de Introdução às Normas do Direito Brasileiro é incompleta, pois se origina da ideia de se adotar normas de Direito In-

---

6 A Lei n. 12.376/2010 apenas modificou a epígrafe da Lei de Introdução ao Código Civil (LICC, Decreto-Lei n. 4.657, de 24 de outubro de 1942). A LICC de 1942 substituiu a introdução ao Código Civil, que entrou em vigor a partir de 1º de janeiro de 1917.

ternacional Privado em uma lei de introdução ao *Código Civil*. Essa ideia constava do anteprojeto de Clóvis Beviláqua à introdução ao Código Civil de 1916, que entrou em vigor em 1917, sendo, por sua vez, influência do modelo adotado pelo legislador alemão de 1896 de regular o conflito das leis no espaço em uma lei de introdução ao Código Civil. Em 1942, a ditadura de Vargas atualizou os comandos de Direito Internacional Privado pela adoção de uma Lei de Introdução ao Código Civil (Decreto-Lei n. 4.657/42). Em 2010, a Lei n. 12.376 meramente mudou o nome do Decreto-Lei n. 4.657, que passou a ser denominado "Lei de Introdução às Normas do Direito Brasileiro".

Analisaremos a seguir o desenvolvimento do Direito Internacional Privado brasileiro de matriz legal, com foco no processo de sucessão de leis que desembocou na atual lei de introdução às normas do Direito Brasileiro, ora comentada.

1.4. DA LEGISLAÇÃO PORTUGUESA À INTRODUÇÃO AO CÓDIGO CIVIL DE 1916

Após a independência do Brasil, a Constituição de 1824 estabeleceu, em seu art. 179, XVIII, que deveria ser organizado um Código Civil "quanto antes", baseado na justiça e equidade[7]. Anteriormente, a lei de 20 de outubro de 1823 havia determinado, em seu art. 1º, a vigência, no Brasil independente, das "Ordenações, Leis, Regimentos, Alvarás, Decretos, e Resoluções promulgadas pelos Reis de Portugal, e pelas quais o Brasil se governava até o dia 25 de abril de 1821", modificadas por leis e decretos extravagantes posteriores, até que o novo Código Civil entrasse em vigor[8]. Essa seria uma utilização provisória, porém houve imenso atraso na consecução do Código Civil brasileiro (que entrou em vigor somente em 1917). Consequentemente, as Ordenações Filipinas (de 1603)

---

7 Constituição de 1824, art. 179, XVIII: "Organizar-se-ha quanto antes um Código Civil, e Criminal, fundado nas solidas bases da Justiça, e Equidade".

8 Disponível em <http://www2.camara.leg.br/legin/fed/lei_sn/anterioresa1824 lei-40951-20-outubro-1823-574564-publicacaooriginal-97677-pe.html>, último acesso em 15 de maio de 2021.

vigoraram no Brasil até 1917, bem depois de sua revogação em Portugal (ocorrida em 1868[9]).

Essa opção pela manutenção da legislação portuguesa até a edição de nova codificação civilista pelo Império atrasou qualquer inovação que pudesse ser adotada no âmbito do Direito Internacional Privado (DIPr). Mesmo no que tange à regulação do *estatuto pessoal* (capacidade, direito de família, entre outros), tema típico do DIPr, a manutenção da visão portuguesa do uso da lei da nacionalidade impediu que fosse aceita uma ruptura a favor da lei do domicílio, reforçando a ideia de que a utilização da lei da nacionalidade compunha a *tradição brasileira*.

Somente em 1855, o Império entendeu necessária uma *Consolidação das Leis Civis*, como passo antecedente de um novo Código. Em 1858, foi aprovada essa *Consolidação*, com 1.333 artigos, elaborada por Teixeira de Freitas. No mesmo ano, o Imperador Pedro II autorizou a elaboração de um projeto de código civil. Novamente, foi convocado Teixeira de Freitas, que elaborou projeto inicialmente denominado *Esboço de Código Civil*, obra que unificou o Direito Civil com o Direito Mercantil. Tal proposta não foi aceita e, em 1872, foi contatado Nabuco de Araújo para elaborar novo projeto, não tendo-o terminado até sua morte. Em 1881, foi a vez da apresentação da proposta de Felício dos Santos, que não recebeu o apoio de Comissão de jurisconsultos nomeada para analisá-lo. Essa comissão fez também um esforço de Codificação, mas, em 1886, foi dissolvida após a perda de alguns membros[10].

Em 1889, no último ano do Império, Cândido de Oliveira, então Ministro da Justiça, iniciou novo esforço, ao nomear uma comissão para apresentar um projeto de codificação, mas, com a proclamação da República no final do mesmo ano, esta não prosseguiu com os trabalhos[11].

---

9 ASCENSÃO, José de Oliveira. *O direito*: introdução e teoria geral – uma perspectiva luso-brasileira. Lisboa: Fundação Calouste Gulbenkian, 1978, p. 116-120.

10 Conferir a lenta tramitação da codificação do direito civil brasileiro em ESPÍNOLA, Eduardo; ESPÍNOLA FILHO, Eduardo. *Tratado de direito civil brasileiro*. Rio de Janeiro: Freitas Bastos, 1939, v. II, p. 522 e seguintes.

11 DINIZ, Maria Helena. Código Civil de 1916. In: BITTAR, Eduardo C. B. *História do direito brasileiro*. 2. ed. São Paulo: Atlas, 2010, p. 229-240, em especial p. 232.

A lentidão do Império em romper integralmente os laços com o *direito privado português* espelha o modo pelo qual foi forjado o Brasil independente, que teve uma dinastia europeia na chefia do Estado, mimetizando inclusive títulos de nobreza para a elite dominante.

Se, na atualidade, chamaria a atenção o uso do direito privado de *outro país* décadas a fio, a centralidade do direito privado na economia no século XIX era bem maior, e tal manutenção do direito português (até mesmo um direito português revogado, como se viu no caso das Ordenações Filipinas) mostra o evidente desejo do Império de evitar um rompimento total com o ordenamento de viés europeu.

Com a proclamação da República, acelerou-se o desejo governamental de criação de um Código Civil brasileiro, para mostrar o distanciamento com a opção monárquica de manutenção do uso de parte importante do direito privado português. Coelho Rodrigues foi incumbido do projeto em 1890, tendo-o terminado em 1893; mas seu texto final foi rejeitado por comissão de análise do Congresso.

Em 1899, o Presidente Campos Sales (Ministro da Justiça na época do projeto Coelho Rodrigues) nomeou Clóvis Beviláqua para elaborar o novo Código Civil, que apresentou o projeto no final do mesmo ano.

Após 16 anos de demorados debates no Congresso, o Código foi promulgado em 1º de janeiro de 1916, entrando em vigor em 1º de janeiro de 1917 (Lei n. 3.071/1916). Em seu art. 1.807, houve, finalmente, a revogação expressa das "Ordenações, Alvarás, Leis, Decretos, Resoluções, Usos e Costumes concernentes às matérias de direito civil" reguladas no Código.

A temática do Direito Internacional Privado constou da parte introdutória do Código Civil, do art. 8º ao art. 21, seguindo a linha da Lei de Introdução ao Código Civil Alemão[12] de 18 de outubro de 1896 (EGBGB[13]).

---

12 Sobre a influência do Código Civil alemão de 1900 *Bürgerliches Gesetzbuch* (ou BGB) sobre o Brasil, ver, por todos, RODRIGUES JUNIOR, Otavio Luiz. A influência do BGB e da doutrina alemã no direito civil brasileiro do século XX. *Revista dos Tribunais*, São Paulo, v. 102, n. 938, dez. 2013, p. 79-155.

13 Lei de Introdução ao Código Civil Alemão, disponível em <http://www.gesetze-im-internet.de/englisch_bgbeg/englisch_bgbeg.html#p0080>, último acesso em 25 de abril de 2021.

1.5. RUMO À LEI DE INTRODUÇÃO AO CÓDIGO CIVIL

Com a queda da República Velha em 1930, Getúlio Vargas iniciou o processo de revisão do ordenamento jurídico brasileiro para adaptá-lo às necessidades de um novo Brasil industrial, mas dentro da lógica autoritária e centralizadora que marcou todo o seu período no poder (1930-1945[14]).

Para tanto, foi criada, por intermédio do Decreto n. 19.459, de 6 de dezembro de 1930, uma Comissão Legislativa para elaborar anteprojetos que renovassem totalmente o Direito brasileiro. O Ministro da Justiça, Oswaldo Aranha, foi feito presidente da Comissão, sendo a 1ª Subcomissão justamente a encarregada da revisão do Código Civil. Foram nomeados Clóvis Beviláqua, Eduardo Espínola e Alfredo Bernardes da Silva, e, no que tange ao Direito Internacional Privado, Eduardo Espínola foi o encarregado de fazer a revisão da parte introdutória do Código Civil.

Houve divergência na Subcomissão sobre a lei de regência do estatuto pessoal das pessoas físicas. De um lado, Eduardo Espínola defendeu a adoção da lei do domicílio, o que implicaria o uso da lei brasileira para os estrangeiros domiciliados aqui. Para dar contorno prático à inovação, Espínola usou os dados sobre entrada de estrangeiros no Brasil, demonstrando que, de 1918 a 1920, houve o ingresso de mais de um milhão de estrangeiros no País. Demonstrando a importância dessa massa de imigrantes, basta lembrar que, em 1920, a população total do Brasil atingiu aproximadamente 30 milhões de habitantes[15]. Por outro lado, Beviláqua, na Comissão, defendeu a opção constante no Código Civil de 1916 (lei da nacionalidade), por considerá-la uma "tradição do nosso Direito"[16]. Para

---

14 Nesse período, foi estabelecida a base da moderna Administração Pública brasileira, com a criação do DASP (Departamento Administrativo do Serviço Público, 1938), bem como de outros pilares do ordenamento, por exemplo: Código de Processo Civil (1939), Código Penal (1940), Lei de Falências (1940), Código de Processo Penal (1941) e a Consolidação das Leis Trabalhistas (1943).

15 ESPÍNOLA, Eduardo; ESPÍNOLA FILHO, Eduardo. *Tratado de direito civil brasileiro*. Rio de Janeiro: Freitas Bastos, 1939, v. II, p. 560. Sobre o Censo de 1920, ver dado do IBGE disponível em <http://www12.senado.leg.br/noticias/entenda-o-assunto/censo-demografico>, último acesso em 25 de abril de 2021.

16 ESPÍNOLA, Eduardo; ESPÍNOLA FILHO, Eduardo. *Tratado de direito civil brasileiro*. Rio de Janeiro: Freitas Bastos, 1939, v. II, p. 559.

Eduardo Espínola, era indispensável uma mudança radical, pois "nos países de imigração, as vantagens são do princípio do domicílio, para que a lei territorial se aplique ao grande número de estrangeiros, que venham neles exercer sua atividade civil ou comercial. O elemento territorial da lei deve então desenvolver toda a sua força de universalidade e, por evidente utilidade política, preponderar sobre o elemento pessoal"[17].

Esse anteprojeto de Lei de Introdução do Código Civil foi descartado pelo governo Vargas, tendo sido publicado, com sua justificativa, por Espínola e seu filho, em 1939[18].

Ainda em 1939, Vargas designou nova Comissão para elaborar um projeto de reforma do Código Civil, convidando os juristas Orozimbo Nonato, Philadelpho Azevedo (que, pela proximidade com o ditador, foram depois nomeados para o Supremo Tribunal Federal) e Hahnemann Guimarães. Em 1941, a Comissão apresentou Anteprojeto ao governo Vargas e o publicou no *Diário Oficial* para conhecimento e contribuições. Desse trabalho apenas foi aproveitada a proposta de reforma da lei de introdução ao código civil, que foi editada por meio do Decreto-Lei n. 4.657, de 4 de setembro de 1942, pelo Ditador Vargas, que revogou a "Introdução" do Código Civil de 1916 (arts. 1º a 21).

Esse ambiente de modernização conservadora do Brasil gerou impacto no ordenamento jurídico, e um dos alvos foi justamente a parte introdutória do Código Civil. A grande mudança da nova lei foi no tocante ao estatuto pessoal, tendo sido adotada finalmente a lei do domicílio em substituição à lei da nacionalidade. Assim, somente em 1942, o Brasil curvou-se à tendência já adotada nos demais países receptores de mão de obra migrante nas Américas e implantou a regra da *lei do domicílio* (*lex domicilii*). Ressalte-se que a aplicação, por décadas, do direito estrangeiro em diversas regiões de imigrantes no Brasil era o oposto às ambições nacionalistas e autoritárias da Ditadura Vargas, que buscava impulsionar

---

17 ESPÍNOLA, Eduardo; ESPÍNOLA FILHO, Eduardo. *Tratado de direito civil brasileiro*. Rio de Janeiro: Freitas Bastos, 1939, v. II, p. 558.

18 ESPÍNOLA, Eduardo; ESPÍNOLA FILHO, Eduardo. *Tratado de direito civil brasileiro*. Rio de Janeiro: Freitas Bastos, 1939, v. II, p. 556.

a industrialização nacional, com substituição das importações, e ainda impunha restrições a novas ondas de imigrações estrangeiras, na busca de salvaguarda de mercado ao trabalhador brasileiro[19].

Para Valladão, a promulgação da LICC foi feita de modo apressado, tendo como razão imediata a entrada do Brasil na 2ª Guerra Mundial, ocorrida poucos dias antes, em 22 de agosto de 1942. A motivação da sua edição teria sido *substituir* a regra da lei da nacionalidade da antiga introdução ao Código Civil de 1916 pela da lei do domicílio, para não se aplicar o Direito estrangeiro aos nacionais do Eixo, da Alemanha e da Itália (agora súditos inimigos), que eram aqui domiciliados em virtude da forte imigração nas décadas anteriores[20].

Foi criticada a falta de debate e secretismo envolvendo a lei ("obra legislativa clandestina", para Valladão[21]), uma vez que a Comissão só realizou uma única reunião oficial, em 1940, na qual constou que outras reuniões anteriores teriam sido realizadas, tendo sido elaborado o projeto de lei de introdução já em 1939.

Do ponto de vista formal, houve uma fundamental mudança: a Comissão entendeu, acertadamente, que os dispositivos analisados não deveriam fazer parte do Código Civil e sim constar de uma *lei autônoma*, merecendo uma legislação especial.

A nova LICC adotou, como regra geral, o método conflitual (também chamado de remissivo ou indireto) para o Direito Internacional privado brasileiro, mantendo a opção da introdução do Código Civil de 1916. Pelo método conflitual, os fatos transnacionais são regidos por normas indi-

---

19 Sobre a xenofobia e restrições a estrangeiros na Ditadura Vargas, ver CARVALHO RAMOS, André de. Direitos dos estrangeiros no Brasil: a imigração, direito de ingresso e os direitos dos estrangeiros em situação irregular. In: SARMENTO, Daniel; IKAWA, Daniela; PIOVESAN, Flávia (Org.). *Igualdade, diferença e direitos humanos*. Rio de Janeiro: Lumen Juris, 2008, p. 721-745.

20 VALLADÃO, Haroldo. A Lei de Introdução ao Código Civil e sua reforma. *Revista dos Tribunais*, v. 49, n. 292, fev. 1960, p. 7-21, em especial p. 7.

21 Valladão chegou, inclusive, a sustentar o que denominou "desleixo com que foi, assim, promulgada a Lei de Introdução". VALLADÃO, Haroldo. A Lei de Introdução ao Código Civil e sua reforma. *Revista dos Tribunais*, v. 49, n. 292, fev. 1960, p. 7-21, em especial p. 7-8.

retas, que indicam o direito material aplicável. Essas normas indiretas representam critérios de conexão, que vinculam um determinado fato transnacional a um direito material aplicável (direito brasileiro ou direito estrangeiro). Os critérios (ou regras) de conexão são normas que contém um (i) *objeto de conexão* e (ii) *elemento de conexão*. O objeto de conexão consiste em categoria jurídica que abarca os fatos transnacionais, como, por exemplo, personalidade ou capacidade jurídica, validade do testamento, execução de uma obrigação, etc. O elemento de conexão consiste no critério de indicação do direito aplicável. Por exemplo, para regular a capacidade jurídica da pessoa física (objeto de conexão), utiliza-se a "lei do local do domicílio" do indivíduo (elemento de conexão).

1.6. AS ALTERAÇÕES POSTERIORES

Apesar de várias críticas[22], houve pouca alteração da LICC no decorrer das décadas seguintes, tendo sido modificada em pequena monta em seis ocasiões. Houve, ainda, uma sétima alteração, que adicionou nova temática (segurança jurídica em matéria de direito público), nos novos arts. 20 a 30 (Lei n. 13.655/2018).

Em 1957, foi editada a Lei n. 3.238, que alterou, no que tange ao Direito Internacional Privado (i) o § 2º do art. 7º e (ii) o art. 18, aplacando parte das críticas da doutrina em relação a esses dispositivos, relativos ao matrimônio e às autoridades consulares.

Após a permissão constitucional do divórcio em 1977, a Lei n. 6.515 do mesmo ano alterou o § 6º do art. 7º, tornando-o compatível com a nova situação constitucional.

Em 1995, a Lei n. 9.047 alterou o § 1º do art. 10, que dispõe sobre a sucessão de bens de estrangeiros situados no Brasil, para torná-lo compatível com a Constituição de 1988.

Em 2009, novamente quanto ao divórcio, a Lei n. 12.036 alterou o mesmo dispositivo, adaptando-o à Constituição de 1988. A mesma lei também

---

22 Por exemplo, em relação ao § 3º do art. 7º, que determina que, no caso dos nubentes possuírem diferentes domicílios, deve reger a nulidade do casamento a lei do

revogou o parágrafo único do art. 15, que dispensava da homologação as sentenças estrangeiras meramente declaratórias do estado das pessoas.

Em 2010, a Lei n. 12.376 fez apenas a singela alteração da ementa do Decreto-Lei n. 4.657/42, que passou a ser designado "Lei de Introdução às Normas do Direito Brasileiro", ao invés de "Lei de Introdução ao Código Civil". A mudança da denominação da lei foi correta, pois seu conteúdo é bem mais abrangente do que uma introdução à lei civil; mas isso não passou de uma alteração superficial, já que não se buscou atualizar todo o diploma.

Finalmente, em 2013, a Lei n. 12.874 modificou o art. 18 para possibilitar às autoridades consulares brasileiras celebrarem a separação e o divórcio consensuais de brasileiros no exterior.

1.7. OS PROJETOS APÓS A LICC DE 1942

Após a LICC varguista, houve iniciativas de atualização e sistematização das normas de Direito Internacional Privado, que, contudo, fracassaram. Dois projetos não aprovados merecerem destaque: (i) o originado no anteprojeto de 1964, de Haroldo Valladão, denominado *Lei Geral de Aplicação de Normas Jurídicas*, e (ii) o projeto de lei n. 4.905/95.

No primeiro caso, o anteprojeto Valladão era completo e visava à substituição de uma "Lei de Introdução ao Código Civil" para tratar do DIPr. O anteprojeto ambicionava a aprovação de uma "Lei Geral de Aplicação das Normas Jurídicas", pois, segundo Valladão, a denominação "Lei de Introdução ao Código Civil" era inapropriada, vez que tal diploma se refere ao direito pátrio como um todo e não apenas ao Código que introduz[23]. Possuía 91 artigos e não se restringia à regulação da aplicação espa-

---

primeiro domicílio conjugal, o que Serpa Lopes, ironicamente, sustentou que "[n]o caso do § 3º do art. 7º, ao intérprete cumpre desenvolver um trabalho de genuína *cirurgia plástica*, dos mais difíceis, para exibi-lo gracioso e com um sentido plástico e racional". SERPA LOPES, Miguel Maria de. *Comentários à Lei de Introdução ao Código Civil*. 2. ed. Rio de Janeiro: Freitas Bastos, 1959, v. II, p. 96 (grifo meu).

23 VALLADÃO, Haroldo. Lei geral de aplicação das normas jurídicas. *Revista da Faculdade de Direito da Universidade de São Paulo*, v. 60, 1965, p. 121-131, em especial, p. 125.

cial da lei de direito privado, abrangendo, também, relações de trabalho, direito marítimo e aéreo, direitos de autor, direito cambial e de propriedade intelectual, jurisdição e cooperação jurídica internacional. Seu art. 16 era emblemático e previa um *novo* Direito Internacional Privado de *objeto amplo* muito além de uma introdução ao Código Civil: "aplicam-se, de forma direta ou indireta, normas de direito brasileiro no exterior e de direito estrangeiro no Brasil com o fim de assegurar a continuidade espacial da *vida jurídica das pessoas*, em virtude de regras de direito internacional privado (...)"[24].

Em 1970, o anteprojeto foi ligeiramente alterado pela Comissão Revisora, formada por Luiz Gallotti, Ministro do Supremo Tribunal Federal, pelos Professores Oscar Tenório e Valladão, recebendo a denominação de "Código de Aplicação das Normas Jurídicas" e passando a conter 93 artigos. Foi introduzido, por sugestão de Oscar Tenório, dispositivo de *coordenação* com os tratados de DIPr, pelo qual "os preceitos dos artigos anteriores aplicam-se, no que couber, sem prejuízo de convenções internacionais ratificadas pelo Brasil"[25].

Em 1994, foi realizada outra iniciativa de reforma da Lei de Introdução ao Código Civil de 1942 por comissão composta pelos Professores Limongi França, Grandino Rodas (ambos da Universidade de São Paulo), Inocêncio Mártires Coelho (Universidade de Brasília) e Jacob Dolinger (Universidade Estadual do Rio de Janeiro), que redundou no Projeto de Lei n. 4.905/95[26]. O projeto era sensivelmente menos ambicioso do que o anteprojeto Valladão, contendo apenas 25 artigos (a LINDB possuía, à época, 19 artigos).

---

24 Art. 16 do anteprojeto. O texto integral e ainda exposição de Valladão sobre seu anteprojeto, bem como relatório da comissão revisora constam de VALLADÃO, Haroldo. *Direito internacional privado. Direito intertemporal, introdução e história do direito.* Material de classe. 9. ed. Rio de Janeiro: Freitas Bastos, 1977, p. 108-169.

25 VALLADÃO, Haroldo. *Direito internacional privado. Direito intertemporal, introdução e história do direito.* Material de classe. 9. ed. Rio de Janeiro: Freitas Bastos, 1977, p. 108-169.

26 Comissão instituída pela Portaria n. 510 do Ministro da Justiça Alexandre de Paula Dupeyrat Martins, de 22 de julho de 1994.

Buscava, antes de mais nada, em um contexto de reformas liberais do Governo Fernando Henrique Cardoso, o reforço da autonomia da vontade, em uma visão de estímulo à segurança jurídica de investidores estrangeiros. Ponto positivo foi a introdução, no Capítulo III ("Direito Internacional Privado"), de uma seção específica para "Cooperação Jurídica Internacional", apesar de limitada as duas espécies tradicionais (carta rogatória e ação de homologação de sentença estrangeira). Também esse projeto não foi aprovado.

Finalmente, o Projeto de Lei do Senado Federal n. 269, apresentado em 2004, pelo Senador Pedro Simon, consistia em reapresentação do Projeto de Lei n. 4.905/95, com alterações pontuais, tendo sido já arquivado. Não obstante o esforço para modernização e atualização da legislação brasileira, nenhum dos projetos de lei para a substituição da LICC de 1942 chegou a ser aprovado.

1.8. A INTERNACIONALIZAÇÃO DAS NORMAS DE DIPR

Como visto anteriormente, as fontes nacionais do DIPr brasileiro encontram-se dispersas em vários diplomas legais e concentradas em temas tradicionais, com ênfase no Direito Civil, graças ao modelo de "introdução ao Código Civil" trazido, pela primeira vez, pela parte introdutória ao Código Civil de 1916. Há *temas esquecidos* da codificação nacional, como, por exemplo, os fatos transnacionais consumeristas[27].

Por outro lado, as fontes internacionais mostram vitalidade impressionante, em especial no que tange aos *tratados internacionais*[28]. No tocante ao Brasil, a experiência de codificação do DIPr no seio da Organi-

27 Ver sobre as propostas de edição de tratados de DIPr para a defesa do consumidor envolvido em fatos transnacionais em MARQUES, Claudia Lima. "The brazilian 'draft convention on cooperation in respect of the protection of tourists and visitors abroad' and The Hague Conference and the UN Word Tourism Organization's draft convention" in *Los servicios en el derecho internacional privado – Jornadas de la ASADIP 2014*, Porto Alegre, ASADIP e Editora RJR, 2014, p. 823-848.

28 Ver o estudo das demais fontes do direito internacional, em especial os costumes e os princípios gerais em CARVALHO RAMOS, André de. *Curso de direito internacional privado*. 2. ed. São Paulo: Saraiva, 2021, p. 108 e seguintes.

zação dos Estados Americanos (OEA) merece destaque, pelo número de tratados já produzidos e ratificados. De fato, após a criação da Organização dos Estados Americanos (OEA), em 1948, o foro de discussão do DIPr nas Américas ganhou novo espaço institucional. Auxiliou o desenvolvimento de novas discussões da matéria na OEA a superação do "cisma sul-americano" entre a lei da nacionalidade e a lei do domicílio para reger o estatuto pessoal, com a adoção da lei do domicílio pelo Brasil em 1942 (com a nova Lei de Introdução ao Código Civil – Decreto-Lei n. 4.657/42).

Nos anos 1950 e 1960, foram realizados diversos debates no Conselho Interamericano de Juristas (hoje Comissão Jurídica Interamericana, órgão da OEA com sede no Rio de Janeiro), visando assegurar uma unificação internacional do DIPr nas Américas[29]. A partir dos anos 1970, inicia-se uma segunda fase na produção de normas internacionais de DIPr nas Américas, por meio da realização das *Conferências Especializadas Interamericanas sobre Direito Internacional Privado* (CIDIPs), no âmbito da OEA.

Em 1975, foi realizada a I Conferência Especializada Interamericana sobre Direito Internacional Privado (CIDIP – I) da OEA, na cidade do Panamá. Desde então, foram adotados 22 tratados setoriais de DIPr, abrangendo tanto as normas gerais de concurso de leis quanto as regras de jurisdição e cooperação jurídica internacional. Houve também a adoção de normas diretas (mudando o foco tradicional da CIDIP de aprovar tratados de conflito de leis), como se viu na edição da Convenção sobre contratos de transporte internacional rodoviário (CIDIP – IV) e da lei modelo e documentos uniformes de conhecimento de carga (CIDIP – VI).

O Brasil ratificou 14 desses tratados, todos no período de 1994-1998. A opção adotada (e mantida até hoje) foi a de produzir tratados segmentados, evitando-se o desgaste da tentativa de adoção de um código geral de DIPr, marca dos trabalhos anteriores da União Pan-Americana e mesmo da OEA.

---

29 SAMTLEBEN, Jürgen. A codificação interamericana do direito internacional privado e o Brasil. In: CASELLA, Paulo Borba; ARAÚJO, Nadia de (Coord.). *Integração jurídica interamericana* – as convenções interamericanas de direito internacional privado e o direito brasileiro. São Paulo: LTr, 1998, p. 25-45, em especial p. 38-39.

Essa abordagem funcionalista e gradual foi inspirada nos trabalhos da Conferência da Haia de Direito Internacional Privado[30], mas também é fruto da constatação do fracasso da Convenção Panamericana de Direito Internacional Privado, também denominada Código Bustamante, ratificada pelo Brasil[31] e por 14 outros Estados, que possuía a ambição de reger todas as facetas do DIPr (conta com 437 artigos).

Assim, é possível detectar uma onda internacionalista no DIPr, a qual concretiza a ambição universalista de se ter o mesmo tratamento jurídico dado aos fatos transnacionais, não importando o Estado que venha a regulá-los[32].

1.9. OS MÉTODOS DO DIPR E A ESCOLHA DE MÉTODO NA LINDB

O método em um determinado ramo do Direito é o caminho para se alcançar as finalidades ou objetivos da disciplina[33]. No Direito Internacional Privado, o estudo da escolha de lei e de jurisdição que incidem nos fatos transnacionais levou à prevalência do *método indireto* (também chamado método indicativo, remissivo ou de remissão) em boa parte de sua história, desde a fase iniciadora (também chamada de *fase estatutária*). Por esse método, o DIPr não regula diretamente os fatos sociais, mas tão somente indica a lei ou a jurisdição adequada.

Tal método indireto foi confundido muitas vezes com o próprio Direito Internacional Privado, que passou a ser visto como matéria de *sobre-*

30 OVERBECK, Alfred E. von. La contribution de la Conference de la Haye au developpment du droit international privé. 233 *Recueil de Cours de l'Académie de Droit International de la Haye,* 1992, p. 13-98, em especial p. 21.

31 Incorporado internamente pelo Decreto n. 18.871, de 13 de agosto de 1929.

32 Ver mais sobre essa onda internacionalista do DIPr em CARVALHO RAMOS, André de. Direito internacional privado e a ambição universalista. In: TIBURCIO, Carmem; VASCONCELOS, Raphael; MENEZES, Wagner (Org.). *Panorama do direito internacional privado atual e outros temas contemporâneos* – Festschrift ao professor Jacob Dolinger. Belo Horizonte: Arraes, 2015, p. 14-33.

33 Por sua vez, metodologia consiste no estudo dos métodos (ou método) utilizados em determinada ciência (MARTINS, Gilberto de Andrade; THEÓPHILO, Carlos Renato. *Metodologia da investigação científica para Ciências Sociais aplicadas.* São Paulo: Atlas, 2007, p. 37).

direito, ou seja, uma disciplina jurídica que estuda a aplicação de outras normas jurídicas. Contudo, o DIPr da era contemporânea visa regular a diversidade normativa e jurisdicional incidente sobre os fatos transnacionais da vida privada à luz da igualdade, acesso à justiça e tolerância, podendo utilizar outros métodos que sejam mais adequados a tais objetivos[34].

Por isso, é importante superar antigas concepções da disciplina e analisar as contemporâneas fontes nacionais e internacionais do DIPr da atualidade para que sejam aferidos os métodos utilizados. Cotejando tais fontes, é possível identificar dois gêneros distintos de métodos: (i) método indireto e (ii) método direto. O *método indireto* – já definido anteriormente – aponta as normas que devem regular o fato transnacional, bem como a jurisdição que conhecerá eventual litígio. Por outro lado, o *método direto* adotado pelo DIPr consiste na regulação, pelas próprias normas da disciplina, dos fatos transnacionais da vida privada de um indivíduo.

O método indireto subdivide-se em:

1) **Método indireto unilateral:** é aquele pelo qual o legislador determina o domínio de aplicação espacial da lei que ele mesmo edita para localizar a lei aplicável ao fato transnacional. É chamado de unilateral porque é focado em uma determinada norma do foro, visando privilegiar os interesses do Estado do foro e deixando aos demais ordenamentos jurídicos estrangeiros a preocupação de definir os seus próprios domínios de aplicação das leis, na medida em que a lei do foro não queira incidir sobre determinado fato transnacional[35]. Por exemplo, a regra do art. 7º, parágrafo único, da LINDB representa o uso do método indireto unilateral: "Realizando-se o casamento no Brasil, será aplicada a lei brasileira quanto aos impedimentos dirimentes e às

---

34 BUCHER, Andreas. La dimension sociale du droit international privé. *Recueil des Cours de l'Académie de Droit International de La Haye*, v. 341, 2009, p. 9-526, em especial p. 95.

35 BUREAU, Dominique; WATT, Horatia Muir. *Droit International Privé*. 3. ed. Paris: PUF, 2014, t. I, p. 379; GOTHOT, Pierre. La méthode unilatéraliste face au droit international privé des contrats. *Droit international privé*: travaux du Comité français de droit international privé, 1e année, 1975-1977. Persée: Université de Lyon, CNRS & ENS de Lyon, 1979, p. 201-232.

formalidades da celebração". A norma de DIPr do foro só se interessa sobre o "casamento celebrado no Brasil", o qual leva à incidência da lei brasileira.

2) **Método indireto multilateral rígido**: consiste na identificação *a priori* do direito por meio da localização do centro ou sede de cada relação jurídica transnacional. É também chamado de *método conflitual*, uma vez que resolveria o "conflito" aparente entre ordenamentos, indicando aquele que seria o mais adequado a reger o fato transnacional. Conta com três elementos: (i) o conceito de "relação jurídica", que é determinado pela inserção dos fatos transnacionais em *amplas categorias jurídicas*; (ii) a "sede" ou centro da relação jurídica; e (iii) a "localização" da sede da relação jurídica em um ordenamento jurídico nacional. O primeiro elemento exige que seja feita a classificação jurídica dos fatos transnacionais em categorias normativas, como "obrigações", "bens imóveis", "capacidade jurídica", entre outras. O segundo elemento consiste na investigação de dados objetivos da relação jurídica, resultando na fixação, consensual, de sua sede. A natureza da relação jurídica seria decisiva para a declaração da sua sede, que seria única e *rígida*. É indispensável, para o método conflitual, atribuir a cada categoria jurídica uma determinada sede, o que exige a investigação de elementos existentes em cada fato transnacional, como a situação de um bem imóvel, o cumprimento de uma obrigação etc. Por exemplo, definida a categoria jurídica "capacidade da pessoa física", sua sede seria o "domicílio", porque essa circunstância revela o desejo do indivíduo de escolher a comunidade que deve regular a sua aptidão para exercer direitos e contrair obrigações (capacidade jurídica). O terceiro elemento é a consequência da fixação da categoria jurídica e da identificação de sua sede, o que vem a ser o uso do ordenamento material do lugar da sede para reger o fato transnacional. O método conflitual utiliza as regras de conexão, compostas por dois componentes: (i) o *objeto de conexão*, que consiste na indicação dos *fatos inseridos* em *categorias jurídicas*, e (ii) o *elemento de conexão*, que é a indicação das *circunstâncias que conectam* aqueles fatos com determina-

da ordem jurídica[36]. Por exemplo, o art. 8º da LINDB dispõe que, "Para qualificar os bens e regular as relações a eles concernentes, aplicar-se-á a lei do país em que estiverem situados": o objeto de conexão consiste nos "bens" e o elemento de conexão é a "lei do país em que estiverem situados". Para seus defensores, tal método seria neutro e imune aos interesses de cada Estado, gerando harmonia nas decisões e segurança jurídica. Por harmonia e segurança jurídica entenda-se a indicação da mesma lei, onde quer que o fato transnacional fosse analisado (ou julgado). Seria eliminada a possibilidade de uma relação jurídica privada claudicante, válida em um Estado e inválida em outro. O método é tido como um "método rígido" justamente porque ele indica o direito aplicável, sem se preocupar – em geral – com o resultado de tal aplicação. A saída para a não aplicação da lei indicada consiste no uso de institutos extraordinários, como a violação da ordem pública ou mesmo a fraude à lei[37].

3) **Método indireto multilateral flexível fechado**: consiste na adição de mais critérios (ou regras) de conexão na análise da escolha da lei ou jurisdição diante dos fatos transnacionais. Em vez de aceitar apenas um centro ou sede da relação jurídica (como no método indireto rígido), o método flexível fechado é embasado em valores e adota *diversos* critérios de conexão, devendo ser escolhido aquele que acarrete a maior proteção ao valor adotado como preferencial. Por exemplo, no plano interamericano, a Convenção Interamericana sobre Obrigação Alimentar de 1989[38] estipula que a obrigação alimentar, bem como as qualidades de credor e de devedor de alimentos serão reguladas pelo ordenamento "mais favorável" ao credor de alimentos, dentre o (i) ordenamento jurídico do Estado de domicílio ou residência habitual do credor ou o (ii) ordenamento jurídico do Estado de domicílio ou

36 Ver CARVALHO RAMOS, André de. *Curso de direito internacional privado*. 2. ed. São Paulo: Saraiva, 2021, p. 168-171.

37 *Vide* os comentários ao art. 17 da LINDB.

38 Ratificada pelo Brasil em 1997 e promulgada internamente pelo Decreto n. 2.428, de 17 de dezembro de 1997.

residência habitual do devedor. No caso, o valor "favorecimento ao credor de alimentos" é o que deve ser protegido, devendo o intérprete testar as opções de leis para que se chegue na lei mais protetiva. É denominado "flexível fechado" porque o intéprete não é totalmente livre: há uma enumeração de leis que podem ser testadas para que se chegue na escolhida.

4) **Método indireto multilateral flexível fechado e o princípio da proximidade:** o princípio da proximidade é cláusula prevista em tratados e codificações nacionais de direito internacional privado que localiza a lei com base na existência de um direito estreitamente relacionado com a situação transnacional analisada. Para retratar a sua incidência, a doutrina utiliza termos ou expressões como "vínculo mais estreito", "a relação mais significativa" (*most significant relationship*) e, genericamente, "proximidade"[39]. O princípio da proximidade mantém o método indireto multilateral fechado, mas a sede de determinada situação e a localização do ordenamento são aferidas de acordo com os vínculos *in concreto* com a situação, podendo servir como cláusula de exceção, correção ou escape, e, ainda, critério inicial de fixação da lei aplicável. Incidindo como cláusula de exceção, inicialmente utiliza-se a regra de conexão usual (adotada de modo abstrato e apriorístico), que é afastada se for provado (no caso concreto) que há vínculo mais estreito com outro ordenamento jurídico[40]. Já na hipótese de o princípio da proximidade incidir como critério de conexão principal, é o legislador (nacional ou internacional) que desiste de localizar aprioristicamente a sede da relação jurídica, deixando a sua fixação ao intérprete. O art. 9º da Convenção Interamericana sobre o direito aplicável aos contratos internacionais, de 1994, por

39 CARVALHO RAMOS, André de. *A construção do direito internacional privado:* heterogeneidade e coerência. Salvador: JusPodivm, 2021, em especial p. 80-84.

40 LAGARDE, Paul. Le principe de proximité dans le droit international privé contemporain; cours général de droit international privé. *Recueil des Cours de l'Académie de Droit International de La Haye*, vol. 196, 1986, p. 9-238, em especial p. 97 e seguintes.

exemplo, prevê que, na ausência de escolha da lei pelas partes ou na sua ineficácia, o contrato internacional será regido pelo direito do Estado com o qual o contrato mantenha vínculos mais estreitos[41].

5) **Método multilateral flexível aberto**: consiste no teste de todas as possíveis regras aplicáveis, para que se chegue à "melhor solução materialmente possível" em um fato com elementos de estraneidade. Não há uma predeterminação de preferências, mas, ao contrário, busca-se a justiça no caso concreto (por isso o método é tido como flexível aberto), sendo defendido por parte da doutrina americana (a corrente do "better law approach"[42]). A crítica ao método indireto flexível aberto consiste no poder concedido ao juiz, que age com discricionariedade para a busca do melhor resultado, gerando, por conseguinte, a ampliação da insegurança jurídica dos sujeitos envolvidos no fato transnacional[43].

Já o método direto subdivide-se em:

1) **Método direto de matriz nacional**: consiste na existência de regras nacionais (do foro) que regulam diretamente os fatos transnacionais. O maior exemplo de método direto de matriz nacional é representado pelas normas de aplicação imediata, as quais são formadas por normas de caráter material que protegem interesses essenciais do Estado e determinam a aplicação exclusiva da lei do foro. O recurso unilateral à *lex fori* pode gerar o afastamento da lei aplicável designada pelo método conflitual, a negação à autonomia da vontade e óbice à homologação de sentença estrangeira e à concessão de *exequatur*. Por exemplo, no Brasil, o Superior Tribunal de Justiça, no caso *Panasonic*, aplicou o Código de Defesa do Consumidor a uma relação privada

---

41 CARVALHO RAMOS, André de. *A construção do direito internacional privado:* heterogeneidade e coerência. Salvador: JusPodivm, 2021, em especial p. 84.

42 Conferir as correntes norte-americanas do DIPr em CARVALHO RAMOS, André de. *A construção do direito internacional privado:* heterogeneidade e coerência. Salvador: JusPodivm, 2021, em especial p. 86-89.

43 CARVALHO RAMOS, André de. *Curso de direito internacional privado.* 2. ed. São Paulo: Saraiva, 2021, p. 70.

transnacional, desconsiderando a previsão sobre a autonomia da vontade do art. 9º da LINDB e gerando implicitamente o reconhecimento da natureza imperativa das normas consumeristas[44].

2) **Método direto de matriz internacional:** consiste no uso de regras internacionais materiais para reger os fatos transnacionais. Esse método distingue-se do método indireto visto anteriormente, porque não se limita a indicar uma ordem jurídica de regência, mas vai além, regulando os próprios fatos transnacionais. Por exemplo, estipula o art. 11 da Convenção das Nações Unidas sobre Contratos de Compra e Venda Internacional de Mercadorias (Uncitral) que "[o] contrato de compra e venda não requer instrumento escrito nem está sujeito a qualquer requisito de forma. Poderá ele ser provado por qualquer meio, inclusive por testemunhas"[45]. Como se vê, a regra internacional regula *diretamente* o contrato de compra e venda internacional de mercadorias, dispensando a indicação de lei (do foro ou estrangeiro) para tanto.

---

44 Tratou-se de ação de indenização no Brasil em face de dano ao consumidor gerado na aquisição de uma filmadora "Panasonic" com defeito, nos Estados Unidos, da subsidiária norte-americana do grupo. A ré no Brasil alegou que possuía personalidade jurídica própria (empresa brasileira), distinta da subsidiária norte-americana. O STJ decidiu a favor do consumidor, uma vez que o grupo econômico ganhava clientes pela notoriedade mundial da marca, sendo exigível que a empresa brasileira do grupo fosse obrigada a pagar pelos danos gerados pelo vício do produto vendido pela empresa estrangeira do mesmo grupo (STJ, REsp 63.981, Rel. p/ acórdão Min. Sálvio de Figueiredo Teixeira, julgado em 11-4-2000, *DJ* 20-11-2000, p. 296; MARQUES, Claudia Lima; JACQUES, Daniela Corrêa. Normas de aplicação imediata como um método para o Direito Internacional Privado de proteção do consumidor no Brasil. *Cadernos do Programa de Pós-Graduação em Direito da UFRGS*, n. 01, 2004, p. 65-96, em especial p. 90 e seguintes.

45 O Brasil depositou o ato de adesão em 4 de março de 2013, entrando em vigor para o Brasil internacionalmente em 1º de abril de 2014. A promulgação interna foi feita pelo Decreto n. 8.327, de 16 de outubro de 2014.

CAPÍTULO 2

COMENTÁRIOS AOS ARTIGOS DE DIREITO INTERNACIONAL PRIVADO DA LINDB

O DIPr brasileiro de matriz legal sofre com o envelhecimento da LINDB há décadas, sem que os projetos de lei contendo uma nova codificação tenham prosperado no Congresso Nacional.

Por outro lado, houve a dispersão de normas de direito internacional privado inseridas em leis esparsas, como se viu no atual Código de Processo Civil (CPC/2015), o qual possui normas de jurisdição internacional cível e cooperação jurídica internacional (arts. 21 a 41), bem como referentes à carta rogatória e homologação de sentença estrangeiras (art. 960 e seguintes). Em contrapartida, o DIPr no Brasil é constantemente atualizado pela ratificação de tratados referentes à matéria, como já mencionado.

Por isso, é necessário diálogo das fontes, que, como assinala Marques, é um método que deve ser utilizado nos dias de hoje em face do "pluralismo pós-moderno de fontes"[1].

Assim, os presentes comentários aos arts. 7º a 19 buscam concretizar o diálogo das fontes, ao inserir o dispositivo da LINDB comentado ao lado de disposições previstas em tratados ou em leis extravagantes, em uma

---

1 MARQUES, Claudia Lima. O 'diálogo das fontes' como método da nova teoria geral do direito: um tributo à Erik Jayme. In: MARQUES, Claudia Lima (Coord.). *Diálogo das fontes* – do conflito à coordenação de normas do direito brasileiro. São Paulo: RT, 2012, p. 18-66, em especial p. 21.

era na qual o Direito Internacional Privado deve ser interpretado à luz da *tolerância e do respeito à diversidade*[2].

Art. 7º A lei do país em que domiciliada a pessoa determina as regras sobre o começo e o fim da personalidade, o nome, a capacidade e os direitos de família.

Entre os mais diversos fatos transnacionais que podem ser regulados pelo Direito Internacional Privado (DIPr), destacam-se os que se referem ao *estatuto pessoal,* o qual consiste no conjunto de atributos afetos à individualidade jurídica. O estatuto pessoal refere-se, em geral, à pessoa física (veremos, no comentário ao art. 11, o tratamento do DIPr à pessoa jurídica) e engloba a regulamentação sobre estado da pessoa, capacidade, filiação, nome, pátrio poder, casamento, dissolução do matrimônio, união homoafetiva, morte, alimentos, adoção, entre outros temas.

A regência do estatuto pessoal foi disputada, a partir da fase clássica do Direito Internacional Privado, por duas regras de conexão principais: a *lei da nacionalidade* e a *lei do domicílio.* Anteriormente, na fase iniciadora (ou fase estatutária), a própria noção de nacionalidade era precária, em um mundo europeu caracterizado pelas lutas entre monar-

---

2 Sobre a tolerância, diversidade e respeito aos vulneráveis no DIPr, ver CARVALHO RAMOS, André de. *A construção do direito internacional privado* – heterogeneidade e coerência. Salvador: JusPodivm, 2021. Ver ainda MARQUES, Claudia Lima. Human rights as a bridge between private international law and public international law: the protection of Individuals (as Consumers) in the Global Market. In: ARROYO, Diego P. Fernández e Marques, C. Lima (Org.). *Derecho internacional privado y derecho internacional público:* un encuentro necesario. Asunción: CEDEP, 2011, p. 363-389; ARAÚJO, Nadia de. *Direito internacional privado* – teoria e prática brasileiras. 2. ed. Rio de Janeiro: Renovar, 2004, em especial p. 7 e seguintes. Os escritos de Erik Jayme também são referência na matéria. Ver, entre outros, JAYME, Erik. O direito internacional privado no novo milênio: a proteção da pessoa humana em face da globalização. In: ARAÚJO, Nadia de; MARQUES, Claudia Lima (Org.). *O novo direito internacional. Estudos em homenagem a Erik Jayme.* Rio de Janeiro: Renovar, 2005, p. 3-20. E ainda sua participação, em 2000, no *Recueil:* JAYME, Erik. Le droit international privé du nouveau Millénaire: la protection de la personne humaine face à la globalisation. 282 *Recueil des Cours de l'Académie de Droit International de la Haye,* 2000, p. 9-40.

quias dinásticas e sob a influência do Papado[3]. Assim, as diferentes Escolas estatutárias adotavam a lei do domicílio, para a regência do estatuto pessoal[4].

No século XIX, a consolidação do conceito da nacionalidade[5] como um dos principais vetores do Estado influenciou também o Direito Internacional Privado. O marco pioneiro foi o Código Civil de Napoleão, que, em seu art. 3º, estipulou que as leis concernentes ao estado e à capacidade das pessoas regem os franceses mesmo quando residam em país estrangeiro[6]. Savigny, por seu turno, manteve a adesão à lei do domicílio, defendendo, com base em seus estudos sobre o direito romano e também em virtude da ampla aceitação da lei do domicílio, a sua continuidade[7].

Ainda no século XIX, Mancini, no ambiente do processo de unificação italiana, esforçou-se para consagrar o *princípio da nacionalidade* tanto no Direito Internacional Público quanto no DIPr[8]. Machado Villela resume o fundamento, no bojo do DIPr, do uso da *lei da nacionalidade* para reger o estatuto pessoal: "a lei pessoal é uma função da nacionalidade e por isso a lei pessoal competente é a lei nacional"[9].

---

3 Sobre as fases precursora, iniciadora e clássica do Direito Internacional Privado, conferir em CARVALHO RAMOS, André de. Evolução histórica do direito internacional privado e a consagração do conflitualismo. *Revista de la Secretaria del Tribunal Permanente de Revisión*, año 3, n. 5, Marzo 2015, p. 423-446.

4 PILLET, Antoine. *Principes de droit international privé*. Paris: Pedone/Allier Frères, 1903, em especial p. 304; MACHADO VILLELA, Álvaro da Costa. *Tratado elementar (teórico e prático) de direito internacional privado*. Coimbra: Coimbra Editora, 1921, v. I, p. 414.

5 Demonstrando que o conceito de nacionalidade não é atemporal, mas serviu aos esforços dos Estados europeus do século XIX, ver HOBSBAWM, Eric J. *Nações e nacionalismo*. 5. ed. São Paulo: Paz e Terra, 2008, em especial p. 11-61.

6 MACHADO VILLELA, Álvaro da Costa. *Tratado elementar (teórico e prático) de direito internacional privado*. Coimbra: Coimbra Editora, 1921, v. I, p. 416.

7 SAVIGNY, Friedrich Carl von. *Sistema do direito romano atual*. Tradução de Ciro Mioranga (edição original de 1849). Ijuí: Unijuí, 2004, §§ 358-359, v. VIII, p. 100-110.

8 MANCINI, Pasquale S. A nacionalidade como fundamento do direito das gentes (1851). In: *Direito internacional* – coletânea. Ijuí: Unijuí, 2003, p. 35-86.

9 MACHADO VILLELA, Álvaro da Costa. *Tratado elementar (teórico e prático) de direito internacional privado*. Coimbra: Coimbra Editora, 1921, v. I, p. 415.

No choque das duas correntes, extraem-se os seguintes argumentos e contra-argumentos, centrados nos seguintes tópicos:

(i) *Estabilidade.* Os adeptos da lei da nacionalidade apontam sua estabilidade, sendo um vínculo em geral *permanente* e *conhecido*, o que não acontece com o domicílio, sujeito a mudanças ao sabor da vontade do indivíduo. Os defensores da lei do domicílio, por sua vez, enfatizam a autonomia da vontade na fixação do domicílio, que seria mais próximo do verdadeiro centro de suas relações jurídicas (ao invés da nacionalidade, em geral imposta no nascimento). Ou seja, a lei do domicílio seria um vínculo jurídico e, consequentemente, mais apropriado ao DIPr do que a nacionalidade, um vínculo político.

(ii) *Coerência com a proteção diplomática.* Os defensores da lei da nacionalidade usaram, analogicamente, o instituto da proteção diplomática do Direito Internacional Público, muito em voga na segunda metade do século XIX. Esse costume internacional trata da reparação de danos causados a estrangeiro pelo Estado de acolhida, em demanda apresentada pelo Estado patrial. Assim, tal qual a nacionalidade protege o indivíduo por meio da proteção diplomática, a lei da nacionalidade seria também um mecanismo de "proteção individual". Para os defensores da lei do domicílio, o tratamento dado ao estrangeiro domiciliado não teria de ser, em si, menos protetivo do que o dado pela lei da nacionalidade.

(iii) *Interesse do Estado de acolhida dos estrangeiros e efeito negativo da inflação do uso do direito estrangeiro.* Esse argumento foi muito utilizado na América Latina pelos seguidores da lei do domicílio. Sustentou-se que não interessava ao Estado de acolhida de imigrantes (como os Estados da América Latina) manter a aplicação de direito estrangeiro (apontado pela lei da nacionalidade) por décadas, até que as novas gerações adquirissem a nacionalidade local. A lei da nacionalidade, então, dificultava a prestação jurisdicional (o juiz local tinha que acompanhar a evolução do direito estrangeiro) e mantinha ainda diferenças normativas no seio da comunidade. Além disso, em vários casos, as correntes migratórias europeias para a América Latina eram concentradas em algumas regiões (no Brasil: italianos no Sul e Sudeste, alemães no Sul, japoneses em São Paulo etc.), o que inflacionava ainda mais o uso do direito estrangeiro em alguns locais. Ironicamente, o Brasil imperial usou esse argumento (correntes migratórias) justamente para *defender* a lei da nacionalidade no Congresso de Direito Internacional Privado de Montevidéu (1888-1889): para a diplomacia brasileira da época, a lei da nacionalidade seria um atrativo ao estrangeiro, que teria a segurança jurídica necessária para, então, aceitar imigrar para novos países.

(iv) *Vantagem de integração com a nova comunidade.* Os defensores da lei da nacionalidade defendem o seu uso pelo maior conhecimento da lei nacional e pela comunhão de valores do indivíduo com sua pátria de origem. Essa defesa desconsidera o papel da comunidade de acolhida na promoção de direitos do estrangeiro.

(v) *Maior coincidência entre a lei aplicável e a jurisdição.* Os defensores da lei do domicílio sustentam a vantagem da *unidade* entre a jurisdição e a lei a ser aplicada. De fato, a maior parte dos litígios serão processados no Estado de domicílio dos interessados, de acordo com a tradicional regra de fixação da competência territorial do juízo: foro do domicílio do réu, ou, eventualmente, do autor. Caso o domicílio também seja a regra para a escolha da lei, haveria uma *grande coincidência* entre a lei que rege o processo e a lei a ser aplicada ao fato em litígio, aproximando a competência jurisdicional da competência legislativa[10]. Para os defensores da lei da nacionalidade, não há nenhuma dificuldade ou contradição no fato de uma jurisdição nacional ser obrigada a aplicar o direito estrangeiro.

(vi) *Dificuldades com situações especiais: mulheres casadas, apátridas, refugiados, sem domicílio.* A defesa da lei da nacionalidade como uma lei estável, segura e acessível esbarrou na constatação de problemas práticos envolvendo a nacionalidade da mulher casada[11] (superada por

---

10 CASSIN, René. La nouvelle conception du domicile dans le règlement des conflits de lois. 34 *Recueil des Cours de l'Académie de Droit International de la Haye*, 1930, p. 659-809, em especial p. 772.

11 Ver VALLADÃO, Haroldo. Conséquences de la différence de nationalité ou de domicile des époux sur les effets et la dissolution du mariage. 105 *Recueil des Cours de l'Académie de Droit International de la Haye*, 1962, p. 69-171.

tratados e pela consolidação do Direito Internacional dos Direitos Humanos, cujas normas proíbem as distinções odiosas de gênero), apátridas e refugiados. Por sua vez, as mudanças de domicílio e as situações pluridomiciliares e dos adômides (sem domicílio) geraram debates sobre a conveniência da substituição da lei do domicílio pela lei da "residência habitual"[12].

(vii) *Universalismo.* Os defensores da lei da nacionalidade no final do século XIX e nas primeiras décadas do século XX viam na lei do domicílio opção por um direito internacional privado local ou particular. Já o uso da nacionalidade levaria o Direito Internacional Privado mais próximo do Direito Internacional Público, ou seja, mais próximo da ambição universalista e da essência do Direito Internacional Privado clássico, de uma *comunidade homogênea de nações.* Espínola e Espínola Filho, nesse sentido, trilharam esse caminho ao sugerir que "o sistema da lei nacional é o que melhor corresponde aos princípios que constituem o fundamento do direito internacional privado"[13]. Posteriormente, após a metade do século XX e no século XXI, a consolidação da proteção internacional dos direitos humanos fez que a nacionalidade e os obstáculos ao estrangeiro (especialmente em um mundo no qual há inúmeras barreiras aos migrantes econômicos, com aumento da xenofobia) sejam adversários do novo universalismo, entendido agora sob o prisma da *gramática dos direitos humanos,* no qual todos são iguais, não importando origem ou nacionalidade. Nesse sentido, o vínculo jurídico do domicílio ou da residência habitual é *igualitário,* pois disponível tanto aos nacionais quanto aos estrangeiros em situação regular ou não.

Na doutrina do final do século XIX e início do século XX, rapidamente a lei da nacionalidade foi vitoriosa. Entre os internacionalistas, a gran-

---

12 WINTER, L. I. de. Nationality or domicile? – the present state of affairs. 128 *Recueil des Cours de l'Académie de Droit International de la Haye,* 1969, p. 347-503.

13 ESPÍNOLA, Eduardo; ESPÍNOLA FILHO, Eduardo. *Tratado de direito civil brasileiro.* Rio de Janeiro: Freitas Bastos, 1942, v. VIII: Do direito internacional privado brasileiro – parte especial. Primeiro Tomo, p. 182.

de maioria apoiou as ideias de Mancini, fazendo o *Instituto de Direito Internacional* (organização não governamental de cunho científico e acadêmico voltada ao Direito Internacional, criada em 1873 por Mancini, Carlos Calvo, Asser e outros) editar, em 1880, a "Resolução de Oxford" sobre os princípios gerais em matéria de nacionalidade, capacidade, sucessão e ordem pública, consagrando a lei nacional (item VI da Resolução)[14].

Naquele momento histórico (transição do século XIX e século XX), além da bem-sucedida estratégia dos defensores da vinculação da lei nacional ao universalismo pretendido pelos internacionalistas de uma comunidade homogênea de nações do final do século XIX, a maior parte dos doutrinadores internacionalistas influentes era europeia (mesmo Carlos Calvo, argentino, viveu boa parte de sua vida em Paris, onde faleceu) e os Estados europeus viam a lei do domicílio como ameaça, equivalente ao rompimento dos laços com a comunidade de migrantes espalhada, em especial na América Latina.

No Brasil independente, a Constituição de 1824 (art. 179, XVIII) determinou a elaboração de um Código Civil, na esteira das codificações europeias (como se viu no capítulo de introdução ao Direito Internacional Privado). O Direito Internacional Privado foi absorvido nas discussões sobre o novo Código Civil, seguindo a tradição europeia de tratar dos fatos transnacionais em Códigos ou em leis de introdução, segundo a matéria (Código Civil, Código Penal etc.), e não tratando de todas as espécies em uma única lei de direito internacional privado. Essa opção de tratar de todas as facetas cíveis e não cíveis em um único diploma foi seguida por alguns tratados de Direito Internacional Privado, como, por exemplo, o Código Bustamante (Convenção Panamericana de Direito Internacional Privado, 1928[15]).

---

14 Instituto de Direito Internacional, Resolução de 1880, Oxford, referente aos "Principes généraux en matière de nationalité, de capacité, de succession et d'ordre public". Item VI: "VI. L'état et la capacité d'une personne sont régis par les lois de l'Etat auquel elle appartient par sa *nationalité*" (grifo meu). Disponível em <http://www.idi-iil.org/idiF/resolutionsF/1880_oxf_01_fr.pdf>, último acesso em 25 de abril de 2021.

15 Ratificada pelo Brasil e incorporada internamente pelo Decreto n. 18.871, de 13 de agosto de 1929. O Código é imenso (437 artigos), dividido em quatro livros: Direi-

No caso brasileiro, a legislação de direito privado esparsa vigente no Império optou pela aplicação da lei da nacionalidade, como se vê no art. 3º do Regulamento n. 737 de 1850 (referente a atos de comércio), pelo qual as "leis e usos comerciais dos países estrangeiros regulam as questões sobre estado e idade dos estrangeiros residentes no Império"[16]. Na *Consolidação das Leis Civis* (1858) do Império, na qual Teixeira de Freitas (contratado, em 1855, pelo Imperador para tal tarefa) condensou a legislação vigente, ficou estabelecido no art. 408 que as "questões de estado e idade de estrangeiros residentes no Império, quanto à capacidade para contratar, serão também reguladas pelas leis e usos dos países estrangeiros"[17]. Também os projetos e discussões sobre o novo Código Civil ainda na época do Império adotaram a lei da nacionalidade, como se vê no chamado Projeto Nabuco (art. 35[18]) e no Projeto Felício dos Santos (art. 18[19]).

A exceção foi o *Esboço* de Teixeira de Freitas, que defendeu o uso da lei do domicílio (arts. 26 e 27[20]). Comentando essa opção, Teixeira de

---

to Civil Internacional, Direito Comercial Internacional, Direito Penal Internacional e Direito Processual Internacional.

16 Disponível em <http://www.planalto.gov.br/ccivil_03/decreto/Historicos/DIM/DIM737.htm>, último acesso em 26 de abril de 2021.

17 Grafia atualizada por nós. Utilizamos o texto da terceira edição, de 1876, que foi republicado na Coleção "História do Direito Brasileiro – Direito Civil", com prefácio do Min. Ruy Rosado de Aguiar. FREITAS, Augusto Teixeira de. *Consolidação das leis civis*. 2 volumes. Prefácio de Ruy Rosado de Aguiar. – fac-símile da 3. edição de 1876. Brasília: Senado Federal, 2003. A "Consolidação" possui uma introdução e ainda 1.333 artigos, fazendo a função de codificação do direito privado até a entrada em vigor do Código Civil em 1917.

18 Art. 35. O estado e a capacidade civil das pessoas são regulados pelas leis da nação à qual elas pertencem (...).

19 Art. 18. O estado e a capacidade civil dos brasileiros, domiciliados ou residentes em país estrangeiro, são regulados pelas leis brasileiras, quanto aos atos que no Brasil tiverem de produzir os seus efeitos.

20 Grafia atualizada. Art. 26. A capacidade, ou incapacidade (art. 25), quanto a pessoas domiciliadas em qualquer seção territorial do Brasil, ou sejam, nacionais ou estrangeiras, serão julgadas pelas leis deste Código, ainda que se trate de atos praticados em país estrangeiro ou de bens existentes em país estrangeiro. Art. 27. A capacidade, ou incapacidade (art. 25), quanto a pessoas domiciliadas fora do Brasil, ou sejam, estrangeiras ou nacionais, serão julgadas pela lei do respectivo domicílio, ainda que se trate de atos praticados no Império, ou de bens existentes no Império.

Freitas apoiou-se nitidamente em Savigny e em sua teoria da sede das relações jurídicas, afirmando que "é o domicílio, e não a nacionalidade o que determina a sede jurídica das pessoas, para que se saiba quais as leis civis que regem a sua capacidade ou incapacidade"[21].

Por sua vez, Pimenta Bueno, na primeira obra sobre Direito Internacional Privado publicada no Brasil, defendeu também a *lei da nacionalidade* para a regência do estatuto pessoal, sustentando que "cada nacionalidade ou país tem o seu estatuto pessoal especial e apropriado, que acompanha os seus nacionais em toda e para toda e qualquer parte a que eles se dirijam"[22].

Na época, a integração econômica do Brasil com a Europa, bem como a influência dos círculos acadêmicos europeus, fizeram com que a onda a favor do uso da nacionalidade (adotada pelo Instituto de Direito Internacional e pela Conferência da Haia de Direito Internacional Privado) não fosse questionada no Brasil.

Na esfera governamental, a retórica das últimas décadas do século XIX era favorável ao uso da regra da nacionalidade para atrair migrantes ao Brasil, que não precisariam temer a lei local. Eles "transportariam" sua própria lei para o Novo Mundo. Esse argumento em prol da lei da nacionalidade foi explicitado pelo delegado brasileiro no Congresso de Montevidéu de 1888-1889 nos debates sobre a elaboração de tratado de direito civil internacional. A maioria dos delegados dos outros países defendeu a adoção da lei do domicílio para reger o estatuto pessoal. Já a delegação brasileira notabilizou-se por se *opor* ao projeto, pela defesa da *lei da nacionalidade* para reger a capacidade e personalidade. Os delegados dos demais países estavam conscientes do risco de falta de coerência e fragmentação da lei aplicável, se fossem adotadas as leis nacionais dos imigrantes[23]. Con-

---

21 Comentário ao art. 26 do Esboço. FREITAS, Augusto Teixeira de. *Código Civil:* esboço. Rio de Janeiro: Typographia Universal de Laemmert, 1860, em especial p. 30.

22 Grafia atualizada. PIMENTA BUENO, José Antônio. *Direito internacional privado e applicação de seus principios com referencia as leis particulares do Brazil.* Rio de Janeiro: Typographia Imp. e Const. de J. Villeneuve e C, 1863, p. 14.

23 NOLDE, Boris. La codification du droit international privé. *Recueil de Cours de l'Académie de Droit International de la Haye,* p. 303-430, em especial p. 356.

tudo, para o Império brasileiro, na voz do Delegado Andrade Figueira, o princípio da nacionalidade seria um atrativo ao estrangeiro, que, sem ele, não seria estimulado a aceitar a imigração à América do Sul[24]. Essa defesa retórica, sem base empírica e até contrária aos fatos da época (os demais Estados americanos adotaram a lei do domicílio e continuaram a receber migrantes), afastou o Brasil da codificação sul-americana do período.

Já na República, o primeiro projeto solicitado a Coelho Rodrigues (entregue em 1893, mas rejeitado por comissão do Congresso) também adotou a lei da nacionalidade para a regência do estatuto pessoal (art. 13[25]).

Em seguida, o Projeto Beviláqua de Código Civil seguiu a tradição imperial, tendo disposto, no art. 22, que "a lei nacional da pessoa rege a sua capacidade e seus direitos de família". Narram Espínola e Espínola Filho que poucos juristas brasileiros, envolvidos na revisão do projeto Beviláqua, apoiaram a adoção da lei do domicílio (a favor da *lex domicilii* estavam Costa Barradas e Bulhões de Carvalho[26]).

Na defesa da lei da nacionalidade, Beviláqua apelou, entre outros argumentos, ao vínculo entre o Estado e seu nacional do Direito Internacional Público, sustentando que essa emanação protetora também deveria ser utilizada no DIPr: "O estatuto pessoal, isto é, o conjunto das relações de direito que se agrupam, sob o domínio da lei pessoal, deve ser a emanação protetora do Estado a que o indivíduo pertence e não a do país onde o indivíduo se acha"[27]. Os debates na Câmara e no Senado foram, por anos, acirrados, com a minoria de parlamentares advertindo sobre o risco da

---

24 Ver a exposição dos argumentos do delegado brasileiro Andrade Figueira em ESPÍNOLA, Eduardo; ESPÍNOLA FILHO, Eduardo. *Tratado de direito civil brasileiro.* Rio de Janeiro: Freitas Bastos, 1942, v. VIII: Do direito internacional privado brasileiro – parte especial, Primeiro Tomo, p. 189.

25 Art. 13. O estado e a capacidade das pessoas, assim como os seus direitos de família, são regidos pela lei nacional das mesmas pessoas.

26 ESPÍNOLA, Eduardo; ESPÍNOLA FILHO, Eduardo. *Tratado de direito civil brasileiro.* Rio de Janeiro: Freitas Bastos, 1942, v. VIII: Do direito internacional privado brasileiro – parte especial. Primeiro Tomo, p. 194.

27 BEVILÁQUA, Clóvis. *Princípios elementares de direito internacional privado.* Salvador: Livraria Magalhães, 1906, p. 146. Com atualização da redação em português.

adoção da lei da nacionalidade em um país em nítida onda de recebimento de imigrantes europeus. Entre os parlamentares, Carlos Maximiliano, elogiando Teixeira de Freitas, defendeu, sem sucesso a modificação do projeto com a adoção da lei do domicílio: "Um país de imigração reclama a aplicação e o predomínio da lei do domicílio. Ciência imperfeita, o direito internacional privado não poderá deixar de ser particularista e função do direito público interno"[28].

Findo o longo debate, a lei da nacionalidade prevaleceu no Código Civil de 1916 (art. 8º[29]), mantendo-se a tradição das leis e tratados vigentes desde o Império, com a ressalva do *uso subsidiário da lei do domicílio*, caso a pessoa não possuísse nacionalidade (apátrida – art. 9º). No caso dos polipátridas, sendo uma delas a nacionalidade brasileira, deveria ser utilizada a lei brasileira[30].

A manutenção da lei da nacionalidade no Império e nas primeiras décadas da República teve impacto indisfarçável na explosão do número de casos de aplicação da lei estrangeira no Brasil. O Direito Internacional Privado foi extremamente impulsionado, pois em diversas regiões do Brasil os imigrantes eram maioria em suas respectivas comunidades.

Em 1915, Rodrigo Octávio fez pungente diagnóstico da diferença de interesse entre os Estados europeus (que defendiam a lei da nacionalidade) e os Estados que recebiam imigrantes, pois será "a lei estrangeira que regulará a vida jurídica privada de toda a população de uma região nacio-

---

28 Os debates parlamentares que antecederam a aprovação do Projeto Beviláqua foram reproduzidos com minúcias em ESPÍNOLA, Eduardo; ESPÍNOLA FILHO, Eduardo. *Tratado de direito civil brasileiro.* Rio de Janeiro: Freitas Bastos, 1942, v. VIII: Do direito internacional privado brasileiro – parte especial, Primeiro Tomo, p. 254.

29 Art. 8º A lei nacional da pessoa determina a capacidade civil, os direitos de família, as relações pessoais dos cônjuges e o regime dos bens no casamento, sendo lícito quanto a este a opção pela lei brasileira.

30 Art. 9º Aplicar-se-á subsidiariamente a lei do domicílio e, em falta desta, a da residência: I – Quando a pessoa não tiver nacionalidade. II – Quando se lhe atribuírem duas nacionalidades, por conflito, não resolvido, entre as leis do país do nascimento, e as do país de origem; caso em que prevalecerá, se um deles for o Brasil, a lei brasileira.

nal", concluindo que a adoção da lei do domicílio por países como o Brasil é *matéria de ordem pública*[31].

Após a edição da Constituição de 1937, o então Ministro da Justiça, Francisco Campos, nomeou uma comissão com a missão de elaborar um projeto de reforma do Código Civil de 1916, bandeira assumida por Getúlio Vargas, então Presidente da República. A comissão foi composta por Orozimbo Nonato, Philadelpho Azevedo e pelo Consultor-Geral da República à época, Hahnemann Guimarães. Entretanto, somente o projeto de reforma da Lei de Introdução ao Código Civil prosperou, transformando-se no Decreto-Lei n. 4.657, de 4 de setembro de 1942, em vigência até hoje. No tocante ao estatuto pessoal, foi adotada finalmente a lei do domicílio em substituição à lei da nacionalidade.

Assim, somente em 1942, o Brasil curvou-se ao já adotado nos demais países receptores de mão de obra migrante nas Américas e implantou a regra da *lei do domicílio* (*lex domicilii*). Com isso, foi atendido o desejo da ditadura Vargas de impor a lei brasileira (lei do domicílio) aos imigrantes europeus aqui domiciliados, o que seria uma vitória do nacionalismo desenvolvimentista defendido por seu governo à época[32].

O domicílio é, então, o lugar da sede ou centro das relações intersubjetivas de um indivíduo, regendo sua personalidade e capacidade. Valladão criticou a adoção pela nova LICC, de modo unitário e universal, da lei do domicílio para reger o estatuto pessoal, uma vez que os direitos de personalidade (em especial o direito ao nome) deveriam ser regidos, para a segurança e proteção do indivíduo, pela lei da nacionalidade, ou, ao menos, pela lei do lugar do registro[33]. Ocorre que os direitos envolvendo o estatuto pessoal são regidos de acordo com a lei do domicílio do momento do

---

31 Tradução livre de OCTAVIO, Rodrigo. *Le droit international privé dans la legislation brésilienne.* Paris: Librarie de la Société du Recueil Sirey, 1915, p. 128.

32 CARVALHO RAMOS, André de. Direitos dos estrangeiros no Brasil: a imigração, direito de ingresso e os direitos dos estrangeiros em situação irregular. In: SARMENTO, Daniel; IKAWA, Daniela; PIOVESAN, Flávia (Org.). *Igualdade, diferença e direitos humanos.* Rio de Janeiro: Lumen Juris, 2008, p. 721-745.

33 VALLADÃO, Haroldo. *Direito internacional privado.* 2. ed. Rio de Janeiro: Freitas Bastos, 1977, v. II, p. 13.

exercício de determinado direito (momento do ato, na denominação de Valladão[34]). Além disso, é possível a invocação de *direitos adquiridos* para a proteção do nome, além da aplicação da cláusula de ordem pública, para evitar eventuais violações de direitos causada pela lei do domicílio.

A definição do que é domicílio é feita pela *lex fori*, que é a lei do local onde o intérprete se encontra, na ausência de convenção específica sobre o tema. Assim, no Brasil, a expressão *lex fori* significará o uso da *lei brasileira* para reger determinado instituto do DIPr[35]. O Código Bustamante aponta para sistema distinto, escolhendo o *critério territorial*. Seu art. 22 dispõe que o conceito, aquisição e reaquisição do domicílio geral e especial das pessoas físicas ou jurídicas são regidos pela *lei territorial*[36]. Para Serpa Lopes, essa lei territorial seria a lei do Estado em cujo solo se encontra o citado domicílio[37]. Esse sistema aproxima-se da definição do domicílio pela *lex causae*, ou seja, a lei do direito estrangeiro eventualmente aplicável ao fato transnacional.

No caso do sistema da *lex fori* (predominante, na exceção de convenção internacional que disponha diferentemente), é útil a análise do que estabelece a lei brasileira. No Brasil, o domicílio da pessoa física consiste na "sede jurídica da pessoa, onde ela se presume presente para efeitos de direito e onde pratica habitualmente seus atos, e negócios jurídicos"[38].

Na mesma linha, Beviláqua sustenta que o domicílio da pessoa física consiste no lugar onde ela, de modo definitivo, estabelece a sua residência e o centro principal da sua atividade[39]. O Código Civil brasileiro é expres-

---

34 VALLADÃO, Haroldo. *Direito internacional privado*. 2. ed. Rio de Janeiro: Freitas Bastos, 1977, v. II, p. 19.

35 Por exemplo, a Convenção Interamericana sobre Domicílio das Pessoas Físicas no Direito Internacional Privado de 1979, ainda não ratificada pelo Brasil.

36 Art. 22. O conceito, acquisição, perda e reacquisição do domicilio geral e especial das pessoas naturaes ou juridicas reger-se-ão pela lei territorial.

37 SERPA LOPES, Miguel Maria de. *Comentários à Lei de Introdução ao Código Civil*. 2. ed. Rio de Janeiro: Freitas Bastos, 1959, v. II, p. 22-23.

38 MONTEIRO, Washington de Barros. *Curso de direito civil:* parte geral. 38. ed. São Paulo: Saraiva, 2001, p. 136.

39 BEVILÁQUA, Clóvis. *Teoria geral do direito civil*. 2. ed. atual. e revis. por Caio Maio da Silva Pereira. Rio de Janeiro: Livraria Francisco Alves, 1976, p. 156.

so ao definir o domicílio da pessoa natural, no art. 70, como sendo "o lugar onde ela estabelece a sua residência com ânimo definitivo".

Assim, há dois elementos que são exigidos para a fixação do domicílio da pessoa natural: (i) o elemento objetivo, que é a residência, ou seja, o estado de fato referente à moradia ou permanência da pessoa; (ii) o elemento subjetivo, referente ao componente psicológico que é o ânimo de fixar-se de modo permanente. O Código Civil admite a pluralidade de domicílios, no caso da pessoa natural possuir diversas residências, onde, alternadamente, viva[40].

Também foi aceita outra hipótese de domicílio plúrimo, que é o domicílio profissional, determinando o art. 72 do CC que é também domicílio da pessoa natural, quanto às relações concernentes à profissão, o lugar onde esta é exercida. Veremos, no comentário ao art. 7°, § 8°, a solução do DIPr brasileiro às seguintes situações: (i) existência de dois ou mais domicílios da pessoa física e (ii) inexistência de domicílio (o chamado adômide).

§ 1º Realizando-se o casamento no Brasil, será aplicada a lei brasileira quanto aos impedimentos dirimentes e às formalidades da celebração.

O Direito Internacional Privado deve levar em consideração a jusfundamentalização do direito das famílias, que possui várias formas, como a união estável, a união homoafetiva, a família monoparental etc., e ainda é regulado pela promoção da dignidade humana e pela igualdade de direitos entre os indivíduos (homens e mulheres).

A CF/88 prevê que um dos fundamentos do Estado Democrático de Direito brasileiro é a dignidade da pessoa humana (art. 1°, III). Também determina que é dever do Estado a proteção da família (art. 226), assegurando a igualdade entre os cônjuges (art. 226, § 6°)[41].

---

40 Código Civil brasileiro, art. 71: "Se, porém, a pessoa natural tiver diversas residências, onde, alternadamente, viva, considerar-se-á domicílio seu qualquer delas".

41 Art. 226. A família, base da sociedade, tem especial proteção do Estado. (...); § 6° O casamento civil pode ser dissolvido pelo divórcio. (Redação dada pela Emenda Constitucional n. 66, de 2010).

No plano internacional, a igualdade de direitos no direito de família é prevista no art. XVI da Declaração Universal dos Direitos Humanos[42], no art. 23 do Pacto Internacional dos Direitos Civis e Políticos[43] e no art. 16 da Convenção da ONU pela Eliminação de toda forma de discriminação contra a mulher[44].

---

42 Art. XVI – Os homens e mulheres de maior idade, sem qualquer restrição de raça, nacionalidade ou religião, têm o direito de contrair matrimônio e fundar uma família. Gozam de iguais direitos em relação ao casamento, sua duração e sua dissolução. 2. O casamento não será válido senão com o livre e pleno consentimento dos nubentes. 3. A família é o núcleo natural e fundamental da sociedade e tem direito à proteção da sociedade e do Estado.

43 Art. 23. 1. A família é o núcleo natural e fundamental da sociedade e terá o direito de ser protegida pela sociedade e pelo Estado. 2. Será reconhecido o direito do homem e da mulher de, em idade núbil, contrair casamento e constituir família. 3. Casamento algum será celebrado sem o consentimento livre e pleno dos futuros esposos. 4. Os Estados partes no presente Pacto deverão adotar as medidas apropriadas para assegurar a igualdade de direitos e responsabilidades dos esposos quanto ao casamento, durante o mesmo e por ocasião de sua dissolução. Em caso de dissolução, deverão adotar-se as disposições que assegurem a proteção necessária para os filhos.

44 Art. 16. Os Estados partes adotarão todas as medidas adequadas para eliminar a discriminação contra a mulher em todos os assuntos relativos ao casamento e às relações familiares e, em particular, com base na *igualdade entre homens e mulheres*, assegurarão: *a)* o mesmo direito de contrair matrimônio; *b)* o mesmo direito de escolher livremente o cônjuge e de contrair matrimônio somente com o livre e pleno consentimento; *c)* os mesmos direitos e responsabilidades durante o casamento e por ocasião de sua dissolução; *d)* os mesmos direitos e responsabilidades como pais, qualquer que seja seu estado civil, em matérias pertinentes aos filhos. Em todos os casos, os interesses dos filhos serão a consideração primordial; *e)* os mesmos direitos de decidir livre e responsavelmente sobre o número de filhos e sobre o intervalo entre os nascimentos e a ter acesso à informação, à educação e aos meios que lhes permitam exercer esses direitos; *f)* os mesmos direitos e responsabilidades com respeito à tutela, curatela, guarda e adoção dos filhos, ou institutos análogos, quando esses conceitos existirem na legislação nacional. Em todos os casos, os interesses dos filhos serão a consideração primordial; *g)* os mesmos direitos pessoais como marido e mulher, inclusive o direito de escolher sobrenome, profissão e ocupação; *h)* os mesmos direitos a ambos os cônjuges em matéria de propriedade, aquisição, gestão, administração, gozo e disposição dos bens, tanto a título gratuito quanto a título oneroso.

Na regra geral do *caput* do art. 7º, aplica-se a lei do domicílio para reger a capacidade dos nubentes em celebrar o casamento e demais formas de união entre pessoas para fins de vida comum (uniões civis, por exemplo).

O § 1º do art. 7º estabelece uma regra especial, ao dispor que o casamento será regido pela lei do *local da celebração* quanto (i) à formalidade da celebração e (ii) impedimentos matrimoniais.

Adotou a LINDB o *locus regit actum* no tocante às formalidades da celebração. Assim, caso o casamento seja celebrado no Brasil, devem ser cumpridos os arts. 1.525 a 1.542 do Código Civil, ainda que os nubentes não sejam brasileiros, que tratam: (i) do processo de *habilitação* para o casamento (arts. 1.525 a 1.532[45]); (ii) da cerimônia, local de realização,

45 Art. 1.525. O requerimento de habilitação para o casamento será firmado por ambos os nubentes, de próprio punho, ou, a seu pedido, por procurador, e deve ser instruído com os seguintes documentos: I – certidão de nascimento ou documento equivalente; II – autorização por escrito das pessoas sob cuja dependência legal estiverem, ou ato judicial que a supra; III – declaração de duas testemunhas maiores, parentes ou não, que atestem conhecê-los e afirmem não existir impedimento que os iniba de casar; IV – declaração do estado civil, do domicílio e da residência atual dos contraentes e de seus pais, se forem conhecidos; V – certidão de óbito do cônjuge falecido, de sentença declaratória de nulidade ou de anulação de casamento, transitada em julgado, ou do registro da sentença de divórcio. Art. 1.526. A habilitação será feita pessoalmente perante o oficial do Registro Civil, com a audiência do Ministério Público. (Redação dada pela Lei n. 12.133, de 2009). Parágrafo único. Caso haja impugnação do oficial, do Ministério Público ou de terceiro, a habilitação será submetida ao juiz. (Incluído pela Lei n. 12.133, de 2009). Art. 1.527. Estando em ordem a documentação, o oficial extrairá o edital, que se afixará durante quinze dias nas circunscrições do Registro Civil de ambos os nubentes, e, obrigatoriamente, se publicará na imprensa local, se houver. Parágrafo único. A autoridade competente, havendo urgência, poderá dispensar a publicação. Art. 1.528. É dever do oficial do registro esclarecer os nubentes a respeito dos fatos que podem ocasionar a invalidade do casamento, bem como sobre os diversos regimes de bens. Art. 1.529. Tanto os impedimentos quanto as causas suspensivas serão opostos em declaração escrita e assinada, instruída com as provas do fato alegado, ou com a indicação do lugar onde possam ser obtidas. Art. 1.530. O oficial do registro dará aos nubentes ou a seus representantes nota da oposição, indicando os fundamentos, as provas e o nome de quem a ofereceu. Parágrafo único. Podem os nubentes requerer prazo razoável para fazer prova contrária aos fatos alegados, e promover as ações civis e criminais contra o oponente de má-fé. Art. 1.531. Cumpridas as formalidades dos arts. 1.526 e 1.527 e verificada a

forma de celebração e assento no livro de registro (arts. 1.533 a 1.537[46]); (iii) das causas de suspensão da cerimônia (art. 1.538[47]); (iv) do caso de moléstia grave de nubente e dos requisitos do casamento nuncupativo (aquele celebrado de urgência perante testemunhas em virtude do risco

---

inexistência de fato obstativo, o oficial do registro extrairá o certificado de habilitação. Art. 1.532. A eficácia da habilitação será de noventa dias, a contar da data em que foi extraído o certificado.

46 Art. 1.533. Celebrar-se-á o casamento, no dia, hora e lugar previamente designados pela autoridade que houver de presidir o ato, mediante petição dos contraentes, que se mostrem habilitados com a certidão do art. 1.531. Art. 1.534. A solenidade realizar-se-á na sede do cartório, com toda publicidade, a portas abertas, presentes pelo menos duas testemunhas, parentes ou não dos contraentes, ou, querendo as partes e consentindo a autoridade celebrante, noutro edifício público ou particular. § 1° Quando o casamento for em edifício particular, ficará este de portas abertas durante o ato. § 2° Serão quatro as testemunhas na hipótese do parágrafo anterior e se algum dos contraentes não souber ou não puder escrever. Art. 1.535. Presentes os contraentes, em pessoa ou por procurador especial, juntamente com as testemunhas e o oficial do registro, o presidente do ato, ouvida aos nubentes a afirmação de que pretendem casar por livre e espontânea vontade, declarará efetuado o casamento, nestes termos: "De acordo com a vontade que ambos acabais de afirmar perante mim, de vos receberdes por marido e mulher, eu, em nome da lei, vos declaro casados". Art. 1.536. Do casamento, logo depois de celebrado, lavrar-se-á o assento no livro de registro. No assento, assinado pelo presidente do ato, pelos cônjuges, as testemunhas, e o oficial do registro, serão exarados: I – os prenomes, sobrenomes, datas de nascimento, profissão, domicílio e residência atual dos cônjuges; II – os prenomes, sobrenomes, datas de nascimento ou de morte, domicílio e residência atual dos pais; III – o prenome e sobrenome do cônjuge precedente e a data da dissolução do casamento anterior; IV – a data da publicação dos proclamas e da celebração do casamento; V – a relação dos documentos apresentados ao oficial do registro; VI – o prenome, sobrenome, profissão, domicílio e residência atual das testemunhas; VII – o regime do casamento, com a declaração da data e do cartório em cujas notas foi lavrada a escritura antenupcial, quando o regime não for o da comunhão parcial, ou o obrigatoriamente estabelecido. Art. 1.537. O instrumento da autorização para casar transcrever-se-á integralmente na escritura antenupcial.

47 Art. 1.538. A celebração do casamento será imediatamente suspensa se algum dos contraentes: I – recusar a solene afirmação da sua vontade; II – declarar que esta não é livre e espontânea; III – manifestar-se arrependido. Parágrafo único. O nubente que, por algum dos fatos mencionados neste artigo, der causa à suspensão do ato, não será admitido a retratar-se no mesmo dia.

iminente à vida de um dos contraentes – arts. 1.539 a 1.541[48]) e (v) do casamento por procuração (art. 1.542[49]).

Já o impedimento também deve ser regido pela lei do local da celebração, consistindo em uma *incapacidade* que restringe o direito de contrair matrimônio ou união civil, o que excepciona a regra geral da *lei do domicílio* para reger a capacidade dos nubentes.

Com isso, mesmo que um dos nubentes seja domiciliado no estrangeiro, caso o casamento seja celebrado no Brasil, a lei brasileira será aplicável

---

48 Art. 1.539. No caso de moléstia grave de um dos nubentes, o presidente do ato irá celebrá-lo onde se encontrar o impedido, sendo urgente, ainda que à noite, perante duas testemunhas que saibam ler e escrever. § 1º A falta ou impedimento da autoridade competente para presidir o casamento suprir-se-á por qualquer dos seus substitutos legais, e a do oficial do Registro Civil por outro ad hoc, nomeado pelo presidente do ato. § 2º O termo avulso, lavrado pelo oficial ad hoc, será registrado no respectivo registro dentro em cinco dias, perante duas testemunhas, ficando arquivado. Art. 1.540. Quando algum dos contraentes estiver em iminente risco de vida, não obtendo a presença da autoridade à qual incumba presidir o ato, nem a de seu substituto, poderá o casamento ser celebrado na presença de seis testemunhas, que com os nubentes não tenham parentesco em linha reta, ou, na colateral, até segundo grau. Art. 1.541. Realizado o casamento, devem as testemunhas comparecer perante a autoridade judicial mais próxima, dentro em dez dias, pedindo que lhes tome por termo a declaração de: I – que foram convocadas por parte do enfermo; II – que este parecia em perigo de vida, mas em seu juízo; III – que, em sua presença, declararam os contraentes, livre e espontaneamente, receber-se por marido e mulher. § 1º Autuado o pedido e tomadas as declarações, o juiz procederá às diligências necessárias para verificar se os contraentes podiam ter-se habilitado, na forma ordinária, ouvidos os interessados que o requererem, dentro em quinze dias. § 2º Verificada a idoneidade dos cônjuges para o casamento, assim o decidirá a autoridade competente, com recurso voluntário às partes. § 3º Se da decisão não se tiver recorrido, ou se ela passar em julgado, apesar dos recursos interpostos, o juiz mandará registrá-la no livro do Registro dos Casamentos. § 4º O assento assim lavrado retrotrairá os efeitos do casamento, quanto ao estado dos cônjuges, à data da celebração. § 5º Serão dispensadas as formalidades deste e do artigo antecedente, se o enfermo convalescer e puder ratificar o casamento na presença da autoridade competente e do oficial do registro.

49 Art. 1.542. O casamento pode celebrar-se mediante procuração, por instrumento público, com poderes especiais. § 1º A revogação do mandato não necessita chegar ao conhecimento do mandatário; mas, celebrado o casamento sem que o mandatário ou o outro contraente tivessem ciência da revogação, responderá o mandante por perdas e danos. § 2º O nubente que não estiver em iminente risco de vida poderá fazer-se representar no casamento nuncupativo. § 3º A eficácia do mandato não ultrapassará noventa dias. § 4º Só por instrumento público se poderá revogar o mandato.

(*lex loci actus*), no que tange aos *impedimentos dirimentes, absolutos e relativos* (arts. 1.521[50], 1.548, I[51], e 1.550[52] do Código Civil). Como o § 1º menciona tão somente "impedimentos dirimentes", a norma brasileira deve ser cumprida tanto no tocante ao impedimento dirimente absoluto ou público, cuja violação torna o casamento nulo, quanto ao impedimento relativo ou privado, que é aquele cuja violação torna o casamento anulável[53].

Antes da edição do novo Código Civil brasileiro, houve discussão na doutrina sobre a lei a ser utilizada na hipótese dos *impedimentos impe-*

---

50 Caso de impedimento público ou absoluto, pois o casamento é nulo. Art. 1.521. Não podem casar: I – os ascendentes com os descendentes, seja o parentesco natural ou civil; II – os afins em linha reta; III – o adotante com quem foi cônjuge do adotado e o adotado com quem o foi do adotante; IV – os irmãos, unilaterais ou bilaterais, e demais colaterais, até o terceiro grau inclusive; V – o adotado com o filho do adotante; VI – as pessoas casadas; VII – o cônjuge sobrevivente com o condenado por homicídio ou tentativa de homicídio contra o seu consorte. Art. 1.522. Os impedimentos podem ser opostos, até o momento da celebração do casamento, por qualquer pessoa capaz. Parágrafo único. Se o juiz, ou o oficial de registro, tiver conhecimento da existência de algum impedimento, será obrigado a declará-lo.

51 Caso de impedimento dirimente público ou absoluto, pois o casamento é nulo. Art. 1.548. É nulo o casamento contraído: I – pelo enfermo mental sem o necessário discernimento para os atos da vida civil; II – por infringência de impedimento.

52 Caso de impedimento privado ou relativo, pois o matrimônio é anulável. Art. 1.550. É anulável o casamento: I – de quem não completou a idade mínima para casar; II – do menor em idade núbil, quando não autorizado por seu representante legal; III – por vício da vontade, nos termos dos arts. 1.556 a 1.558; IV – do incapaz de consentir ou manifestar, de modo inequívoco, o consentimento; V – realizado pelo mandatário, sem que ele ou o outro contraente soubesse da revogação do mandato, e não sobrevindo coabitação entre os cônjuges; VI – por incompetência da autoridade celebrante. Parágrafo único. Equipara-se à revogação a invalidade do mandato judicialmente decretada.

53 Nesse sentido, ESPÍNOLA, Eduardo; ESPÍNOLA FILHO, Eduardo. *Tratado de direito civil brasileiro.* Rio de Janeiro: Freitas Bastos, 1943, v. VIII: Do direito internacional privado brasileiro, t. II, p. 809. Os citados autores reconhecem que a LICC/42 não distinguiu os impedimentos dirimentes, devendo, quanto aos impedimentos dirimentes relativos, "também atender a lei brasileira". Contra, Serpa Lopez, para quem o dispositivo deve ser interpretado de modo finalístico, uma vez que seu objetivo seria o de preservar a ordem pública brasileira. Como os impedimentos dirimentes relativos não geram a nulidade do casamento (somente a anulabilidade), não precisariam ser observados, devendo imperar a lei do domicílio do nubente. Conferir em SERPA LOPES, Miguel Maria de. *Comentários à Lei de Introdução ao Código Civil.* 2. ed. Rio de Janeiro: Freitas Bastos, 1959, v. II, p. 92.

dientes, que eram os casos que não tornavam nulo ou anulável o casamento, mas impunham regime de bens – adoção do regime de separação legal de bens no casamento.

Valladão criticou a redação do § 1º do art. 7º, que menciona expressamente o uso da lei brasileira para os casamentos celebrados no Brasil *apenas* para os *impedimentos dirimentes*, levando à aplicação da lei do domicílio do nubente (regra geral do *caput* do art. 7º) para reger os impedimentos meramente impedientes (terminologia anterior)[54]. A alternativa, defendida por Valladão, seria o uso da lei brasileira, pois a lei do local de celebração faria parte da tradição brasileira, sendo a exclusão dos impedimentos impedientes na redação do § 1º do art. 7º da LICC (hoje, LINDB) uma *omissão* a ser suprida pelo uso da lei do local da celebração.

Porém, não se tratou de omissão, mas de se utilizar a lei brasileira tão somente nos casos de incapacidade para contrair matrimônio considerados mais *graves*, que geram a nulidade ou anulabilidade do casamento, em clara convergência com o conceito de ordem pública. Atualmente, ao invés dos impedimentos impedientes, o Código Civil atual prevê *causas suspensivas do casamento* (art. 1.523[55]), cujo descumprimento não gera a nulidade ou anulabilidade do casamento, mas, sim, a imposição do regime de separação legal dos bens, conforme o art. 1.641, I do CC[56].

---

54 VALLADÃO, Haroldo. *Direito internacional privado*. 2. ed. Rio de Janeiro: Freitas Bastos, 1977, v. II, p. 60.

55 Art. 1.523. Não devem casar: I – o viúvo ou a viúva que tiver filho do cônjuge falecido, enquanto não fizer inventário dos bens do casal e der partilha aos herdeiros; II – a viúva, ou a mulher cujo casamento se desfez por ser nulo ou ter sido anulado, até dez meses depois do começo da viuvez, ou da dissolução da sociedade conjugal; III – o divorciado, enquanto não houver sido homologada ou decidida a partilha dos bens do casal; IV – o tutor ou o curador e os seus descendentes, ascendentes, irmãos, cunhados ou sobrinhos, com a pessoa tutelada ou curatelada, enquanto não cessar a tutela ou curatela, e não estiverem saldadas as respectivas contas. Parágrafo único. É permitido aos nubentes solicitar ao juiz que não lhes sejam aplicadas as causas suspensivas previstas nos incisos I, III e IV deste artigo, provando-se a inexistência de prejuízo, respectivamente, para o herdeiro, para o ex-cônjuge e para a pessoa tutelada ou curatelada; no caso do inciso II, a nubente deverá provar nascimento de filho, ou inexistência de gravidez, na fluência do prazo.

56 Art. 1.641. É obrigatório o regime da separação de bens no casamento: I – das pessoas que o contraírem com inobservância das causas suspensivas da celebração do casamento;

Por fim, apesar da regra do § 1º do art. 7º ser unilateral, ou seja, só fazer menção à lei brasileira, admite-se a sua *bilateralização*, para que os casamentos celebrados no exterior obedeçam (i) as formalidades e ainda (ii) os impedimentos da lei local (*lex loci celebrationis*), mesmo que não previstos no nosso ordenamento[57].

§ 2º O casamento de estrangeiros poderá celebrar-se perante autoridades diplomáticas ou consulares do país de ambos os nubentes. *(Redação dada pela Lei n. 3.238, de 1957)*

Há exceção à lei do local da celebração do casamento, estabelecido no § 1º do art. 7º: os estrangeiros podem se casar perante *a autoridade diplomática ou consular do Estado patrial*, o que implica o uso da *lei estrangeira* para reger tanto a celebração quanto os impedimentos ao casamento celebrado no Brasil.

Nesse dispositivo, o DIPr interage com o Direito Internacional Público, uma vez que esse poder dado às autoridades diplomáticas ou consulares teve origem em costume internacional ou tratados sobre os poderes dados a tais autoridades (e não em tratados sobre o DIPr).

No Brasil, já em 1863, Pimenta Bueno referiu-se a "costume admitido de poderem efetuar-se os casamentos dos estrangeiros nos respectivos consulados"[58]. Durante o Império brasileiro, admitia-se tal regra, desde que observada a *reciprocidade*, ou seja, que o Estado estrangeiro também considerasse válido o casamento de brasileiros pela autoridade consular brasileira no exterior[59].

Após a proclamação da República, o Decreto n. 181/1890 (que promulgou a lei sobre casamento civil) estabeleceu, em seu art. 47, § 2º, que,

---

57 Nesse sentido, TENÓRIO, Oscar. *Lei de Introdução ao Código Civil*. 2. ed. Rio de Janeiro: Borsoi, 1955, p. 254.

58 PIMENTA BUENO, José Antônio. *Direito internacional privado e applicação de seus principios com referencia as leis particulares do Brazil*. Rio de Janeiro: Typographia Imp. e Const. de J. Villeneuve e C, 1863, p. 60. Grafia atualizada.

59 VALLADÃO, Haroldo. *Direito internacional privado*. 2. ed. Rio de Janeiro: Freitas Bastos, 1977, v. II, p. 68.

se ambos os nubentes fossem brasileiros, poderiam casar perante agente diplomático ou consular do Brasil no exterior. O citado Decreto foi omisso quanto à possibilidade dos estrangeiros casarem no Brasil perante seu agente consular. Em consulta expressa feita pelas Missões Diplomáticas do Reino Unido e da Alemanha, o governo brasileiro respondeu, em 1910, que somente tratados, sob *reciprocidade*, poderiam dar validade nacional a casamentos de estrangeiros celebrados no Brasil perante seu agente consular[60].

O Código Civil de 1916 previu, laconicamente, em seu art. 204, parágrafo único, que o casamento celebrado *fora do Brasil* e contraído perante agente consular (e não mais perante agentes diplomáticos) deveria ser provado por certidão do assento no registro do consulado. Para Espínola e Espínola Filho, o Código Civil de 1916 exigia que ambos os nubentes fossem brasileiros para que pudessem celebrar casamento perante agente consular do Brasil no exterior[61]. Pontes de Miranda, em sentido contrário, defendeu que bastaria que um dos nubentes fosse brasileiro[62].

Assim, a Lei de Introdução ao Código Civil de 1942 veio resolver polêmicas e regrar expressamente a temática do casamento, quer de brasileiros ou estrangeiros, perante autoridade diplomática ou consular.

Porém, a redação original da LICC/42, apesar de adotar viés de permissão genérica de tal matrimônio (evitando a reciprocidade que fere a igualdade entre brasileiros e estrangeiros), acolheu, surpreendentemente, o princípio da *lei do domicílio* e não da nacionalidade dos nubentes, da seguinte forma: "O casamento de estrangeiros pode celebrar-se perante as autoridades diplomáticas ou consulares do país *em que um dos nubentes seja domiciliado*". Ocorre que essa atribuição dada a autoridades diplo-

---

60 Essa resposta do Ministério das Relações Exteriores do Brasil está em OCTÁVIO, Rodrigo. *Droit international privé dans la legislation brèsilienne.* Paris: Librarie de la Société du Recueil Sirey, 1915, p. 160.

61 ESPÍNOLA, Eduardo; ESPÍNOLA FILHO, Eduardo. *Tratado de direito civil brasileiro.* Rio de Janeiro: Freitas Bastos, 1943, v. VIII: Do direito internacional privado brasileiro, t. II, p. 860.

62 PONTES DE MIRANDA, Francisco Cavalcanti. *Tratado de direito internacional* privado. Rio de Janeiro: José Olympio, 1934, t. II: Parte Especial, p. 34-35.

máticas ou consulares é fruto justamente da nacionalidade[63], para permitir que os nacionais possam se socorrer de institutos jurídicos do seu Estado, como, por exemplo, um tipo especial de casamento, uma forma de lavratura de procuração etc. Por isso, a Lei n. 3.238/57 *alterou* esse dispositivo e retornou à exigência da *nacionalidade*, dispondo que o casamento será celebrado perante autoridade diplomática ou consular do "país de ambos os nubentes". Nesse caso, apesar da celebração ocorrer no Brasil, aplica-se a lei estrangeira.

Essa regra também é aplicada aos brasileiros no exterior, que podem se casar perante nossa autoridade consular, que, por sua vez, deve observar as regras brasileiras sobre a celebração e impedimentos. A celebração do casamento de brasileiros pela autoridade consular brasileira no exterior está regulada no Decreto n. 24.113/34, que, na parte sobre "Regulamento para o Serviço Consular Brasileiro", dispõe que os consulados só poderão celebrar casamentos quando *ambos os nubentes forem brasileiros* e a *legislação local* reconhecer efeitos civis aos casamentos assim celebrados (art. 13, parágrafo único)[64]. Há, ainda, a exigência de *residência* de pelo menos um dos nubentes no local sob jurisdição administrativa do Consulado (a chamada "jurisdição consular"), como premissa para a atuação dos serviços consulares[65]. Obviamente, esses dois requisitos (reconhecimento do ordenamento estrangeiro e residência) não constam da LINDB,

---

63 Esse dispositivo original da lei recebeu ácidas críticas da doutrina especializada da época. Por todos, ver VALLADÃO, Haroldo. A Lei de Introdução ao Código Civil e sua reforma. *Revista dos Tribunais*, v. 49, n. 292, fev. 1960, p. 7-21.

64 Art. 13, parágrafo único: "Os Consulados de carreira só poderão celebrar casamentos quando ambos os nubentes forem brasileiros e a legislação local reconhecer efeitos civis aos casamentos assim celebrados".

65 Ver, por exemplo, o que consta da página na internet da Embaixada brasileira na Rússia: "Apenas dois cidadãos brasileiros podem casar-se diretamente em repartição consular brasileira. A Autoridade Consular somente poderá celebrar casamento se ambos os nubentes forem brasileiros maiores de 16 (dezesseis) anos e se a legislação local não o impedir. Para os brasileiros com idade entre 16 e 18 anos incompletos, é necessário o consentimento de ambos os pais ou responsáveis. Pelo menos um dos contraentes deverá ser residente na jurisdição consular há, no mínimo, um ano". Disponível em <http://moscou.itamaraty.gov.br/pt-br/casamento.xml>, último acesso em 2 de fevereiro de 2021.

o que torna questionável, em face do princípio da legalidade previsto na Constituição e tratados internacionais, a sua aplicação.

De qualquer modo, o casamento de brasileiro celebrado no estrangeiro deverá ser registrado em cento e oitenta dias, a contar da volta de um ou de ambos os cônjuges ao Brasil, no cartório do respectivo domicílio, ou, em sua falta, no 1º Ofício da Capital do Estado em que passarem a residir, conforme dispõe o art. 1.544 do Código Civil[66]. O registro é meramente declaratório, sendo o casamento válido e impedindo novo casamento no Brasil até que seja dissolvido o primeiro matrimônio[67].

> § 3º Tendo os nubentes domicílio diverso, regerá os casos de invalidade do matrimônio a lei do primeiro domicílio conjugal.

No caso da lei para reger a *invalidade* do casamento, dispõe o § 3º do art. 7º que será a lei do domicílio dos nubentes, ou, se *distintos* os domicílios, a lei do primeiro domicílio conjugal.

Obviamente, há inevitável estranhamento, porque se ignorou o básico: a validade ou invalidade deve ser regida pela *lei do local da celebração*, pois há o risco de se considerar inválido um casamento pelo uso de lei estabelecendo requisitos que não eram indispensáveis pela lei do local da celebração, gerando insegurança jurídica evidente.

Como aponta Valladão, a validade de um ato da importância do casamento ficou dependente não da lei que presidiu o ato, mas sim de *outra*

---

66 Art. 1.544. O casamento de brasileiro, celebrado no estrangeiro, perante as respectivas autoridades ou os cônsules brasileiros, deverá ser registrado em cento e oitenta dias, a contar da volta de um ou de ambos os cônjuges ao Brasil, no cartório do respectivo domicílio, ou, em sua falta, no 1º Ofício da Capital do Estado em que passarem a residir.

67 Superior Tribunal de Justiça. Recurso Especial 280.197/RJ. Civil. Casamento realizado no estrangeiro. Matrimônio subsequente no país, sem prévio divórcio. Anulação. O casamento realizado no estrangeiro é válido no país, tenha ou não sido aqui registrado, e por isso impede novo matrimônio, salvo de desfeito o anterior. Recurso especial não conhecido (STJ, REsp 280.197, Terceira Turma, Rel. Min. Ari Pargendler, julgado em 5-8-2002).

lei, livremente escolhida pelos nubentes (a lei do primeiro domicílio conjugal), bastando que eles tenham domicílio diverso no momento da celebração do matrimônio[68].

O Código Bustamante segue linha diversa da LINDB, dispondo que a nulidade do matrimônio deve ser regulada pela *mesma lei* a que estiver submetida a condição intrínseca ou extrínseca que a tiver motivado (art. 47)[69].

Finalmente, o Supremo Tribunal Federal (STF) julgou inócua a regra, considerando-a "não escrita", uma vez que a "validade ou invalidade de um ato só pode ser aferida em face da lei a que ele obedeceu". Quanto ao § 3º do art. 7º, no mesmo julgado, o STF reconheceu que "esse dispositivo resultou de equívoco evidente e *não há como aplicá-lo*"[70].

---

68 Para Valladão, esse dispositivo é absurdo. *In verbis:* "A Lei de Introdução, art. 7º, § 3º, adotou, absurdamente, para reger a *invalidade* do matrimônio de nubentes de domicílio diverso uma lei *estranha*... ao ato e da livre *escolha* pelos interessados" (grifo do próprio autor). VALLADÃO, Haroldo. *Direito internacional privado*. 2. ed. Rio de Janeiro: Freitas Bastos, 1977, v. II, p. 133.

69 Art. 47. A nullidade do matrimonio deve regular-se pela mesma lei a que estiver submettida a condição intrinseca ou extrinseca que a tiver motivado.

70 Tratou-se de casamento celebrado no Brasil, por nubentes de domicílio diverso (Estados Unidos e Brasil). Após o casamento, o primeiro domicílio conjugal foi fixado na Califórnia, Estados Unidos. O marido requereu e obteve a anulação do casamento nos EUA, por ter a esposa descumprido obrigação de fixação de residência nos EUA e de ter filhos, assumida antes do casamento. Essa promessa da mulher teria sido essencial para o consentimento do homem e para a consequente celebração do casamento, ensejando sua anulação de acordo com a lei californiana. Após, o marido requereu, no Brasil, a homologação da sentença estrangeira de anulação, obrigando o STF a analisar o alcance do art. 7º, § 3º, ou seja, se seria possível a lei do primeiro domicílio conjugal considerar inválido aquilo que a lei do local da celebração (lei brasileira) não considera como hipótese de anulação de casamento. O caso chamou a atenção, até porque o STF havia, inicialmente, homologado – *burocraticamente* – a sentença estrangeira. Depois, em um segundo julgamento, para correção de erro material, o STF considerou o preceito (art. 7º, § 3º) como "inaplicável, por impossibilidade lógica, e assim, como não escrito" (consta do Voto do Rel. Min. Luiz Gallotti) e indeferiu a homologação. Conferir em Sentença Estrangeira n. 2.085 – segundo julgamento/EUA – Rel. Min. Luiz Gallotti, julgado em 3-3-1971, publicado no *DJ* de 10-11-1972, p. 7727.

§ 4º O regime de bens, legal ou convencional, obedece à lei do país em que tiverem os nubentes domicílio, e, se este for diverso, a do primeiro domicílio conjugal.

Curiosamente, na publicação original do Decreto-Lei n. 4.657, em setembro de 1942, o dispositivo em questão possuía redação diferente, dispondo que a lei de regência deveria ser a lei do domicílio *conjugal* dos nubentes. Obviamente, o nubente é aquele que vai casar-se, não possuindo, ainda, domicílio *conjugal.* Em 17 de junho de 1943, houve a republicação do texto, com a retificação do texto para a redação ora em análise.

O fundamento do dispositivo encontra-se no desejo de substituição da *lei da nacionalidade* pela *lei do domicílio* na regência do Direito de Família, no bojo da ruptura promovida por Vargas com a nova LICC/42. Era necessário, contudo, dar uma resposta à hipótese de os nubentes terem domicílio diverso. A solução encontrada foi a escolha da lei do *primeiro domicílio conjugal,* o que valoriza a autonomia de vontade dos próprios interessados (os cônjuges), na escolha do primeiro domicílio do casal.

Na jurisprudência, houve intenso debate sobre o alcance do § 4º do art. 7º. No Caso *Mardini,* casal de brasileiros casou-se no Uruguai, cujo regime de bens (no silêncio dos nubentes) era o da separação total de bens, alegando, no ato, serem lá domiciliados. Após trinta dias, foram viver no Rio Grande do Sul. No litígio que se seguiu na separação do casal, houve dúvida sobre a fixação ou não do domicílio no Uruguai, a despeito do alegado por ambos. O Supremo Tribunal Federal entendeu que, além da declaração de ambos, houve ainda aquisição de fazenda e permanência por certo período de tempo naquele país, não tendo sido apenas uma passagem para fins de casamento. Além disso, o regime da separação total de bens é permitido pelo Direito brasileiro, o que evitou debate sobre fraude à lei e ordem pública. Ademais, o princípio da proibição do *venire contra factum proprium* pesou contra o interessado (no caso, o marido) em contestar a aplicação da lei uruguaia referente à separação total de bens, uma vez que ele havia declarado expressamente seu domicílio no Uruguai[71].

---

71 Supremo Tribunal Federal, Recurso Extraordinário 86.787/RS, Rel. Min. Leitão de Abreu, julgamento em 20-10-1978, publicado no *DJ* 4-5-1979, p. 3520.

Analisando o Caso *Mardini*, é possível extrair algumas conclusões: (i) o regime do casamento foi fixado pela lei do domicílio (idêntico) dos nubentes, pouco importando o domicílio anterior (que era no Brasil) ou posterior (que voltou a ser no Brasil); (ii) mesmo que se admitisse a existência de pluralidade domiciliar, a lei do domicílio no Uruguai rege o ato que lhe corresponda, no caso, o casamento ali realizado; (iii) a *lex fori* (a lei do foro no qual se analisa o fato transnacional) é a lei que define o que é domicílio. No caso, era a lei brasileira, sendo importante a aferição do *ânimo definitivo* dos nubentes na fixação da residência (exigência da lei brasileira para que se caracterize o domicílio) por meio da análise da declaração deles, da aquisição de fazenda etc.

Já no Caso *Ruthofer*, discutiu-se a partilha de herança, no qual o autor (*de cujus*) havia contraído matrimônio, na Áustria (domicílio comum dos nubentes, à época), em 1951, sob o regime da separação legal de bens. Após três anos, o casal fixou domicílio no Brasil, e, durante a convivência comum, houve a aquisição de diversos bens, feita cada um em seu nome próprio. Na partilha dos bens da herança, a filha do primeiro casamento do falecido exigiu que houvesse a comunicação dos aquestos (bens adquiridos na constância do casamento) à herança (levando, então, ao aumento do valor do seu quinhão), tendo em vista a inexistência de pacto antenupcial que vedasse tal comunhão e aplicando a lei brasileira da época (art. 259 do Código Civil de 1916[72]), bem como o enunciado 377 da Súmula o Supremo Tribunal Federal[73].

O Superior Tribunal de Justiça (STJ), em especial no voto do Min. Luis Felipe Salomão, reconheceu como correta a invocação do art. 7º, § 4º, da LINDB, que, em tese, favoreceria a segunda mulher do falecido, uma vez que diversos bens adquiridos após o casamento estavam em seu nome. Todavia, o STJ cotejou essa regra da LINDB com a vedação do uso

---

72 Art. 259. Embora o regime não seja o da comunhão de bens, prevalecerão, no silêncio do contrato, os princípios dela, quanto à comunicação dos adquiridos na constância do casamento.

73 Súmula 377 do STF: "No regime de separação legal de bens, comunicam-se os adquiridos na constância do casamento".

de direito estrangeiro que ofenda a ordem pública brasileira (art. 17 da LINDB). A defesa da unidade familiar pela Constituição Federal (art. 226, *caput*) exigiu, na visão do STJ, que o patrimônio amealhado na constância do casamento e oriundo do esforço comum fosse comunicado também ao outro cônjuge. Considerou o STJ que a ordem pública (a ser estudada no comentário ao art. 17) seria violada, caso fosse aceita no Brasil a separação radical de bens prevista no ordenamento civil austríaco[74].

Assim, a jurisprudência brasileira utiliza o art. 7º, § 4º (Caso *Mardini*), mas mantém a aplicação da lei estrangeira sobre o regime de bens sob o crivo da ordem pública (Caso *Ruthofer*).

> § 5º O estrangeiro casado, que se naturalizar brasileiro, pode, mediante expressa anuência de seu cônjuge, requerer ao juiz, no ato de entrega do decreto de naturalização, se apostile ao mesmo a adoção do regime de comunhão parcial de bens, respeitados os direitos de terceiros e dada esta adoção ao competente registro. *(Redação dada pela Lei n. 6.515, de 1977)*

O dispositivo em questão trata da *mutabilidade do regime de bens no casamento*. A redação original da LICC/42 era semelhante, mas determinava que o estrangeiro, ao se naturalizar brasileiro, poderia optar tão somente pela comunhão universal[75]. Com a mudança do regime legal do Código Civil para o regime da comunhão parcial, houve a reforma da lei, tendo sido escolhido o regime da comunhão parcial, que não comunica o patrimônio adquirido pelos nubentes antes do casamento.

Destaco que a regra impunha, à época, uma exceção à imutabilidade do regime de bens do casamento que era adotada pelo Código Civil de

74 Superior Tribunal de Justiça, Recurso Especial 123.633/SP, Rel. Min. Aldir Passarinho Junior, julgamento em 17-3-2009, *DJe* 30-3-2009.

75 LICC/42, redação original do art. 7º, § 5º: "O estrangeiro casado, que se naturalizar brasileiro, pode, mediante expressa anuência de seu cônjuge, requerer ao juiz, no ato de entrega do decreto de naturalização, se apostile ao mesmo a adoção do *regime da comunhão universal de bens*, respeitados os direitos de terceiro e dada esta adoção ao competente registro" (grifo meu).

1916 (depois abandonada pelo Código Civil de 2002). É mais um reforço à *mutabilidade justificada* do regime de bens do casamento agora previsto no Código Civil de 2002[76], valorizando a autonomia da vontade, sem prejudicar terceiros.

Sua origem está no Decreto-Lei n. 389, de 25 de abril de 1938 (plena ditadura Vargas), que estabelecia, em seu art. 23[77], que o naturalizado poderia, com a aquiescência expressa do outro cônjuge, no ato de entrega do decreto de naturalização, manifestar seu desejo de adotar o regime de comunhão universal de bens, respeitados os direitos de terceiro.

A intenção do legislador de 1938 era permitir que estrangeiros casados no exterior pudessem adotar a comunhão universal de bens (a regra geral do Código Civil de 1916). A comunhão universal não era a regra geral em alguns Estados estrangeiros e essa previsão legislativa varguista tinha como objetivo homogeneizar o regime de bens vigente no Brasil. Tratou-se, mais uma vez, do desejo do Estado Novo brasileiro de eliminar os nichos de direito estrangeiro existentes no Brasil, o que levaria, quatro anos depois, à mudança da lei de regência do estatuto pessoal (de lei da nacionalidade para lei do domicílio). Após, em 1977, com a adoção da regra geral da comunhão parcial, houve também a mudança da LICC (hoje LINDB) para possibilitar que o estrangeiro, ao se naturalizar, apostile a mudança do regime de bens para o regime de comunhão parcial.

Os requisitos, então, para tal mudança do regime de bens são os seguintes: (i) *prova* do casamento válido; (ii) *momento adequado*, que é após a publicação no Diário Oficial do ato de naturalização (art. 73 da Lei n. 13.445/2017 – Lei de Migração; e não mais do revogado "ato de entrega do decreto de naturalização"); (iii) *anuência expressa do outro cônjuge*,

---

76 Art. 1.639 do Código Civil (2002), *in verbis:* "É lícito aos nubentes, antes de celebrado o casamento, estipular, quanto aos seus bens, o que lhes aprouver. § 1º O regime de bens entre os cônjuges começa a vigorar desde a data do casamento. § 2º É admissível alteração do regime de bens, mediante autorização judicial em pedido motivado de ambos os cônjuges, apurada a procedência das razões invocadas e ressalvados os direitos de terceiros".

77 Disponível em <http://www.planalto.gov.br/ccivil_03/decreto-lei/del0389.htm>, último acesso em 2 de fevereiro de 2015.

que deve ser feita por instrumento público ou particular; (iv) *forma*, que é a apostila no ato de naturalização, que formaliza a modificação do regime; (v) *preservação dos direitos de terceiro*, o que pode redundar em ineficácia da mudança, caso haja prova de prejuízo a terceiro; e (vi) *registro* para efeito em relação a terceiros, aplicando-se analogicamente o disposto no art. 1.657 do Código Civil, que trata do registro dos pactos antenupciais[78].

§ 6º O divórcio realizado no estrangeiro, se um ou ambos os cônjuges forem brasileiros, só será reconhecido no Brasil depois de 1 (um) ano da data da sentença, salvo se houver sido antecedida de separação judicial por igual prazo, caso em que a homologação produzirá efeito imediato, obedecidas as condições estabelecidas para a eficácia das sentenças estrangeiras no país. O Superior Tribunal de Justiça, na forma de seu regimento interno, poderá reexaminar, a requerimento do interessado, decisões já proferidas em pedidos de homologação de sentenças estrangeiras de divórcio de brasileiros, a fim de que passem a produzir todos os efeitos legais. *(Redação dada pela Lei n. 12.036, de 2009)*

Emenda Constitucional n. 66, de 13 de julho de 2010, deu nova redação ao § 6º do art. 226 da Constituição Federal, que dispõe sobre a dissolubilidade do casamento civil pelo divórcio, suprimindo o requisito de prévia separação judicial por mais de 1 (um) ano ou de comprovada separação de fato por mais de 2 (dois) anos. Nova redação: "art. 226, § 6º O casamento civil pode ser dissolvido pelo divórcio".

O dispositivo em comento regula a dissolução do casamento pelo divórcio no exterior e sua posterior homologação no Brasil (ver comentário ao art. 15, sobre a ação de homologação de sentença estrangeira). Por isso, essa regra de DIPr está vinculada à evolução da (in)dissolubilidade do casamento e ao tratamento do divórcio no Brasil.

---

78 Código Civil, art. 1.657: "As convenções antenupciais não terão efeito perante terceiros senão depois de registradas, em livro especial, pelo oficial do Registro de Imóveis do domicílio dos cônjuges". Nessa linha, SERPA LOPES, Miguel Maria de. *Comentários à Lei de Introdução ao Código Civil*. 2. ed. Rio de Janeiro: Freitas Bastos, 1959, v. II, p. 122.

De início, o casamento no Brasil imperial era *religioso* e *católico*, tendo o Imperador D. Pedro I determinado, pelo Decreto de 03 de novembro de 1827[79], a aplicação das normas da Igreja Católica (do Congresso de Trento e do Arcebispado da Bahia) para regular o matrimônio, cujo vínculo, pelas regras católicas, era indissolúvel. Somente em 1861, foi editada a Lei n. 1.144, permitindo que outras Igrejas celebrassem casamentos com efeitos civis[80].

Com a proclamação da República em 1889, houve a consequente separação da Igreja do Estado. O Decreto n. 181, de 24 de janeiro de 1890, implantou o casamento civil[81], na linha da laicização do Estado, já estabelecida pelo Decreto n. 119-A, de 7 de janeiro de 1890[82]. Por sua vez, a Constituição de 1891 tratou de reconhecer somente o casamento civil (art. 72, § 4º[83]), omitindo-se quanto à proibição do divórcio.

Mas a herança católica da indissolubilidade do vínculo marital foi mantida no Código Civil de 1916, que previu o *desquite*, que rompia somente a sociedade conjugal (terminava a vida em comum e o regime de bens[84]), impedindo que os desquitados pudessem celebrar novo matrimônio.

Em 1934, a influência da Igreja fez que houvesse a introdução *expressa* da indissolubilidade do casamento no texto da Constituição (art. 144[85],

---

79 Disponível em <http://www2.camara.leg.br/legin/fed/decret_sn/1824-1899/decreto-38408-3-novembro-1827-566712-publicacaooriginal-90232-pl.html>, acesso em 2 de maio de 2021.

80 Conferir em SOARES, Oscar de Macedo. *Casamento civil* – Decreto n. 181 de 24 de janeiro de 1890, commentado e annotado. Rio de Janeiro: B.L Garnier, Livreiro-Editor, 1890, em especial p. 12 e seguintes.

81 Disponível em <http://www.planalto.gov.br/ccivil_03/decreto/1851-1899/D181.htm>, acesso em 2 de maio de 2021.

82 Disponível em <http://www.planalto.gov.br/ccivil_03/decreto/1851-1899/d119-a.htm>, acesso em 2 de maio de 2021.

83 *In verbis*: "A República só reconhece o casamento civil, cuja celebração será gratuita".

84 Art. 322 do Código Civil de 1916: Art. 322. A sentença do desquite autoriza a separação dos conjugues, e põe termo ao regime matrimonial dos bens, como se o casamento fosse anulado (art. 267, n. III).

85 Art. 144. A família, constituída pelo casamento *indissolúvel*, está sob a proteção especial do Estado. Parágrafo único. A lei civil determinará os casos de desquite e de anulação de casamento, havendo sempre recurso *ex officio*, com efeito suspensivo.

que previu que a lei ordinária regularia os casos de desquite e anulação do casamento), impedindo que o divórcio pudesse ser introduzido por mera lei ordinária, no que foi mantido na Constituição de 1937 (art. 124[86]), na Constituição de 1946 (art. 163[87]), na Constituição de 1967 (art. 167, § 1º[88]) e na Emenda Constitucional de 1969 (art. 175, § 1º[89]).

O impacto da proibição do divórcio no Brasil no âmbito do Direito Internacional Privado é evidente. De início, a introdução ao Código Civil de 1916 era omissa, mas a proibição de divórcio no Brasil gerou, rapidamente, a existência de divórcios de brasileiros (ou entre brasileiro e estrangeiro) feitos em *Estado estrangeiro* com ordenamento mais permissivo, e, após, era feito o pedido de homologação da sentença estrangeira de divórcio no Brasil. Buscava-se, assim, contornar a rigidez da legislação brasileira.

A jurisprudência da época posicionou-se de modo contrário a tais condutas, considerando que a indissolubilidade do casamento era *matéria de ordem pública*, o que impedia a homologação dessas sentenças estrangeiras de divórcio de casais brasileiros. No máximo, o Judiciário brasileiro aceitava considerar, no caso de divórcio de brasileiro e estrangeiro, homologar a sentença estrangeira como sendo de *desquite*. Caso a legislação nacional do estrangeiro admitisse o divórcio, este – mesmo divorciado – não poderia se casar de novo no Brasil.

Assim, com a aprovação da LICC/42, supriu-se a omissão da introdução ao Código Civil de 1916, com a redação original do § 6º do art. 7º, que dispunha, em linha com os precedentes judiciais dos anos anteriores, que "não será reconhecido no Brasil o divórcio, se os cônjuges forem brasileiros. Se um deles o for, será reconhecido o divórcio quanto ao outro, que

---

86 Art. 124. A família, constituída pelo casamento indissolúvel, está sob a proteção especial do Estado. Às famílias numerosas serão atribuídas compensações na proporção dos seus encargos.

87 Art. 163. A família é constituída pelo casamento de vínculo indissolúvel e terá direito à proteção especial do Estado.

88 Art. 167. A família é constituída pelo casamento e terá direito à proteção dos Poderes Públicos. § 1º O casamento é indissolúvel.

89 Art. 175. A família é constituída pelo casamento e terá direito à proteção dos Poderes Públicos. § 1º O casamento é indissolúvel.

não poderá, entretanto, casar-se no Brasil". A redação original da LICC/42 alinhava-se com a jurisprudência então reinante, determinando que o divórcio no exterior *não seria reconhecido* no Brasil, se os cônjuges fossem brasileiros. Seria considerado como mero desquite, previsto no Código Civil da época, se as condições lá previstas tivessem sido preenchidas[90]. Se um deles o fosse, seria reconhecido o divórcio quanto ao outro (cônjuge estrangeiro), caso a lei de sua nacionalidade admitisse o divórcio, este *não* poderia, entretanto, casar-se no Brasil. Essa posição era assim resumida: se os brasileiros não podiam divorciar-se no Brasil, também não poderiam em outro país.

Esse dispositivo, embora compatível com a jurisprudência da época, rompeu com a regra geral da LICC/42 sobre o uso da *lei do domicílio* para reger o estatuto pessoal (art. 7º, *caput)*, pois levava em consideração a *nacionalidade brasileira* dos cônjuges, como se o novo DIPr brasileiro não houvesse substituído a *lex patriae* pela *lex domicilii.*

Assim, a LICC, na sua redação original, acabou acatando o *sistema misto* no tocante ao estatuto pessoal, abrindo exceção quanto ao divórcio, que continuou regido pela lei da nacionalidade, para atender à pressão da Igreja Católica (a favor da indissolubilidade do casamento) contra os divórcios celebrados no exterior de casais brasileiros. Para manter a coerência com a lei do domicílio (que, em abstrato, permitiria que um casal de brasileiros, domiciliados em Estado estrangeiro que aceitasse o divórcio de casamento celebrado em outro país, se divorciasse), a saída seria invocar a cláusula de ordem pública para vedar a homologação de sentença estrangeira de divórcio de brasileiro domiciliado no exterior (ver comentário ao art. 17, sobre ordem pública).

Somente em 1977, 86 anos depois da separação republicana da Igreja do Estado, foi aprovada a Emenda Constitucional n. 9, de 28 de junho de 1977, que alterou a redação art. 175, § 1º, dispondo que "o casamento somente poderá ser dissolvido, nos casos expressos em lei, desde que haja

---

90 Nesse sentido, TENÓRIO, Oscar. *Lei de Introdução ao Código Civil.* 2. ed. Rio de Janeiro: Borsoi, 1955, p. 287.

prévia separação judicial por mais de três anos". A dissolução do casamento pelo divórcio foi, então, finalmente aceita pelo ordenamento brasileiro, condicionada à prévia separação judicial por mais de três anos (o antigo "desquite" do Código Civil de 1916).

Após a aprovação da Emenda n. 9/77, a Lei n. 6.515/77 ("Lei do Divórcio") deu nova redação ao § 6º do art. 7º da LICC, dispondo que o divórcio realizado no estrangeiro, se um ou ambos os cônjuges fossem brasileiros, seria reconhecido no Brasil somente depois de três anos da data da sentença, salvo se houvesse sido antecedida de separação judicial por igual prazo, caso em que a homologação produziria efeito imediato, obedecidas as condições estabelecidas para a eficácia das sentenças estrangeiras no Brasil.

A nova redação desse dispositivo da LICC obedeceu à lógica do sistema misto (lei da nacionalidade usada no divórcio, ao invés da regra geral da lei do domicílio) anteriormente apontada: a *lei brasileira* havia sido modificada (permitindo o divórcio, com lapsos temporais), e, então, a LICC seguiu o mesmo rumo, só que usou os lapsos temporais para postergar a homologação da sentença estrangeira, evitando que os brasileiros que quisessem se divorciar optassem por uma "via rápida" do divórcio no exterior.

A nova LICC ainda autorizou o Supremo Tribunal Federal (na época competente para julgar a ação de homologação de sentença estrangeira), na forma de seu regimento interno, a reexaminar, a requerimento do interessado, decisões já proferidas em pedidos de homologação de sentenças estrangeiras de divórcio de brasileiros, para que passassem a produzir todos os efeitos legais.

A redação originária da Constituição de 1988 manteve, obviamente, a dissolubilidade do casamento, ampliando a forma de sua concessão, prevendo que o casamento civil poderia ser dissolvido pelo divórcio, após (i) prévia *separação judicial* por mais de um ano nos casos expressos em lei, ou (ii) comprovada *separação de fato* por mais de dois anos[91].

---

91 Constituição de 1988, redação original do art. 226, § 6º: "O casamento civil pode ser dissolvido pelo divórcio, após prévia separação judicial por mais de um ano nos casos expressos em lei, ou comprovada separação de fato por mais de dois anos".

O Código Civil de 2002 seguiu a linha da divisão entre a "separação judicial" (que extingue a sociedade conjugal, os deveres de coabitação e fidelidade recíproca e o regime de bens[92]) e o "divórcio direto" (art. 1.580, § 2º[93]).

Em 2007, a Lei n. 11.441 possibilitou a realização de inventário, partilha, separação consensual e *divórcio consensual* por via administrativa. O art. 1.124-A do Código de Processo Civil (introduzido por essa lei) prevê a existência de divórcio consensual por escritura pública, da qual constarão as disposições relativas (i) à descrição e à partilha dos bens comuns, (ii) à pensão alimentícia e, ainda, (iii) ao acordo quanto à retomada pelo cônjuge de seu nome de solteiro ou à manutenção do nome adotado quando se deu o casamento. É requisito para o divórcio consensual por escritura pública a inexistência de filhos menores ou incapazes do casal[94].

Com a maior liberalização do divórcio dada pela Constituição de 1988, novamente o § 6º do art. 7º da lei foi alterado. A Lei n. 12.036/2009 estabeleceu que o divórcio realizado no estrangeiro, se um ou ambos os cônjuges fossem brasileiros, só seria reconhecido no Brasil *depois de um ano da data da sentença*, salvo se houvesse sido antecedida de separação judicial *por igual prazo*, caso em que a homologação produziria *efeito imediato*, obedecidas as condições estabelecidas para a eficácia das sentenças estrangeiras no país.

---

92 Art. 1.576. A separação judicial põe termo aos deveres de coabitação e fidelidade recíproca e ao regime de bens.

93 Art. 1.580. Decorrido um ano do trânsito em julgado da sentença que houver decretado a separação judicial, ou da decisão concessiva da medida cautelar de separação de corpos, qualquer das partes poderá requerer sua conversão em divórcio. § 1º A conversão em divórcio da separação judicial dos cônjuges será decretada por sentença, da qual não constará referência à causa que a determinou. § 2º O divórcio poderá ser requerido, por um ou por ambos os cônjuges, no caso de comprovada separação de fato por mais de dois anos.

94 Conferir Resolução n. 35 do Conselho Nacional de Justiça, que disciplina a aplicação da Lei n. 11.441/2007 pelos serviços notariais e de registro. Disponível em <http://www.cnj.jus.br/atos-administrativos/atos-da-presidencia/323-resolucoes/12151-resolu-no-35-de-24-de-abril-de-2007>, último acesso em 2 de fevereiro de 2015.

Novamente, a lógica da lei da nacionalidade brasileira para reger o divórcio dominou o DIPr: como a CF/88 havia criado a figura do divórcio direto depois de dois anos de separação de fato ou divórcio depois de um ano de separação judicial[95], entendeu o legislador que esses prazos poderiam ser adaptados ao DIPr, evitando, novamente, que o divórcio no exterior fosse mais rápido que o doméstico.

O Superior Tribunal de Justiça, na forma de seu regimento interno, foi autorizado pela Lei n. 12.036 a reexaminar, a requerimento do interessado, decisões já proferidas em pedidos de homologação de sentenças estrangeiras de divórcio de brasileiros, a fim de que passassem a produzir todos os efeitos legais. Essa redação dada em 2009 ao § 6º do art. 7º está em vigor até hoje.

Em 2010, houve mais um avanço, com a edição da Emenda Constitucional n. 66 (cuja proposta de emenda constitucional foi chamada de "PEC do Divórcio"), que suprimiu o requisito de prévia separação judicial por mais de um ano ou de comprovação da separação de fato por mais de dois anos, dispondo, sucintamente, que "o casamento civil pode ser dissolvido pelo divórcio" (nova redação do art. 226, § 6º). O Superior Tribunal de Justiça já possui precedente pelo qual a regra do art. 226, § 6º, da CF/88 prevalece sobre o disposto no art. 7º, § 6º, da LINDB[96].

Deve ser atualizada, então, a interpretação da LINDB, para permitir o reconhecimento do divórcio realizado no exterior *sem* qualquer exigência temporal, na linha das últimas alterações dessa regra de DIPr, que sempre evoluiu para estar em linha com o desenvolvimento do regime jurídico brasileiro do divórcio.

Questão importante sobre o divórcio é a determinação da lei aplicável. Caso ambos os cônjuges sejam domiciliados *no mesmo Estado*, utiliza-se tal lei, que é a lei do domicílio conjugal, regra geral sobre direito de famí-

---

95 Constituição de 1988, redação original do art. 226, § 6º: "O casamento civil pode ser dissolvido pelo divórcio, após prévia separação judicial por mais de um ano nos casos expressos em lei, ou comprovada separação de fato por mais de dois anos".

96 Sentença Estrangeira Contestada n. 4.441/Estados Unidos – Rel. Min. Eliana Calmon, Órgão Julgador: Corte Especial, julgamento em 29-6-2010, *DJe* 19-8-2010.

lia no DIPr brasileiro; caso eles possuam *domicílio em Estados diferentes*, a LINDB é omissa.

Não é possível o uso extensivo do domicílio de um cônjuge, como chefe da família, conforme consta da regra prevista no art. 7º, § 7º, da LINDB (que será comentada logo a seguir).

A escolha de um "chefe da família" é inconstitucional e inconvencional, uma vez que esse tipo de *domicílio por dependência* ofende a igualdade entre os cônjuges. Assim, para suprir essa omissão legislativa, é possível a utilização de duas soluções.

A primeira solução possível é a aplicação analógica do art. 7º, § 8º, que estabelece alternativas para o caso de inexistência de domicílio (a residência ou onde quer que a pessoa se encontre). Inexistindo o domicílio conjugal, utiliza-se, para reger o divórcio, a *lei da última residência habitual comum* durante o casamento. A segunda solução possível seria a utilização da *lex fori*, ou seja, a lei brasileira[97].

> § 7º Salvo o caso de abandono, o domicílio do chefe da família estende-se ao outro cônjuge e aos filhos não emancipados, e o do tutor ou curador aos incapazes sob sua guarda.

O dispositivo contém o conceito do *domicílio de dependência*, que é aquele fixado por uma pessoa e que se estende a outras, consideradas dependentes do primeiro. No caso, há a menção ao "domicílio do chefe da família", que, de acordo com o Código Civil de 1916 era o marido (art. 233, III)[98], que fixa o domicílio da esposa e dos filhos não emancipados. Também é feita referência ao "domicílio do tutor" e ao "domicílio do curador", que abrangem os incapazes sob sua guarda.

No caso da mulher casada, em 1962 a Lei n. 4.121 ("Estatuto da Mulher Casada") modificou apenas ligeiramente a situação, continuando a dar ao

---

97 Nesse sentido, ver TANAKA, Aurea Christine. *O divórcio dos brasileiros no Japão. O direito internacional privado e os princípios constitucionais.* São Paulo: Kaleidos-Primus, 2005, p. 97-98.

98 Redação original do Código Civil: "Art. 233. O marido é o chefe da sociedade conjugal. Compete-lhe: (...) III – Direito de fixar e mudar o domicílio da família (arts. 46 e 233, n. IV)".

marido o direito de fixar o domicílio da família, mas permitindo que a mulher recorresse ao Judiciário, caso a deliberação a prejudicasse[99].

Com a Constituição de 1988, a igualdade entre homem e mulher na sociedade conjugal foi determinada expressamente no art. 226, § 5º, pelo qual "os direitos e deveres referentes à sociedade conjugal são exercidos igualmente pelo homem e pela mulher". Nessa linha, o Código Civil (CC) de 2002 dispõe que a direção da sociedade conjugal será exercida, em colaboração, pelo marido e pela mulher, sempre no interesse do casal e dos filhos (art. 1.567). No tocante ao domicílio do casal, o art. 1.569 do CC prevê que este será escolhido por *ambos* os cônjuges, mas um e outro podem ausentar-se do domicílio conjugal para atender a encargos públicos, ao exercício de sua profissão, ou a interesses particulares relevantes. Havendo divergência, qualquer dos cônjuges poderá recorrer ao Judiciário.

Com isso, faltou atualização da LINDB sob a luz da gramática dos direitos humanos. Na ausência de alteração expressa da lei, resta sua *interpretação conforme aos direitos humanos*, para considerar que o domicílio do "chefe da família" é, na verdade, o domicílio escolhido por ambos os cônjuges.

Na existência de pluralidade domiciliar da família (com os cônjuges possuindo domicílio diferente, por razões de foro íntimo, razões profissionais etc.), deve ser utilizada a lei do domicílio respectivo para o fato transnacional que lhe corresponda.

> § 8º Quando a pessoa não tiver domicílio, considerar-se-á domiciliada no lugar de sua residência ou naquele em que se encontre.

Para fins do DIPr, há apenas *um* domicílio, o que gera o problema da determinação do domicílio em duas situações: (i) mais de um domicílio e (ii) ausência de domicílio.

---

99 Redação dada pela Lei n. 4.121, de 1962: "Art. 233. O marido é o chefe da sociedade conjugal, função que exerce com a colaboração da mulher, no interêsse comum do casal e dos filhos (arts. 240, 247 e 251). Compete-lhe: III – o direito de fixar o domicílio da família ressalvada a possibilidade de recorrer a mulher ao Juiz, no caso de deliberação que a prejudique".

No que tange à pluralidade de domicílios, é aceita no Brasil, como visto anteriormente, a solução implícita que se extrai da LINDB, ou seja, o uso da lei de cada domicílio para os atos e relações jurídicas lá realizadas.

Já quanto à ausência de domicílio, o § 8º do art. 7º da LINDB prevê explicitamente a solução, pelo uso de *regra de conexão sucessiva:* primeiro, usa-se a lei da *residência habitual.* A residência habitual consiste naquela morada de uso contínuo, mesmo que sem o ânimo definitivo. Basta para sua caracterização o elemento objetivo da definição de domicílio, ou seja, o elemento de moradia ou estadia de uma pessoa. Após, caso esta não seja identificada, utiliza-se a lei do lugar onde a pessoa se encontre. Há o risco da regra da conexão sucessiva, que poderia levar a uma espécie de "manipulação da lei" pelo indivíduo, especialmente na hipótese da invocação da lei do lugar onde a pessoa se encontre.

A Convenção Interamericana sobre Domicílio das Pessoas Físicas em Direito Internacional Privado (Montevidéu, 1979[100]) atualizou a matéria. De acordo com o art. 2º, o domicílio de uma pessoa física é determinado pelas seguintes *regras de conexão sucessivas*: 1) lei do lugar da residência habitual; 2) lei do lugar do centro principal dos seus negócios; 3) lei do lugar da simples residência; 4) lei do lugar onde se encontra. Nota-se a vontade de se eliminar as dúvidas sobre a conceituação de "domicílio". A regra de conexão principal considera domicílio o "lugar da residência habitual". Evita-se a indagação do ânimo do agente, constante da definição brasileira (art. 70 do CC, 2002[101]) sobre ser o domicílio a residência com *ânimo* definitivo. Contudo, a Convenção ainda não foi ratificada pelo Brasil.

Quanto aos casos especiais, é possível suprir as lacunas da LINDB, da seguinte maneira:

---

100 Assinada pelo Brasil, mas ainda não ratificada até a data de fechamento da edição (outubro de 2015). Contudo, o Acordo sobre Arbitragem Comercial Internacional do Mercosul (já ratificado e incorporado internamente – Decreto n. 4.719/2003) prevê que o domicílio da pessoa física é sua *residência habitual* (art. 2º, *g*).

101 Art. 70. O domicílio da pessoa natural é o lugar onde ela estabelece a sua residência com ânimo definitivo.

1) *Incapazes.* O domicílio das pessoas incapazes será o dos seus representantes legais, salvo se ocorrer abandono de tais pessoas pelos referidos representantes, caso esse em que continuará vigendo o domicílio anterior.
2) *Pessoas casadas.* O domicílio dos cônjuges será aquele em que vivam de comum acordo, sem prejuízo do direito de cada cônjuge de fixar seu próprio domicílio.
3) *Diplomatas e Cônsules.* O domicílio dos agentes diplomáticos e consulares será o último que tiverem tido no território do *Estado acreditante.*

Art. 8º Para qualificar os bens e regular as relações a eles concernentes, aplicar-se-á a lei do país em que estiverem situados.

O presente artigo disciplina tanto a *qualificação* ("para qualificar os bens") quanto a *regência das relações* a eles concernentes, expondo o critério de conexão.

A qualificação consiste na atividade de classificação jurídica dos fatos transnacionais, pela qual tais fatos são alocados em categorias jurídicas, para, após, ser possível identificar o critério de conexão aplicável. É, assim, uma atribuição de existência jurídica para os fatos que importam ao Direito Internacional Privado, sendo um antecedente lógico à estipulação do critério de conexão e consequente determinação da lei (nacional ou estrangeira) de regência do fato transnacional.

Primeiro, subsume-se o fato transnacional a uma categoria jurídica; após, verifica-se qual é o critério de conexão determinado por lei ou tratado de DIPr para tal categoria jurídica; por exemplo, se o bem for inserido na categoria jurídica "bem imóvel", utiliza-se a *lei da situação da coisa*; caso seja inserido na categoria "bem móvel em trânsito", usa-se a *lei do domicílio do possuidor.* Assim, a qualificação é um *dado prévio* que condiciona a determinação do critério de conexão.

Contudo, há diferenças entre os diversos ordenamentos no tocante à classificação de um fato em uma categoria jurídica. Os diferentes critérios de qualificação entre os Estados permitem que um fato transnacional possa ser inserido em duas ou mais categorias jurídicas, gerando dúvida na fixação da regra de conexão a ser utilizada. Nasce o *conflito de qualificações*, que ocorre quando um mesmo fato transnacional pode ser classificado em *categorias distintas* pelos ordenamentos jurídicos com os quais o fato possui vínculos[102].

O caso célebre de *conflito de qualificação* é o caso da viúva maltesa, retratado por Bartin no final do século XIX: um casal anglo-maltese (casal Bartholdo), casados em Malta (sendo este seu primeiro domicílio conjugal), não celebrou pacto antenupcial (adotaram o regime legal da comunhão de bens). Após, domiciliaram-se na Argélia (na época, sob regime colonial francês), onde o marido adquiriu imóveis. Com a morte do marido (sem testamento), surgiu a dúvida da lei aplicável para se determinar o direito da viúva sobre um usufruto especial sobre os bens do marido falecido (sobre seu direito a metade dos bens, fruto do regime de comunhão, não houve discussão). De acordo com o DIPr francês, o regime de bens do casal Bartholdo era regido pela lei maltesa (lei do primeiro domicílio conjugal) e a sucessão dos imóveis na Argélia, pela lei francesa (lei da situação dos bens). Bartin demonstrou o *poder da qualificação*: se o problema fosse considerado uma questão de regime matrimonial, seria utilizada a lei do primeiro domicílio conjugal, que era a lei anglo-maltesa (Código Rohan), e a viúva teria direito ao usufruto da "quarta parte do cônjuge pobre" dos bens do falecido. Se fosse considerada uma questão de sucessão, seria utilizada a lei do local da situação dos bens, no caso a lei

---

102 Kahn é considerado como sendo o primeiro a destacar o problema da qualificação no DIPr clássico, em artigo publicado em 1891. Bartin, desconhecendo o trabalho do jurista alemão, publicou estudo sobre o tema em 1897, no *Journal de Droit International*, tendo-o aprofundado nas suas obras posteriores (ver a seguir). Na visão de DIPr anglo-saxã, Lorenzen é tido como o pioneiro. Beckett, por sua vez, é o primeiro a usar o termo "classification" (utilizado atualmente na doutrina anglo-saxã) para denominar o instituto. Sobre a evolução das discussões doutrinárias, ver GAMA E SILVA, Luis Antônio. *As qualificações em direito internacional privado*. Tese apresentada para o concurso de catedrático de direito internacional privado da Faculdade de Direito da Universidade de São Paulo. São Paulo, 1953, p. 7-20. Ver ainda LORENZEN, Ernest G. The theory of qualifications and the conflict of laws. 20 *Colombia Law Review*, 1920, p. 247-282. BECKETT, W. E. The question of classification ("qualification") in private international law. 15 *British Yearbook of International Law*, 1934, p. 46 e seguintes.

francesa, que, na época, não previa esse usufruto da quarta parte dos bens do falecido pelo cônjuge sobrevivente[103].

A determinação da qualificação foi também objeto de intensa disputa doutrinária. A maioria dos doutrinadores inclina-se pelo uso da *lex fori*, ou seja, a lei do local no qual o intérprete se encontra. Essa é a *regra geral* da LINDB, na ausência de expressa disposição da lei em sentido contrário.

O uso da *lex causae* é defendido por parte da doutrina, tendo sido sustentada por Despagnet[104] e Wolff[105], entre outros. Pela teoria da *lex causae*, a qualificação deve ser feita pela lei estrangeira considerada aplicável. Para Despagnet, é pouco lógico que se use a *lex fori* para qualificar relações jurídicas organizadas por lei estrangeira desconhecida pelo foro[106].

Outra abordagem doutrinária, próxima da teoria da *lex causae*, foi defendida por Cheshire e Robertson, sustentando a existência de uma *dupla qualificação*: a primária e a secundária. A qualificação primária seria a subsunção dos fatos às categorias normativas gerais, o que seria feito pela lei do foro; após, existiria uma qualificação secundária, que consistiria na delimitação e aplicação da lei estrangeira, que deveria seguir a *lex causae*[107].

---

103 O caso foi julgado pelo tribunal de Argel em 1889, que decidiu que a questão era concernente ao regime de bens e outorgou o usufruto especial pretendido. BARTIN, Etienne. La doctrine des qualifications et ses rapports avec le caractère national du conflit des lois. 31 *Recueil des Cours de la Académie de Droit International de la Haye*, 1930, p. 561-622, em especial p. 570 e seguintes. Ver também MACHADO, João Baptista. *Lições de direito internacional privado*. 3. ed. Coimbra: Almedina, 1999, p. 104.

104 DESPAGNET, Franz. Des conflits de lois relatifs à la qualification des rapports juridiques. *Journal de Droit International*, 1898, p. 253. Defendendo a *lex causae* na atualidade, ver ELHOUEISS, Jean-Luc. Retour sur la qualification *lege causae* en droit international privé. *Journal de Droit International*, n. 2, avril/juin. 2005, p. 281-313.

105 WOLFF, Martin. *Derecho internacional privado*. Tradução de José Rovira y Emergol. Barcelona: Labor, 1936, em especial p. 96.

106 DESPAGNET, Franz. *Précis de droit international privé*. 4. ed. Paris: Libraire de la Société du Recueil Général des Lois et des Arrêts, 1904, p. 227.

107 Sobre a qualificação na visão de DIPr anglo-saxã, ver, além dos artigos pioneiros de Lorenzen e Beckett, já citados: ROBERTSON, A. H. *Characterization in the conflict of laws*. Cambridge (MA): Harvard University Press, 1940; CORMACK, Joseph M. Renvoi, Characterization, localization and preliminary question in the conflict of laws:

Por fim, Rabel anotou a insuficiência de classificar os fatos transnacionais em institutos previstos em um ordenamento jurídico isolado, quer seja da *lex fori* ou da *lex causae.* Para o autor, o Direito Internacional Privado exige que a qualificação seja feita por intermédio de um método comparativo entre os diversos ordenamentos, para que se construa *institutos autônomos e universais*[108].

Resta analisar a opção doutrinária adotada pelo Direito Internacional Privado no Brasil, tanto o de matriz legal (LINDB) quanto o de matriz internacional (tratados).

No campo convencional, o Código Bustamante prevê, no seu art. 6º, o uso da *lex fori* como regra geral da qualificação, salvo nos casos excepcionados pelo próprio tratado[109]. No Código, a *lex causae* surge na temática da qualificação dos bens (arts. 112 e 113[110]) e das obrigações (art. 164[111]).

A qualificação pela lei estrangeira é também a opção da LINDB para os casos que envolvam bens (art. 8º – "Para *qualificar* os bens e regular as relações a eles concernentes, aplicar-se-á a lei do país em que estiverem situados") e obrigações (art. 9º – "Para *qualificar* e reger as obrigações, aplicar-se-á a lei do país em que se constituírem").

A crítica à *lex causae* é que a lei estrangeira só é apurada a partir de critério de conexão conhecido graças à qualificação anterior do fato trans-

---

a study of problems involved in determining whether or not the forum should follow its own choice of a conflict-of-laws principle. *Southern California Law Review,* v. XIV march, 1941 n. 3, p. 221-275; PASCAL, Robert A. Characterization as an approach to the conflict of laws. 2 *Louisiana Law Review* (1940), p. 715-728; LORENZEN, Ernest G. Qualification, classification, or characterization problem in the conflict of laws. 50 *Yale Law Journal,* 1940-1941, p. 743-761.

108 RABEL, E. Le problème de la qualification. *Revue de Droit International Privé,* v. 28, 1933, p. 1-62.

109 Art. 6º Em todos os casos não previstos por este Código, cada um dos Estados contratantes aplicará a sua própria definição às instituições ou relações jurídicas que tiverem de corresponder aos grupos de leis mencionadas no art. 3º.

110 Art. 112. Aplicar-se-á sempre a lei territorial para se distinguir entre os bens móveis e imóveis, sem prejuízo dos direitos adquiridos por terceiros. Art. 113. À mesma lei territorial, sujeitam-se as demais classificações e qualificações jurídicas dos bens.

111 Art. 164. O conceito e a classificação das obrigações subordinam-se à lei territorial.

nacional; ou seja, a qualificação é um antecedente lógico à determinação da lei estrangeira: se existe lei estrangeira aplicável, já se realizou a qualificação. Existiria um "círculo vicioso" na adoção da *lex causae*[112]. Rebatendo essa crítica, Valladão afirma ser possível uma qualificação provisória ou aproximativa pela *lex fori,* que indicaria temporariamente uma lei estrangeira. Após, a qualificação definitiva seria feita de acordo com tal lei estrangeira, que, inclusive, poderia corrigir a qualificação provisória anterior[113].

Em síntese, a LINDB aplica em geral a *lex fori* para determinar a qualificação, com duas exceções de uso da *lex causae*: (i) matéria de bens e (ii) obrigações[114].

Quanto ao critério de conexão propriamente dito, a LINDB adotou a regra da *lei da localização do bem imóvel,* seguindo a tradição da fase iniciadora do DIPr, na qual os estatutários defenderam a *sujeição dos bens imóveis à lei do local de sua situação.* No período inicial do DIPr, os estatutários, em atenção à importância da propriedade da terra, reconheceram a aplicação do direito do local da situação da coisa, reproduzindo a lição do *forum rei sitae* do direito romano[115].

A marca de Bártolo de Sassoferrato, um dos expoentes da Escola estatutária italiana, foi a utilização da distinção entre os estatutos (regras legais ou consuetudinárias) que regem os bens (estatutos reais) dos que regem a conduta das pessoas (estatutos pessoais). Os estatutos reais são territoriais, ou seja, tais só se aplicam aos bens situados no território do poder que editou tais normas.

Baldo, posterior a Bártolo, consagrou o brocardo "*mobilia concernunt personam, immobilia concernunt territoria*", pelo qual os *bens imóveis* são

---

112 BATALHA, Wilson de Souza Campos. *Tratado de direito internacional privado.* 2. ed. São Paulo: RT, 1977, v. I, p. 185.

113 Aproximando-se da posição de Cheshire e Robertson, vista acima. VALLADÃO, Haroldo. *Direito internacional privado.* 2. ed. Rio de Janeiro: Freitas Bastos, 1977, v. I, p. 258.

114 DOLINGER, Jacob. *Direito internacional privado.* Parte geral. 10. ed. rev. e atual. Rio de Janeiro: Forense, 2011, p. 377.

115 SAVIGNY, Friedrich Carl von. *Sistema do direito romano atual.* Tradução de Ciro Mioranga (edição original de 1849). Ijuí: Unijuí, 2004, v. VIII, § 366, p. 151.

regidos pela lei do local da situação da coisa, e os *bens móveis* são regulados pela lei pessoal do seu possuidor.

Essa distinção entre bens imóveis e móveis influenciou os estatutários posteriores. D'Argentré, da Escola Francesa, sustentou a distinção entre os estatutos reais (regem os bens) e os pessoais (regem os atributos de uma pessoa), típicos da Escola Italiana, defendendo também, tal qual Baldo, que os *bens móveis* acompanham a lei pessoal do possuidor (*mobilia sequuntur personam*)[116].

No DIPr clássico (fase da estabilização conflitual), a regra geral de regência dos bens pela lei territorial foi ampliada, suprimindo-se a diferença entre os bens imóveis e móveis, uma vez que ambos passaram a ter relevância econômica. Foelix, entre outros, fundamentou essa opção no princípio da *soberania territorial*[117]. Savigny defendeu o uso do *lex rei sitae* com fundamento na *segurança jurídica*, voltada a eliminar a incerteza: por sua natureza, essa regra é simples e exclusiva, diferente da lei pessoal que pode variar[118].

Como veremos no comentário ao art. 8º, § 1º, o modelo de Savigny não era puro e admitia exceção, que foi o caso dos bens móveis sem localização permanente. Weiss, por sua vez, defendeu o uso da lei territorial para o tratamento dos bens em virtude da *proteção ao interesse público* de uma sociedade, dada a importância dos bens à economia de um determinado Estado[119]. Consagrou-se, por esses diversos fundamentos, o *princípio da territorialidade* no tratamento dos bens no DIPr.

---

116 MEIJERS, E. M. L`histoire des principes fundamentaux du droit international privé a partir du moyen age. Spécialement dans l'Europe occidentale. 49 *Recueil des Cours de l'Académie de Droit International de la Haye*, 1934, p. 547-686, em especial 638. No mesmo sentido, ver GUTZWILLER, Max. Le développement historique du droit international Privé. 29 *Recueil de Cours de l'Académie de Droit International de la Haye*, 1929, p. 291-400, em especial p. 325.

117 FOELIX, M. (Jean Jacques Gaspard). *Traité du droit international privé, ou, du conflit des lois de différentes nations en matière de droit privé*. 3. ed. Paris: Marescq et Dujardin, 1856, p. 103.

118 SAVIGNY, Friedrich Carl von. *Sistema do direito romano atual*. Tradução de Ciro Mioranga (edição original de 1849). Ijuí: Unijuí, 2004, v. VIII, § 366, p. 152.

119 WEISS, André. *Manuel de droit international privé*. Paris: Librairie de la Société du Recueil Général des Lois et des Arrêts, 1899, em especial p. 509.

No mesmo sentido, a antiga introdução ao Código Civil de 1916 previa, no seu art. 10, que os bens, móveis ou imóveis, estavam sob a égide da *lei do lugar onde situados*. A LICC/42 (hoje LINDB) *inovou* ao mencionar, ainda, que a *qualificação* deve ser feita pela lei do lugar da situação da coisa. Assim, cabe ao intérprete, em um primeiro momento, detectar o local no qual o bem se encontra; após, deve utilizar a lei vigente no local para classificar o bem como *imóvel, móvel, corpóreo ou incorpóreo, fungível ou infungível*, entre outras caracterizações jurídicas possíveis. Como vimos, reproduziu a LINDB o disposto no Código Bustamante, que, em seu art. 112, optou pelo uso da lei territorial para *classificar e qualificar os bens*, bem como distinguir os bens imóveis dos móveis.

Essa qualificação é importante, pois a lei do local da situação da coisa (*lex rei sitae*), prevista no *caput* do art. 8º, aplica-se *somente* aos *bens imóveis e móveis de localização permanente*, uma vez que os bens móveis sem localização permanente (os de uso pessoal do viajante e os em trânsito) serão tratados no art. 8º § 1º e têm regra especial (lei do domicílio do proprietário).

No caso dos bens imóveis e móveis de localização permanente, a lei do local da situação da coisa regula, especialmente:

(i) a propriedade e posse;
(ii) a criação, modificação e extinção de direitos reais sobre as coisas;
(iii) os modos e prazos de aquisição de direitos reais, inclusive por usucapião, invenção, especificação etc.;
(iv) a proteção dos direitos reais, bem como sua distinção dos direitos pessoais;
(v) as servidões prediais;
(vi) o usufruto, uso e habitação;
(vii) os direitos reais de garantia, como a hipoteca e a anticrese.

Entretanto, a capacidade ou legitimação de adquirir ou alienar é regida pelo estatuto pessoal (lei do domicílio, art. 7º, LINDB), e não de acordo com a lei do local da situação da coisa, pois tais capacidades são, na realidade, facetas da capacidade jurídica em geral[120].

---

120 SAVIGNY, Friedrich Carl von. *Sistema do direito romano atual*. Tradução de Ciro Mioranga (edição original de 1849). Ijuí: Unijuí, 2004, v. VIII, § 367, p. 161.

Nessa linha, também é importante diferenciar as obrigações ou atos de última vontade (testamento) cujo conteúdo pode gerar o dever de transmissão de imóvel – que são regidas pela lei do local de constituição, à luz do art. 9º da LINDB, ou da lei do domicílio do *de cujus*, no caso do testamento, à luz do art. 10 da LINDB – das condições de constituição do direito real, que seguem, como vimos, a lei do local da situação da coisa[121].

> § 1º Aplicar-se-á a lei do país em que for domiciliado o proprietário, quanto aos bens móveis que ele trouxer ou se destinarem a transporte para outros lugares.

No caso do bem móvel de uso pessoal do viajante ou aquele destinado a transporte para outro lugar – bens *in transitu* –, é utilizada a *lei do domicílio do proprietário*, uma vez que a alternativa, que seria a lei da situação da coisa, é precária e cambiante.

Trata-se, aqui, dos chamados *bens móveis que não têm situação permanente*, tendo a LINDB a cautela de fazer referência a "bens móveis que ele trouxer" ou "se destinarem a transporte para outros lugares".

A *mens legis* visa regular a situação (i) dos bens pessoais do viajante, bem como (ii) dos bens *in transitu*, ou seja, aqueles que, sem possuírem uma individualidade, como os navios e aeronaves, transitam por vários países e se destinam a outro lugar[122].

Para Machado Villela, os bens que se destinam a outros lugares (bens em trânsito) abarcam aqueles que, em virtude de transações comerciais, já tenham o destino de ser transportados ou estejam em viagem[123].

Evitou-se o detalhamento da introdução ao Código Civil de 1916, cujo art. 10 previa que os bens móveis, ou imóveis, eram regidos pela lei do

---

121 MACHADO VILLELA, Álvaro da Costa. *O direito internacional privado no Código Civil Brasileiro*. Coimbra: Imprensa da Universidade, 1921, p. 522-523.

122 ESPÍNOLA, Eduardo; ESPÍNOLA FILHO, Eduardo. *A Lei de Introdução ao Código Civil brasileiro* – comentada na ordem dos seus artigos. 2. ed. Rio de Janeiro: Renovar, 1995, n. 201, p. 345.

123 MACHADO VILLELA, Álvaro da Costa. *O direito internacional privado no Código Civil Brasileiro*. Coimbra: Imprensa da Universidade, 1921, p. 517.

lugar onde situados, ficando, porém, sob a lei pessoal do proprietário (i) os móveis de seu uso pessoal, ou (ii) os que ele consiga ter sempre, bem como (iii) os destinados a transporte para outros lugares.

Pela redação do art. 8º, § 1º, simplificou-se a redação anterior e foi previsto que a lei do domicílio do proprietário regula (i) os móveis que ele trouxer ou (ii) os móveis que se destinarem a transporte para outros lugares.

Cabe lembrar que a qualificação do bem como *móvel* será feita pela lei da situação da coisa, seguindo a regra geral do *caput* do art. 8º, e não a lei do domicílio[124]. O Código Bustamante também determina que a distinção entre imóveis e móveis obedece a lei da situação da coisa, como se viu anteriormente[125].

A contrario sensu, os demais bens móveis (também chamados de bens móveis de localização permanente) são regidos pela lei da situação da coisa. Nesse último caso, denominado por Savigny de *coisas móveis destinadas a permanecer em um local,* a mudança pode ocorrer (afinal, são bens móveis), mas tal modificação da situação do bem é acidental ou episódica. Assim, esse tipo de bem móvel será regulado pela lei da situação da coisa[126].

No caso de *bens móveis especiais,* como navios e aeronaves, usa-se a *lei do local de abandeiramento ou matrícula.* No âmbito do Direito Internacional do Mar, a Convenção da ONU sobre o Direito do Mar (Convenção de Montego Bay, 1982), da qual o Brasil é parte, prevê que o navio deve realizar o registro com *vínculo substancial* com o Estado (art. 91), proibindo as chamadas *bandeiras de conveniência.* Com isso, para a Convenção, o Estado deve estabelecer os requisitos necessários para a atribuição da sua nacionalidade a navios, para o registro de navios no seu território e para o direito de arvorar a sua bandeira. A Lei n. 9.432/97 estabelece

---

124 Nesse sentido, TENÓRIO, Oscar. *Lei de Introdução ao Código Civil brasileiro.* 2. ed. Borsoi: Rio de Janeiro, 1955, p. 321. Conferir também em ESPÍNOLA, Eduardo; ESPÍNOLA FILHO, Eduardo. *A Lei de Introdução ao Código Civil brasileiro* – comentada na ordem dos seus artigos. 2. ed. Rio de Janeiro: Renovar, 1995, n. 207, p. 337.

125 Art. 112, já citado.

126 SAVIGNY, Friedrich Carl von. *Sistema do direito romano atual.* Tradução de Ciro Mioranga (edição original de 1849). Ijuí: Unijuí, 2004, v. III, § 366, p. 158-159.

uma série de critérios para a atribuição da nacionalidade brasileira a embarcações, exigindo, em especial, que seja ela propriedade de pessoa física residente e domiciliada no País ou de empresa brasileira, bem como que sejam brasileiros o comandante, o chefe de máquinas e dois terços da tripulação.

No que tange às aeronaves, há seção específica no Código Brasileiro de Aeronáutica (CBA, Lei n. 7.565/86) sobre *direito internacional privado*, que atua como *lei especial* em relação à LINDB, devendo essa última ser utilizada como norma geral, de interpretação e integração. Para o CBA, considera-se aeronave todo aparelho manobrável em voo, que possa sustentar-se e circular no espaço aéreo, mediante reações aerodinâmicas, apto a transportar pessoas ou coisas. A aeronave é considerada da nacionalidade do Estado em que esteja matriculada. Consequentemente, a matrícula confere *nacionalidade brasileira* à aeronave. Atualmente, a Lei n. 11.182/2005 dispõe que compete à Agência Nacional de Aviação Civil – ANAC administrar o Registro Aeronáutico Brasileiro (RAB), que contempla o registro das matrículas das aeronaves civis brasileiras.

> § 2º O penhor regula-se pela lei do domicílio que tiver a pessoa, em cuja posse se encontre a coisa apenhada.

De modo similar com o que ocorre com os bens móveis que o viajante trouxer consigo, o penhor obedece à *lei do domicílio daquele que estiver com a posse direta* do bem penhorado. Esse dispositivo reproduziu, simplesmente, regra similar do Código Bustamante, pelo qual os bens em penhor devem ser regulados pela *lei do domicílio* do possuidor direto[127].

Fica estabelecida a segunda exceção ao princípio da territorialidade dos bens (também chamado de *modelo unitário territorial de bens*), pela qual o penhor (direito real de garantia) e, consequentemente, o regime

---

127 Código Bustamante: Art. 111. Exceptuam-se do disposto no artigo anterior as cousas dadas em penhor, que se consideram situadas no domicilio da pessoa em cuja posse tenham sido collocadas.

jurídico do bem penhorado devem ser regidos pela lei do domicílio do indivíduo que o possui.

Valladão considerou essa exceção um verdadeiro *absurdo*, uma vez que, ao *romper* o regime unitário dos bens, permite que um penhor, realizado no Brasil e cuja posse do bem seja dada a domiciliado na França (com mera residência no Brasil), passe a ser regido pela lei francesa, mesmo sem maior vínculo do citado penhor com o ordenamento francês. Para Valladão, essa opção da LINDB é fruto de uma descontrolada paixão do legislador de 1942 pela lei domiciliar, que deveria ser, futuramente, extirpada[128].

A mecânica do conflito da lei no caso do penhor, então, inicia-se pela qualificação do instituto, que, pelo *caput* do art. 8º, será feita pela *lei da situação da coisa*, podendo ser classificado em penhor ordinário (aquele que a posse direta do bem é transferida ao credor, denominado *credor pignoratício*) ou ainda em penhor extraordinário, com cláusula *constituti* (aquele no qual as coisas dadas em penhor continuam em posse direta do devedor, como ocorre no penhor rural – agrícola ou pecuário – do CC brasileiro). Posteriormente, utiliza-se a lei do domicílio do possuidor direto, que pode ser tanto o credor quanto o devedor, a depender da espécie de penhor.

Ponto importante para o regime jurídico do penhor é a proibição ao credor de se apropriar da coisa apenhada, prevista no Código Civil brasileiro (art. 1.428 do CC[129]). Esse dispositivo é considerado por Tenório de qualidade de *ordem pública*, o que impediria a aplicação da lei estrangeira que possibilitasse tal apropriação[130].

Art. 9º Para qualificar e reger as obrigações, aplicar-se-á a lei do país em que se constituírem.

---

128 VALLADÃO, Haroldo. *Direito internacional privado.* 2. ed. Rio de Janeiro: Freitas Bastos, 1977, v. II, p. 163-164.

129 Código Civil brasileiro: Art. 1.428. É nula a cláusula que autoriza o credor pignoratício, anticrético ou hipotecário a ficar com o objeto da garantia, se a dívida não for paga no vencimento.

130 TENÓRIO, Oscar. *Lei de Introdução ao Código Civil brasileiro.* 2. ed. Borsoi: Rio de Janeiro, 1955, p. 326.

Esse dispositivo tem duplo alcance: determina (i) a *qualificação* (já estudada no comentário ao art. 8º) e ainda (ii) a *regência das obrigações*. A lei do lugar da constituição é, entre presentes, a lei do local da manifestação do consentimento[131]. Diante das obrigações e contratos celebrados com elementos de estraneidade, a prática indica que o direito aplicável regerá principalmente: (i) a interpretação das cláusulas obrigacionais; (ii) os direitos e deveres das partes; (iii) o modo de cumprimento das obrigações e as consequências do inadimplemento, compreendendo perdas e danos; (iv) os diferentes modos de extinção das obrigações, inclusive a prescrição e a decadência; (v) as consequências da nulidade ou invalidação do contrato.

No DIPr, as opções existentes para a escolha da lei aplicável às obrigações são as seguintes: a) autonomia da vontade expressa das partes (*choice-of-law clause*), tanto apontando para determinado direito (local ou estrangeiro) ou ainda usos e costumes comerciais internacionais (*lex mercatoria*[132]); b) autonomia da vontade implícita (silêncio das partes), pelo contexto ou pelo uso de termos vinculados a determinado ordenamento; c) determinação expressa *rígida* por parte da lei, que pode ser a lei do local da celebração ou, ainda, a lei do local da execução; d) determinação expressa *flexível*, que aponta o ordenamento mais próximo para reger o negócio jurídico (princípio da proximidade ou princípio da *closest and most real connection*[133]).

O art. 9º fixou a *lei do local da celebração* (*lex loci celebrationis* ou *lex loci contractus*) como a regra de conexão para reger as obrigações, na linha da determinação expressa *rígida* por parte da lei. Não se seguiu a

---

131 Ver, a seguir, o modo de escolha da lei que rege as obrigações celebradas entre partes que *não* se encontram no mesmo lugar.

132 CARVALHO RAMOS, André de. Direito internacional privado e o direito transnacional: entre a unificação e a anarquia. *Revista de Direito Internacional*, v. 13, 2016, p. 504-520; STRENGER, Irineu. La notion de *lex mercatoria* en droit du commerce international. 227 *Recueil des Cours de la Académie de Droit International de la Haye*, 1991, p. 309-335.

133 Ver anteriormente, no item 1.8, sobre os métodos, o estudo do princípio da proximidade.

visão de Savigny[134], que defendeu a *lei do local da execução* (*lex loci executionis*) da obrigação. Para Savigny, a lei do local da constituição não poderia ser considerada a sede da relação jurídica, pois poderia ser fruto do acaso, o que não ocorre com o lugar da execução, que seria fruto de características essenciais do contrato ou da obrigação. A visão de Savigny influenciou o art. 33 do Tratado de Direito Civil Internacional de Montevidéu de 1889, não ratificado pelo Brasil (a lei do local onde a obrigação deve ser cumprida rege sua existência e validade). O Código Bustamante, em seu art. 164, foi na mesma linha do art. 9º, tendo determinado que o "conceito e a classificação das obrigações subordinam-se à lei territorial", o que implica a lei do local de sua constituição.

Na introdução ao Código Civil de 1916, o art. 13 previa que "Regulará, *salvo estipulação em contrário*, quanto à substância e aos efeitos das obrigações, a lei do lugar, onde forem contraídas". A maior inovação do *caput* do art. 9º da LINDB foi ter eliminado a possibilidade de tal "estipulação em contrário"[135].

Graças a essa redação, a introdução ao Código Civil de 1916 permitia às partes escolherem a lei de regência das obrigações. Para Clóvis Beviláqua, a vontade é a geradora das obrigações e, por isso, deveria ser livre, nas relações transnacionais, a escolha da lei reger (i) a substância e (ii) os efeitos obrigacionais. Já a execução da obrigação deveria ser feita pela lei do lugar de sua realização[136].

A interpretação da autonomia da vontade nessa época foi, contudo, restritiva. Machado Villela, por exemplo, defendeu que a liberdade da escolha da lei para a regência das obrigações só seria possível caso fossem respeitadas as leis imperativas do foro[137]. Nessa linha, Espínola sustentou

---

134 SAVIGNY, Friedrich Carl von. *Sistema do direito romano atual.* Tradução de Ciro Mioranga (edição original de 1849). Ijuí: Unijuí, 2004, v. VIII, § 369.

135 Art. 13. Regulará, salvo estipulação em contrário, quanto à substância e aos efeitos das obrigações, a lei do lugar onde foram contraídas.

136 BEVILÁQUA, Clóvis. *Princípios elementares de direito internacional privado.* 3. ed. Rio de Janeiro: Freitas Bastos, 1938, p. 359.

137 MACHADO VILLELA, Álvaro da Costa. *O direito internacional privado no Código Civil Brasileiro.* Coimbra: Imprensa da Universidade, 1921, p. 370 e seguintes.

que a autonomia da vontade só poderia escolher uma lei estrangeira para reger temas afetos a leis *dispositivas* do foro[138], sendo imposta a lei do local da constituição da obrigação para os casos de normas imperativas. Mesmo Beviláqua aceitou, como limite à liberdade das partes, o respeito ao "direito nacional dos pactuantes" e à ordem pública da *lex fori*[139]. Na França, Pillet refuta ser possível o uso da autonomia da vontade para a escolha de lei em matéria regulada de modo imperativo no foro, chegando ao ponto de afirmar que isso consistiria em uma "extensão abusiva" da autonomia da vontade[140].

Em sentido oposto, Valladão defendeu enfaticamente a existência da autonomia da vontade para a escolha da lei de regência das obrigações em qualquer tema, *mesmo depois* da substituição da introdução do Código Civil de 1916 pela LICC/42. Para Valladão, a omissão do legislador de 1942 não desnaturou a essência das obrigações, que são vinculadas à autonomia da vontade. Nada impediria, por exemplo, as partes de "copiarem" o direito estrangeiro escolhido, ao invés de simplesmente determinarem, em consenso, qual seria a lei de regência daquele negócio jurídico.

Na defesa da autonomia da vontade, Valladão incluiu, em seu anteprojeto de Código de Aplicação das Normas Jurídicas, dispositivo pelo qual a substância e os efeitos das obrigações oriundas de declaração de vontade regem-se, salvo estipulação em contrário, segundo a lei do lugar em que forem contraídas (art. 51). A expressão "salvo estipulação em contrário" permitia a utilização da "autonomia da vontade", que só não teria validade se fosse considerada abuso de direito (art. 12) ou ofensiva à ordem pública.

A supressão da expressão "salvo estipulação em contrário" foi desejo expresso da ditadura de Vargas. O intervencionismo econômico – capi-

---

138 Nesse sentido, ver ESPÍNOLA, Eduardo. *Elementos de direito internacional privado.* Rio de Janeiro: Jacintho Ribeiro dos Santos, 1925, p. 659.

139 BEVILÁQUA, Clóvis. *Princípios elementares de direito internacional privado.* 3. ed. Rio de Janeiro: Freitas Bastos, 1938, p. 359.

140 PILLET, Antoine. *Principes de droit international privé.* Paris: Pedone/Allier Frères, 1903, em especial p. 442-443.

taneado pelo Estado – era tido como essencial para superar o estágio agroexportador da economia brasileira. Via-se com desconfiança os atores econômicos internacionais, cujo peso maior fatalmente faria que a escolha "livre" da lei de um contrato lhes fosse benéfica.

Assim, resta saber se a regra de conexão da LINDB para determinar a lei aplicável às obrigações pode ser derrogada pela vontade das partes. A liberdade outorgada às partes em suas relações intersubjetivas poderia gerar uma escolha de lei distinta da apontada pelo DIPr do foro? Em outras palavras, o art. 9º da LINDB é *supletivo* ou é *norma imperativa*, impossível de ser derrogada pela vontade das partes? Qual é o papel da autonomia da vontade nos contratos no momento atual do DIPr?

A autonomia da vontade no Direito Internacional Privado consiste no poder que as partes de um negócio jurídico têm de regular o conteúdo das relações nele inseridas. Na obra clássica de Luigi Ferri, a autonomia privada consiste no poder, atribuído pelo ordenamento, de criação de normas jurídicas pelos próprios particulares[141]. Assim, a autonomia da vontade é a *autorregulamentação dos interesses particulares*, mas só é legítima se realizada de acordo com os requisitos e condições exigidas pelo Direito. Assim, o poder privado não é absoluto, sendo limitado pelas normas jurídicas postas[142].

No caso dos fatos transnacionais, a autonomia da vontade deriva das normas do DIPr, sendo, então, um poder derivado (e assim, limitado) das normas nacionais ou internacionais da disciplina. Entre as Convenções internacionais de DIPr que contemplam a *autonomia da vontade como critério de escolha da lei*, convém citar: Convenção da Haia sobre a Lei Aplicável às Vendas de Caráter Internacional de Objetos Móveis Corpóreos (1955, art. 2º); Convenção Europeia Sobre Arbitragem Comercial Internacional (1961, art. VII); Convenção sobre Resolução de Disputas Envolvendo Investimentos entre Estados e Nacionais de Outros Estados

---

141 FERRI, Luigi. *L'autonomia privata*. Milano: Giuffrè, 1959, em especial p. 259.

142 BETTI, Emílio. *Teoria geral do negócio jurídico*. Tradução de Fernando de Miranda. Coimbra: Coimbra, 1969, t. 1-2.

(1966, art. 42); Convenção Interamericana sobre Arbitragem Comercial Internacional (1975, art. 3º); Convenção Europeia sobre a Lei Aplicável às Obrigações Contratuais (1980, art. 3º); Convenção da ONU Sobre Contratos de Compra e Venda Internacional de Mercadorias (1980, art. 6º); Convenção da Haia sobre a Lei Aplicável aos Contratos de Venda Internacional de Mercadorias (1986, art. 7º); Convenção Interamericana sobre Direito Aplicável aos Contratos Internacionais (1994, art. 7º).

No novo Direito Internacional Privado à luz dos direitos humanos[143], a autonomia da vontade é ancorada no direito à liberdade na sua faceta contratual[144].

A polêmica, então, sobre os limites da autonomia da vontade no campo das obrigações no DIPr envolve o debate sobre a liberdade e igualdade *formais* das partes em contraponto à intervenção do Estado para combater as assimetrias *reais* de poder entre os agentes privados, protegendo o direito à igualdade material.

A adoção ou não da *lex voluntatis* em determinado caso implica a tomada de posição – pelo legislador ou intérprete – sobre esses dois pontos em debate. Nos casos dos empréstimos sérvios e brasileiros, a Corte Permanente de Justiça Internacional discutiu, em grande medida, se os contratos com elementos de estraneidade (contratos internacionais) eram regidos pelo Direito Internacional Público. Nessa oportunidade, a CPJI firmou seu clássico *dictum:* "todo contrato que não é um contrato firmado entre Estados, enquanto sujeitos do direito internacional, tem seu fundamento em uma lei nacional"[145].

---

143 Conferir, neste livro, o capítulo sobre os aspectos gerais do DIPr. Ver também a construção do DIPr à luz dos direitos humanos em CARVALHO RAMOS, André de. *A construção do direito internacional privado*: heterogeneidade e coerência. Salvador: JusPodivm, 2021; CARVALHO RAMOS, André de. Universal, tolerante e inclusivo: uma nova racionalidade para o Direito Internacional Privado na era dos direitos humanos. *Cadernos do Programa de Pós-Graduação em Direito* – PPGDIR./UFRGS, v. XV, 2020, p. 107-137.

144 Sobre os direitos humanos em espécie, ver, por todos, CARVALHO RAMOS, André de. *Curso de direitos humanos.* 8. ed. São Paulo: Saraiva, 2021.

145 Corte Permanente de Justiça Internacional, Empréstimos franco-brasileiros, julgamento de 12 de julho de 1929, Série A, n. 21. Disponível em <http://www.icj-cij.org/

Até o momento (2021), a doutrina dominante no Brasil indica que o art. 9º da LINDB é norma imperativa, uma vez que a determinação da lei aplicável é matéria impossível de ser derrogada pela vontade dos particulares. Seria, então, norma de ordem pública interna, que não pode ser afastada pela vontade das partes[146].

De modo incisivo, posiciona-se Nadia de Araujo, sustentando que "(...) A tendência mundial do princípio da autonomia da vontade *não* encontrou eco na nossa legislação. É preciso modificar a LICC [hoje LINDB] para adotá-la"[147].

Dolinger, em alentado estudo sobre essa posição atual da doutrina brasileira, critica-a, adotando a visão de Valladão, para quem a reforma de 1942 da LICC (eliminando-se a expressão "salvo estipulação em contrário") não impediria, ainda assim, o respeito à autonomia da vontade na escolha da lei para reger um contrato. Para Dolinger, "o artigo 9º da LICC [hoje LINDB] não impõe qualquer óbice à escolha de outra lei que a *lex contractus*"[148]. Digno de nota é o repúdio de Dolinger à eventual utilização do conceito de ordem pública (ver comentário ao art. 17 da LINDB) como óbice à escolha da lei pelas partes, uma vez que cercear a autonomia da

---

pcij/serie_A/A_20/64_Emprunts_Bresiliens_Arret.pdf>, último acesso em 5 de maio de 2021. Ver também em LALIVE, Jean-Flavien. Contrats entre États ou entreprises étatiques et personnes privées: développements récents. *Recueil des Cours de l'Académie de Droit International de la Haye*, t. 181, 1983-III, p. 9-283, em especial p. 43.

146 Nessa linha, posicionam-se, entre outros: RODAS, João Grandino. Elementos de conexão do direito internacional privado relativamente às obrigações contratuais. RODAS, João Grandino (Coord.). *Contratos internacionais.* 3. ed. São Paulo: RT, 2002, p. 19-65, em especial p. 63; BAPTISTA, Luiz Olavo. *Dos contratos internacionais* – uma visão teórica e prática. São Paulo: Saraiva, 1994, p. 53; BASSO, Maristela. A autonomia da vontade nos contratos internacionais do comércio. In: BAPTISTA, Luiz Olavo; HUCK, Hermes Marcelo; CASELLA, Paulo Borba (Org.). *Direito e comércio internacional* – tendências e perspectivas – estudos em homenagem ao Prof. Irineu Strenger. São Paulo: LTr, 1994, p. 42-66, em especial p. 48.

147 Grifo meu, não constante do original. ARAUJO, Nadia de. *Direito internacional privado.* 5. ed. Rio de Janeiro: Renovar, 2011, p. 388.

148 DOLINGER, Jacob. *Direito internacional privado* (Parte especial). Rio de Janeiro: Renovar, 2007, v. II: Contratos e obrigações no direito internacional privado, p. 458.

vontade das partes com fundamento na ordem pública seria antecipar um problema, que só existirá – eventualmente – no momento da execução do contrato, onde a ordem pública de um país pode impedir que uma lei de outro país (escolhida livremente pelas partes) possa ser aplicada por ser incompatível com o sistema jurídico da jurisdição[149].

Na atualidade brasileira, há tendência de fortalecimento da defesa da autonomia da vontade para a regência dos contratos internacionais e demais obrigações. Do ponto de vista normativo e de *abertura a fontes internacionais*[150], o Brasil celebrou uma série de tratados de DIPr de 1994 a 2002, inclusive retornando a participar, como membro, da Conferência da Haia de Direito Internacional Privado. Nesse período, ocorreu a onda neoliberal de reorganização do Estado e sua relação com o capital estrangeiro, tendo sido aprovadas várias emendas constitucionais que viabilizaram, inclusive, concessões de serviços públicos estratégicos a entes privados de capital estrangeiro. Em 1994, a própria disciplina de Direito Internacional voltou a ser obrigatória no currículo mínimo das faculdades de direito brasileiras.

Nesse período, editou-se a Lei de Arbitragem em 1996 (Lei n. 9.307/96), justamente dentro dessa fase de intensa reorganização do papel do Estado no Brasil. Atualmente, a arbitragem é importante instrumento de solução de litígios envolvendo contratos internacionais e outras causas de grande valor econômico. Seu art. 1º dispõe que as pessoas capazes de contratar poderão valer-se da arbitragem para dirimir litígios relativos a *direitos patrimoniais disponíveis*. Poderão as partes escolher, livremente, as regras de direito que serão aplicadas na arbitragem, desde que não haja violação aos *bons costumes e à ordem pública*. Caso as par-

149 DOLINGER, Jacob. *Direito internacional privado* (Parte especial). Rio de Janeiro: Renovar, 2007, v. II: Contratos e obrigações no direito internacional privado, p. 466-467.

150 Sobre essa viragem internacionalista do DIPr, ver CARVALHO RAMOS, André de. Direito internacional privado e a ambição universalista. In: TIBURCIO, Carmem; VASCONCELOS, Raphael; MENEZES, Wagner (Org.). *Panorama do direito internacional privado atual e outros temas contemporâneos – Festschrift ao professor Jacob Dolinger*. Belo Horizonte: Arraes, 2015, p. 14-33.

tes queiram, pode-se escolher, como direito aplicável, princípios gerais de direito, os usos e costumes e as regras internacionais de comércio (art. 2º, §§ 1º e 2º da Lei n. 9.307/96). Com isso, a lei que será usada para reger e interpretar o contrato será determinada pelo acordo de vontades, ainda que o contrato seja celebrado no Brasil, contornando a *lex celebrationis* do art. 9º da LINDB. A aplicação da LINDB fica afastada pelo critério de especialidade, uma vez que a Lei da Arbitragem é lei especial (e posterior). Assim, indiretamente nos contratos que preveem a arbitragem, é possível a escolha da lei, com a ressalva do respeito à ordem pública (*vide* comentário ao art. 17 neste livro).

Por sua vez, na V Conferência Especializada da OEA sobre Direito Internacional Privado (CIDIP – V), ocorrida na Cidade do México, foi adotada a Convenção Interamericana sobre Direito aplicável aos Contratos Internacionais, ainda não ratificada pelo Brasil, mas que fornece pistas sobre o desenvolvimento futuro da matéria no DIPr de matriz internacional. Essa Convenção determina o direito aplicável aos contratos internacionais, estando estes constituídos quando: (i) as partes do mesmo tiverem sua residência habitual ou estabelecimento sediado em *diferentes* Estados Partes ou (ii) quando o contrato tiver *vinculação objetiva* com mais de um Estado Parte.

Essa convenção tem ambição geral, pois o direito designado por ela será aplicável mesmo que se trate do direito de um Estado não Parte. De acordo com o art. 7º, o contrato rege-se pelo direito escolhido pelas partes. O acordo das partes sobre esta escolha pode ser (i) expresso ou (ii) implícito, que é aquele que se depreende de forma evidente da conduta das partes e das cláusulas contratuais, consideradas em seu conjunto. A escolha da lei pode ser total (referir-se à totalidade do contrato) ou parcial (referente à parte do mesmo). Obviamente, a eleição de determinado foro pelas partes não implica necessariamente a escolha do direito aplicável.

Além disso, de acordo com a Convenção, as partes poderão, a qualquer momento, acordar que o contrato seja total ou parcialmente submetido a um direito distinto daquele pelo qual se regia anteriormente, tenha este sido ou não escolhido pelas partes. Não obstante, tal modificação não afetará a validade formal do contrato original nem os direitos de terceiros.

Por fim, a Convenção adota o *princípio da proximidade* na falta da escolha da lei (expressa ou implícita): não tendo as partes escolhido o direito aplicável, ou se a escolha deste resultar ineficaz, o contrato será regido pelo direito do Estado com o qual mantenha os *vínculos mais estreitos*. Estes serão determinados pelos elementos objetivos e subjetivos que se depreendam do contrato, para determinar o direito do Estado com o qual mantém os vínculos mais estreitos. Serão também levados em conta os *princípios gerais do direito comercial internacional*.

Em 2013, o Brasil ratificou a *Convenção das Nações Unidas sobre Contratos de Compra e Venda Internacional de Mercadorias*, que é conhecida como CISG, sigla inglesa da denominação *Convention on Contracts for the International Sale of Goods*, elaborada em 1980 no seio da Comissão das Nações Unidas para o Direito Mercantil Internacional (UNCITRAL, na sigla em inglês – *United Nations Commission on International Trade Law*), e em vigor desde 1988. A Convenção entrou em vigor internacional para o Brasil em 2014.

A hesitação brasileira em ratificar a CISG é fruto da desconfiança de que tal Convenção, redigida em um momento no qual o Brasil era pouco atuante no comércio internacional, beneficiaria somente a parte vendedora, ou seja, as empresas estrangeiras. No atual momento, no qual as empresas brasileiras tentam se constituir em *global players*, o Brasil se transformou no 79º país a ratificar a Convenção.

Além disso, a CISG já conta com a participação de 94 Estados[151], o que corresponde a aproximadamente 90% do comércio mundial, incluindo parceiros comerciais estratégicos do Brasil como EUA, China e os Estados membros do Mercosul. Segundo os dados oficiais, aproximadamente metade das exportações brasileiras são direcionadas à China, EUA, Argentina, Holanda, Alemanha, Japão, Venezuela, Bélgica e Itália, que são Estados Partes da CISG. Também, mais da metade das importações brasileiras são provenientes dos EUA, China, Argentina, Alemanha, Japão,

---

151 Lista de Estados Partes. Disponível em <https://uncitral.un.org/en/texts/salegoods/conventions/sale_of_goods/cisg/status>, último acesso em 3 de julho de 2021.

Itália, França e México, também partes da CISG. Por fim, 75% do comércio internacional brasileiro é feito com Estados signatários da CISG[152].

A CISG insere-se no conjunto de tratados que busca uniformizar a regulação jurídica sobre fatos transnacionais (no caso, os contratos de compra e venda de mercadoria), visando incrementar a segurança jurídica dos agentes econômicos envolvidos, bem como reduzir os chamados custos jurídicos envolvidos nas compras e vendas internacionais, pois seria eliminada a incerteza do conhecimento das normas estrangeiras.

Por sua vez, a CISG aplica-se a contratos *internacionais* de compra e venda de mercadorias (bens corpóreos móveis), que são contratos com partes contratantes estabelecidas em Estados distintos, ou ainda contratos nos quais a obrigação será cumprida em Estado diverso daquele no qual o contrato foi celebrado. Do ponto de vista material, a CISG destina-se, então, a reger contratos com elementos de estraneidade, ou seja, vínculos com mais de um ordenamento jurídico, em uma opção pelo *método direto* de DIPr, e não pelo método conflitual (indicação, via regra de conexão, da lei aplicável). Por sua vez, os contratos *nacionais*, sem elemento de estraneidade, continuam a ser regidos pelo Direito interno de cada Estado. Ainda no que tange ao alcance material da Convenção, seu art. 2º expressamente exclui as vendas (a) de mercadorias adquiridas para uso pessoal, familiar ou doméstico, excluindo, então, os *contratos de consumo*, salvo se o vendedor, antes ou no momento de conclusão do contrato, não souber, nem devesse saber, que as mercadorias são adquiridas para tal uso; (b) em hasta pública; (c) em execução judicial; (d) de valores mobiliários, títulos de crédito e moeda; (e) de navios, embarcações, aerobarcos e aeronaves; (f) de eletricidade.

Do ponto de vista espacial, a Convenção aplica-se aos contratos de compra e venda de mercadorias entre partes que tenham seus estabele-

---

152 Mensagem Presidencial n. 636/2010, solicitando a aprovação congressual da CISG. Dados constam da Nota Técnica n. 01, de 2009, da Secretaria Executiva da Câmara de Comércio Exterior – Secex/Camex, inserida na Mensagem. Disponível em <http://www.camara.gov.br/proposicoesWeb/prop_mostrarintegra?codteor=815192&filename=MSC+636/2010>, último acesso em 16 de maio de 2021.

cimentos em Estados distintos: (a) quando tais Estados forem Estados Contratantes; ou (b) quando as regras de direito internacional privado levarem à aplicação da lei de um Estado Contratante, como, por exemplo, contrato celebrado em um Estado e cuja execução for realizada em outro, exigindo a aplicação da lei estrangeira. Assim, mesmo antes da ratificação brasileira, era possível a aplicação da CISG em casos envolvendo o DIPr brasileiro, quando a aplicação da regra do art. 9º da LINDB indicasse a lei de um Estado Parte da CISG. A CISG não leva em consideração a nacionalidade das partes nem o caráter civil ou comercial das partes ou do contrato.

A autonomia da vontade foi expressamente prevista na CISG no art. 6º, pois as partes em um contrato podem excluir a aplicação da Convenção, derrogar qualquer de suas disposições ou modificar-lhes os efeitos. Quanto à interpretação, o art. 7º exige que se leve em conta o seu caráter internacional e a necessidade de promover a uniformidade de sua aplicação, bem como de assegurar o respeito à boa-fé no comércio internacional. As questões referentes às matérias reguladas pela CISG que não forem por ela expressamente resolvidas serão dirimidas segundo os *princípios gerais* que a inspiram ou, à falta destes, de acordo com a lei aplicável segundo as regras de *direito internacional privado.*

O objeto principal da Convenção é a uniformização da (i) formação do contrato de compra e venda e (ii) os direitos e obrigações do vendedor e comprador dele emergentes. A CISG exclui de sua regência: (i) a validade do contrato ou de qualquer das suas cláusulas, bem como a validade de qualquer uso ou costume; (b) os efeitos que o contrato possa ter sobre a propriedade das mercadorias vendidas.

A Convenção contém 101 artigos e quatro partes. Em linhas gerais, ela regula a formação de contrato (entre presentes, ou entre ausentes, por exemplo, por fax ou meio eletrônico), bem como distribui as obrigações entre as partes. Do lado do vendedor, cabe-lhe (i) transferir a propriedade da mercadoria e (ii) garantir a adequação de suas especificações; do lado do comprador, exige-lhe (i) pagar o preço e (ii) se dispor a receber os bens.

A Parte I dispõe sobre a aplicação e disposições gerais da Convenção; a Parte II rege a formação do contrato; a Parte III trata da compra e venda de mercadorias no que tange aos direitos e obrigações do vendedor e do comprador; a Parte IV cuida das "disposições finais", contendo as regras típicas de uma convenção internacional, abordando, entre outros, a figura do depositário, a não prevalência sobre outro acordo internacional específico, a abertura à assinatura e ratificação, bem como regras sobre as reservas permitidas e sobre a forma de denúncia.

Assim, em pese a existência de (ainda) ampla maioria doutrinária que exclui a possibilidade das partes livremente escolherem a lei aplicável aos contratos, à luz da interpretação restritiva do art. 9º da LINB, as (i) convenções internacionais e a (ii) Lei da Arbitragem impõem uma nova visão da temática, favorável à autonomia da vontade e da *lex contractus*, com a ressalva da invocação da ordem pública no momento da execução do contrato, caso haja – na lei escolhida livremente – instituto ofensivo ao ordenamento do foro.

> § 1º Destinando-se a obrigação a ser executada no Brasil e dependendo de forma essencial, será esta observada, admitidas as peculiaridades da lei estrangeira quanto aos requisitos extrínsecos do ato.

O § 1º do art. 9º trata da *forma* das obrigações. A forma essencial de um ato jurídico consiste no conjunto de solenidades exigidas por lei para que o ato seja considerado válido e eficaz. Inicialmente, a forma de *qualquer* ato é regida pela lei do local de sua constituição, submetendo-se à regra do *locus regit actum*.

O § 1º do art. 9º excepciona parcialmente essa regra do DIPr ao prescrever que a *forma essencial prevista na lei brasileira* (a *lex fori*) deve ser observada quando a obrigação constituída alhures tiver que ser executada internamente. Essa escolha da lei do local da execução (*lex loci executionis*) foi utilizada, pela primeira vez, em um tratado americano (Tratado de Direito Civil de Montevidéu de 1889), que estabelecia, em seu art. 32, que a lei do lugar onde os contratos devem ser cumpridos regula a necessidade da forma escrita e o tipo de documento correspondente.

A LINDB ameniza essa opção – regra unilateral de DIPr – pela lei brasileira ao admitir que as peculiaridades da lei estrangeira devem ser obedecidas quanto aos requisitos extrínsecos do ato. Criou-se, aqui, mais uma hipótese de *dépeçage*, que consiste na possibilidade de aplicação, em momentos distintos, de mais de uma lei sobre determinado fato transnacional. No caso, aplica-se a *lei estrangeira* quanto à constituição e a elementos extrínsecos do ato realizado no exterior, e a *lei brasileira* no tocante à formalidade, quando o ato tiver que ser executado no Brasil.

Anteriormente, na antiga introdução ao Código Civil de 1916, a opção pelo *locus regit actum* era *explícita*; impunha o antigo art. 11 que "A forma extrínseca dos atos, públicos ou particulares, reger-se-á segundo a lei do lugar em que se praticarem".

Na nova redação, o ato deve obedecer simultaneamente a duas leis: a lei estrangeira do local da constituição, com especial menção aos requisitos extrínsecos do ato e ainda a lei brasileira, no tocante à *forma essencial*. A forma essencial, para Oscar Tenório, consiste na forma necessária à validade do contrato, sendo, então, elemento *intrínseco* sem o qual a obrigação é nula[153]. Já os requisitos *extrínsecos* do ato (que devem atender às peculiaridades da lei estrangeira) são aqueles situados fora do negócio jurídico, sendo considerados seus pressupostos, referentes aos agentes (capazes e legitimados para o ato), lugar (adequado) e tempo (útil à realização do negócio).

Em geral, no âmbito cível, a validade da declaração de vontade não dependerá de forma especial, senão quando a lei expressamente a exigir (art. 107 do Código Civil). Assim, o exemplo tradicional de invocação do § 1º do art. 9º é a obrigação que exige a outorga de escritura pública para sua eficácia. Dispõe o art. 108 do Código Civil brasileiro que "[n]ão dispondo a lei em contrário, a escritura pública é essencial à validade dos negócios jurídicos que visem à constituição, transferência, modificação ou renúncia de direitos reais sobre imóveis de *valor superior a trinta vezes* o maior salário mínimo vigente no País". Por seu turno, o descumprimen-

---

153 TENÓRIO, Oscar. *Lei de Introdução ao Código Civil brasileiro*. 2. ed. Borsoi: Rio de Janeiro, 1955, p. 337.

to da forma essencial impõe a nulidade do negócio, à luz do art. 166, IV, do Código Civil[154].

Dúvida importante diz respeito à validade da formalidade estrangeira *equivalente* (e não idêntica) a da lei brasileira. Defendeu Hahnemann Guimarães (ex-Ministro do STF) que deve ser aceito, no Brasil, como equivalente à escritura pública, um ato lavrado nos Estados Unidos por notário – embora não seja oficial público –, mas que, pela regra local, tem poder de autenticar documentos[155].

> § 2º A obrigação resultante do contrato reputa-se constituída no lugar em que residir o proponente.

O § 2º do art. 9º visa esclarecer o *lugar de constituição das obrigações*, crucial para a determinação da lei aplicável, que é, em geral, a lei do local da constituição da obrigação (art. 9º, *caput*).

Em se tratando de obrigações contratuais celebradas entre as partes presentes, o lugar de constituição é o lugar do consentimento, de simples aferição, o que também ocorre no caso das obrigações extracontratuais, tais como as que são fruto de ato ilícito, sendo aplicável a lei do lugar da realização do evento danoso.

A dúvida maior existe nos contratos celebrados entre ausentes, que, então, é considerado constituído no *lugar da residência* do proponente. A regra geral do presente parágrafo é similar à do art. 435 do Código Civil, que determina que reputar-se-á celebrado o contrato no *lugar em que foi proposto*. No caso do presente parágrafo, optou-se já pela presunção de se considerar o lugar da residência do proponente como sendo o da proposição ou oferta.

Essa opção da LINDB é pobre e desconsidera outras possibilidades de escolha da lei mais adequada a determinado contrato, como, por exemplo,

---

154 Art. 166. É nulo o negócio jurídico quando: (...) IV – não revestir a forma prescrita em lei;

155 Citado por Tenório, sem fonte. Ver TENÓRIO, Oscar. *Lei de Introdução ao Código Civil brasileiro*. 2. ed. Rio de Janeiro: Borsoi, 1955, p. 338.

a escolha da lei que fica mais próxima à relação jurídica formada ou às partes, também conhecido como princípio da proximidade ou da relação mais estreita.

Ensina Dolinger que a Convenção da Haia de 1955 sobre a Lei Aplicável às Vendas de Caráter Internacional de Objetos Móveis Corpóreos trouxe, de modo velado, a busca pela lei mais próxima da relação jurídica. De modo expresso, a Convenção da Haia de 1978 sobre a Lei Aplicável aos Contratos de Intermediários e à Representação estabeleceu, em seu art. 6º, que "(...) no caso de o representado ou o intermediário ter vários estabelecimentos profissionais, o presente artigo refere-se ao estabelecimento com o qual a relação de representação esteja *mais estreitamente relacionada*".

No seio da União Europeia, o Regulamento n. 593/2008 do Parlamento Europeu e do Conselho de 17 de Junho de 2008 sobre a lei aplicável às obrigações contratuais (denominado "Roma I"[156]) dispõe que, se resultar claramente do conjunto das circunstâncias do caso que, na falta de escolha da lei pelas partes, o contrato apresenta uma *conexão manifestamente mais estreita com um país, é aplicável* a lei desse outro país (art. 5º.3). No mesmo sentido, o Regulamento n. 864/2007 do Parlamento Europeu e do Conselho de 11 de Julho de 2007, que, no tocante à lei aplicável às obrigações extracontratuais ("Roma II"), se resultar claramente do conjunto das circunstâncias que a responsabilidade fundada em ato lícito, ilícito ou no risco tem uma *conexão manifestamente mais estreita* com um país diferente da regra geral (lei do Estado onde ocorre o dano – *lex loci delicti commissi* ou ainda lei do Estado da residência habitual dos envolvidos), é aplicável a lei desse outro país.

---

156 Utiliza-se a alcunha "Roma" para designar regulamentos europeus que fixam a lei aplicável em caso de conflito espacial de leis no seio da União Europeia, a saber: Regulamentos Roma I (obrigações contratuais, 2008), Roma II (obrigações extracontratuais, 2007) e Roma III (lei aplicável em matéria de divórcio e separação judicial, 2010). Foi feita homenagem à *Convenção de Roma* de 1980 referente à lei aplicável às obrigações contratuais no bojo das Comunidades Europeias. Por todos, ver JAEGER JUNIOR, Augusto. *Europeização do direito internacional privado*. Curitiba: Juruá Editora, 2012.

Essas diversas opções mostram a rigidez da LINDB, que privilegiou a lei do local da residência do proponente, mas que, ao menos, possui o mérito de afastar as controvérsias sobre o contrato celebrado por ausentes[157].

Art. 10. A sucessão por morte ou por ausência obedece à lei do país em que domiciliado o defunto ou o desaparecido, qualquer que seja a natureza e a situação dos bens.

O direito das sucessões consiste no conjunto de normas que rege a eventual transferência de posições jurídicas, ocasionada pela morte da pessoa física titular a seus sucessores. Transfere-se o patrimônio do morto (também chamado de *de cujus*[158]) ou ausente à outra pessoa, denominada herdeiro, por previsão legal ou ato de última vontade.

Para o Direito Internacional Privado, há diversos fatos transnacionais que se vinculam ao direito das sucessões, como, por exemplo, a existência de bens sucessíveis em diversos Estados, ou ainda de diferentes nacionalidades ou domicílios dos envolvidos na sucessão (*de cujus* e herdeiros), bem como de testamentos celebrados em um país diferente daquele no qual se deu a abertura da sucessão. Todos esses fatos geram, na visão do Direito Internacional Privado, dúvidas sobre a fixação da jurisdição (em qual Estado deve ser aberto o juízo sucessório e qual seu alcance do seu poder de partilha: todos os bens ou somente os bens localizados no território daquele Estado?) ou escolha da lei (qual a lei que rege a validade do testamento? os direitos dos herdeiros etc.?).

Na perspectiva dos direitos humanos no DIPr, a Constituição reconhece o *direito individual à herança*, que consiste na transmissão de bens de pessoa natural falecida ou declarada judicialmente ausente (ver a seguir) para os chamados herdeiros, escolhidos pela lei (herdeiro necessário) ou pelo titular dos bens por meio de ato de última vontade (herdeiro testamentário). A abertura da sucessão se dá pela morte da pessoa natural ou pela sua ausência[159].

---

157 Na feliz expressão de Tenório. TENÓRIO, Oscar. *Lei de Introdução ao Código Civil brasileiro.* 2. ed. Rio de Janeiro: Borsoi, 1955, p. 341.

158 Uso do brocardo latino *de cujus sucessione agitur*, que pode ser traduzido como sendo "aquele de cuja sucessão se trata".

159 Nessa última hipótese, no Brasil, reconhece-se o estado de ausência a quem desaparece do seu domicílio sem dele haver notícia, sem representante ou procurador

No que tange à sucessão que possa envolver dois ou mais ordenamentos jurídicos, há duas opções que merecem destaque: (i) a opção pessoal ou subjetiva, que valoriza o *estatuto pessoal* como critério para determinação da lei regulatória da sucessão; (ii) a opção material ou objetiva, que valoriza a *situação do patrimônio e os tipos de bens* a serem transferidos (imóvel ou móvel) como critério para determinação da lei regulatória da sucessão[160].

Na primeira opção, a lei da nacionalidade ou do domicílio do *de cujus* (defunto) em geral regula a ordem de sucessão, bem como os limites do direito de testar e livre dispor dos bens em seu ato de última vontade.

No segundo prisma (material ou objetivo), a lei do lugar da situação do bem imóvel regula a sucessão, com exceção das coisas móveis, também regidas pela lei do domicílio do *de cujus*. De acordo com o brocardo dos primeiros estudiosos de DIPr, como Baldo, "*mobilia persona sequuntur; immobilia vero territorium*"[161].

No Direito Internacional Privado, as consequências da adoção da opção subjetiva ou objetiva na temática sucessória dizem respeito à *unidade* ou a *pluralidade* da sucessão.

A opção pelo estatuto pessoal (opção subjetiva) impõe uma única lei que regerá o fenômeno sucessório, dando-lhe unidade. Assim, quer se

---

a quem caiba administrar-lhe os bens, cabendo ao juiz, a requerimento de qualquer interessado ou do Ministério Público, declarar sua ausência, e nomear curador. Decorrido um ano da arrecadação dos bens do ausente, ou, se ele deixou representante ou procurador, em se passando três anos, poderão os interessados requerer que se declare a ausência e se abra provisoriamente a sucessão. Dez anos depois de passada em julgado a sentença que concede a abertura da sucessão provisória, poderão os interessados requerer a sucessão definitiva e o levantamento das cauções prestadas. Se, nos dez anos a que se refere este artigo, o ausente não regressar, e nenhum interessado promover a sucessão definitiva, os bens arrecadados passarão ao domínio (i) do Município ou do Distrito Federal, se localizados nas respectivas circunscrições, (ii) incorporando-se ao domínio da União, quando situados em território federal.

160 SERPA LOPES, Miguel Maria de. *Comentários à Lei de Introdução ao Código Civil*. 2. ed. Rio de Janeiro: Freitas Bastos, 1959, v. II, p. 259.

161 VALLADÃO, Haroldo. *Direito internacional privado*. 2. ed. Rio de Janeiro: Freitas Bastos, 1977, v. II, p. 209.

utilize a lei da nacionalidade ou a lei do domicílio do *de cujus*, a sucessão será tratada de modo único pela lei escolhida, não importando se os bens estejam espalhados em diversos Estados.

Por sua vez, a opção objetiva impõe o uso de leis distintas para reger a sucessão, caso o patrimônio do *de cujus* esteja espalhado em diversos territórios. Fragmenta-se a sucessão, restando mais dificultosa a tarefa de se obter a igualdade entre os herdeiros.

Na fase iniciadora do DIPr, dita fase estatutária, ficou célebre a "Questão Inglesa", estudada por Bártolo de Sassoferrato, envolvendo a sucessão de inglês com bens na Inglaterra e Itália. Na Inglaterra, a lei estipulava que a herança era toda do primogênito; na Itália, havia a regra de partilha entre os filhos. A solução, após o estudo dos vocábulos do estatuto (para aferir se se tratava de um "estatuto pessoal" ou "estatuto real"), foi a desconsideração da unidade da sucessão, tendo o primogênito herdado os bens na Inglaterra, mas partilhado os bens na Itália com seus irmãos. Bártolo considerou a exclusão dos demais irmãos um estatuto odioso e por isso *não* poderia ter alcance extraterritorial, mesmo se fosse considerado um estatuto pessoal[162].

Na fase da estabilização conflitual do DIPr, com Savigny, Story e Mancini, houve a defesa da unicidade da sucessão por Savigny e Mancini, que teria a vantagem de respeitar a essência da sucessão, que é a transferência (por última vontade ou disposição legal) de todo patrimônio ao sucessor.

Houve clara fidelidade de Savigny ao direito romano, devendo haver *universalidade sucessória* (*universum jus defuncti)* uma vez que o patrimônio deixado pelo *de cujus*, tal qual estipulavam os romanos, constitui-

---

162 Utilizamos a tradução para o inglês de Beale. BEALE, Joseph Henry (Tradutor). *Bartolus on the conflict of law*. Cambridge: Harvard University Press, 1914. A questão inglesa encontra-se nas p. 44-47. Também foi consultada, devido às críticas à tradução de Beale, a tradução de Clarence Smith. CLARENCE SMITH, J. A. Bartolo on the conflict of laws. *The American Journal of Legal History*, v. 14, n. 3, Jul., 1970, p. 174-183 e também p. 247-275. Para Amílcar de Castro, o estudo feito por Bártolo das palavras do estatuto como forma de decisão seria impreciso e confuso. CASTRO, Amílcar de. *Direito internacional privado*. 5. ed., rev. e atualizada por Osíris Rocha. Rio de Janeiro: Forense, 2000, p. 145.

-se em um todo único. Para Savigny, o melhor sistema de DIPr na esfera sucessória era a escolha da lei do domicílio do *de cujus*, para reger toda a sucessão, não importando a localização ou distinção de bens[163]. Claro que é possível ainda o uso da *lei da nacionalidade do de cujus* ou até mesmo a *lei do local do falecimento*, no sistema da unidade ou universalidade da sucessão. Valladão atribui ao Código Civil italiano de 1865 o posto de primeiro a consagrar o princípio da unidade e da universalidade da sucessão sob uma única lei, no caso a lei da nacionalidade do defunto[164], sob a influência do princípio da nacionalidade de Mancini.

Contudo, o sistema prevalecente nas legislações locais de DIPr foi o da pluralidade sucessória, ao melhor sabor do período estatutário, como se vê nas regras francesas, espanholas e de vários países da América Latina[165].

Já a LINDB preferiu a opção subjetiva, estabelecendo que a lei do domicílio do *de cujus* em vigor na data do óbito (abertura da herança[166]) deve reger a sucessão e, em especial, a ordem de vocação hereditária ou sucessória, o direito dos herdeiros e as demais disposições sucessórias. Isso implicou na *adoção da unidade sucessória* no Brasil, pois uma única lei deve reger a sucessão (a lei do domicílio do *de cujus*), não importando a natureza ou localização dos bens.

Essa opção subjetiva do Brasil foi também adotada na antiga introdução ao Código Civil de 1916, uma vez que o seu art. 14 estabelecia, de modo mais esmiuçado, que "a sucessão legítima ou testamenteira, a ordem da

---

163 Para Savigny, o uso do local da situação dos bens para a escolha da lei sucessória é "expediente de todo arbitrário", pois o patrimônio a ser herdado é uma universalidade, composto de bens, créditos e dívidas. Ver SAVIGNY, Friedrich Carl von. *Sistema do direito romano atual*. Tradução de Ciro Mioranga (edição original de 1849). Ijuí: Unijuí, 2004, v. III, § 375, p. 240-241.

164 VALLADÃO, Haroldo. *Direito internacional privado*. 2. ed. Rio de Janeiro: Freitas Bastos, 1977, v. II, p. 211.

165 Pesquisa feita por Valladão. VALLADÃO, Haroldo. *Direito internacional privado*. 2. ed. Rio de Janeiro: Freitas Bastos, 1977, v. I, p. 209.

166 Posição consolidada no STF: "Rege-se a capacidade de suceder pela lei da época da abertura da sucessão" (RE 162.350, Rel. Min. Octavio Gallotti, julgamento em 22-8-1995, Primeira Turma, *DJ* 22-9-1995).

vocação hereditária, os direitos dos herdeiros e a validade intrínseca das disposições do testamento, qualquer que seja a natureza dos bens e o país onde se achem, guardado o disposto neste Código acerca das heranças vagas abertas no Brasil, obedecerão à *lei nacional do falecido*", o que o art. 10, *caput,* o fez de modo mais sintético.

Não houve alteração substancial entre o art. 14 da LICC/1916 e a redação mais enxuta do art. 10, *caput* da LICC/1942, hoje LINDB: de todo o modo, o termo "sucessão" do art. 10 abrange todos os institutos da sucessão testamentária e não testamentária[167]. Claro que, inicialmente, o critério para impor a unidade sucessória da antiga LICC/1916 foi o da lei da nacionalidade do *de cujus* (art. 14), uma vez que era a regra de conexão (*lex patriae)* adotada para a regência do estatuto pessoal.

Assim, o art. 10 abrange todos os bens (móveis ou imóveis; corpóreos ou imateriais), bem como qualquer tipo de sucessão (testamentária ou legítima; por morte ou ausência), importando tão somente a determinação do domicílio do *de cujus* ou ausente: se domiciliado no Brasil, será utilizada a lei brasileira; caso seja seu domicílio no exterior, a lei estrangeira.

Não se pode confundir, entretanto, a *unidade sucessória referente à lei de regência* com a *pluralidade processual* que pode existir em face da existência de bens, submetidos à sucessão, situados em diversos países. Ocorre que o antigo CPC brasileiro (1973), em seu art. 89, II, dispunha que "compete à autoridade judiciária brasileira, com exclusão de qualquer outra: (...) II – proceder a inventário e partilha de bens, *situados no Brasil,* ainda que o autor da herança seja estrangeiro e tenha residido fora do território nacional". O atual CPC (Lei n. 13.105, de 16 de março de 2015) também possui regra similar[168]. Assim, há o monopólio *processual* da Justiça nacional para

---

167 TENÓRIO, Oscar. *Lei de Introdução ao Código Civil brasileiro.* 2. ed. Rio de Janeiro: Borsoi, 1955, p. 346. Na mesma linha, Serpa Lopes defendeu que "impossível admitir outra exegese que não esta: o termo *sucessão* deve ser entendido na sua acepção mais *lata,* abrangendo a sucessão legítima e a testamentária". SERPA LOPES, Miguel Maria de. *Comentários à Lei de Introdução ao Código Civil.* 2. ed. Rio de Janeiro: Freitas Bastos, 1959, v. II, p. 334.

168 Novo CPC, Art. 23. Compete à autoridade judiciária brasileira, com exclusão de qualquer outra: I – conhecer de ações relativas a imóveis situados no Brasil; II – em

julgar inventário de bens situados no Brasil, mesmo que tenha que aplicar a lei estrangeira, a do domicílio do *de cujus*, para reger a sucessão[169].

A opção brasileira, obviamente, implica ônus do interessado de ter que instaurar ação de inventário no Brasil, mesmo que a maior parte dos bens a inventariar esteja no exterior. Ainda, resta a *dúvida* se o juízo da ação de inventário no Brasil deve ser obrigado a levar em consideração, para a fixação da igualdade entre os herdeiros, dos *bens existentes no exterior*, ou se teria jurisdição para decidir também sobre os bens situados no exterior.

Em alguns precedentes do STF e do STJ, foi reconhecido que essa regra de fixação de jurisdição internacional cível absoluta brasileira, *a contrario sensu*, *não* permite que o juízo brasileiro venha a proceder inventário sobre bens do *de cujus* no exterior. Nessa linha, o STF avançou e interpretou o art. 89, II (agora, pelo atual CPC, art. 26, II) – que trata de fixação da jurisdição brasileira, e não de escolha de lei –, para determinar a lei aplicável à sucessão, dispondo que *não* podem ser computados na cota hereditária a ser partilhada os *bens existentes no exterior*.

No *leading case* na matéria, o STF reverteu acórdão do Tribunal de Justiça do Rio Grande do Sul que, a despeito da pluralidade processual (um inventário no Brasil e outro no Uruguai), defendeu a unidade (ou universalidade) sucessória, exigindo que fossem computados, no quinhão do inventário brasileiro, os bens no Uruguai, mantendo-se a igualdade entre os herdeiros.

---

matéria de sucessão hereditária, proceder à confirmação de testamento particular e ao inventário e à partilha de bens situados no Brasil, ainda que o autor da herança seja de nacionalidade estrangeira ou tenha domicílio fora do território nacional; III – em divórcio, separação judicial ou dissolução de união estável, proceder à partilha de bens situados no Brasil, ainda que o titular seja de nacionalidade estrangeira ou tenha domicílio fora do território nacional.

169 Veremos, no comentário ao art. 15, que o STF e o STJ (após a EC 45/2004) aceitam a homologação de sentença estrangeira que partilhou bens situados no Brasil, *desde que* o juízo estrangeiro tenha dada a mesma solução que seria adotada pelo juízo brasileiro. Nesse sentido, no STF, ver SEC n. 4.512/SI – Suíça, Tribunal Pleno, Rel. Min. Paulo Brossard, *DJ* de 2-12-1994. No STJ, ver SEC n. 878/PT, Rel. Min. Menezes Direito, julgamento em 18-5-2005, *DJ* 27-6-2005, p. 203.

Para o STF, ao assim proceder, o TJ/RS violou o art. 89, II do CPC de 1973 (pois, indiretamente, o juízo brasileiro decidiu sobre bens situados fora do país, no Uruguai), e ainda estabeleceu uma universalidade sucessória difícil de ser implementada, caso não houvesse aceitação da autoridade uruguaia. Assim, para o STF, a universalidade da herança é um "dogma" que ficou superado pela pluralidade de juízos sucessórios. O CPC, ao permitir a *pluralidade processual*, fragmentou a sucessão, gerando a adoção de um sistema misto, no qual a unidade sucessória só abarca os bens localizados no Brasil, não podendo abarcar aqueles bens situados fora do território nacional. Possibilita-se, obviamente, a *violação da igualdade entre os herdeiros*, no caso do natural (e previsível) desequilíbrio de valores dos bens situados nos diversos países envolvidos[170].

Valladão reconheceu que "o princípio de um critério único e universal para a sucessão, 'qualquer que seja a natureza e a situação dos bens' [redação do art. 10 da LINDB], é *faca que não corta*, também no Brasil"[171]. Por isso, em seu Anteprojeto da Lei Geral de Aplicação das Normas Jurídicas (para substituir a LICC), adotou a lei do lugar da situação do bem imóvel à data do óbito (art. 63). A única possibilidade de *implementação plena* do *critério unitário ou universalista* seria se todos os Estados o adotassem por intermédio de *tratados* sobre o tema.

Há precedentes do Superior Tribunal de Justiça (STJ) adotando, também, a *pluralidade sucessória*, de modo que os bens situados no exterior não serão trazidos à colação no inventário em processamento no Brasil; ou seja, não será possível realizar a compensação na partilha, sendo impossível o tratamento único e igualitário que o teor do art. 10 da LIND almejava. Para o STJ, então, "se o ordenamento pátrio impede ao juízo

---

170 Ementa do Recurso Extraordinário 99.230/RS, Rel. Min. Rafael Mayer, *DJ* 29-6-1984, p. 10751. "Partilha de bens. Bens situados no estrangeiro. Pluralidade dos juízos sucessórios. Art. 89, II do CPC. Partilhados os bens deixados em herança no estrangeiro, segundo a lei sucessória da situação, descabe à Justiça Brasileira computá-los na quota hereditária a ser partilhada, no País, em detrimento do princípio da pluralidade dos juízos sucessórios, consagrada pelo art. 89, II do CPC."

171 VALLADÃO, Haroldo. *Direito internacional privado*. 2. ed. Rio de Janeiro: Freitas Bastos, 1977, v. II, p. 217 (grifo meu).

sucessório estrangeiro de cuidar de bens aqui situados, móveis ou imóveis, em sucessão *mortis causa*, em contrário senso, em tal hipótese, o juízo sucessório brasileiro *não* pode cuidar de bens sitos no exterior, ainda que passível a decisão brasileira de plena efetividade lá". Em conclusão, o STJ vetou o envio de carta rogatória à Suíça, para que se localizassem depósitos em contas correntes do *de cujus* naquele país, a serem trazidas à colação no inventário nacional[172]. No mesmo sentido, decidiu o STJ que "o juízo do inventário e partilha não deve, no Brasil, cogitar de imóveis sitos no estrangeiro. Aplicação do art. 89, inc. II, do CPC"[173].

Em 2015, tem-se mais um precedente do STJ fulminando a unidade sucessória da LINDB, em caso no qual os herdeiros prejudicados ingressaram com *ação de sonegados*, requerendo que imóvel na Alemanha fosse avaliado e descontada da cota-parte de outro herdeiro que havia obtido todo o bem. Para o Relator do caso, Min. Bellizze, "A lei brasileira, de domicílio da autora da herança, não tem aplicação em relação à sucessão do bem situado na Alemanha antes de sua consecução, e, muito menos, depois que o imóvel passou a compor a esfera jurídica da única herdeira. Assim, a pretensão de posterior compensação revela-se de todo descabida, porquanto significaria, em última análise, a aplicação indevida e indireta da própria lei brasileira"[174]. Ou seja, para tais precedentes do STJ, a fixação da jurisdição tem impacto sobre a escolha da lei, redundando na

---

172 Superior Tribunal de Justiça, Recurso Especial 397.769/SP, Rel. Min. Nancy Andrighi, julgamento de 25-11-2002, *DJ* 19-12-2002 p. 362. A ementa é elucidativa, a favor da pluralidade sucessória: "Processual Civil. Inventário. Requerimento para expedição de carta rogatória com o objetivo de obter informações a respeito de eventuais depósitos bancários na Suíça. Inviabilidade. Adotado no ordenamento jurídico pátrio o princípio da pluralidade de juízos sucessórios, inviável se cuidar, em inventário aqui realizado, de eventuais depósitos bancários existentes no estrangeiro".

173 Superior Tribunal de Justiça, Recurso Especial 37.356, Rel. Min. Barros Monteiro, pub. no *DJ* de 10-11-1997.

174 REsp 1.362.400/SP, julgamento em 28-4-2015. Rel. Min. Marco Aurélio Bellizze. Declaração de voto do Ministro constante do site do STJ. Disponível em <http://www.stj.jus.br/sites/STJ/default/pt_BR/noticias/noticias/Lei-brasileira-n%C3%A3o-se-aplica-%C3%A0-heran%C3%A7a-de-im%C3%B3vel-situado-na-Alemanha>, último acesso em 25 de abril de 2021.

restrição da aplicação da lei do domicílio do *de cujus* somente aos bens existentes no território daquele Estado.

Com isso, a opção da LINDB pela unidade (ou universalidade) sucessória ficou *restringida e descaracterizada*: pela posição dominante na jurisprudência brasileira, a lei do domicílio do *de cujus* só regeria a sucessão dos bens situados no território do Estado prolator da lei. Os demais bens localizados no estrangeiro seguirão a lei do Estado de sua situação (*lex rei sitae*), *fragmentando*, obviamente, a sucessão.

Contudo, há precedente do Superior Tribunal de Justiça que apontou para a manutenção da unidade sucessória, em caso envolvendo sucessão de pessoa falecida com bens no Brasil *e* no Líbano. No caso, o STJ permitiu o *sobrestamento* do inventário no Brasil até que se terminasse o inventário aberto no Líbano, para permitir, depois, que o juízo brasileiro pudesse fazer a *equalização da herança* (levando em conta a partilha dos bens do Líbano), com a consequente manutenção da igualdade entre os herdeiros, respeitando-se a lei do domicílio do *de cujus* (no caso, a lei brasileira). Nesse acórdão, o STJ abordou a essência da temática: a interpretação do art. 89, II, do CPC de 1973 não poderia levar à supressão da regra do Direito Internacional Privado constante do art. 10 da LINDB, que ordena a aplicação da lei do domicílio do *de cujus* para reger a sucessão hereditária[175]. A votação foi por maioria. Obviamente, o voto vencido do Min. Barros Monteiro assinalou que aquele resultado em prol da unidade sucessória *divergia* dos precedentes do próprio STJ e também do STF[176].

---

175 *In verbis*: "A compensação a que se refere o julgado, de outra parte, sem tocar nos bens localizados no estrangeiro, a par de não violar a regra processual já mencionada, encontra respaldo na legislação nacional que rege o regime da comunhão universal de bens e a sucessão hereditária, aplicáveis ao caso concreto por força do que estabelece a Lei de Introdução ao Código Civil". Recurso Especial 275.985/SP, Rel. Min. Sálvio de Figueiredo Teixeira, julgado em 17-6-2003, *DJ* 13-10-2003, p. 366.

176 Consta da ementa do acórdão: "VIII – Impõe-se a conclusão de que a partilha seja realizada sobre os bens do casal existentes no Brasil, sem desprezar, no entanto, o valor dos bens localizados no Líbano, de maneira a operar a equalização das cotas patrimoniais, em obediência à legislação que rege a espécie, *que não exclui da comunhão os bens localizados no Líbano e herdados pela recorrente, segundo as regras brasileiras de sucessão hereditária*" (grifo meu). Recurso Especial 275.985/SP, Rel. Min. Sálvio de Figueiredo Teixeira, julgado em 17-6-2003, *DJ* 13-10-2003, p. 366.

Em 2014, na temática da partilha de bens na dissolução do casamento, o STJ reafirmou a separação entre a fixação da jurisdição brasileira (art. 89, II, do CPC e atual art. 26 do CPC/2015) e as normas da LINDB, determinando que o valor dos bens existentes no exterior deveriam ser compensados na partilha a ser efetuada pelo juiz brasileiro, obedecendo, assim, a lei indicada pelo Direito Internacional Privado[177].

Esses últimos precedentes citados demonstram que é possível conciliar a regra de fixação da jurisdição cível brasileira do CPC com a escolha do direito material determinada pela LINDB. No caso de bens situados no exterior, o uso da *técnica da compensação* faz que o DIPr brasileiro não seja esvaziado: se a lei do domicílio do *de cujus* determinar, por exemplo, a igualdade entre os herdeiros, os bens situados no exterior podem ser valorados e esse valor incluído no rateio do patrimônio perante o juízo do inventário do Brasil, em desfavor do herdeiro que detém tais bens no exterior.

Com isso, supera-se o argumento da *inexequibilidade* da decisão da Justiça brasileira sobre bens situados no exterior (a "faca que não corta", no estilo irônico de Valladão), uma vez que não é necessário que os bens fora do Brasil sejam alcançados pela Justiça brasileira, mas tão somente que sejam considerados seus valores, prestigiando-se o DIPr criado pela lei ou pelos tratados ratificados pelo Brasil.

Resta analisar o alcance da lei do domicílio do *de cujus* para reger a sucessão. Grosso modo, essa lei regula a sucessão legítima ou testamentária em todos seus aspectos, a saber:

(i) a definição da condição de herdeiro e a ordem da vocação hereditária, incluindo a substituição de pessoa sucessível;

(ii) os direitos dos herdeiros e legatários;

(iii) a validade intrínseca das disposições do testamento (a substância das disposições testamentárias e os seus efeitos) e os limites à liberdade de testar;

177 Superior Tribunal de Justiça, Recurso Especial 1.410.958/RS, Rel. Min. Paulo de Tarso Sanseverino, julgamento em 22-4-2014, *DJe* 27-5-2014.

(iv) a identificação e limite da cota de cada herdeiro necessário;
(v) as hipóteses de deserdação e indignidade;
(vi) as hipóteses de colação dos bens; e
(vii) o modo de partilha dos bens e dívidas.

O direito ou liberdade de testar é instituto relativo ao *estatuto pessoal*, pois refere-se justamente aos direitos da personalidade. Logo, obedece, no caso brasileiro, à lei do domicílio do testador, no momento da elaboração do testamento, conforme o disposto no art. 7º da LINDB. Eventual mudança de domicílio não leva a utilização da lei nova (lei do novo domicílio) para avaliar a validade ou invalidade do testamento anterior. Conforme defende Strenger, "a lei domiciliar *contemporânea* ao *ato* é, ao que parece, a que deve ser consagrada"[178].

No caso da validade extrínseca do testamento (verificação se não houve nulidade ou falsidade), a lei de regência é a *lei do local da realização do ato*, como regra geral dos negócios jurídicos (*locus regit actum*), conforme se viu da análise do art. 9º, § 1º, da LINDB, que serve, *analogicamente*, como regra geral do uso das peculiaridades da lei estrangeira para aferir sua validade extrínseca.

O *locus regit actum* pode ser, ainda, considerado verdadeira norma consuetudinária de Direito Internacional Privado, fruto da boa-fé e da igualdade. Na antiga LICC de 1916 foi expressamente reconhecido na literalidade do art. 11, a saber: "Art. 11. A forma extrínseca dos atos, públicos ou particulares, reger-se-á segundo a lei do lugar em que se praticarem"[179].

Como veremos no comentário ao art. 18 da LINDB, pode o brasileiro lavrar o testamento perante autoridade consular brasileira no exterior, o que lhe assegura a aplicação da lei brasileira (e não da lei estrangeira).

---

178 STRENGER, Irineu. *Direito internacional privado*. 4. ed. São Paulo: LTr, 2000, p. 743 (grifo meu).

179 Na mesma linha do uso do art. 9º, § 1º para justificar o *locus regit actum* ver SERPA LOPES, Miguel Maria de. *Comentários à Lei de Introdução ao Código Civil*. 2. ed. Rio de Janeiro: Freitas Bastos, 1959, v. II, p. 336; ESPÍNOLA, Eduardo; ESPÍNOLA FILHO, Eduardo. *A Lei de Introdução ao Código Civil brasileiro* – comentada na ordem dos seus artigos. 2. ed. Rio de Janeiro: Renovar, 1995, n. 284, p. 68.

Na jurisprudência brasileira, o caso da cantora lírica *Gabriella Lage* ficou célebre, pois reproduziu dúvida clássica no DIPr sobre a validade de testamento ológrafo (particular). Gabriella faleceu em 1962, em Roma, onde se achava domiciliada. Na Itália (tal qual ocorria em outros países, como Alemanha e França), não se exigia testemunha para a validade do testamento particular, diferentemente do que ocorre no Brasil (atual art. 1.876 e seguintes do Código Civil). Para o STF, as formalidades na celebração de um testamento são regidas pela lei do local da lavratura (*locus regit actum),* tendo considerado válido o testamento de Gabriella Lage, pois feito de acordo com a lei italiana[180].

No tocante à substância do ato (validade intrínseca), utiliza-se a lei do domicílio do *de cujus,* como visto acima. A capacidade para testar, por exemplo, é regida pela lei do domicílio no momento da lavratura do testamento, não a afetando eventual mudança posterior do domicílio do testador. Tema importante na jurisprudência sobre a capacidade de testar diz respeito ao *testamento conjuntivo ou de mão comum*, proibido no Brasil, mas aceito em vários países. Na visão do Código Civil brasileiro, o testamento é fruto da liberdade individual de testar, não podendo ser feito em conjunto; por isso, o domiciliado no Brasil não pode realizar testamento conjuntivo no exterior, pois o tema diz respeito à capacidade de testar, que é regido pela lei do domicílio do testador (no exemplo, lei brasileira).

Quanto às disposições, nada impede que eventual cláusula testamentária válida de acordo com a lei do domicílio do *de cujus* seja considerada inválida no Brasil, por ofensa à ordem pública (*vide* comentário ao art. 17),

---

180 STF, Recurso Extraordinário 68.157/GB, Rel. Min. Luiz Gallotti, julgamento de 18-4-1972, *DJ* 26-5-1972, p. 3333. A ementa foi assim vertida: "Testamento particular feito na Itália, sem testemunhas. Sua exequibilidade no Brasil. Tanto o art. 10 da nossa lei de introdução como o art. 23 da italiana dizem respeito a lei reguladora da sucessão. E aqui não se discute sobre a lei reguladora da sucessão mas sobre formalidades do testamento. Da forma do testamento cuida, não o citado art. 23, mas o art. 26. Devolução. A esta e infensa a atual lei de introdução (art. 16). A lei italiana e a lei brasileira admitem o testamento ológrafo ou particular, divergindo apenas no tocante as respectivas formalidades, matéria em que, indubitavelmente, se aplica o princípio *locus regit actum*. Recurso Extraordinário conhecidos, mas não providos".

como, por exemplo, eventual discriminação odiosa a filho (ofensiva à igualdade prevista no art. 227, § 6º, e no art. 5º, *caput*, da CF/88).

Por fim, ponto importante para a temática é a modificação posterior do domicílio do testador. A solução desse conflito temporal é a aplicação da lei do domicílio válida à época da realização do testamento, pouco importando a modificação do domicílio posterior (e, com isso, a mudança da *lex domicilii*).

> § 1º A sucessão de bens de estrangeiros, situados no País, será regulada pela lei brasileira em benefício do cônjuge ou dos filhos brasileiros, ou de quem os represente, sempre que não lhes seja mais favorável a lei pessoal do *de cujus*. *(Redação dada pela Lei n. 9.047, de 1995)*

Além da dificuldade gerada pela interpretação do STF e de parte da doutrina sobre o alcance da regra da unidade sucessória do art. 10, *caput*, há ainda regra de exceção, prevista no art. 10, § 1º, que estabelece o *tratamento preferencial aos sucessores brasileiros* (cônjuge ou filhos) *dado nas sucessões de estrangeiros em bens situados no Brasil.*

Esse tratamento preferencial tem guarida constitucional, uma vez que, no seu art. 5º, XXXI, a Constituição criou *regra unilateral* de Direito Internacional Privado (método indireto unilateral, já estudado acima), que só pode ser aplicada para beneficiar brasileiros: a sucessão de bens de estrangeiros, situados no País, será regulada pela lei brasileira em benefício do cônjuge ou dos filhos brasileiros, ou de quem os represente, sempre que não lhes seja mais favorável a lei pessoal do *de cujus*[181].

Trata-se do *prélèvement nacionalista*, o qual foi consagrado pela lei francesa de 14 de julho de 1819, que criou o direito de compensação, no caso de partilha entre herdeiros franceses e estrangeiros de bens situados na França e no exterior, a favor dos herdeiros franceses, de modo a com-

181 Art. 5º, XXXI – a sucessão de bens de estrangeiros situados no País será regulada pela lei brasileira em benefício do cônjuge ou dos filhos brasileiros, sempre que não lhes seja mais favorável a lei pessoal do *de cujus*.

pensá-los de eventuais exclusões da herança feita pelas leis estrangeiras[182]. Esse benefício é feito por uma norma imperfeita de DIPr, cujo alcance é limitado a proteger os interesses nacionais.

A origem desse *dispositivo preferencial a brasileiros* está na prática imperial constante de textos de convenções consulares, que, por sua vez, espelhavam disposições locais das legislações de Portugal, Itália, França, entre outros[183].

Após a denúncia dessas convenções consulares, a introdução ao Código Civil de 1916 assumiu uma regra unilateralista de DIPr no art. 14, que dispunha que "a sucessão legítima ou testamenteira, a ordem da vocação hereditária, os direitos dos herdeiros e a validade intrínseca das disposições do testamento, qualquer que seja a natureza dos bens e o país onde se achem, guardado o disposto neste Código acerca das heranças vagas abertas no Brasil, obedecerão à lei nacional do falecido; se este, porém, era *casado com brasileira, ou tiver deixado filhos brasileiros, ficarão sujeitos à lei brasileira*". Nesse caso, não havia opção do "uso da lei mais favorável": havia uma presunção legal de que a lei brasileira seria a mais protetiva.

A Constituição de 1934 foi a primeira a constitucionalizar esse tratamento preferencial, ao dispor, em seu art. 134, que "a vocação para suceder em bens de estrangeiros existente no Brasil será regulada pela lei nacional em benefício do cônjuge brasileiro e dos seus filhos, sempre que não lhes seja mais favorável o estatuto do *de cujus*". Essa redação foi mantida na Constituição de 1937 (art. 152) e Constituição de 1946 (art. 165), sendo alterada na Constituição de 1967, que dispôs que "a sucessão de bens de estrangeiros, situados no Brasil será regulada pela lei brasileira, em bene-

---

182 LEWALD, Hans. Règles générales des conflits de lois. Contribution à la technique du droit international privé. *Recueil des Cours de l'Académie de Droit International de La Haye*, v. 69, 1939, p. 5-145, em especial p. 120. No mesmo sentido, WENGLER, Wilhelm. The general principles of private international law. *Recueil des Cours de l'Académie de Droit International de La Haye*, v. 104, 1961, p. 273-469, em especial p. 395; BATIFFOL, Henri. *Traité élémentaire de droit international privé*. 3. ed. Paris: LGDJ, 1959, p. 725.

183 VALLADÃO, Haroldo. *Direito internacional privado*. 2. ed. Rio de Janeiro: Freitas Bastos, 1977, v. II, p. 222.

fício do cônjuge ou dos filhos brasileiros, sempre que lhes não seja mais favorável a lei nacional do *de cujus*". Em vez de mencionar a "vocação para suceder", a Constituição de 1967 tratou genericamente da "sucessão de bens", e ainda fez menção a "lei nacional", ao invés do "estatuto do *de cujus*". A Emenda n. 1, de 1969, fez pequena alteração, dispondo que "a sucessão de bens de estrangeiros situados no Brasil será regulada pela lei brasileira, em benefício do cônjuge ou dos filhos brasileiros, sempre que lhes não seja mais favorável a lei pessoal do *de cujus*".

A CF/88 manteve o mesmo texto do art. 153, § 33, da Constituição pretérita. Ressalta-se que a redação de hoje é clara em estabelecer o tratamento preferencial aos sucessores brasileiros, admitindo, inclusive, o uso da lei estrangeira se esta beneficiar mais os brasileiros que a lei nacional.

O fundamento do dispositivo é o de proteger a família brasileira, evitando que a sucessão de bens lhe seja prejudicial, afetando sua qualidade de vida e sustento.

Quanto aos *brasileiros domiciliados no estrangeiro*, o STF já admitiu a aplicação analógica ("força de compreensão", no dizer do acórdão) desse tratamento preferencial *a brasileiros* para incidir também na sucessão de brasileiro domiciliado no exterior (e não *sucessão de estrangeiro*)[184].

Esse tratamento preferencial exige: i) sucessão de estrangeiro; ii) bens situados no Brasil (não atinge os bens situados no exterior); iii) existência de cônjuge ou filhos brasileiros; e iv) uso da lei mais favorável, seja a lei brasileira ou a "lei pessoal" do falecido, que pode ser a *sua lei da nacionalidade* ou, ainda, a *lei do seu domicílio*, devendo ser usada a mais favorável aos brasileiros.

---

184 Supremo Tribunal Federal, Embargos de Divergência no Recurso Extraordinário 59.871 EDv/RS – Rel. Min. Eloy da Rocha, julgamento em 26-5-1971. De acordo com a ementa: "Vocação para suceder, vigente a constituição de 1946, em bens situados no Brasil, pertencentes no Brasil, pertencentes a brasileiro domiciliado no estrangeiro. Incidência da lei sucessória brasileira, em benefício de filha adotiva brasileira, igualmente domiciliada em outro país. Aplicação, *por força de compreensão*, do art. 165 daquela Constituição. Embargos de divergência conhecidos e recebidos" (grifo meu). Ver mais em MEINERO, Fernando Pedro. *Sucessões internacionais no Brasil*. Curitiba: Juruá, 2017.

Assim, no caso de sucessão de bens de estrangeiros, mesmo se o falecido tiver domicílio em outro país, a lei utilizada será a brasileira no que tange aos bens situados no Brasil, desde que tal aplicação beneficie o cônjuge ou filhos brasileiros.

A adoção dessa hipótese de *prélèvement nacionalista* cria exceção à unidade sucessória utilizada no DIPr de matriz legal brasileira, uma vez que só é aplicável aos bens situados no Brasil (e não à totalidade dos bens objeto da sucessão). Abre-se a possibilidade de pluralidade de leis sucessórias: a que regerá a sucessão dos bens no Brasil e a que regulará a sucessão de bens no exterior.

Ponto controvertido é saber como deve o intérprete proceder na hipótese de a lei brasileira favorecer um herdeiro nacional (por exemplo, o cônjuge) e a lei pessoal do *de cujus* favorecer outro herdeiro igualmente brasileiro (por exemplo, o filho).

A CF/88 e a LINDB não preveem um *critério de desempate*, pois houve menção idêntica de tratamento preferencial ao cônjuge *ou* aos filhos brasileiros. Entendo que, nessa hipótese, utiliza-se o *critério do tratamento menos lesivo ao nacional*, devendo ser aplicada a lei que evite o maior prejuízo a um nacional. Trata-se de um critério extraído do espírito do instituto do *prélèvement nacionalista*, que é evitar lesão aos interesses nacionais. Por exemplo, caso a lei estrangeira beneficie totalmente o filho brasileiro e negue direitos sucessórios do cônjuge também brasileiro, deve-se aplicar a lei brasileira, uma vez que o Código Civil de 2002 é generoso com o cônjuge sem desproteger os filhos.

Outro ponto controvertido diz respeito à violação da igualdade entre os filhos (prevista no art. 227, § 6º, da CF/88[185]) pelo uso desse tratamento preferencial aos nacionais. Por exemplo, em uma determinada sucessão transnacional na qual haja dois irmãos herdeiros, sendo o primogênito brasileiro (por ter nascido de pais estrangeiros, que não estavam a serviço do seu país, no território nacional) e o mais novo estrangeiro (por ter

---

185 Art. 227. (...) § 6º Os filhos, havidos ou não da relação do casamento, ou por adoção, terão os mesmos direitos e qualificações, proibidas quaisquer designações discriminatórias relativas à filiação.

nascido fora do território nacional), determinando a lei material estrangeira que o primogênito herda tudo. Pela literalidade do comando constitucional e legal do *prélèvement nacionalista*, o julgador deveria aplicar a lei estrangeira para beneficiar o brasileiro em detrimento do seu irmão mais novo. Nesse caso, entendo que a violação da igualdade entre os filhos ofende a ordem pública do DIPr brasileiro à luz dos direitos humanos, não sendo justificável essa intensa quebra da isonomia. Cabe, assim, aplicar a lei brasileira que assegura a igualdade dos quinhões entre os irmãos, mesmo que isso desfavoreça o herdeiro brasileiro. Deve-se interpretar a Constituição como um todo: o tratamento preferencial aos herdeiros brasileiros (regra geral) não pode ofender a igualdade entre os filhos, de igual quilate constitucional e que se transforma, nesse caso, em regra especial para ser utilizada na sucessão transnacional.

Resta analisar criticamente o instituto do *prélèvement nacionalista* em face da igualdade entre nacionais e estrangeiros. O *prélèvement nacionalista* viola a igualdade entre brasileiros e estrangeiros, sem que apresente qualquer fundamentação que não seja a nacionalidade para justificar a discriminação.

É possível, contudo, interpretar o comando constitucional e legal em análise de *modo restritivo*, impondo ao intérprete que *só* o utilize caso seja indispensável para compensar a discriminação que o brasileiro esteja sofrendo na sucessão de bens no exterior na mesma herança. Não se trata de reciprocidade, mas sim de imposição de igualdade material entre os herdeiros em uma sucessão transnacional[186].

§ 2º A lei do domicílio do herdeiro ou legatário regula a capacidade para suceder.

De acordo com o *caput* do art. 10, a sucessão obedece à lei do domicílio do *de cujus*, mas o § 2º do mesmo artigo prevê que a lei do domicílio do herdeiro ou legatário regula a capacidade para suceder. O § 2º do art.

---

186 Tal proposta de interpretação restritiva consta de CARVALHO RAMOS, André de. *Curso de direito internacional privado*. 2. ed. São Paulo: Saraiva, 2021, p. 464-465.

10 foi inovação da LICC de 1942, sendo alvo de intenso debate na doutrina e jurisprudência, para que fosse determinado o alcance da expressão "capacidade para suceder".

A interpretação de Valladão restringe o alcance do § 2º do art. 10, consistindo a *capacidade para suceder* na "capacidade de fato, de o herdeiro praticar atos jurídicos, de receber", que se submete à sua lei do domicílio. Em outra passagem, Valladão é explícito, defendendo que "só a capacidade para receber, *de facto*, é que fica para a lei pessoal do herdeiro"[187].

Grosso modo, Espínola[188], Tenório[189], Serpa Lopes[190], Batalha[191], entre outros, *também* defenderam o uso da lei do domicílio do *de cujus* (art. 10, *caput)* para reger a sucessão e, em especial, a definição da condição de herdeiro, a ordem de sucessão e a divisão dos quinhões hereditários, restando à *lei do domicílio do herdeiro* (art. 10, § 2º) tão somente a regência das questões referentes à capacidade de gozo ou de fato do herdeiro para praticar os atos jurídicos relativos ao recebimento (ou renúncia) da herança.

Criticando a expressão "capacidade para suceder" está Amílcar de Castro, para quem a expressão foi inspirada na "pior doutrina", uma vez que a interpretação restrita do dispositivo (dominante), a qual abarca somente a capacidade de exercício e não a qualidade de herdeiro, seria

---

187 VALLADÃO, Haroldo. *Direito internacional privado.* 2. ed. Rio de Janeiro: Freitas Bastos, 1977, v. II, p. 216.

188 ESPÍNOLA, Eduardo; ESPÍNOLA FILHO, Eduardo. *A Lei de Introdução ao Código Civil brasileiro* – comentada na ordem dos seus artigos. Atualizada por Silva Pacheco. 2. ed. Rio de Janeiro: Renovar, 1995, n. 275, p. 19. *In verbis*: "Entendemos que a nova Lei de Introdução, quando declara, no art. 10, § 2º, que a lei do domicílio do herdeiro ou legatário regula a capacidade para suceder – considera, não as condições de que depende a situação de herdeiro em relação a uma determinada herança, não a capacidade para ter o direito de sucessor; mas a aptidão para exercer o direito de sucessor reconhecido pela lei competente".

189 TENÓRIO, Oscar. *Lei de Introdução ao Código Civil brasileiro.* 2. ed. Rio de Janeiro: Borsoi, 1955, p. 360.

190 SERPA LOPES, Miguel Maria de. *Comentários à Lei de Introdução ao Código Civil.* 2. ed. Rio de Janeiro: Freitas Bastos, 1959, v. II, p. 372.

191 BATALHA, Wilson de Souza Campos. *Tratado de direito internacional privado.* 2. ed. São Paulo: RT, 1977, v. II, p. 314.

inútil, pois estaria já no alcance do art. 7º da LINDB (capacidade é parte do estatuto pessoal – lei do domicílio)[192].

Em que pese a polêmica, é possível a interpretação que concilie o art. 10, *caput*, com seu § 2º. A *capacidade para suceder* não se confunde com a ordem de vocação hereditária, sendo-lhe posterior. Aberta a herança, pelo falecimento do *de cujus*, verifica-se a distribuição das pessoas sucessíveis nas classes para a obtenção da herança, de acordo com a lei do domicílio do *de cujus*. Constatada a qualidade de herdeiro pelo uso da lei do domicílio do *de cujus*, utiliza-se, então, a lei do domicílio do citado herdeiro para que se verifique como este *pode exercer* o direito de herdar. Não se usa a lei do domicílio do herdeiro para se aferir o direito de herdar, pois isso já foi definido *anteriormente* pela lei do domicílio do *de cujus*.

No caso da *capacidade para suceder*, serão discutidas questões sobre sua capacidade para receber ou renunciar a herança, o que, no Brasil, restringe-se à aferição da sua capacidade jurídica (nascimento com vida), com a expressa proteção dos direitos do nascituro e sua capacidade de fato, ou seja, de manifestar por si só sua vontade de receber a herança ou a ela renunciar.

Nessa linha, caminha tanto o Supremo Tribunal Federal quanto o Superior Tribunal de Justiça. No Caso *Swirski*, decidiu o STF que a capacidade para suceder é o conjunto de requisitos para poder herdar, que se leva em consideração *depois* de situar alguém dentro de uma ordem de vocação hereditária, em matéria de sucessão legítima, ou, no caso de sucessão testamentária, se o interessado foi considerado pelo testamento como herdeiro. Assim, a capacidade para suceder *não* envolve a determinação do *status* de herdeiro e o respectivo quinhão, que devem ser aferidos pela lei do domicílio do *de cujus*[193].

---

192 Em conclusão, Castro defende que caberia à jurisprudência "consertar a lei". CASTRO, Amílcar. *Direito internacional privado*. 5. ed. atualizada com notas de rodapé por Osíris Rocha, Rio de Janeiro: Forense, 2000, p. 457-458.

193 STF, Recurso Extraordinário 79.613/RJ, Rel. Min. Thompson Flores, Relator(a) p/ Acórdão: Min. Xavier de Albuquerque. Julgamento 25-2-1976. Ementa: "Ação anulatória de adoção. Legitimidade *ad causam*. São institutos diversos a capacidade para suceder e a vocação hereditária, pelo que a disposição do par. 2, do art. 10 da lei de

No *Caso Escudero*, o Superior Tribunal de Justiça reconheceu que a sucessão hereditária e suas cotas (quem é herdeiro? qual seu quinhão?) devem ser reguladas pela lei do domicílio do *de cujus*. Tratava-se de sucessão de espanhol domiciliado no Brasil, cuja filha adotiva, domiciliada na Espanha, havia sido adotada por intermédio de instituto de adoção simples, que, à época na Espanha (1987), não permitia a inclusão no rol de herdeiros necessários. Foi feito testamento, que apenas outorgou legado à filha adotiva, deixando o grosso da herança à Fundação criada pelo próprio interessado. O Tribunal de Justiça do Estado de São Paulo fez, equivocamente, incidir o art. 10, § 2º, e aplicou a lei espanhola (lei do domicílio da presumida herdeira) para justamente excluir a filha da herança. No recurso especial, por maioria, o STJ reverteu a decisão, salientando que o direito à sucessão é regido pela lei do domicílio do *de cujus*, ou seja, no caso, a lei brasileira (o Sr. Escudero era domiciliado no Brasil), que não permitia a exclusão da filha adotiva[194].

A interpretação da expressão ambígua "capacidade para suceder" deve ser restrita à capacidade de direito e de fato do herdeiro, de praticar atos para receber a herança, que segue a lei do seu domicílio. Já a fixação da condição de herdeiro, o direito a suceder e a ordem sucessória obedecem a lei do domicílio do *de cujus*.

Essa diferença entre a regência da sucessão (e da ordem sucessória) e a capacidade para suceder também se encontra no Código Bustamante: o

---

introdução ao código civil, limitada que e a capacidade para suceder, *não envolve a vocação hereditária*. Recurso extraordinário não conhecido" (grifo meu).

194 STJ, REsp 61.434/SP, Rel. Min. Cesar Asfor Rocha, julgamento em 17-6-1997, *DJ* 8-9-1997, p. 42507. Ementa: "Direito internacional privado. Art. 10, parág. 2, do Código Civil. Condição de herdeiro. Capacidade de suceder. Lei aplicável. Capacidade para suceder não se confunde com qualidade de herdeiro. Esta tem a ver com a ordem da vocação hereditária que consiste no Fato de pertencer a pessoa que se apresenta como herdeiro a uma das categorias que, de um modo geral, são chamadas pela lei a Sucessão, por isso haverá de ser aferida pela mesma lei competente para reger a sucessão do morto que, no Brasil, 'obedece a lei do País em que era domiciliado o defunto'. (art. 10, *caput*, da LICC). Resolvida a questão prejudicial de que determinada pessoa, segundo o domicílio que tinha o *de cujus*, e herdeira, cabe examinar se a Pessoa indicada e capaz ou incapaz para receber a herança, Solução que e fornecida pela lei do domicílio do herdeiro (art. 10, § 2º, da LICC). Recurso conhecido e provido".

art. 152 estabelece que a capacidade para suceder obedece a lei pessoal do herdeiro, e o art. 144[195] prevê que a lei pessoal do *de cujus* é que regula as sucessões, inclusive a ordem sucessória.

Art. 11. As organizações destinadas a fins de interesse coletivo, como as sociedades e as fundações, obedecem à lei do Estado em que se constituírem.

No âmbito do Direito Internacional Privado, Strenger definiu a pessoa jurídica como sendo o "sujeito coletivo de direito e reconhecido pelo Estado"[196]. As pessoas jurídicas, em geral, possuem seu estatuto jurídico vinculado a um determinado Estado, podendo ser protegidas pelo Direito Internacional dos Direitos Humanos nas discussões envolvendo determinados direitos[197].

No método indireto, o critério de conexão que determina a lei aplicável às pessoas jurídicas é denominado de *lex societatis*, regulando – entre outros – os seguintes temas:

a) **constituição**, abrangendo os requisitos para sua formação e causas de nulidade e suas consequências;
b) **organização interna**, regendo os órgãos, seus poderes e composição, bem como os direitos e deveres do corpo dirigente, acionistas, etc.;
c) **personalidade jurídica**, determinando sua capacidade jurídica e atuação processual;
d) **responsabilidade**, fixando o limite da responsabilidade da pessoa jurídica e de seus sócios.

---

195 Art. 144. As successões legitimas e as testamentarias, inclusive a ordem de successão, a quota dos direitos successorios e a validade intrinseca das disposições, reger-se-ão, salvo as excepções adiante estabelecidas, pela lei pessoal do *de cujus*, qualquer que seja a natureza dos bens e o lugar em que se encontrem. Art. 152. A capacidade para succeder por testamento ou sem elle regula-se pela lei pessoal do herdeiro ou legatario.

196 STRENGER, Irineu. *Direito internacional privado*. 4. ed. São Paulo: LTr, 2000, p. 518.

197 Sobre a titularidade de direitos humanos por parte de pessoas jurídicas, ver CARVALHO RAMOS, André de. *Curso de direitos humanos*. 8. ed. São Paulo: Saraiva, 2021.

Sobre o critério de conexão a ser utilizado, cabe, inicialmente, analisar o uso da "lei da nacionalidade" como um critério de escolha da lei aplicável às pessoas jurídicas.

Parte da doutrina questiona a existência de uma "nacionalidade" de pessoa jurídica, uma vez que as pessoas jurídicas só existem de acordo com a lei que observou na sua criação, bem como o uso do termo "nacionalidade" insinua deveres típicos somente às pessoas físicas[198]. Batiffol contra-argumenta, sustentando que o uso do mesmo termo "nacionalidade", tanto para pessoas físicas quanto para jurídicas, gera inconveniente mínimo, mas que possui a *vantagem* de, *analogicamente*, recordar a relação das atividades daquela pessoa jurídica com os interesses de uma determinada coletividade[199].

Todavia, o uso da lei da nacionalidade como critério da escolha da lei de regência das pessoas jurídicas é *inseguro*, uma vez que existem diversos critérios de identificação da "nacionalidade" de uma pessoa jurídica, como, por exemplo: (i) critério do local da sede social; (ii) critério da nacionalidade do capital ou dos sócios controladores; (iii) critério do local da constituição; (iv) critério do local da administração; (v) critério da autonomia da vontade e (vi) critérios mistos, que usam elementos dos demais, como, por exemplo, o estabelecido no revogado art. 171, II, da CF/88 que considerava *empresa brasileira de capital nacional* aquela cujo controle efetivo esteja em caráter permanente sob a titularidade direta ou indireta de pessoas físicas domiciliadas e residentes no País ou de entidades de direito público interno, entendendo-se por controle efetivo da empresa a titularidade da maioria de seu capital votante e o exercício, de fato e de direito, do poder decisório para gerir suas atividades[200].

Por isso, vários tratados evitam o termo "nacionalidade" para as pessoas jurídicas e, no máximo, pregam a equivalência de tratamento; por

---

198 Ver o resumo das críticas em LOUSSOURAN, Yvon. La condition des personnes morales en droit international privé. 96 *Recueil des Cours de l'Acadèmie de Droit International de la Haye,* 1959, p. 443-552, em especial p. 455-457.

199 BATIFFOL, Henri. *Traité élémentaire de droit international privé.* Paris: LGDJ, 1959, p. 229-230.

200 Revogado pela Emenda Constitucional n. 6, de 1995.

exemplo, o Tratado de Lisboa (Tratado sobre o Funcionamento da União Europeia) dispõe que as sociedades constituídas em conformidade com a legislação de um Estado-Membro e que tenham a sua *sede social, administração central ou estabelecimento principal* na União são equiparadas às pessoas físicas nacionais dos Estados-Membros quanto à liberdade de estabelecimento (art. 54).

Em geral, os critérios de conexão usualmente adotados pelas leis nacionais e também pelos tratados de DIPr são: (i) critério da lei do local da constituição; (ii) critério da lei do local da sede social; (iii) critério do local da administração; (iv) critério da origem nacional do capital ou da nacionalidade dos sócios controladores; (v) critério da autonomia da vontade (lei definida no ato de constituição). Também é possível o uso de elementos de conexão mistos, unindo o local da constituição com o da sede.

No que tange à jurisprudência, a Corte Internacional de Justiça, no paradigmático Caso *Barcelona Traction*, decidiu que uma pessoa jurídica, à luz do costume internacional da proteção diplomática, deve ter o *vínculo da nacionalidade* (exigido para que um Estado conceda validamente a proteção diplomática) aferido por *analogia*, utilizando-se o critério da nacionalidade do Estado do *local da constituição* e no qual mantém sua *sede*[201]. A exigência da Corte Internacional de Justiça de que a pessoa jurídica também possuísse a sede no território do Estado do qual teria a nacionalidade explica-se pelo desejo de atestar seu vínculo genuíno com o Estado patrial, de modo a evitar o uso abusivo da proteção diplomática[202].

---

201 Na versão em francês, a Corte utilizou o termo *siège*. Na versão em inglês, *registered office*. *In verbis:* "In allocating corporate entities to states for purposes of diplomatic protection, international law is based, but only to a limited extent, on an analogy with the rules governing the nationality of individuals. The traditional rule attributes the right of diplomatic protection of a corporate entity to the state under the laws of which it is incorporated and in whose territory it has its registered office. These two criteria have been confirmed by long practice and by numerous international instruments". Corte Internacional de Justiça, Caso *Barcelona Traction, Light and Power Company, Limited* (Belgium *vs.* Spain), Segunda fase, julgamento, I.C.J. Reports 1970, p. 42, parágrafo 70. (Barcelona Traction, Light and Power Company, Limited (Belgium *vs.* Spain), Second Phase, Judgment, I.C.J. Reports 1970, p. 42, paragraph 70).

202 A exigência do vínculo genuíno de nacionalidade para fins de proteção diplomática foi explicitada pela Corte no Caso *Nottebohm*. Ver Corte Internacional de

No Direito Internacional Privado brasileiro, o *caput* do art. 11 regula o *estatuto pessoal* das pessoas jurídicas, apesar de, ironicamente, sequer ter sido feita menção à denominação "pessoa jurídica".

Tenório explicou esse "esquecimento" do termo "pessoa jurídica", pela influência de Hannemann Guimarães como um dos componentes da Comissão indicada por Vargas para rever o Código Civil. Guimarães sustentou que as sociedades (termo utilizado pelo art. 11) têm como pilar o *bem social*, que seria o regime imposto aos bens outrora individuais e que, após a constituição da sociedade, servem para o atingimento de sua finalidade[203].

Logo, sob tal influência, optou-se pela *lei do local de sua constituição*. Anteriormente, a introdução ao Código Civil de 1916 possuía dois artigos que tratavam da temática da pessoa jurídica: (i) o art. 19, que simplesmente previa que eram reconhecidas as pessoas jurídicas estrangeiras, e (ii) o art. 21, que dispunha que a *lei nacional* das pessoas jurídicas determinava-lhes a capacidade.

Assim, após a edição da LICC/42, o DIPr brasileiro prevê que a *lei do lugar da constituição* rege a existência e a capacidade das pessoas jurídicas, não importando a lei do domicílio dos sócios (que rege somente o estatuto pessoal da pessoa física, como já visto).

Reforçando essa opção da LINDB, há ainda um tratado específico (*lex specialis)* celebrado pelo Brasil sobre as pessoas jurídicas no bojo da codificação interamericana promovida pela OEA (Organização dos Estados Americanos), que é Convenção Interamericana sobre Personalidade e Capacidade de Pessoas Jurídicas no Direito Internacional Privado, concluída em La Paz, em 24 de maio de 1984[204]. Essa convenção define pessoa jurídica como sendo toda entidade que tenha existência e responsabilidade próprias, distintas das dos seus membros ou fundado-

---

Justiça, Caso *Nottebohm* (Liechtenstein *vs.* Guatemala), julgamento de 6 de abril de 1955, Reports 1955.

203 GUIMARÃES, Hahnemann. As pessoas jurídicas como situações patrimoniais. *Revista Forense*, v. 91, ano 1942, p. 299-310.

204 Promulgada internamente pelo Decreto n. 2.427/97.

res e que seja qualificada como pessoa jurídica segundo a lei do *lugar de sua constituição.*

Porém, o art. 11, *caput*, não define qual elemento (ou elementos) cuja presença atesta o local de constituição da pessoa jurídica. Para Pillet, o lugar de constituição é aquele no qual todos os *requisitos de forma e de fundo* pelos quais uma pessoa jurídica nasce foram preenchidos, que, para ele, é o local no qual o contrato da sociedade foi concluído (*lex loci contractus*)[205]. Serpa Lopes, na mesma linha, assinala que a identificação do local de constituição de uma pessoa jurídica exige a análise de (i) uma questão de fato, para apurar as circunstâncias do caso concreto, e (ii) uma questão de direito, referente à qualificação dos requisitos essenciais e determinantes da existência da pessoa jurídica.

Em consonância com a regra geral prevista na LINDB, a Convenção Interamericana sobre Personalidade e Capacidade de Pessoas Jurídicas no Direito Internacional Privado (aplicável às pessoas jurídicas constituídas nos Estados contratantes e *regra especial* em face da LINDB) prevê, também, que a *lei do lugar de sua constituição* rege (i) a existência, (ii) a capacidade de ser titular de direitos e obrigações, (iii) o funcionamento, (iv) a dissolução e (v) a fusão das pessoas jurídicas de caráter privado. A Convenção também entende por "lei do lugar de sua constituição" a do Estado em que forem cumpridos os requisitos de forma e fundo necessários à criação das pessoas jurídicas[206].

Assim, caso a pessoa jurídica constitua-se validamente no país X e tenha fixado a sede no país Y, a LINDB brasileira levará em consideração somente a lei do local de sua constituição[207].

Entre os principais aspectos da vida da pessoa jurídica regulados pela lei do local da constituição estão: (i) os requisitos de existência; (ii) o início

---

205 PILLET, Antoine. *Des personnes morales en droit international privé.* Paris: Librairie de la Société du Recueil Sirey, 1914, n. 108, p. 150. Disponível em <http://gallica.bnf.fr/ark:/12148/bpt6k95793s>, último acesso em 25 de abril de 2021.

206 Art. 2º da Convenção, promulgada internamente pelo Decreto n. 2.427/97.

207 SERPA LOPES, Miguel Maria. *Comentários à Lei de Introdução ao Código Civil.* 2. ed. Rio Janeiro: Freitas Bastos, 1959, v. III, p. 34-36.

e término de sua personalidade jurídica; (iii) a regulação da atividade de seus órgãos; (iv) os direitos e deveres dos sócios, (v) a capacidade para o domínio de bens e exercício de determinadas atividades[208], entre outros.

No que tange à constituição, o Código Civil brasileiro dispõe que a existência legal das pessoas jurídicas de direito privado inicia-se com a *inscrição do ato constitutivo* no respectivo registro, precedida, quando necessário, de autorização ou aprovação do Poder Executivo (art. 45). Além disso, estabeleceu o Código Civil que é nacional a sociedade organizada de conformidade com a lei brasileira e que tenha no País a sede de sua administração (art. 1.126).

Em relação às sociedades anônimas, o art. 60 do Decreto-Lei n. 2.267/40 foi expressamente mantido pelo art. 300 da Lei n. 6.404/76 ("Lei das Sociedades Anônimas") e prevê que são nacionais (i) as sociedades organizadas na conformidade da lei brasileira e (ii) que têm no país a sede de sua administração. Para a LINDB, a lei brasileira é aplicada às pessoas jurídicas constituídas de acordo com a lei brasileira.

> § 1º Não poderão, entretanto ter no Brasil filiais, agências ou estabelecimentos antes de serem os atos constitutivos aprovados pelo Governo brasileiro, ficando sujeitas à lei brasileira.

A partir do disposto no *caput* do art. 11, a LINDB reconhece a possibilidade de existência de pessoa jurídica que não seja a brasileira, bastando que seja constituída de acordo com a lei estrangeira, conforme o *sistema de reconhecimento*, pelo qual a existência e a capacidade da pessoa jurídica estrangeira depende tão somente de sua constituição conforme a lei do Estado em questão. Assim, as pessoas jurídicas estrangeiras podem exercer direitos e obrigações no Brasil, com as restrições dadas pela CF/88

---

208 Por exemplo, dispõe o art. 190 da CF/88 que "A lei regulará e limitará a aquisição ou o arrendamento de *propriedade rural* por pessoa física ou *jurídica estrangeira* e estabelecerá os casos que dependerão de autorização do Congresso Nacional". Ver também Lei n. 5.709/71 e Decreto n. 74.965/74, sobre as limitações à aquisição de imóveis rurais, bem com o Parecer n. 01/2010 da Advocacia-Geral da União.

e por leis, que, no bojo da temática da condição jurídica do estrangeiro, diferenciam as pessoas jurídicas nacionais das estrangeiras.

Porém, o DIPr brasileiro também adotou o *sistema da autorização*, previsto no § 1º do art. 11 da LINDB, pelo qual a pessoa jurídica estrangeira necessita, para atuar de determinada maneira em um determinado Estado, de aprovação do Poder Público.

A LINDB, assim, adotou um *sistema misto*: (i) para as sociedades e organizações estrangeiras de direito privado que queiram tão somente celebrar contratos, contrair obrigações e exercer direitos admitidos a estrangeiros (como, por exemplo, o direito de acesso à justiça), basta a existência regulada pela lei estrangeira do local de sua constituição (sistema do reconhecimento); (ii) para as sociedades e organizações estrangeiras de direito privado que queiram constituir qualquer tipo de filial, agência ou estabelecimento no Brasil, é necessária a autorização do Poder Público federal (sistema da autorização).

Nessa linha, o § 1º do art. 11 exige que a pessoa jurídica estrangeira, para ter *filiais, agências ou estabelecimentos* no Brasil, deve ter (i) os seus atos constitutivos aprovados pelo governo brasileiro, ficando, então, (ii) sujeita à lei brasileira. Anteriormente, na introdução ao Código Civil de 1916, havia previsão mais confusa, no art. 20, parágrafo único, que estabelecia que "[d]ependem de aprovação do Governo Federal os estatutos ou compromissos das pessoas jurídicas estrangeiras de direito privado, para poderem funcionar no Brasil, por si mesmas, ou por filiais, agencias ou estabelecimentos que as representem, ficando sujeitas às leis e aos tribunais brasileiros"[209].

Assim, caso a pessoa jurídica estrangeira queira estabelecer uma filial no Brasil deve obter a autorização prévia e estar sujeita às leis brasileiras,

---

209 Machado Villela, ao comentar a regra, lamentou seu texto, sustentando que "Para evitar, porém, confusões e dúvidas, bom seria que o artigo 20º tivesse sido mais explícito". MACHADO VILLELA, Álvaro da Costa. *O direito internacional privado no Código Civil brasileiro*. Coimbra, Imprensa da Universidade, 1921. Utilizamos a publicação no Boletim da Faculdade de Direito da Universidade de Coimbra, ano III, n. 26 e 27, p. 20.

no tocante aos *atos aqui praticados*. Reforçando a opção brasileira, o art. 3º da Convenção Interamericana sobre Conflitos de Leis em Matéria de Sociedades Mercantis dispõe que as sociedades mercantis devidamente constituídas em um Estado serão *reconhecidas de pleno direito* nos demais Estados (*sistema do reconhecimento*). Já o art. 5º da mesma Convenção determina que as sociedades constituídas em um Estado, que pretendam estabelecer a sede efetiva de sua administração central em *outro Estado, poderão ser obrigadas* a cumprir os requisitos estabelecidos na legislação deste último, o que ocorre com o *sistema de autorização* também imposto pela LINDB[210].

Esse sistema de autorização consiste, obviamente, em restrição à liberdade de iniciativa, uma das facetas da liberdade protegida pela Constituição e pelos tratados de direitos humanos. Ocorre que a CF/88 prevê, expressamente, a possibilidade de restrição à liberdade de iniciativa, ao dispor no seu art. 170, parágrafo único, que "é assegurado a todos o livre exercício de qualquer atividade econômica, independentemente de autorização de órgãos públicos, *salvo nos casos previstos em lei*".

Dispõe o Código Civil que a sociedade estrangeira, qualquer que seja o seu objeto, *não pode*, sem autorização do Poder Executivo, funcionar no País, ainda que por estabelecimentos subordinados, podendo, todavia, ressalvados os casos expressos em lei, ser acionista de sociedade anônima brasileira. Assim, o Código Civil adotou a linha prevista no art. 11, § 1º, da LICC varguista, inalterada até hoje, mostrando a resiliência da visão da primeira metade do século XX de imposição de limites ao capitalismo estrangeiro no Brasil.

Prevê genericamente o Código Civil que ao requerimento de autorização devem juntar-se (i) prova de se achar a sociedade constituída conforme a lei de seu país; (ii) inteiro teor do contrato ou do estatuto; (iii) relação dos membros de todos os órgãos da administração da sociedade, com nome, nacionalidade, profissão, domicílio e, salvo quanto a ações ao portador, o valor da participação de cada um no capital da sociedade; (iv) cópia do ato

---

210 Concluída em Montevidéu, em 8 de maio de 1979, e já ratificada pelo Brasil. Promulgada internamente pelo Decreto n. 2.400/97.

que autorizou o funcionamento no Brasil e fixou o capital destinado às operações no território nacional; (v) prova de nomeação do representante no Brasil, com poderes expressos para aceitar as condições exigidas para a autorização; (vi) último balanço. Os documentos devem ser autenticados, de conformidade com a lei nacional da sociedade requerente, *legalizados* no consulado brasileiro da respectiva sede e vertidos ao português.

A sociedade autorizada não pode iniciar sua atividade antes de estar inscrita no registro próprio, como, por exemplo, o registro público das empresas mercantis perante Junta Comercial.

Expressamente prevê o art. 1.135 do CC que é facultado ao Poder Executivo, para conceder a autorização, estabelecer condições convenientes à defesa dos interesses nacionais, cláusula legal que deve sofrer *interpretação constitucionalmente adequada*, evitando que o Poder Executivo estabeleça restrições odiosas.

Além disso, a sociedade estrangeira autorizada a funcionar ficará sujeita às leis e aos tribunais brasileiros, quanto aos atos ou operações praticados no Brasil, adotando o nome que tiver em seu país de origem, podendo acrescentar as palavras "do Brasil" ou "para o Brasil". A sociedade estrangeira autorizada a funcionar é obrigada a ter, permanentemente, representante no Brasil, com poderes para resolver quaisquer questões e receber citação judicial pela sociedade (CC, arts. 1.137 e 1.138).

O Código Civil funciona, nessa temática, como regra geral que cede diante de regulação específica. Por exemplo, o art. 1.135, parágrafo único, prevê a edição de um decreto de autorização, o que a legislação especial de determinada atividade pode substituir por outro tipo de ato administrativo. Também o Código Civil não elencou *quais seriam os órgãos públicos que podem dar tais autorizações*. Além disso, tal autorização não se confunde com a regulação administrativa do Estado-Membro ou de um município, que podem, respectivamente, exigir alvarás ou autorizações para funcionamento em face de regras de interesse local ou regional.

Atualmente (julho de 2021), os processos referentes aos pedidos de autorização são examinados e decididos pelo Departamento Nacional de Registro Empresarial e Integração da Secretaria de Governo Digital da Secretaria Especial de Desburocratização, Gestão e Governo Digital do

Ministério da Economia (Lei n. 13.844/2019, Decreto n. 9.745/2019 e Instrução Normativa n. 77/2020 do Departamento Nacional de Registro Empresarial e Integração).

De acordo com essa instrução normativa, a sociedade empresária estrangeira, que desejar estabelecer filial, sucursal, agência ou estabelecimento no Brasil, deverá solicitar autorização do Governo Federal para instalação e funcionamento, em requerimento examinado e decidido pelo Departamento de Registro Empresarial e Integração – DREI (art. 1º, § 1º, da IN 77/2020).

O art. 2º, IV, da Instrução Normativa n. 77/2020 do DREI prevê, expressamente, que o requerimento deve incluir a "prova de achar-se a sociedade constituída conforme a lei do seu país". Essa "lei do seu país" deve ser entendida, à luz da LINDB (que, como vimos, abandonou a lei da nacionalidade da pessoa jurídica da introdução ao CC de 1916) como sendo a *prova de que a sociedade estrangeira obedeceu à lei do lugar de sua constituição.*

Com isso, a lógica da regra do parágrafo único do art. 11, esmiuçada anteriormente, obedeceu a *princípio domiciliar*: ao estabelecer filial, agência ou estabelecimento no Brasil, a sociedade estrangeira adquire o domicílio aqui e passa a ser regida pela lei brasileira, no tocante aos atos aqui realizados.

Essa opção da LINDB é importante para impedir que determinada subsidiária de empresa estrangeira possa descumprir a lei brasileira, por atos *aqui realizados*[211], alegando, por exemplo, obediência à lei estrangeira que rege a atuação da empresa-matriz.

Em casos comuns na rede mundial de computadores, as empresas buscam armazenar dados em países que contam com legislação favorável, mas mantêm subsidiárias em outros, para a venda de serviços e obtenção de lucros. Por exemplo, determinada empresa oferta serviço de correio eletrônico gratuito, conta com a expansão desse serviço para aferir lucros com atividades vinculadas no Brasil (venda de anúncios etc.), mas armazena as comunicações trocadas no Brasil (e entre domiciliados no país)

---

211 Sobre a fixação da jurisdição brasileira sobre atos aqui realizados, ver comentário ao art. 12.

em outro Estado, dificultando o acesso por parte de interessados (inclusive autoridades públicas) na defesa de direitos.

A lei brasileira (no caso, a Lei n. 12.965/2014, do Marco Civil da Internet) é plenamente aplicável, impondo que, em qualquer operação de coleta, armazenamento, guarda e tratamento de registros, de dados pessoais ou de comunicações por provedores de conexão e de aplicações de internet em que pelo menos *um desses atos* ocorra em território nacional, deverão ser obrigatoriamente respeitados a *legislação brasileira* e os direitos à privacidade, à proteção dos dados pessoais e ao sigilo das comunicações privadas e dos registros.

Consequentemente, a sociedade estrangeira que, voluntariamente, criar subsidiária no Brasil deve estar ciente da necessidade do cumprimento da lei brasileira, que, *no exemplo citado do marco civil da internet*, permite ordens judiciais de quebra de sigilo de dados (mesmo que armazenados no exterior por decisão gerencial da sociedade privada em questão), desde que a empresa oferte serviço ao público brasileiro ou pelo menos uma integrante do mesmo grupo econômico possua estabelecimento no Brasil[212].

> § 2º Os Governos estrangeiros, bem como as organizações de qualquer natureza, que eles tenham constituído, dirijam ou hajam investido de funções públicas, não poderão adquirir no Brasil bens imóveis ou suscetíveis de desapropriação.

O dispositivo em análise cuida de restringir o direito de aquisição de imóveis ou bens suscetíveis de desapropriação por parte de Estado estran-

---

212 *Vide* art. 11 da Lei do Marco Civil da Internet: Em qualquer operação de coleta, armazenamento, guarda e tratamento de registros, de dados pessoais ou de comunicações por provedores de conexão e de aplicações de internet em que pelo menos um desses atos ocorra em território nacional, deverão ser obrigatoriamente respeitados a legislação brasileira e os direitos à privacidade, à proteção dos dados pessoais e ao sigilo das comunicações privadas e dos registros. § 1º O disposto no *caput* aplica-se aos dados coletados em território nacional e ao conteúdo das comunicações, desde que pelo menos um dos terminais esteja localizado no Brasil. § 2º O disposto no *caput* aplica-se mesmo que as atividades sejam realizadas por pessoa jurídica sediada no exterior, desde que oferte serviço ao público brasileiro ou pelo menos uma integrante do mesmo grupo econômico possua estabelecimento no Brasil.

geiro ou de qualquer ente por ele constituído, dirigido ou que tenha função pública. A finalidade da regra é dupla: (i) a *proteção dos interesses nacionais*, evitando que Estado estrangeiro ou ente com sua participação adquira bens imóveis (em especial), o que poderia afetar a segurança nacional, e (ii) a *prevenção ao surgimento de litígios internacionais*, uma vez que a desapropriação de bens de Estado estrangeiro poderia levar a temática a foros internacionais de solução de controvérsia.

Inegável a adoção, pelo legislador, de paradigma de *desconfiança ao Estado estrangeiro*, em um momento histórico anterior aos movimentos de integração, dos quais o Brasil inclusive participa (*vide* o Mercado Comum do Sul).

Essa restrição funda-se em uma premissa: os Estados estrangeiros são sujeitos de Direito Internacional, com aptidão de exercer direitos e contrair obrigações no plano internacional. Contudo, essa personalidade jurídica tem reflexos também no plano interno: há direitos e deveres que os Estados possuem e que são implementados no território de outro. Por exemplo, as Convenções de Viena sobre Relações Diplomáticas (1961[213]) e Relações Consulares (1963[214]) estabelecem direitos e deveres ao Estado acreditante (Estado que envia) que serão exercidos no território do Estado acreditado (Estado que recebe), como, por exemplo, a isenção fiscal da Missão Diplomática[215] e da repartição consular[216].

---

213 Promulgada internamente pelo Decreto n. 56.435, de 8 de julho de 1965.

214 Promulgada internamente pelo Decreto n. 61.078, de 26 de julho de 1967.

215 Convenção de Viena sobre Relações Diplomáticas, art. 23: "1. O Estado acreditante e o Chefe da Missão estão isentos de todos os impostos e taxas, nacionais, regionais ou municipais, sôbre os locais da Missão de que sejam proprietários ou inquilinos, excetuados os que representem o pagamento de serviços específicos que lhes sejam prestados. 2. A isenção fiscal a que se refere êste artigo não se aplica aos impostos e taxas cujo pagamento, na conformidade da legislação do Estado acreditado, incumbir as pessoas que contratem com o Estado acreditante ou com o Chefe da Missão".

216 Convenção de Viena sobre Relações Consulares, art. 32: "Isenção fiscal dos locais consulares. 1. Os locais consulares e a residência do chefe da repartição consular de carreira de que for proprietário o Estado que envia ou pessoa que atue em seu nome, estarão isentos de quaisquer impostos e taxas nacionais, regionais e municipais, excetuadas as taxas cobradas em pagamento de serviços específicos prestados. 2. A isenção fiscal prevista no parágrafo 1 do presente artigo não se aplica aos mesmos

Assim, não é estranha ao Direito Internacional a discussão sobre direitos e deveres de um Estado em face do ordenamento jurídico interno de outro, que advém da própria existência do Estado e dos direitos que este exerce perante o Direito Internacional, podendo ser considerado costume internacional. Por exemplo, um determinado Estado X deve respeitar a imunidade internacional costumeira de uma aeronave pública do Estado Y que, em virtude de pane, teve que fazer pouso forçado no território de X, mesmo que o Estado Y não tenha relações diplomáticas com X ou sequer tenha sido por este último reconhecido (uma vez que o reconhecimento de um Estado por outro não é requisito para sua existência)[217].

Por sua vez, o próprio Direito nacional pode outorgar, no exercício da soberania do Estado territorial, mais direitos ao Estado estrangeiro que o próprio Direito Internacional.

As normas internacionais, então, servem como *limite e condicionante* do *Direito nacional*, que, por sua vez, não pode, obviamente, violar o Direito Internacional (sob pena da responsabilização internacional do Estado infrator), mas não impedem que o Direito nacional vá além desses limites, facultando mais vantagens ao Estado estrangeiro.

No âmbito do Direito Internacional Privado, o Código Bustamante tratou da temática do art. 11, § 2º, prescrevendo que "cada Estado contratante, no seu caráter de pessoa jurídica, tem capacidade para adquirir e exercer direitos civis e contrair obrigações da mesma natureza no território dos demais, *sem outras restrições, senão as estabelecidas expressamente pelo direito local*".

---

impostos e taxas que, de acôrdo com as leis e regulamentos do Estado receptor, devam ser pagos pela pessoa que contratou com o Estado que envia ou com a pessoa que atue em seu nome".

217 Há vários precedentes em tribunais estrangeiros, que obrigaram o Estado a aceitar demandas de Estado estrangeiro não reconhecido. Entre os mais conhecidos, cite-se o caso *Uprigh v. Mercury Business Machines Co.*, envolvendo a então existente República Democrática da Alemanha, não reconhecida pelos EUA. A Corte Suprema de Nova York admitiu que, de todo modo, um Estado não reconhecido existe para o Direito Internacional. Sobre o caso ver *American Journal of Comparative Law*, 1961, p. 45.

Por sua vez, a doutrina aponta a existência de regra costumeira internacional pela qual os Estados e seus entes públicos criados pela lei territorial devem ter sua personalidade reconhecida pelo Estado estrangeiro, mas pode este último limitar os direitos a serem exercidos, em virtude da própria condição de pessoa jurídica estrangeira e em nome da ordem pública[218]. Na mesma linha, o Instituto de Direito Internacional, em sua sessão de 1897 (sessão de Copenhague), defendeu que as *pessoas jurídicas de direito público* ("pessoas morais públicas", termo da resolução) constituídas por um Estado em seu território devem ser reconhecidas, de pleno direito, no território de outro Estado, podendo exercer direitos e contrair obrigações, nos limites da lei local, lhes sendo sempre assegurado o *acesso à justiça*[219].

O dispositivo da LINDB em análise, então, está em linha com o Direito Internacional Privado, pois (i) reconhece as pessoas jurídicas de direito público (Estado e organizações, de todo tipo, com funções públicas por ele criadas) e (ii) limita seus direitos, impedindo que adquiram imóveis ou bens suscetíveis de desapropriação.

Essa regra da LICC de 1942 reproduz o disposto na introdução do Código Civil de 1916, cujo art. 20 possuía o seguinte teor "as pessoas jurídicas de direito público externo não podem adquirir, ou possuir, por qualquer título, propriedade imóvel no Brasil, nem direitos suscetíveis de desapropriação, salvo os prédios necessários para estabelecimento das legações ou consulados".

A regra do § 2º do art. 11 possui duas dimensões: (i) a subjetiva, que delimita quais entes estão com os direitos restringidos, e (ii) a objetiva, que estabelece quais tipos de bens ou fórmula de domínio e posse estão sob seu alcance.

Quanto à *dimensão subjetiva* da regra, a redação de 1942 realizou uma especificação maior das entidades que, *além do Estado estrangeiro*, sofrem

---

218 RÜHLAND, Curt. Le problème des personnes morales en droit international privé. 45 *Recueil des Cours de l'Académie de Droit International de la Haye*, 1933, p. 387-474, em especial, p. 450.

219 Disponível em <http://www.idi-iil.org/idiF/resolutionsF/1897_copen_03_fr.pdf>, último acesso em 25 de abril de 2021.

dessa restrição, abrangendo as "organizações de qualquer natureza, que eles tenham constituído, dirijam ou hajam investido de funções públicas" (teor do § 2º do art. 11). Esse detalhamento respondeu à crítica quanto ao revogado art. 20, que levaria a dúvidas quanto ao seu alcance[220]. Pela nova redação, todas as *organizações internacionais* constituídas por Estados são alcançadas pelo dispositivo.

Além disso, mesmo as entidades de direito privado constituídas por Estado estrangeiro *e* que tenham função pública são alcançadas pela regra. Basta que, como lembra Serpa Lopes, que realizem *funções próprias de um Estado*[221]. Por decorrência lógica, entendemos que a Santa Sé (sujeito de Direito Internacional *sui generis*) e o Comitê Internacional da Cruz Vermelha (que possui direitos e deveres no plano internacional) estão também abrangidos por essa proibição.

Quanto à dimensão objetiva, a regra da LINDB impede que esses entes adquiram (i) *bens imóveis* ou (ii) *suscetíveis de desapropriação*, quer seja por ato *inter vivos* (compra e venda, doação, usucapião, etc.) ou *causa mortis*. No caso de sucessão, admite-se que o Estado estrangeiro beneficiado possa receber em pecúnia o seu quinhão, pela venda a terceiros dos bens que teria direito[222].

Diferentemente da introdução ao Código Civil de 1916 (art. 20), não há menção à posse de bens imóveis ou ainda a "direitos suscetíveis à desapropriação". Assim, somente o domínio de bens imóveis (e não a posse) é proibido.

Quanto aos bens suscetíveis a desapropriação, a LICC de 1942 ampliou, em muito, a vedação, pois, no Brasil, os *bens móveis* podem ser desapropriados pelo Poder Público. Consequentemente, a restrição do art. 11, § 2º, alcança tanto os bens imóveis quanto móveis, o que é extremamente

---

220 TENÓRIO, Oscar. *Lei de Introdução ao Código Civil brasileiro.* 2. ed. Rio de Janeiro: Borsoi, 1955, em especial p. 373.

221 SERPA LOPES, Miguel Maria. *Comentários à Lei de Introdução ao Código Civil.* 2. ed. Rio Janeiro: Freitas Bastos, 1959, v. III, em especial p. 61.

222 Nesse sentido, ver TENÓRIO, Oscar. *Lei de Introdução ao Código Civil brasileiro.* 2. ed. Rio de Janeiro: Borsoi, 1955, em especial p. 375.

amplo, e poderia inviabilizar, especialmente no tocante aos bens móveis, qualquer atividade de Estado estrangeiro no Brasil. Por isso, tal restrição foi atenuada pelo disposto no art. 11, § 3º, e ainda por tratados internacionais específicos, como analisaremos no comentário a seguir.

> § 3º Os Governos estrangeiros podem adquirir a propriedade dos prédios necessários à sede dos representantes diplomáticos ou dos agentes consulares.

Pelo exposto, o DIPr brasileiro estabeleceu restrição à aquisição de bens imóveis e aqueles suscetíveis de desapropriação (o que abrange os bens móveis), por Estado estrangeiro, por organização internacional composta por Estados ou ainda por entes estrangeiros que exerçam função pública. Contudo, o § 3º do art. 11 permitiu que os Estados estrangeiros possam adquirir a propriedade dos imóveis necessários à instalação das missões diplomáticas e repartições consulares. Essa autorização – óbvia – já estava prevista no art. 20 da antiga introdução ao Código Civil de 1916 (como mencionado), o que permite amenizar o rigor da proibição do § 2º visto anteriormente.

Em 1964, foi editada a Lei n. 4.331, pela qual foi regulada a aquisição por Estados estrangeiros, no Distrito Federal, de imóveis para *residência* dos "Agentes Diplomáticos" e "Membros da Missão" das respectivas missões diplomáticas. Exigiu-se, para a correta aquisição de tais imóveis, autorização do Ministério das Relações Exteriores. Os imóveis adquiridos em virtude dessa autorização especial sujeitam-se, para os efeitos civis, ao mesmo regime jurídico da propriedade dos nacionais. Ocorre que essa autorização especial prevista na lei vigorou por 5 anos, mas foi renovada por diplomas posteriores[223], tendo a Lei n. 6.235, de 1975, disposto que tal autorização teria prazo até 30 de junho de 1977. Com o fim da hipótese autorizadora, resta ainda em vigor o disposto no § 3º do art. 11 no que tange à propriedade dos prédios necessários à sede dos representantes diplomáticos ou dos agentes consulares.

223 Decreto-Lei n. 607, de 1969, Lei n. 5.791, de 1972.

Sobre a aquisição de bens imóveis fora do permissivo criado pela Lei n. 4.331/64 (e suas prorrogações), decidiu o Supremo Tribunal Federal quanto a impossibilidade de reconhecimento do *usucapião*. Tratou-se de terreno *comprado* pela Holanda sob o abrigo da autorização especial da Lei n. 4.331/64 e suas prorrogações, para servir como extensão dos jardins da residência oficial do Ministro-Conselheiro. Contudo, por sua própria omissão, a Holanda não transcreveu o título no Registro de Imóveis, sendo o terreno, após, vendido pelo antigo proprietário (ainda formalmente proprietário no Registro de Imóveis) a terceiro. Anos depois, fora do prazo prorrogado da autorização especial de compra de imóveis (vencido em 1977, como visto anteriormente), a Holanda ensaiou a defesa da aquisição do terreno por *usucapião*. Contudo, o Supremo Tribunal Federal considerou que a vedação genérica de aquisição de imóvel por Estado estrangeiro do art. 11, § 2º, deveria incidir, pois nem a regra geral do art. 11, § 3º, era aplicável nem a autorização especial da Lei n. 4.331/64 (o usucapião teria ocorrido depois de 1977)[224]. A Holanda ainda foi derrotada posteriormente, em ação reivindicatória promovida pelo proprietário formal, no Superior Tribunal de Justiça, com os mesmos argumentos[225].

No entanto, a LINDB age como *lei geral*, cedendo para a regulação específica (*lex specialis*) contida em tratado internacional, o que também serve para atenuar o rigor da proibição geral à aquisição de bens por Estado estrangeiro. Por exemplo, cabe citar os tratados referentes ao funcionamento de organizações internacionais no Brasil, como a Convenção sobre Privilégios e Imunidades das Nações Unidas, adotada em Londres, a 13 de fevereiro de 1946[226]. Esse tratado prevê que a Organização das Nações Unidas possui personalidade jurídica e tem a faculdade de contra-

---

224 Supremo Tribunal Federal, Apelação Cível 9.691/DF, Rel. Min. Francisco Rezek, julgamento 6-11-1985, publicação *DJ* 19-12-1985, p. 23623. No voto do Min. Sydney Sanchez foi sustentado que "Ora, se o autor, a partir de 30 de junho de 1977, já não pode adquirir imóvel no Brasil, também não pode, por via de consequência, computando prazo posterior a essa data, pretender usucapir o objeto da ação".

225 Superior Tribunal de Justiça, Recurso Ordinário 10/DF, Rel. Min. Castro Filho, julgamento em 3-6-2003, *DJ* 25-8-2003 p. 294.

226 Promulgada internamente pelo Decreto n. 27.784/50.

tar; de adquirir e de vender bens imóveis e móveis; e de demandar (art. 1º). Também prevalecem, como regra especial diante da LINDB, tratados que permitem aquisição de imóveis para a Missão Diplomática (Convenção de Viena sobre Relações Diplomáticas[227]) ou repartições consulares (Convenção de Viena sobre Relações Consulares[228]).

Art. 12. É competente a autoridade judiciária brasileira, quando for o réu domiciliado no Brasil ou aqui tiver de ser cumprida a obrigação.

Como já visto, o Direito Internacional Privado contemporâneo é caracterizado pela pluralidade de objetos, todos orbitando em torno da *gestão da diversidade* de ordenamentos jurídicos diante de fatos transnacionais. Entre os objetos da disciplina, há (i) a escolha da lei; (ii) a determinação da jurisdição; e (iii) o reconhecimento e execução de decisões estrangeiras (também conhecido como cooperação jurídica internacional), bem como (iv) nacionalidade e (v) mobilidade internacional humana (a antiga condição jurídica do estrangeiro).

O art. 12 da LINDB trata do segundo segmento do objeto do DIPr, focando a determinação da *jurisdição internacional cível*, que é passo anterior à resolução dos casos de concorrência de normas diante dos fatos transnacionais (também denominado de "conflito de leis"). Espínola e Espínola Filho resumiam a questão afirmando que "quando se suscita alguma questão de direito internacional privado, *o primeiro problema* que se apresenta é o da autoridade competente para o exame e decisão da controvérsia"[229].

---

227 Art. 21 – "1. O Estado acreditado deverá facilitar a *aquisição* em seu território, de acordo com as suas leis, pelo Estado acreditado, dos *locais necessários à Missão* ou ajudá-lo a consegui-los de outra maneira. 2. Quando necessário, ajudará também as Missões a obterem alojamento adequado para seus membros" (grifo meu).

228 Art. 30º – "Acomodações. 1. O Estado receptor deverá facilitar, de acordo com suas leis e regulamentos, a *aquisição*, em seu território, pelo Estado que envia, de acomodações necessárias à *repartição consular*, ou ajudá-la a obter acomodações de outra maneira. 2. Deverá igualmente ajudar, quando necessário, a repartição consular a obter acomodações convenientes para seus membros" (grifo meu).

229 Grifo não existente no original. ESPÍNOLA, Eduardo; ESPÍNOLA FILHO, Eduardo. *Tratado de direito civil brasileiro*. Rio de Janeiro: Freitas Bastos, 1942, v. VIII: Do direito internacional privado, t. I, p. 54.

Diante de fatos que contêm elementos de estraneidade, surge a dúvida sobre qual jurisdição estatal pode conhecer e solucionar eventual litígio. Essa temática é também conhecida como "conflito de jurisdição", mas o termo deve ser interpretado como tão somente a indicar a existência da *constelação de Estados* e de seus respectivos sistemas de justiça, o que pode gerar sobreposição de dois ou mais Estados querendo solucionar um litígio ou mesmo omissão, com nenhum Estado se dispondo a isso.

Assim, o estudo das normas de determinação da jurisdição é tema essencial no Direito Internacional Privado para dirimir os chamados "conflitos positivos de jurisdição" (dois ou mais Estados querem a regência de certa conduta social) ou "conflitos negativos de jurisdição" (nenhum Estado aceita regular determinada conduta)[230].

Para o Direito Internacional, a jurisdição de um Estado consiste no poder de regência estatal sobre pessoas, entes e bens. Utilizamos o termo *jurisdição internacional em sentido estrito* (ou jurisdição de adjudicação ou de julgamento) para denominar o poder do Poder Judiciário nacional de conhecer e solucionar as controvérsias[231]. A existência desse poder é

---

230 Contra o uso da expressão "conflito de jurisdição" está Amílcar de Castro, para quem essa expressão "só pode existir em face de um mesmo regulamento de competência". Continua o autor sustentando que "Além disso, é também da essência do conflito de jurisdição que seja resolvido por autoridade superior, que mantenha em subordinação os julgadores em conflito, positivo ou negativo. E nada disso acontece nos supostos conflitos de jurisdição internacionais". Contudo, mantemos o uso da terminologia "conflito de jurisdição", uma vez que, atualmente, há possibilidade inclusive de crivo de tribunal internacional (a "autoridade superior" de Castro) como a Corte Internacional de Justiça, Corte Europeia de Direitos Humanos, entre outros, que podem ser chamados quando um Estado extrapola sua jurisdição ou mesmo se omite (denegação de justiça). Conferir em CASTRO, Amílcar. *Direito internacional privado*. 5. ed. Rio de Janeiro: Forense, 2000, p. 57.

231 No sentido amplo, a jurisdição internacional pode ser dividida em três subespécies: (i) a jurisdição normativa (ou jurisdição para prescrever), (ii) a jurisdição de implementação ou de execução e (iii) a jurisdição de adjudicação ou jurisdição em sentido estrito. A jurisdição normativa consiste no poder do Estado de criar normas de regência sobre a conduta social. Já a jurisdição de implementação consiste no poder de aplicar as regras estabelecidas. Não trataremos da outra acepção de jurisdição no plano internacional, que é a jurisdição dos tribunais internacionais.

emanação da própria soberania do Estado, pois, como já decidiu a Corte Permanente de Justiça Internacional, "(...) a jurisdição é uma das formas mais óbvias de exercício do poder soberano"[232].

Já as regras nacionais sobre jurisdição determinam a extensão e os limites da jurisdição estatal diante das demais jurisdições dos Estados estrangeiros[233].

A LINDB, nesse tópico, foi complementada pelos arts. 21 a 25 (anteriormente, pelos arts. 88 a 90 do revogado Código de Processo Civil de 1973), no capítulo denominado "Dos limites da jurisdição nacional" do atual CPC. Esse capítulo do CPC trata de normas que explicitam as hipóteses de exercício da própria jurisdição brasileira, delimitando os casos em que o Poder Judiciário nacional pode conhecer (ou não) os feitos cíveis com elemento de estraneidade. Tal temática é também denominada "competência internacional"[234], porém o termo "competência" consiste na di-

---

232 Corte Permanente de Justiça Internacional, *Caso do Estatuto legal da Groenlândia Oriental* (Dinamarca *vs.* Noruega), Séries A/B, n. 53 (1933), julgamento de 5 de abril de 1933, p. 48.

233 BOTELHO DE MESQUITA, José Ignácio. Da competência internacional e dos princípios que a informam. *Revista de Processo,* n. 50, abril/junho, 1988, p. 51-71, em especial p. 51.

234 Há grande diversidade de termos na doutrina. Por exemplo, Bartin, apesar de utilizar a expressão "conflito de jurisdição" (que intitula a seção de sua obra que trata da temática), optou pelos termos "competência jurisdicional" ou "competência geral" (que seria o equivalente à jurisdição internacional). Machado Villela tinha preferência por "competência jurisdicional", mas aceitava o uso de "competência internacional". Battifol usou o termo "competência internacional", tal qual o CPC brasileiro de 1973. Valladão utilizava "competência judiciária", no que era seguido por Agustinho Fernandes Dias da Silva. Batalha utilizou "competência geral" (jurisdição internacional) e "competência especial" (competência propriamente dita). Strenger, em obra específica sobre o Direito Processual Internacional, utilizou "competência internacional". Ver, respectivamente: BARTIN, E. *Principes de droit international privé selon la loi et la jurisprudence françaises.* Paris: Éditions Domat-Montchrestien, 1930, t. 1, em especial § 119, p. 303 e seguintes; MACHADO VILLELA, Álvaro da Costa. *Tratado elementar (teórico e prático) de direito internacional privado.* Coimbra: Coimbra Editora, 1921, em especial p. 599; BATIFFOL, Henri. *Traité élémentaire de droit international privé.* 3. ed. Paris: LGDJ, 1959, p. 762; VALLADÃO, Haroldo. Da competência judiciária no direito internacional privado. *Estudos de direito internacional*

visão interna de trabalho entre os órgãos judiciais e pressupõe a existência de jurisdição[235]. Utilizo o termo "jurisdição internacional", uma vez que se trata de tema relacionado à delimitação da jurisdição em face dos fatos transnacionais[236].

As normas relativas à jurisdição internacional no Direito Internacional Privado, por sua vez, revelam o alcance da jurisdição do Estado para conhecer e julgar litígios que contêm o chamado fato transnacional, ou seja, litígios que possuem determinado vínculo ou elemento de conexão com outros ordenamentos jurídicos.

Esses elementos de conexão podem ser (i) a nacionalidade ou (ii) o domicílio de uma das partes, (iii) a obrigação constituída em outro Estado, (iv) a obrigação a ser executada em outro Estado, (v) o casamento e (vi) o divórcio realizados em Estados distintos. Machado Villela classificou esses elementos de estraneidade que podem gerar os conflitos de jurisdição em dois grupos: o relativo ao *elemento pessoal* (nacionalidade ou domicílio) e o relativo ao *elemento real* (lugar da prática de um ato, lugar da situação da coisa, entre outros)[237].

Com a determinação da jurisdição internacional, fica exposta a opção brasileira (dentro do marco do Direito Internacional) de imposição de limites ao seu próprio poder jurisdicional, reconhecendo a existência de outros Estados e suas respectivas jurisdições. Por isso, é possível inclusive defender que as normas de um Código Processual Civil deveriam se abs-

---

privado. Rio de Janeiro: José Olympio, 1947, p. 421-463; BATALHA, Wilson de Souza Campos. *Tratado de direito internacional privado.* 2. ed. São Paulo: RT, 1977, v. II, em especial p. 354; SILVA, Agustinho Fernandes Dias da. *A competência judiciária no direito internacional privado.* Rio de Janeiro: Freitas Bastos, 1965, p. 13; STRENGER, Irineu. *Direito processual internacional.* São Paulo: LTr, 2003, p. 54.

235 Por todos, ver GRINOVER, Ada Pellegrini; CINTRA, Antônio Carlos de Araújo; DINAMARCO, Cândido Rangel. *Teoria geral do processo.* 25. ed. São Paulo: Malheiros, 2009.

236 CARVALHO RAMOS, André de. *Curso de direito internacional privado.* 2. ed. São Paulo: Saraiva, 2021, p. 213-215.

237 MACHADO VILLELA, Álvaro da Costa. *Tratado elementar (teórico e prático) de direito internacional privado.* Coimbra: Coimbra Editora, 1921, p. 598.

ter de tratar de jurisdição, podendo fazer, ao contrário, remissão a um diploma específico de Direito Internacional Privado[238].

A existência de regras da LINDB e do CPC sobre a jurisdição internacional retratam a impossibilidade de uma jurisdição *ilimitada* ou sem regras, calcada em uma ilusão soberanista. Um Estado que aceite conhecer e julgar qualquer causa no globo fatalmente terá dificuldade de fazer cumprir tais comandos judiciais, que esbarrarão na negativa de cooperação jurídica internacional tanto para auxiliar a produção da decisão quanto para reconhecer e executar a sentença prolatada. Por seu turno, a jurisdição ilimitada de todos os Estados levaria a imposição de regras distintas sobre uma mesma conduta, gerando ordens contraditórias e atritos. Consequentemente, os litígios entre Estados seriam inevitáveis, ameaçando a convivência e a paz internacional. Porém, caso os Estados limitem excessivamente a jurisdição em sentido estrito, pode ocorrer *denegação de justiça.*

Há dois modos tradicionais de se determinar a jurisdição internacional cível no Direito Internacional Privado: (i) a *determinação direta,* pela qual a extensão da jurisdição de um Estado está prevista taxativamente, excluindo, implicitamente, todas as demais; (ii) a *determinação indireta,* pela qual o alcance da jurisdição de um Estado é deduzido de modo mediato, extraído das regras existentes sobre a competência territorial dos órgãos judiciais internos. Por esse segundo modo, se uma controvérsia está incluída na *competência interna* de um órgão judicial nacional, a jurisdição fica, então, fixada[239].

Em 1916, o art. 15 da introdução ao Código Civil adotou o modo da *determinação indireta,* ao dispor, na sua primeira parte que "rege a competência, a forma do processo e os meios de defesa a *lei do lugar,* onde se mover a ação". Assim, caso fosse proposta a ação no Brasil, agiria a lei processual nacional e suas regras de competência. A parte final

238 JATAHY, Vera Maria Barrera. *Do conflito de jurisdições. A competência internacional da justiça brasileira.* Rio de Janeiro: Forense, 2003, p. 94, nota de rodapé n. 22.

239 LIEBMANN, Enrico Tullio. Os limites da jurisdição brasileira. 92 *Revista Forense,* dez. 1942, p. 647-650, em especial p. 647.

do próprio art. 15 confirmava essa opção ao estatuir que "sendo competentes *sempre* os tribunais brasileiros nas demandas contra as *pessoas domiciliadas ou residentes no Brasil*, por obrigações contraídas ou responsabilidades assumidas neste ou noutro país"[240], o que seria consequência lógica da primeira parte.

Contudo, como assinalou Liebmann, essa segunda parte tinha como objetivo reforçar a *exclusividade* da jurisdição brasileira sobre as demandas contra as pessoas domiciliadas ou residentes no Brasil, impedindo, por exemplo, o reconhecimento brasileiro de sentença estrangeira contra tais pessoas. A interpretação do dispositivo levava à conclusão de que pertenceriam à jurisdição brasileira todas as causas que, segundo as regras de competência territorial nacional, seriam da competência do juízo brasileiro[241].

O art. 15 combinado com o art. 134, § 1º, do CPC de 1939 (que permitia a propositura da ação no Brasil mesmo na *ausência* de domicílio do réu ou do autor[242]) aumentaram enormemente o alcance da jurisdição brasileira. Em parecer sobre ação de arresto de navio no porto de Santos, proposto por empresa domiciliada na Inglaterra contra empresa alemã domiciliada *também* no estrangeiro, Valladão sustentou que o Brasil possuía jurisdição sobre o caso, em face da generosidade do art. 15, mesmo tendo como *única ligação com o foro* a localização (no Brasil) do bem objeto da execução. Valladão sustentava que o aumento

---

240 O artigo no seu inteiro teor possuía a seguinte redação: "Art. 15. Rege a competência, a forma do processo e os meios de defesa a lei do lugar, onde se mover a ação; sendo competentes sempre os tribunais brasileiros nas demandas contra as pessoas domiciliadas ou residentes no Brasil, por obrigações contraídas ou responsabilidades assumidas neste ou noutro país".

241 Conforme lição de Liebmann. LIEBMANN, Enrico Tullio. Os limites da jurisdição brasileira. 92 *Revista Forense,* dez. 1942, p. 647-650, em especial p. 648.

242 Art. 134. O réu será, em regra, demandado no foro de seu domicílio, ou, na falta, no de sua residência. § 1º Quando o réu não tiver domicílio, ou residência, no Brasil, e, por outras disposições constantes deste Título, não se puder determinar a competência, a ação será proposta no foro do domicílio, ou residência, do autor. Se também o autor for domiciliado e residente em território estrangeiro, a ação poderá ser proposta perante qualquer juízo.

do alcance da jurisdição brasileira era *desejável* para evitar denegação de justiça[243].

Adotaram-se os *princípios da unilateralidade e exclusividade* da jurisdição, com base nos quais a introdução ao Código Civil preocupou-se com a fixação da jurisdição brasileira (unilateralidade) e ainda regulou a exclusão de qualquer outra jurisdição estrangeira.

Já o Código Bustamante adotou, em seu art. 318[244], o *princípio da submissão*, pelo qual as partes podem, em nome da autonomia da vontade, submeter um litígio a um determinado juízo nacional, desde que seja ao menos uma das partes nacional ou seja domiciliada no Estado em questão. Tendo em vista a resistência dos Estados, o Código Bustamante excluiu expressamente as ações reais ou mista sobre bens imóveis, caso o foro da sua situação proibir tal liberdade das partes (como é o caso do Brasil, como veremos a seguir), bem como previu que esse dispositivo não seria aplicado se houvesse disposição em sentido contrário do direito local. No Brasil, esse dispositivo, por colidir com o "direito local" à época (no caso, o art. 15 da introdução ao Código Civil), jamais foi aplicado.

Com a LICC de 1942, editou-se uma *regra unilateral* de Direito Internacional Privado, ou seja, regra que visa solucionar a determinação da jurisdição do foro (no caso o Brasil), sem preocupar-se com toda e qualquer situação transnacional. Houve mudança radical em relação à determinação da jurisdição internacional, com o DIPr brasileiro rumando em direção ao sistema da *determinação direta*, o que foi aceito também pelo Código de Processo Civil de 1973 e pelo CPC atual (2015, ver a seguir).

---

243 Parecer de 11 de junho de 1940. Conferir o parecer na íntegra em VALLADÃO, Haroldo. Da competência judiciária no direito internacional privado. *Estudos de direito internacional privado.* Rio de Janeiro: José Olympio, 1947, p. 421-463, em especial p. 461.

244 Art. 318. O juiz competente, em primeira instancia, para conhecer dos pleitos a que dê origem o exercicio das acções civeis e mercantis de qualquer especie, será aquelle a quem os litigantes se submettam expressa ou tacitamente, sempre que um delles, pelo menos, seja nacional do Estado contratante a que o juiz pertença ou tenha nelle o seu domicilio e *salvo o direito local*, em contrario. A submissão não será possivel para as acções reaes ou mixtas sobre bens immoveis, se a prohibir a lei da sua situação.

Com a opção pelo modelo da determinação direta, foram definidas as hipóteses de fixação da jurisdição internacional cível. Em primeiro lugar, a LICC de 1942 estipulou que é competente a autoridade judiciária brasileira quando (i) o réu for domiciliado no Brasil (*actor sequitur forum rei*) ou (ii) aqui tiver de ser cumprida a obrigação. Novamente, apontamos a imprecisão do uso do termo "competente", quando se trata inequivocamente de se fixar a jurisdição internacional.

O art. 12, *caput*, da LINDB alterou o critério de fixação de jurisdição do art. 15 da revogada introdução ao Código Civil de 1916 da seguinte maneira: a redação revogada afirmava que eram "competentes sempre os tribunais brasileiros nas demandas contra as pessoas domiciliadas ou residentes no Brasil, por obrigações contraídas ou responsabilidades assumidas neste ou noutro país", sendo que a redação atual do art. 12 retirou a restrição das "obrigações" ou "responsabilidades", mas exigiu a existência de domicílio no Brasil, não aceitando mais a residência.

A segunda hipótese de determinação da jurisdição cível brasileira de acordo com o art. 12 da LINDB depende de "aqui tiver de ser cumprida a obrigação". É uma hipótese alternativa, que não depende do domicílio do réu. Busca-se, assim, ampliar as alternativas do autor de uma ação, no caso do domicílio do réu ser em outro Estado.

Quanto à exclusividade ou não da jurisdição brasileira determinada pelo art. 12, *caput*, observo que foi suprimida a locução "sempre" da redação do revogado art. 15 da introdução ao Código Civil. Além disso, o § 1º do mesmo art. 12, quando quis impor a exclusividade, a fez constar expressamente do seu texto (no caso, jurisdição exclusiva brasileira para tratar de bens imóveis situados no Brasil), ao dispor que "só a autoridade judiciária brasileira..." (ver comentário ao § 1º do art. 12, a seguir).

Assim, a doutrina interpretou esse dispositivo (nas duas hipóteses: réu domiciliado no Brasil e obrigação a ser cumprida no Brasil) como sendo determinante de jurisdição brasileira cível *concorrente* e não exclusiva. Logo, haveria a permissão de (i) eleição de foro pelas partes, expressa em contrato ou implícita (pela ausência de impugnação a tempo, a *declinatoria fori*) e (ii) homologação e execução no Brasil de sentença estrangeira transitada em julgado nessas hipóteses[245].

Com a edição de um novo Código de Processo Civil, em 1973, substituindo o CPC de 1939 da era Vargas, a temática da fixação da jurisdição internacional cível foi tratada nos arts. 88 a 90, em capítulo denominado "Da competência internacional". Não houve a revogação expressa do art. 12, *caput*, mas o art. 88 do CPC tratou de regular também a matéria. Para Tenório, não há conflito entre o CPC e a LICC, uma vez que os dispositivos não seriam conflitantes, mas sim cumulativos[246].

Assim, o CPC/73 fixou a jurisdição internacional cível brasileira quando (i) o réu, qualquer que seja a sua nacionalidade, estiver domiciliado no Brasil; (ii) no Brasil tiver de ser cumprida a obrigação; (iii) a ação se originar de fato ocorrido ou de ato praticado no Brasil; e, por fim, (iv) para os atos ou fatos relacionados à agência, filial ou sucursal no território brasileiro de ré pessoa jurídica estrangeira (parágrafo único do mesmo art. 88)[247]. Nessa última hipótese, o Superior Tribunal de Justiça estendeu a jurisdição brasileira para admitir o julgamento de processo contra filial brasileira aqui domiciliada por ato no exterior realizado por empresa estrangeira distinta, mas pertencente ao mesmo grupo econômico, uma vez que houve o uso em proveito próprio da notoriedade da marca comum (chamado "Caso Panasonic"[248]).

---

245 Nessa linha, conferir VALLADÃO, Haroldo. Da competência judiciária no direito internacional privado. *Estudos de direito internacional privado*. Rio de Janeiro: José Olympio, 1947, p. 482; SILVA, Agustinho Fernandes Dias da. *A competência judiciária no direito internacional privado*. Rio de Janeiro: Freitas Bastos, 1965, p. 62.

246 TENÓRIO, Oscar. *Direito internacional privado*. 11. ed. Rio de Janeiro: Freitas Bastos, 1976, v. II, p. 381.

247 Art. 88. É competente a autoridade judiciária brasileira quando: I – o réu, qualquer que seja a sua nacionalidade, estiver domiciliado no Brasil; II – no Brasil tiver de ser cumprida a obrigação; III – a ação se originar de fato ocorrido ou de ato praticado no Brasil. Parágrafo único. Para o fim do disposto no I, reputa-se domiciliada no Brasil a pessoa jurídica estrangeira que aqui tiver agência, filial ou sucursal.

248 Superior Tribunal de Justiça, Recurso Especial 63.981, Rel. p/ Acórdão Ministro Sálvio de Figueiredo Teixeira, julgado em 11-4-2000, *DJ* 20-11-2000, p. 296.

Assim, o CPC/73 adotou o critério da determinação direta da jurisdição, já abraçado pelo art. 12 da LINDB, pelo qual a extensão da jurisdição de um Estado está prevista *taxativamente*, excluindo, implicitamente, todas as demais.

Comparando a redação do art. 12, *caput*, da LINDB com a do art. 88 do CPC/73, vê-se que este último inovou, acrescentando uma nova hipótese de fixação de jurisdição, que vem a ser aquela que surge de a ação originar-se de fato ocorrido ou ato praticado no Brasil. No mais, foram mantidas as duas hipóteses que já constavam da LINDB (réu domiciliado no Brasil e obrigação a ser cumprida aqui).

A jurisdição brasileira cível estabelecida com base no art. 88 do CPC era tida como *relativa ou concorrente*, ou seja, não exclui a possibilidade de que a jurisdição estrangeira conheça a causa e a julgue, e, eventualmente, seja tal sentença estrangeira homologada e executada no Brasil. A consagração dessa *concorrência de jurisdições* foi dada pelo art. 90 do CPC/73, que dispõe: "A ação intentada perante tribunal estrangeiro não induz litispendência, nem obsta a que a autoridade judiciária brasileira conheça da mesma causa e das que lhe são conexas". Assim, não há a consequência regular da *litispendência*, que seria a extinção sem julgamento do mérito da ação proposta por último (*later in time*).

Contudo, a solução para evitar decisões contraditórias está no uso do instituto da coisa julgada: a ação brasileira com trânsito em julgado impede a homologação da sentença estrangeira. E o trânsito em julgado da ação de homologação de sentença estrangeira pode impor a extinção, sem julgamento de mérito, da ação brasileira ainda em curso.

A concorrência de jurisdições só ocorre nas hipóteses do art. 88, uma vez que, como veremos a seguir, o art. 89 do CPC/73 trata de hipóteses de *jurisdição cível exclusiva*, na qual expressamente o Brasil exclui todas as demais jurisdições estrangeiras.

Resta saber se o art. 88 do CPC/73 e suas hipóteses de determinação direta da jurisdição representavam rol exaustivo, estabelecendo de modo taxativo os limites da jurisdição brasileira em casos que apresentam elementos de estraneidade, ou se seria caso de se reconhecer, excepcionalmente, outras hipóteses oriundas do direito de acesso à justiça. Note-se que o CPC de 1973 não estabelecia uma cláusula de abertura, como, por exemplo, a prevista na Lei de Direito Internacional Privado suíça de 1987, que permite a extensão da jurisdição suíça para determinada ação que (i) apresente vínculo suficiente com o ordenamento suíço e (ii) que não seria conhecida em Estado estrangeiro[249].

A defesa da taxatividade do delineamento da jurisdição brasileira pelo legislador foi sustentada, inicialmente, pelo Superior Tribunal de Justiça, que considerou violação dos arts. 88 e 89 do CPC uma decisão que reconhecia a jurisdição brasileira *além dos casos* contemplados naqueles dispositivos[250]. Nessa linha, Botelho de Mesquita defende que a jurisdição é uma atividade onerosa e que não deve ser exercida desnecessariamente. Consequentemente, as causas não incluídas no art. 88 (e também no art. 89, a seguir comentado) encontrar-se-iam, em geral, *excluídas* da jurisdição brasileira. Porém, o autor admite, excepcionalmente, que seja encontrado na causa algum ponto de contato que faça nascer o interesse brasileiro de acionar sua jurisdição para conhecer do litígio[251].

Anos depois, o STJ decidiu que é possível *estender a jurisdição cível brasileira* sob os seguintes parâmetros: (i) existência de interesse da autoridade judiciária brasileira no julgamento da causa (princípio do interesse); (ii) possibilidade de execução da respectiva sentença (princípio da efetividade); (iii) anuência das partes envolvidas em submeter o litígio à jurisdição nacional (princípio da submissão). De acordo com essa posição do STJ, então, a jurisdição internacional do Brasil não se esgotava nas hipóteses dos arts. 88 e 89 do CPC/73, cujo rol não era exaustivo. Assim, "pode haver processos que não se encontram na rela-

249 Conferir o art. 3º da Lei. Ver mais em MARQUES, Sérgio André Laclau Sarmento. *A jurisdição internacional dos tribunais brasileiros*. Rio de Janeiro: Renovar, 2007, em especial p. 155.

250 Superior Tribunal de Justiça, Recurso Especial 2.170/SP, Rel. Min. Eduardo Ribeiro, julgamento em 7-8-1990, *DJ* 3-9-1990, p. 8842.

251 BOTELHO DE MESQUITA, José Ignácio. Da competência internacional e dos princípios que a informam. *Revista de Processo*, n. 50, abril/junho, 1988, p. 51-71, em especial p. 54.

ção contida nessas normas, e que, não obstante, são passíveis de julgamento no Brasil"[252].

Porém, não se trata de reconhecer um poder jurisdicional ilimitado do Estado brasileiro, o que desrespeitaria o Direito Internacional, mas sim de ponderar, em determinado caso concreto, a possibilidade de violação do direito de acesso à justiça, também previsto na Constituição e nos tratados de direitos humanos ratificados pelo Brasil. O acesso à justiça é direito de aplicação imediata (art. 5º, § 1º, da CF/88[253]), não podendo ser afastado pela falta de disposição expressa de lei determinante dos limites da jurisdição brasileira cível aos feitos transnacionais. As hipóteses de *prorrogação* da competência brasileira fora das hipóteses do art. 88 eram: (i) jurisdição voluntária; e (ii) inexistência de alternativa à parte, pela falta de outro foro competente (caso de denegação de justiça[254]).

Outro ponto de intensa polêmica durante os anos de vigência do art. 88 dizia respeito à possibilidade da derrogação, por vontade das partes, das hipóteses de jurisdição *concorrente* cível brasileira (a jurisdição absoluta, por expressa determinação legal, exclui as demais). O caso mais comum era o da cláusula de eleição de foro estrangeiro prevista em contrato, que era, depois, ignorada por um dos contratantes, que ingressava com ação no Brasil, fundada em uma das hipóteses do rol do art. 88 do CPC/73.

À época, Botelho de Mesquita sustentou que esse tipo de cláusula contratual era ineficaz, uma vez que a fixação da jurisdição internacional

---

252 *In verbis*: "A competência (jurisdição) internacional da autoridade brasileira não se esgota pela mera análise dos arts. 88 e 89 do CPC, cujo rol não é exaustivo. Assim, pode haver processos que não se encontram na relação contida nessas normas, e que, não obstante, são passíveis de julgamento no Brasil. Deve-se analisar a existência de interesse da autoridade judiciária brasileira no julgamento da causa, na possibilidade de execução da respectiva sentença (princípio da efetividade) e na concordância, em algumas hipóteses, pelas partes envolvidas, em submeter o litígio à jurisdição nacional (princípio da submissão)". Superior Tribunal de Justiça, Recurso Ordinário 64/SP, Rel. Min. Nancy Andrighi, julgado em 13-5-2008, *DJe* 23-6-2008.

253 Sobre a aplicabilidade imediata dos direitos humanos, conferir em CARVALHO RAMOS, André de. *Teoria geral dos direitos humanos na ordem internacional*. 7. ed. São Paulo: Saraiva, 2021.

254 MARQUES, Sérgio André Laclau Sarmento. *A jurisdição internacional dos tribunais brasileiros*. Rio de Janeiro: Renovar, 2007, em especial p. 161.

é tema atinente à soberania do Estado, que não poderia ser, então, superada por acordo de vontades entre particulares. Para o autor, a fixação de jurisdição internacional seria sempre absoluta, ainda quando a lei admitisse a atuação concorrente de jurisdição estrangeira[255]. Em sentido oposto, Mori e Nascimento defenderam a *possibilidade* de renúncia à jurisdição brasileira, desde que houvesse a possibilidade de recurso à Justiça estrangeira (típico caso da cláusula de eleição de foro estrangeiro), pois não poderia existir renúncia total à tutela jurisdicional[256].

Dirimindo a polêmica, decidiu o STJ que a jurisdição internacional cível concorrente ou relativa *não* poderia ser afastada pela vontade das partes, ou seja, a cláusula de eleição de foro estrangeiro em caso de ter a Justiça brasileira jurisdição era ineficaz[257]. A Súmula 335 do Supremo Tribunal Federal ("é válida a cláusula de eleição de foro para os processos oriundos do contrato") não era considerada aplicável à determinação da jurisdição internacional, *somente* para os casos de competência interna[258].

Esse debate era semelhante à polêmica envolvendo a constitucionalidade da Lei da Arbitragem (Lei n. 9.307/96) por eventual ofensa ao direito de acesso à justiça. No caso da arbitragem, o STF reconheceu a constitucionalidade da prevalência da arbitragem pactuada por agentes capazes e em casos de direitos disponíveis[259]. O direito de acesso à justiça não é

---

255 BOTELHO DE MESQUITA, José Ignácio. Da competência internacional e dos princípios que a informam. 50 *Revista de Processo*, 1988, p. 51-71, em especial p. 53.

256 MORI, Celso Cintra; NASCIMENTO, Edsom Bueno. A competência geral internacional do Brasil: competência legislativa e competência judiciária no direito brasileiro. 73 *Revista de Processo*, 1994, p. 74-93, em especial p. 85.

257 Consta da ementa: "Competência internacional concorrente da autoridade judiciária brasileira, que não é suscetível de ser arredada pela vontade das partes". Superior Tribunal de Justiça, Recurso Especial 251.438/RJ, Rel. Min. Barros Monteiro, *DJ* de 2-10-2000.

258 Superior Tribunal de Justiça, Recurso Especial 804.306/SP, Rel. Min. Nancy Andrighi, julgamento em 19-8-2008, *DJe* 3-9-2008. Ver também: REsp 498.835/SP, Rel. Min. Nancy Andrighi, *DJ* de 9-5-2005.

259 Supremo Tribunal Federal, Agravo Regimental na Sentença Estrangeira n. 5.206 AgR/Espanha, Rel. Min. Sepúlveda Pertence, julgamento 12-12-2001, publicação *DJ* 30-4-2004, p. 29.

absoluto e pode ser restrito para prevalecer a liberdade em caso de direitos disponíveis. A jurisdição internacional é fruto da soberania, mas um Estado de Direito respeita os direitos humanos e a liberdade e autonomia de pactuar, não podendo a delimitação da jurisdição ser usada justamente *contra* essa liberdade.

O CPC de 2015, por sua vez, absorveu toda a discussão anterior, atualizando com certa tibieza a *terminologia da matéria* ("limites da jurisdição nacional" no título do Cap. I do Título II do Livro II do CPC), mas continuando a utilizar "competência internacional", como se vê no art. 25, § 1º[260].

De acordo com seu art. 13, o novo CPC determina que a jurisdição civil será regida pelas normas processuais brasileiras, ressalvadas as *disposições específicas* previstas em tratados, convenções ou acordos internacionais de que o Brasil seja parte, o que demonstra, novamente, que o tratado no DIPr deve ser considerado *lex specialis*[261], afastando-se a aplicação das normas gerais da LINDB e, nesse caso, do CPC.

As regras específicas sobre jurisdição internacional estão previstas no Título II, denominado "dos limites da jurisdição nacional e da cooperação internacional". Seguiu-se a divisão do CPC de 1973 entre a *jurisdição internacional relativa ou concorrente*, que é aquela na qual o Brasil admite que outro Estado exerça – até simultaneamente – jurisdição sobre o mesmo fato transnacional (casos dos arts. 21 e 22), e a *jurisdição internacional absoluta ou exclusiva* (art. 23), que é aquela em que o Brasil não reconhece o poder jurisdicional de qualquer outro Estado sobre aquele caso.

No tocante à jurisdição internacional relativa, o art. 21 determina que compete à autoridade judiciária brasileira processar e julgar as ações em

---

260 Art. 25. (...) § 1º Não se aplica o disposto no *caput* às hipóteses de competência internacional exclusiva previstas neste Capítulo.

261 Cuidam da jurisdição internacional, entre outros, os seguintes tratados vigentes; Código Bustamante (1928, incorporado internamente pelo Decreto n. 18.871/29); Protocolo de Buenos Aires sobre jurisdição internacional em matéria contratual (1994, incorporado internamente pelo Decreto n. 2.095/96); Protocolo de Las Leñas sobre cooperação e assistência jurisdicional em matéria civil, comercial, trabalhista e administrativa (1992, incorporado internamente pelo Decreto n. 2.067/96).

que: (i) o réu, qualquer que seja a sua nacionalidade, estiver domiciliado no Brasil; (ii) no Brasil tiver de ser cumprida a obrigação; (iii) o fundamento seja fato ocorrido ou ato praticado no Brasil. Considera-se domiciliada no Brasil a pessoa jurídica estrangeira que nele tiver agência, filial ou sucursal.

A leitura do novo art. 21 demonstra que *não houve substancial alteração* do disposto no revogado art. 88 do CPC de 1973, apenas o aperfeiçoamento da redação da terceira hipótese (em vez do antigo "a ação se originar de fato ocorrido ou de ato praticado no Brasil", colocou-se "fundamento seja fato ocorrido ou ato praticado no Brasil").

Contudo, o art. 22 enumerou novas hipóteses de jurisdição internacional cível, acompanhando a evolução doutrinária, que questionava (como vimos) a restrição do rol do antigo CPC.

Assim, compete, ainda, à autoridade judiciária brasileira processar e julgar as ações: (iv) de alimentos, quando: a) o credor tiver domicílio ou residência no Brasil; b) o réu mantiver vínculos no Brasil, tais como posse ou propriedade de bens, recebimento de renda ou obtenção de benefícios econômicos; (v) decorrentes de relações de consumo, quando o consumidor tiver domicílio ou residência no Brasil; e (vi) em que as partes, expressa ou tacitamente, se submeterem à jurisdição nacional. As duas primeiras novas hipóteses originam-se do direito de acesso à justiça e a terceira nova hipótese lastreia-se na autonomia e no direito de liberdade de escolha.

No caso dos alimentos, a nova disposição evita a omissão existente no passado quando do fundamento da ação de alimentos não se originava de fato ocorrido no Brasil, o que levava o autor da ação (credor dos alimentos) a ser obrigado a processar o réu no exterior, criando uma dificuldade quase instransponível de acesso à justiça e ameaçando sua própria sobrevivência material digna. Por isso, o novo CPC aceitou, inclusive, o elemento de conexão "residência do credor de alimentos" e não somente o "domicílio". Por sua vez, na hipótese de o réu da ação de alimentos – mesmo que não domiciliado no Brasil – ter "vínculos" com o Brasil, como bens, rendas ou benefícios (entre outros, o rol legal é meramente exemplificativo), pode o país exercer jurisdição.

No caso das relações de consumo, o novo CPC atende a uma demanda do DIPr contemporâneo de atualização das regras de delimitação da jurisdição em face da *vulnerabilidade* do consumidor no contexto de fornecedores globais. Assim, o consumidor que adquirir produto no exterior e for domiciliado ou residente no Brasil pode se socorrer da proteção do Judiciário nacional. Para definir o alcance do termo "relações de consumo" previsto no art. 22, II, do novo CPC para fins de extensão da jurisdição cível brasileira, deve-se usar a *lex fori*, ou seja, a lei brasileira. Assim sendo, é aplicável o Código de Defesa do Consumidor brasileiro, que determina o conceito de consumidor (e seus tipos), bem como o conteúdo das relações consumeristas, em um verdadeiro microssistema.

Por fim, a eleição de foro foi incluída expressamente como forma de delimitação da jurisdição internacional no Brasil, o que supre a lacuna da legislação anterior, que não a previa. Esse dispositivo consagra o *princípio da submissão*, pelo qual um Estado possui jurisdição sobre os fatos transnacionais que as partes – voluntariamente – submeteram ao Poder Judiciário nacional, em linha com o direito de acesso à justiça. Vários Estados tradicionalmente aceitam esse permissivo, de modo a atrair negócios internacionais ao seu foro.

Anotamos falta de uniformidade do novo CPC, que no art. 21, I, exige o "domicílio" do réu para fixar a jurisdição brasileira, mas no art. 22, I, *a*, e II, fez menção também a "residência".

Quanto à *concorrência de jurisdições*, foi mantida a solução do CPC de 1973 (art. 90) estudada anteriormente, na dicção do art. 24: "A ação proposta perante tribunal estrangeiro não induz litispendência e não obsta que a autoridade judiciária brasileira conheça da mesma causa e das que lhe são conexas, ressalvadas as disposições em contrário de tratados internacionais e acordos bilaterais em vigor no Brasil".

De fato, é possível, nas hipóteses dos arts. 21 e 22 do novo CPC, a existência de ação idêntica em Estado estrangeiro, não existindo a consequência da *litispendência*, que seria a extinção sem julgamento do mérito da ação proposta por último. Novamente, como já foi mencionado neste livro, a solução para evitar decisões contraditórias está no *uso do instituto da coisa julgada*: a ação brasileira com trânsito em julgado impede a homologação da sentença estrangeira; e o trânsito em julgado da ação de homologação de sentença estrangeira pode impor a extinção, sem julgamento de mérito, da ação brasileira ainda em curso.

Entretanto, além dessas novas hipóteses e na linha do que foi defendido anteriormente em relação aos arts. 88 e 89, sustentamos também que é possível a extensão da jurisdição para outros casos não previstos expressamente pelo novo CPC, em nome do direito de acesso à justiça.

Quanto ao *afastamento* da jurisdição brasileira relativa ou concorrente em face das cláusulas de eleição de foro (comuns em contratos internacionais), o art. 25 *pôs fim à polêmica*, ao dispor que *não* compete à autoridade judiciária brasileira o processamento e o julgamento da ação quando houver cláusula de eleição de foro exclusivo estrangeiro em contrato internacional, arguida pelo réu na contestação. Caso o réu não impugne a falta de jurisdição, considera-se então superada a cláusula em nome da autonomia da vontade. Logo, o Código de Processo Civil (CPC) de 2015[262] optou pela prevalência da *liberdade e autonomia das partes*, dando eficácia à cláusula de eleição de foro estrangeiro. Obviamente, não se aplica o disposto às hipóteses de jurisdição internacional exclusiva, que comentaremos a seguir.

Assim, a autonomia da vontade foi valorizada duplamente pelo novo CPC no que tange à jurisdição: (i) serve para fundamentar a ampliação da jurisdição internacional (*princípio da submissão*) e (ii) serve para fundamentar a derrogação da jurisdição internacional (*somente a relativa ou concorrente*).

Foi superada a visão de que as regras de jurisdição internacional são de ordem pública e, consequentemente, insuscetíveis de modificação pela vontade das partes. Contudo, há uma exceção à liberdade dos contratantes em derrogar a jurisdição concorrente, no que tange aos contratos internacionais de consumo. Isso porque os contratos internacionais de consumo são, em geral, contratos de adesão nos quais o fornecedor impõe sua escolha de foro. Não há, então, qualquer liberdade ou autonomia da vontade (valorizada pelo novo CPC) no que tange à derrogação da jurisdição nesses contratos de adesão. Assim, entendo que o art. 25 do CPC (derrogação da jurisdição internacional relativa ou concorrente) só se aplica aos contratos internacionais de consumo que não sejam de adesão. Outra interpretação levaria ao seguinte paradoxo: o novo CPC, na busca da proteção de direi-

262 Lei n. 13.105, de 16 de março de 2015.

tos humanos e da parte vulnerável, estendeu a jurisdição internacional brasileira para abarcar as ações propostas pelos consumidores domiciliados ou residentes no Brasil, mas, ao mesmo tempo, teria tornado tal extensão inócua, pois a esmagadora maioria de contratos internacionais de consumo são de adesão e suas cláusulas impõem a jurisdição do Estado do fornecedor ou outra que lhe seja ainda mais favorável.

Não há dispositivo no novo CPC referente a *declínio da jurisdição brasileira* em favor de *foro estrangeiro.* O art. 3.135 do Código Civil do Quebec estabeleceu norma nesse sentido, que dispõe que, excepcionalmente e mesmo que a autoridade judicial tenha jurisdição sobre o caso, esta pode declinar de sua jurisdição em favor da jurisdição estrangeira que esteja em melhor condição de solucionar a lide[263].

Nos Estados Unidos, a doutrina do *forum non conveniens* consagra essa possibilidade de derrogação da jurisdição fixada, com fundamento na percepção de que o julgamento em tribunal estrangeiro seria mais apropriado. Em outros termos, a fixação inicial da jurisdição não obriga o julgador, que pode recusar a demanda, caso tenha razões para considerar que o julgamento nacional não seria apropriado ou justo[264].

Na ausência de regra expressa, é possível invocar o *princípio da efetividade* para justificar eventual declínio de jurisdição, caso provado que a sentença brasileira não seria cumprida no foro estrangeiro considerado conveniente ou adequado. Em caso criminal, o Supremo Tribunal Federal, em decisão monocrática do Ministro Celso de Mello, reconheceu que "(...) o conceito de jurisdição encerra não só a ideia de 'potestas' mas supõe, também, a noção de 'imperium', a evidenciar que não há jurisdição onde o Estado-Juiz não dispõe de capacidade para impor, em caráter compul-

---

263 Art. 3.135. Even though a Québec authority has jurisdiction to hear a dispute, it may, exceptionally and on an application by a party, decline jurisdiction if it considers that the authorities of another State are in a better position to decide the dispute.

264 Ver mais em MARQUES, Sérgio André Laclau Sarmento. *A jurisdição internacional dos tribunais brasileiros.* Rio de Janeiro: Renovar, 2007, em especial p. 194 e seguintes. Conferir também em NERY JUNIOR, Nelson. Competência no processo civil norte-americano: o instituto do *forum (non) conveniens.* 781 *Revista dos Tribunais* (2000), p. 28-32.

sório, a observância de seus comandos ou determinações. 'Nulla jurisdictio sine imperio' (...)". Todavia, entendemos que a invocação do princípio da efetividade gera efeito distinto do uso da doutrina do *forum non conveniens*, pois a falta de efetividade levaria à ausência de jurisdição e não o seu declínio para o foro mais adequado[265].

Por fim, o novo CPC estabeleceu, no seu art. 46, § 3º que, quando o réu não tiver domicílio ou residência no Brasil, a ação será proposta no *foro de domicílio do autor*, e, se este também residir fora do Brasil, a ação será proposta em qualquer foro[266]. Esse dispositivo diz respeito à competência interna (ou competência especial, da doutrina francesa vista anteriormente), não se tratando de jurisdição internacional cível. Logo, deve-se primeiro verificar se o Brasil possui jurisdição (arts. 21 e seguintes) para após se verificar a competência interna de um determinado juízo[267].

§ 1º Só à autoridade judiciária brasileira compete conhecer das ações relativas a imóveis situados no Brasil.

Esse dispositivo estabelece a exclusividade da jurisdição brasileira para conhecer e julgar as ações sobre imóveis no Brasil (*forum rei sitae*). É fruto da adoção do *princípio da territorialidade exclusiva* para fixação da jurisdição internacional, sendo uma regra unilateral (ou imperfeita) de Direito Internacional Privado, ou seja, não se preocupa em fixar uma regra para todos os imóveis, mas somente aos situados no Brasil.

A exclusividade da jurisdição brasileira tem impacto na análise da temática do reconhecimento de sentença estrangeira (cooperação jurídica

---

265 Conferir em MARQUES, Sérgio André Laclau Sarmento. *A jurisdição internacional dos tribunais brasileiros*. Rio de Janeiro: Renovar, 2007, em especial p. 204.

266 Art. 46. A ação fundada em direito pessoal ou em direito real sobre bens móveis será proposta, em regra, no foro de domicílio do réu. (...) § 3º Quando o réu não tiver domicílio ou residência no Brasil, a ação será proposta no foro de domicílio do autor, e, se este também residir fora do Brasil, a ação será proposta em qualquer foro.

267 O mesmo ocorria no CPC de 1973, com a previsão do art. 94, § 3º: "(...) Quando o réu não tiver domicílio nem residência no Brasil, a ação será proposta no foro do domicílio do autor. Se este também residir fora do Brasil, a ação será proposta em qualquer foro".

internacional): uma das exigências para que a sentença estrangeira possa produzir efeitos no Brasil é justamente ter sido prolatada por juízo competente (com jurisdição), o que não ocorreria no caso de sentença estrangeira sobre tema de jurisdição brasileira cível exclusiva.

Tal regra é tradicional no DIPr e origina-se da importância dos bens imóveis para o Estado, como (i) fonte de produção de riquezas e ainda como (ii) fator de segurança interna (os bens imóveis compõem o território terrestre do país). Outra justificativa para a regra de fixação de jurisdição seria o princípio da efetividade: em face da importância estratégica dos bens imóveis, nada adiantaria um Estado conhecer e julgar casos envolvendo bens imóveis de outro, pois este último não iria reconhecer e executar a sentença[268].

Anteriormente, o art. 15 da revogada introdução ao Código Civil de 1916 não possuía fórmula parecida, porém o sistema da *determinação indireta* adotado à época fazia que a competência judicial interna fosse utilizada para definir os limites da jurisdição internacional. No caso, as ações sobre imóveis seriam propostas no juízo do local da situação do imóvel, ou seja, caso fossem imóveis situados no Brasil, deveriam ser tais ações propostas aqui, conforme previsto no CPC de 1939 em seu art. 136[269].

O Código Bustamante também foi nessa linha, estabelecendo que o juízo da situação dos bens deveria conhecer as ações reais sobre bens imóveis e as ações mistas de limites e divisão de bens comuns (art. 325[270]).

Com a LICC de 1942, a adoção de sistema próximo da determinação direta fez que fosse explicitada a opção pela *exclusividade* da jurisdição brasileira sobre as ações relativas a imóveis ("*só* à autoridade judiciária

---

268 Nessa linha de defesa da inefetividade e inutilidade do exercício de jurisdição nacional sobre bens imóveis no estrangeiro, ver BARTIN, E. *Principes de droit international privé selon la loi et la jurisprudence françaises.* Paris: Éditions Domat-Montchrestien, 1930, t. 1, em especial § 137, p. 334 e seguintes.

269 Art. 136. Nas ações relativas a imóvel, será competente o foro da sua situação, salvo o disposto no artigo anterior. Parágrafo único. Quando o imóvel, sobre que versar a lide, for situado em território estrangeiro, será competente o foro do domicílio do réu.

270 Art. 325. Para o exercício de ações reais sobre bens imóveis e para o das ações mistas de limites e divisão de bens comuns, será juiz competente o da situação dos bens.

brasileira compete...", nos termos da regra). Essa exclusividade não poderia, então, ser derrogada por acordo entre as partes (submissão expressa ou tácita a juízo estrangeiro). Caso isso ocorresse, a sentença estrangeira sobre imóveis no Brasil não seria aqui homologada, pois a jurisdição brasileira no caso era tida como inderrogável.

Com o CPC de 1973, que regulou totalmente a matéria, também foi seguida a exclusividade da jurisdição brasileira sobre bens imóveis, na dicção do art. 89: "[c]ompete à autoridade judiciária brasileira, com *exclusão de qualquer outra*: I – conhecer de ações relativas a imóveis situados no Brasil; II – proceder a inventário e partilha de bens, situados no Brasil, ainda que o autor da herança seja estrangeiro e tenha residido fora do território nacional".

Acrescentou-se ainda a exclusividade na ação de inventário e partilha de bens situados no Brasil, não importando o domicílio, residência ou nacionalidade do autor da herança (*de cujus*), bem como a natureza dos bens (se imóveis ou móveis). Também explicitou o atual CPC (2015) que não será homologada a decisão estrangeira na hipótese de "competência exclusiva" (jurisdição) da autoridade judiciária brasileira[271].

O CPC de 2015 *aumentou* a jurisdição internacional cível brasileira exclusiva (ou absoluta) para três hipóteses: (i) conhecer de ações relativas a imóveis situados no Brasil; (ii) em matéria de sucessão hereditária, proceder à confirmação de testamento particular e ao inventário e à partilha de bens situados no Brasil, ainda que o autor da herança seja de nacionalidade estrangeira ou tenha domicílio fora do território nacional e (iii) em divórcio, separação judicial ou dissolução de união estável, proceder à partilha de bens situados no Brasil, ainda que o titular seja de nacionalidade estrangeira ou tenha domicílio fora do território nacional. Nota-se que a mudança foi apenas para esclarecer o alcance da chamada "partilha de bens", que alcança, agora de modo claro, o divórcio, a separação judicial ou dissolução de união estável (art. 23 do atual CPC).

O Supremo Tribunal Federal, sob a égide do antigo CPC de 1973, possui precedente *deferindo* a homologação de sentença estrangeira que

---

271 Art. 964 do novo CPC.

decidiu sobre inventário ou partilha de bens situados no Brasil, desde que o juízo estrangeiro tenha adotado solução preconizada na lei brasileira. Assim, por economia processual (já que a solução foi idêntica à que seria prolatada pelo juízo brasileiro), aceita-se a homologação da sentença estrangeira[272]. Contudo, o próprio STF, *posteriormente*, decidiu de modo contrário, resgatando a vedação de juízo estrangeiro decidir sobre partilha de bens no Brasil[273].

Após a Emenda Constitucional 45/2004, que transferiu a competência constitucional de homologação de sentença estrangeira para o Superior Tribunal de Justiça, reiterou-se a exclusividade da jurisdição brasileira para ações referentes a bens imóveis, inventário e partilha de bens situados no Brasil. Para o STJ, "viola a soberania nacional a sentença estrangeira que dispõe sobre bens imóveis localizados no Brasil, excluindo-os da meação da ré, matéria da competência absoluta da Justiça brasileira"[274].

Sobre a partilha de bens, decidiu o STJ que "a partilha de bens imóveis situados no território brasileiro é da *competência exclusiva* da Justiça

---

272 No Supremo Tribunal Federal, ver SEC 4.512, Rel. Min. Paulo Brossard, julgado em 21-10-1994, *DJ* 2-12-1994 p. 33198. Consta da ementa do acórdão: "Não fere o artigo 89, II, do Código de Processo Civil, que prevê a competência absoluta da justiça brasileira para proceder a inventário e partilha de bens situados no Brasil, a decisão de Tribunal estrangeiro que dispõe sobre a partilha de bens móveis e imóveis em decorrência da dissolução da sociedade conjugal, aplicando a lei brasileira. 4. Sentença estrangeira homologada".

273 Supremo Tribunal Federal, SEC 7.209, Relatora sorteada Ministra Ellen Gracie, Relator p/ Acórdão: Ministro Marco Aurélio, julgado em 30-9-2004, *DJ* 29-9-2006, p. 36.

274 Sentença Estrangeira Contestada n. 2.547/Estados Unidos, Rel. Min. Hamilton Carvalhido, julgamento em 12-4-2010, *DJe* 12-5-2010. Contudo, há precedente antigo do STJ, poucos meses após a EC 45/2004, que ainda seguia a posição mais liberal do STF, como se vê: "Homologação de sentença estrangeira. Partilha de bens efetuada em Portugal. Divórcio já homologado pelo Supremo Tribunal Federal. Imóvel situado no Brasil. Precedentes do Supremo Tribunal Federal. 1. O fato de determinado imóvel estar localizado no Brasil não impede a homologação da sentença estrangeira de partilha quanto ao mesmo bem, não ofendido o art. 89, II, do Código de Processo Civil nos termos de reiterados precedentes do Supremo Tribunal Federal. 2. Hipótese em que, apesar da sentença estrangeira não fazer menção expressa à legislação brasileira, esta foi respeitada, tendo em vista que coube 50% dos bens para cada cônjuge. 3. Homologação deferida" (SEC 878/EX, Corte Especial, Min. Carlos Alberto Menezes Direito, *DJ* 27-6-2005).

pátria, nos termos dos arts. 89, I, do Código de Processo Civil, e 12, § 1º, Lei de Introdução às Normas do Direito Brasileiro (antiga Lei de Introdução ao Código Civil)"[275].

Contudo, há uma exceção: o *acordo entre as partes* sobre a partilha de bens situados no Brasil permite que a sentença estrangeira que meramente ratificou tal acordo seja homologada no Brasil, uma vez que a vontade das partes foi seguida pelo juízo estrangeiro que não adotou nenhum ato de solução de conflito (este seria da exclusiva jurisdição brasileira)[276].

Assim, pacificou-se no STJ que: (i) *não viola* a jurisdição brasileira cível exclusiva se a sentença estrangeira meramente ratificou acordo das partes sobre imóveis ou partilha de bens situados no Brasil; (ii) *viola* a jurisdição cível brasileira exclusiva se a sentença estrangeira tenha decidido o litígio sobre bem imóvel ou partilha de bens no Brasil, não cabendo sua homologação, ainda que tenha sido aplicado o conteúdo material da lei brasileira pelo juízo estrangeiro.

Por outro lado, o alcance da expressão "ações relativas a imóveis situados no Brasil" é objeto de controvérsia, com uma corrente restritiva e outra ampliativa.

Para a corrente restritiva, a jurisdição internacional cível absoluta engloba somente a ação que tenha como causa de pedir direito real (*jus in re*) sobre bem imóvel. Não seria abrangida pela jurisdição exclusiva a ação cuja causa de pedir fosse fundada em direito pessoal (*jus ad rem*), ainda que com relação a um imóvel (por exemplo, ação de despejo por descumprimento de contrato de locação de bem imóvel, ação de rescisão de contrato de compra e venda de imóvel, ação de rescisão de contrato de promessa de compra e venda de imóvel etc. – posição defendida na 1ª edição deste *Comentários*)[277].

---

275 Superior Tribunal de Justiça, Sentença Estrangeira Contestada n. 5.270/EX, Rel. Min. Felix Fischer, julgado em 12-5-2011, *DJe* 14-6-2011 (grifo meu).

276 Superior Tribunal de Justiça, Sentença Estrangeira Contestada n. 1.304/EUA, Rel. Min. Gilson Dipp, *DJe* de 3-3-2008. No mesmo sentido, Sentença Estrangeira Contestada n. 4.223/CH, Rel. Min. Laurita Vaz, julgado em 15-12-2010, *DJe* 16-2-2011. Neste último acórdão, há farta citação de outros precedentes no mesmo sentido.

277 Na defesa da corrente restritiva, Pontes de Miranda entende que a expressão "ações relativas a imóveis" abarca somente "ações reais relativas a imóveis situados no

Já a corrente ampliativa sustenta que a jurisdição internacional cível absoluta compreende todas as ações que *possam alterar a situação jurídica dos imóveis* no Brasil, o que abrange não só as ações que tenham como causa de pedir direito real sobre imóvel, mas também as fundadas em direito pessoal relativo a imóvel[278]. Assim, qualquer sentença estrangeira que decida sobre *situação jurídica* incidente sobre imóveis situados no Brasil não pode ser homologada e executada internamente, por ofensa à hipótese de jurisdição internacional exclusiva do art. 23, I, do CPC[279].

O STF adotou a corrente ampliativa, decidindo que cabe exclusivamente ao Judiciário brasileiro decidir sobre *ação de nulidade de cláusula testamentária* de inalienabilidade de bem imóvel[280]. Também em linha com a corrente ampliativa, decidiu o STF que cabe exclusivamente ao Judiciário brasileiro "conhecer de ações nas quais estejam *envolvidos bens imóveis* que se encontrem em território pátrio", limitando a homologação da sentença paraguaia à parte referente à outorga de mandato, não abrangendo os atos que, por força dele, foram praticados e que importaram na *alteração subjetiva da matrícula do imóvel*[281].

Brasil", considerando que é passível de homologação no Brasil sentença estrangeira de ação de invalidade de compra e venda de imóvel no Brasil (PONTES DE MIRANDA, Francisco Cavalcanti. *Comentários ao Código de Processo Civil:* arts. 46 a 153. 3. ed. 4. tir. Rio de Janeiro: 1996, t. II, p. 226; SERPA LOPES, Miguel Maria de. *Comentários à Lei de Introdução ao Código Civil.* 2. ed. Rio de Janeiro: Freitas Bastos, 1959, v. III, p. 120).

278 Na defesa da corrente ampliativa, Celso Agrícola Barbi sustenta que "(...) a lei abrange qualquer ação relativa a bem imóvel, vale dizer, também as fundadas em direito obrigacional (...) Não importa o tipo de ação, isto é, o ser ela condenatória, declaratória ou constitutiva; o que prevalece é a relação entre o direito alegado e o imóvel" (BARBI, Celso Agrícola. *Comentários ao Código de Processo Civil*: Lei n. 5.869, de 11 de janeiro de 1973. Rio de Janeiro: Forense, 1998, p. 298). Barbosa Moreira defende, também, a corrente ampliativa (BARBOSA MOREIRA, José Carlos. Problemas relativos a litígios internacionais. *Temas de direito processual*: quinta série. São Paulo: Saraiva, 1994, p. 139-162, em especial p. 143).

279 Nesse sentido, SERPA LOPES, Miguel Maria de. *Comentários à Lei de Introdução ao Código Civil.* 2. ed. Rio de Janeiro: Freitas Bastos, 1959, v. III, p. 120.

280 STF, Ag. Reg. na Sentença Estrangeira 3.989, Rel. Min. Rafael Mayer, julgamento em 17-3-1988, *DJ* 8-4-1988, p. 7470.

281 Tratou-se de ação proposta no Paraguai, na qual ficou atestada a nulidade de

Por fim, *não é possível* aplicar a regra do juízo do local da situação do imóvel para excluir da jurisdição brasileira casos envolvendo imóveis estrangeiros. De fato, a regra em questão é *unilateral*, e pode existir caso no qual o Estado estrangeiro aceite homologar a sentença brasileira que decidiu sobre imóvel em seu território[282].

> § 2º A autoridade judiciária brasileira cumprirá, concedido o *exequatur* e segundo a forma estabelecida pela lei brasileira, as diligências deprecadas por autoridade estrangeira competente, observando a lei desta, quanto ao objeto das diligências.

O dispositivo em questão trata da *assistência jurídica internacional*, que é espécie da *cooperação jurídica internacional*. A cooperação jurídica internacional consiste no conjunto de regras internacionais e nacionais que rege a facilitação do acesso à justiça por meio de atos de colaboração entre Estados (cooperação jurídica internacional horizontal), ou mesmo entre Estados e organizações internacionais (cooperação jurídica internacional vertical).

A necessidade da cooperação jurídica internacional no mundo globalizado de hoje dispensa maiores comentários: os limites territoriais da jurisdição aliado aos céleres movimentos de pessoas e bens para além do território estatal exigem que um Estado solicite auxílio de outro para que possa realizar justiça em seu território.

Se os Estados se negassem a cooperar uns com os outros nos casos com vínculos transfronteiriços (por exemplo, pela existência de provas no

---

procuração (era falsa) pela qual havia sido dado poderes para transferência ou venda de imóvel em Curitiba. Pela sentença paraguaia, qualquer direito real que houvesse sido transmitido a terceiros deveria ser considerado sem valor, retornando-se o imóvel ao estado anterior ao da falsificação. Para o STF, a parte da sentença desta ação de nulidade, por ter gerado impacto na matrícula do imóvel (modificação da propriedade), não poderia ser homologada. Citou-se, como fundamento, o Ag. Reg. na SE 3.989, exposto na nota anterior. Conferir em STF, Ag. Reg. na Sentença Estrangeira 7.101, Rel. Min. Maurício Corrêa, julgamento em 15-10-2003, *DJ* 14-11-2003, p. 12.

282 Nessa linha, SILVA, Agustinho Fernandes Dias da. *A competência judiciária no direito internacional privado*. Rio de Janeiro: Freitas Bastos, 1965, p. 65.

exterior, bens ilicitamente levados a outro Estado etc.), haveria *denegação de justiça* e *violação de direitos humanos*[283].

A assistência jurídica internacional, por sua vez, consiste na solicitação de *colaboração* feita por um Estado para que sejam realizadas medidas preparatórias ou de desenvolvimento regular de um processo (cível ou penal) por parte de outro Estado. O pedido de assistência jurídica internacional pode ser veiculado por (i) carta rogatória ou ainda (ii) por auxílio direto[284]. O presente dispositivo da LINDB refere-se à *carta rogatória*, uma vez que o auxílio direto é veículo cooperacional mais recente[285].

A menção ao *exequatur* (cumpra-se) faz remissão à exigência constitucional de apreciação prévia dos pedidos de assistência jurídica internacional veiculados por *Carta Rogatória passiva* (aquela em que o Brasil é o Estado requerido) pelo Supremo Tribunal Federal (à época). A tradição constitucional dessa exigência iniciou-se na Constituição de 1934 (art. 77[286]) e só foi alterada ligeiramente pela Emenda Constitucional n. 45 de 2004, que a transferiu do Supremo Tribunal Federal para o Superior Tribunal de Justiça[287].

A carta rogatória pode veicular pedidos de medidas preparatórias ou de desenvolvimento regular de um processo, podendo conter *atos decisórios* ou *não decisórios*. Sem o *exequatur*, a carta rogatória estrangeira não pode ser cumprida no Brasil.

Há diversos tratados sobre cartas rogatórias, que devem prevalecer, em face do princípio da especialidade (reconhecido inclusive pelo CPC

---

283 Sobre a cooperação jurídica internacional e seus fundamentos, ver, por todos, ABADE, Denise Neves. *Direitos fundamentais na cooperação jurídica internacional*. São Paulo: Saraiva, 2013.

284 Sobre as diferenças entre carta rogatória e auxílio direto, ver ABADE, Denise Neves. Carta rogatória e o auxílio direto na cooperação jurídica internacional. In: CARVALHO RAMOS, André de; MENEZES, Wagner. *Direito internacional privado e a nova cooperação jurídica internacional*. Belo Horizonte: Forum, 2014, p. 79-86.

285 Sobre o auxílio direto, ver ABADE, Denise Neves. *Direitos fundamentais na cooperação jurídica internacional*. São Paulo: Saraiva, 2013.

286 Art. 77. Compete ao Presidente da Corte Suprema conceder *exequatur* às cartas rogatórias das Justiças estrangeiras.

287 Art. 105. Compete ao Superior Tribunal de Justiça: I – processar e julgar, originariamente: (...) *i)* a homologação de sentenças estrangeiras e a concessão de *exequatur* às cartas rogatórias;

de 2015[288]), restando o uso das fontes internas (LINDB, CPC e resolução do Superior Tribunal de Justiça) somente para o caso de inexistência de tratados ou para o preenchimento de lacunas.

De acordo com o § 2º em análise, há uma divisão de atuação entre as legislações dos Estados Rogante e Rogado (ou Estado Requerente e Requerido): a legislação do Estado Rogante será utilizada quanto ao objeto (matéria de fundo) das diligências solicitadas; a legislação do Estado Rogado (no caso, o Brasil) será utilizada quanto ao processo e suas formalidades (*lex loci regit actum*).

Cabe ao juiz rogado cumprir exatamente o que lhe foi requerido, usando, para tanto, as regras processuais brasileiras, caso não haja disposição expressa de tratado facultando ou determinando o uso do rito estrangeiro[289].

Com o CPC de 2015, houve atualização da disciplina da Carta Rogatória, tendo sido disposto que o procedimento da carta rogatória perante o Superior Tribunal de Justiça é de jurisdição contenciosa, devendo assegurar às partes as garantias do devido processo legal. Houve expressa limitação à defesa do interessado, que será restrita à discussão quanto ao atendimento dos requisitos para que o pronunciamento judicial estrangeiro produza efeitos no Brasil. Ainda, o novo CPC veda, na carta rogatória passiva, a *revisão do mérito* do pronunciamento judicial estrangeiro pela autoridade judiciária brasileira (art. 36).

A Emenda Regimental n. 18 ao Regimento Interno do Superior Tribunal de Justiça, de 17 de dezembro de 2014, revogou expressamente a Res. n. 09/2005 (também do STJ), que havia regulado o trâmite das cartas rogatórias passivas, incorporando a matéria em definitivo ao regimento interno do STJ.

---

288 Art. 26. A cooperação jurídica internacional será regida por tratado de que o Brasil faz parte (...).

289 Por exemplo, consta do art. 10 da Convenção Interamericana sobre Assistência Mútua em Matéria Penal que "Os pedidos de assistência expedidos pela Parte requerente serão feitos por escrito e serão cumpridos de conformidade com o direito interno do Estado requerido. *Na medida em que a legislação do Estado requerido não dispuser nada em contrário, serão cumpridos os trâmites mencionados no pedido de assistência na forma expressa pelo Estado requerente*". Incorporada internamente pelo Decreto n. 6.340/2008.

Sobre o trâmite, é atribuição do Presidente do STJ conceder *exequatur* a cartas rogatórias passivas (Brasil como Estado Rogado – caso de exigência de *exequatur*), cabendo agravo contra sua decisão.

Como requisitos básicos para conhecimento da Carta Rogatória, tem-se que esta deve ter sido emitida por (i) autoridade competente e (ii) estar acompanhada de tradução oficial, salvo disposição em contrário prevista em tratado.

A parte interessada (aquela que sofrerá a constrição de direitos veiculada na Carta Rogatória) será intimada para impugnar a carta rogatória, mas a medida solicitada poderá ser realizada sem ouvir a parte interessada quando sua intimação prévia puder resultar na ineficácia da cooperação internacional.

Após a realização da medida, o interessado será intimado, com direito ao contraditório e à defesa. O caso típico desse *contraditório diferido* é o cumprimento de carta rogatória de busca e apreensão de documentos, cuja realização seria comprometida se o interessado fosse intimado previamente. Nessa linha, estabeleceu o art. 962, § 2º, do novo CPC que "a medida de urgência concedida sem audiência do réu poderá ser executada, desde que garantido o contraditório em momento posterior". O juízo sobre a urgência da medida compete *exclusivamente* à autoridade jurisdicional prolatora da decisão estrangeira[290].

A defesa não é ampla, tendo o Brasil adotado o modelo do *juízo de delibação,* oriundo do Código de Processo Civil italiano de 1865[291], pelo qual o juízo rogado apenas verifica os requisitos formais sobre a autenticidade dos documentos, sobre a inteligência da decisão e a observância dos requisitos previstos no Regimento, sobre a ofensa à ordem pública em sentido amplo e sobre a jurisdição exclusiva do Brasil[292].

---

290 Art. 962, § 3º, do novo CPC.

291 Conferir em SOARES, Boni de Moraes. Um réquiem ao velho juízo de delibação: homenagem póstuma à tradicional cognição no direito processual internacional brasileiro. In: CARVALHO RAMOS, André de; MENEZES, Wagner (Org.). *Direito internacional privado e a nova cooperação jurídica internacional.* Belo Horizonte: Arraes, 2015, p. 53-78.

292 Art. 964 do novo CPC: "Não será homologada a decisão estrangeira na hipóte-

No tocante à ordem pública em sentido amplo, o novo art. 216-P do Regimento Interno do STJ prevê que não será concedido *exequatur* à carta rogatória que ofender (i) a soberania nacional, (ii) a dignidade da pessoa humana "e/ou" (iii) a ordem pública. O Regimento (com a nova redação dada pela Emenda n. 14) separou, assim, "dignidade da pessoa humana" de "ordem pública".

Havendo impugnação às cartas rogatórias decisórias, o processo poderá, por determinação do Presidente, ser distribuído para julgamento pela Corte Especial. O Ministério Público Federal, por intermédio da Subprocuradoria-Geral da República, terá vista dos autos nas cartas rogatórias, pelo prazo de dez dias, podendo impugná-las. Das decisões do Presidente do STJ nas cartas rogatórias cabe agravo.

Por fim, o rito de execução da carta rogatória passiva termina no seu cumprimento pelo Juízo Federal competente (pode ser o juízo do domicílio da testemunha a ser ouvida, do domicílio do indivíduo a ser citado etc.).

No cumprimento da carta rogatória pelo Juízo Federal competente cabem embargos relativos a quaisquer atos que lhe sejam referentes, opostos no prazo de 10 dias, por qualquer interessado ou pelo Ministério Público, julgando-os o Presidente do STJ. Da decisão que julgar os embargos, cabe agravo.

Art. 13. A prova dos fatos ocorridos em país estrangeiro rege-se pela lei que nele vigorar, quanto ao ônus e aos meios de produzir-se, não admitindo os tribunais brasileiros provas que a lei brasileira desconheça.

A necessidade de ser provar um fato ocorrido em um outro Estado é um tema habitual no Direito Internacional Privado, que possui imenso potencial de divergência e debates. As diferenças de leis materiais e processuais regendo a prova, bem como o conflito entre o direito à prova e outros direitos (como, por exemplo, o direito à intimidade) geram inúmeras controvérsias no tratamento dos fatos transnacionais.

---

se de competência exclusiva da autoridade judiciária brasileira. Parágrafo único. O dispositivo também se aplica à concessão do exequatur à carta rogatória".

O art. 13, em análise, trata da *prova dos fatos ocorridos no estrangeiro*, que venha a ser lá produzida; ou seja, não afeta a produção probatória de fato ocorrido no estrangeiro que venha a ser realizada no Brasil. Assim, caso uma testemunha de fato ocorrido no estrangeiro se encontre no Brasil e seja ouvida aqui em processo judicial, aplicam-se as regras sobre a prova testemunhal da lei processual brasileira (*lex fori regit processum*). Nesse sentido, o Código Bustamante dispõe que "a forma por que se há de produzir qualquer prova regula-se pela lei vigente no lugar em que for feita" (art. 400).

A prova em matéria processual consiste em um conjunto de atividades de verificação e demonstração aptas a convencer o Estado-Juiz da validade das proposições que foram impugnadas em um processo[293]. A ação de provar engloba um conjunto de atos praticados pelas partes e pelo juiz para verificação da veracidade de uma afirmação de fato[294].

A LINDB, então, adotou a *lei do lugar* no qual ocorreu o fato ou ato (*lex diligentiae*) para reger (i) os *meios de prova* e (ii) o *ônus da prova*. Essa solução consta também do Código Bustamante, cujo art. 399 estabelecia que a lei do lugar em que se realizar o ato ou fato que se trate de provar deve reger os meios de prova, salvo se esses meios não forem autorizados pela lei do lugar do processo (*lex fori*). Já o art. 12 da antiga introdução ao Código Civil de 1916 era mais lacônico, prevendo apenas que os meios de prova seriam regulados conforme *a lei do lugar, onde se passou o ato, ou fato, que se tem de provar*, sem a especificação referente aos "meios de prova" e ao "ônus da prova", constantes agora do art. 13.

Cabe aqui um esclarecimento terminológico. O *objeto da prova* é todo fato ou ato relevante para a solução da controvérsia. As *fontes de prova* representam os elementos externos a um processo que, quando examinadas adequadamente revelam a realidade, sendo fontes de prova as pessoas (fontes pessoais) e coisas (fontes reais). Já os *meios de prova*, termo usado na LINDB,

---

293 MARINONI, Luiz Guilherme; ARENHART, Sergio Cruz. *Prova*. São Paulo: RT, 2010, p. 57.

294 BADARÓ, Gustavo Henrique Righi Ivahy. *Ônus da prova no processo penal*. São Paulo: RT, 2003, p. 158.

consistem em *instrumentos e técnicas* de uso das fontes de prova, de modo a extrair delas os dados e informações necessários para uma decisão[295]. O *modo de produção* da prova é a forma processual de aplicação dos meios de prova; por exemplo, determinada pessoa é fonte de prova, sendo que o seu testemunho é um *meio de prova* lícito e previsto no Brasil; caso seja ouvida em um processo judicial, há o *modo de produção* da prova testemunhal regulado na lei processual, contendo o passo a passo para tanto.

Assim, o art. 13 expressamente determina que os meios de prova e o ônus da prova devem ser regulados pela *lei do lugar* onde ocorreu o fato ou foi realizado o ato que se quer provar[296]. A finalidade do presente artigo é dar segurança jurídica aos que necessitam provar fatos transnacionais. Evita-se a situação kafkiana de determinada pessoa realizar um ato no estrangeiro, confiando na lei local sobre como provar esse ato (*meios de prova*), e depois ser surpreendida com novas exigências fruto da *lex fori*. Por sua vez, o *ônus da prova* consiste na distribuição da carga probatória entre os participantes da prática de determinado fato ou ato. Para Tenório, o ônus probatório é matéria decorrente do fato que se constituiu e do direito que o disciplinou na formação e nos efeitos; assim, não deve ser regido pela *lex fori*, mas sim pela *lex loci actus*[297]. Por outro lado, no curso de um processo, o ônus da prova consiste em faculdade processual que, se não exercida, pode acarretar prejuízo à parte. Nesse último sentido (processual), é utilizada a lei processual do foro (*lex fori regit processum*).

Há uma restrição: não se admite no Brasil provas que a lei brasileira (*lex fori*) desconheça. Ocorre que esse conceito aberto de "prova desconhecida" só seria aplicável caso o ordenamento brasileiro não aceitasse as chamadas provas atípicas (aquelas não enumeradas expressamente na lei processual – provas típicas). No processo civil brasileiro, as partes têm o

---

295 DINAMARCO, Cândido Rangel. *Instituições de direito processual civil*. 5. ed. rev. e atual. São Paulo: Malheiros, 2005, v. II, p. 615-616.

296 Nesse sentido, SERPA LOPES, Miguel Maria. *Comentários à Lei de Introdução ao Código Civil*. 2. ed. rev. e aumentada. Rio de Janeiro: Freitas Bastos, 1959, v. II, p. 160.

297 TENÓRIO, Oscar. *Lei de Introdução ao Código Civil brasileiro*. 2. ed. Borsoi: Rio de Janeiro, 1955, p. 406. Nesse sentido, o Código Civil brasileiro regula as provas do casamento nos arts. 1.543 e seguintes.

direito de empregar todos (i) os meios legais (provas típicas), bem como (ii) os moralmente legítimos, ainda que não especificados (provas atípicas), para provar a verdade dos fatos em que se funda o pedido ou a defesa, e influir eficazmente na convicção do juiz (art. 369 do CPC/2015).

Assim, eventual meio de prova da lei estrangeira, mesmo que desconhecido expressamente no Brasil, pode ser aqui aceito caso seja "moralmente legítimo" na dicção do art. 369 do CPC, uma vez que será considerado prova atípica lícita. Assim, a prova estrangeira desconhecida será inadmitida desde que seja "moralmente ilegítima", o que, em outros termos, implica reconhecer a ofensa a ordem pública brasileira (ver comentário ao art. 17, sobre a ordem pública).

Quanto às provas típicas, o CPC/2015 enumera como *meios de prova típicos* a *ata notarial* (art. 384), o *depoimento pessoal* (art. 385), a *confissão* (art. 389), a *exibição de documento ou coisa* (art. 396), a *prova documental* (art. 405 e seguintes), a *prova testemunhal* (art. 442 e seguintes), a *inspeção judicial* (art. 481 e seguintes) e a *prova pericial* (art. 464 e seguintes a 439).

Assim, a princípio, todos esses meios de prova típicos são conhecidos e devem ser aceitos *de acordo com a forma de realização prevista na lei estrangeira*. Por sua vez, o documento redigido em língua estrangeira somente poderá ser juntado aos autos quando acompanhado de versão para a língua portuguesa tramitada por (i) via diplomática ou (ii) pela *autoridade central*, ou (iii) firmada por tradutor juramentado (art. 192, parágrafo único, do CPC/2015).

A autoridade central é um órgão de comunicação inserido em cada Estado e geralmente previsto em tratados internacionais. Possui, em geral, três funções básicas: (i) gerenciar e agilizar o trâmite dos pleitos cooperacionais, recebendo-os e enviando-os a outro Estado, dispensando-se a via diplomática; (ii) zelar pela adequação das solicitações enviadas e recebidas aos termos do tratado; e (iii) capacitar as autoridades públicas envolvidas, de modo a aperfeiçoar os pedidos emitidos. O primeiro tratado a mencionar a autoridade central foi a Convenção da Haia de Comunicação de Atos Processuais, de 1965, o que, após, foi repetido por diversos tratados cooperacionais e adotado por várias Organizações Internacionais. Salvo disposição em sentido contrário constante em tratado, a autoridade central é o

Ministério da Justiça (art. 26, § 4º, do CPC[298]) por intermédio do Departamento de Recuperação de Ativos e Cooperação Jurídica Internacional.

Por fim, é possível que o próprio interessado providencie a comunicação e entrega de atos realizados em uma jurisdição para utilização como prova em outro. É possível, por exemplo, que determinado documento seja obtido pelo interessado em Estado estrangeiro e, após a sua legalização, seja utilizado em matéria probatória no Brasil. De fato, no caso de documentos públicos, há a exigência de certificação que é feita, salvo acordo internacional em contrário, pela *legalização*[299].

A *legalização de documentos públicos estrangeiros* consiste em uma sequência de certificações, para assegurar a autenticidade do documento. Inicialmente, os documentos públicos originais (e, eventualmente, suas traduções juramentadas) devem ser levados ao próprio Ministério das Relações Exteriores do país emitente para que seja atestada a sua origem e as assinaturas nacionais. Depois, o documento é levado para a repartição consular do país no qual o interessado deseja a utilização, para que seja, por sua vez, também atestada a autenticidade por meio da certificação da assinatura do representante diplomático do Estado de origem do documento. Após esse trâmite, o documento está legalizado e pode ser utilizado no outro país.

A lentidão e a burocracia (várias etapas) da legalização incentivaram os Estados a abolir seu uso. Em 1961, foi adotada a *Convenção da Haia Relativa à Supressão da Exigência da Legalização dos Atos Públicos Estrangeiros*, sendo aplicável a documentos públicos que se destinam a serem apresentadas nos países que aderiram à referida Convenção. Essa convenção, também chamada de "Convenção da Apostila" substitui a legalização pela "apostila", que consiste em certificação emitida em um documento público que atesta sua autenticidade, reconhecendo-se a assinatura do emissor do documento público e sua função desempenhada (art. 3º da

---

298 Art. 26. (...) § 4º O Ministério da Justiça exercerá as funções de autoridade central na ausência de designação específica.

299 As chamadas formas simplificadas de comunicação na cooperação jurídica internacional (CARVALHO RAMOS, André de. *Curso de direito internacional privado*. 2. ed. São Paulo: Saraiva, 2021, p. 512).

Convenção). A apostila deve ser realizada pela autoridade competente do Estado emissor do documento a ser autenticado. Valida-se, assim, com reconhecimento obrigatório nos demais Estados Partes da Convenção, um documento público, de modo ágil e sem maiores etapas. O Brasil realizou o ato de adesão à "Convenção da Apostila" em 2015, tendo-a promulgado internamente pelo Decreto n. 8.660/2016.

O teste maior da aceitação da *lex loci actus* no direito internacional privado brasileiro diz respeito aos casos de produção de prova no exterior que *não sigam* (i) a *forma* e (ii) a *autorização de produção probatória* tal qual preconizado na Constituição e na lei brasileira.

Essa diferença normativa na produção probatória pode levar a "batalhas judiciais" no Brasil sobre a inadmissibilidade dessas provas por ofensa a normas constitucionais ou legais *brasileiras* sobre prova.

Nessa linha, temos que a CF/88 prevê serem inadmissíveis, em qualquer espécie de processo, as provas obtidas por meios ilícitos (art. 5º, LVI – "são inadmissíveis, no processo, as provas obtidas por meios ilícitos"). Há duas espécies de provas ilícitas: a) *prova ilícita em sentido estrito*, que é aquela que foi obtida em violação de regra de direito material e b) a *prova ilegítima*, que foi obtida em violação a regra processual.

Interessam ao DIPr as hipóteses de prova ilícita em sentido estrito, pois são justamente aquelas produzidas fora de um processo e que podem gerar dúvida sobre se a lei estrangeira deve – ou não – seguir o direito brasileiro.

São as seguintes hipóteses de ilicitude da prova em sentido estrito: (i) violação indevida do domicílio (art. 5º, XI, da CF[300]), (ii) interceptação indevida das comunicações (art. 5º, XII, da CF[301]), (iii) uso de tortura ou maus-tratos (art. 5º, III, da CF[302]), (iv) violação do sigilo de correspondên-

---

300 *In verbis:* "XI – a casa é asilo inviolável do indivíduo, ninguém nela podendo penetrar sem consentimento do morador, salvo em caso de flagrante delito ou desastre, ou para prestar socorro, ou, durante o dia, por determinação judicial".

301 *In verbis:* "XII – é inviolável o sigilo da correspondência e das comunicações telegráficas, de dados e das comunicações telefônicas, salvo, no último caso, por ordem judicial, nas hipóteses e na forma que a lei estabelecer para fins de investigação criminal ou instrução processual penal".

302 *In verbis:* "III – ninguém será submetido a tortura nem a tratamento desumano ou degradante".

cia (art. 5º, XII), por violação do direito à intimidade (caso de quebra do sigilo bancário e fiscal de modo não apropriado), entre outras[303].

Para o art. 13 da LINDB, os fatos e atos realizados no estrangeiro *não* precisam, para serem provados, obedecer necessariamente a todas as formalidades e restrições da *lex fori,* bastando que cumpram as exigências da lei estrangeira, a *lex diligentiae*[304]; por exemplo, um extrato bancário de contas no estrangeiro ou uma declaração de bens que foi obtida pela livre consulta a processo administrativo ou judicial não sigiloso estrangeiro, sem autorização judicial que seria exigível no Brasil. Também é possível que o Ministério Público peça, pelo meio da cooperação jurídica internacional, a Estado estrangeiro a quebra do sigilo bancário de determinada conta corrente. O Estado estrangeiro, então, realiza tal quebra do sigilo de acordo com suas regras (*lex diligentiae*), o que pode envolver – ou não – a necessidade de autorização do juiz local. Mas, pela regra do art. 13, o correntista brasileiro no exterior não conta com a extensão extraterritorial da proteção constitucional da ordem judicial (*lex fori*) para a quebra do sigilo bancário. Em sentido contrário, aplica-se a legislação brasileira para os atos realizados no Brasil, como se vê na jurisprudência sobre a produção de provas realizada no País, que deve seguir a legislação brasileira. Nessa linha, o STF negou o pedido da Argentina de oitiva de testemunha no Brasil, a ser realizada na Embaixada da Argentina em Brasília e perante juiz argentino, porque esse ato, no País, deve ser realizado perante juiz brasileiro em sua sede[305].

Há importante precedente do Superior Tribunal de Justiça a respeito de pedido de Promotor de Justiça brasileiro aos Estados Unidos, com base em tratado internacional (o Acordo entre Brasil e Estados Unidos sobre

---

303 Por todos, GOMES FILHO, Antonio Magalhães. *Direito à prova no processo penal.* São Paulo: RT, 1997.

304 DOLINGER, Jacob; TIBURCIO, Carmen. The forum law rule in international litigation: lex fori or lex diligentiae? – Unresolved choice-of-law issues in the transnational rules of civil procedure. *Texas International Law Journal,* v. 33, 1997, p. 425 e seguintes.

305 Supremo Tribunal Federal. CR 8577/AT – Argentina, Rel. Min. Celso de Mello, julgamento em 19-2-1999, publicação *DJ* 1º-3-1999, p. 34.

Assistência Mútua em Matéria Penal), para quebra de sigilo bancário de conta corrente situada naquele País. O *interessado em obstar* tal quebrar ingressou com mandado de segurança no Brasil, alegando que seria necessária *ordem judicial brasileira* para que fosse ordenada a quebra do sigilo bancário em outro país, uma vez que, no Brasil, o Ministério Público somente pode ordenar a quebra do sigilo bancário em casos envolvendo verbas públicas, conforme inúmeros precedentes[306]; ou seja, buscou-se estender ao Estado estrangeiro as formalidades probatórias brasileiras. O Superior Tribunal de Justiça, ao final, entendeu que esse tipo de extensão das formalidades da *lex fori* não é cabível, devendo prevalecer a *lex diligentiae* (no caso, a legislação norte-americana). Nos termos da decisão, "(...) Na espécie, a solicitação do Ministério Público do Estado de São Paulo foi dirigida à autoridade dos Estados Unidos da América do Norte. *Nada importa*, para esse efeito, *o que a legislação brasileira dispõe a respeito*. As investigações solicitadas serão realizadas, ou não, nos termos da legislação daquele País"[307].

A temática da extensão do *modelo brasileiro de prova* ainda está em aberto: cada vez mais surgem tentativas de vedação do uso da lei estrangeira em face de supostas violações de regras brasileiras de produção probatória que conteriam facetas indisponíveis de direitos humanos.

Utiliza-se, em geral, o instituto da ordem pública brasileira, à luz dos direitos humanos, para dar alcance extraterritorial à lei brasileira, e, consequentemente, impedir o uso da *lex diligentiae*.

O cerne da polêmica é decidir qual é o "senhor da interpretação" do conteúdo dos direitos humanos, em casos em que tanto o Estado da *lex fori* quanto o Estado da *lex diligentiae* são Estados constitucionais e democráticos[308].

---

306 Sobre a necessidade de ordem judicial para a quebra do sigilo bancário e a hipótese de cabimento de ordem realizada pelo Ministério Público, ver CARVALHO RAMOS, André de. *Curso de direitos humanos*. 8. ed. São Paulo: Saraiva, 2021, p. 783 e seguintes.

307 Itálico não consta do original. Superior Tribunal de Justiça, AgRg na Suspensão de Segurança n. 2.382/SP, Rel. Min. Presidente Ari Pargendler, decisão de 26-10-2010, *DJe* 28-10-2010.

308 Sobre a temática da incidência dos direitos fundamentais na cooperação jurídica internacional, ver a indispensável obra de ABADE, Denise Neves. *Direitos fundamentais na cooperação jurídica internacional*. São Paulo: Saraiva, 2013.

Há três modelos possíveis: (i) o da *lex fori*; (ii) o da *lex causae*; e o (iii) universalista ou da interpretação internacionalista.

O modelo da *lex fori* consiste em aferir a validade da produção probatória no exterior de acordo com a visão de direitos humanos do Estado do foro. Esse modelo é o mais acessível ao intérprete e tem ainda a seu favor o seu uso tradicional quanto ao conteúdo da cláusula de "ordem pública". Porém, há o evidente risco de xenofobia e chauvinismo jurídico, que pode ameaçar a tolerância e a diversidade que o DIPr almeja. O intérprete pode ser tentado a exigir a reprodução na íntegra de todo o arcabouço nacional sobre "ampla defesa", "contraditório", "assistência jurídica gratuita", entre outros temas que impactam direitos humanos e a dignidade humana, o que, obviamente, inviabiliza a cooperação jurídica internacional e, no caso, a homologação das sentenças estrangeiras. Como bem sintetiza Denise Neves Abade, adaptando Caetano Veloso à cooperação jurídica internacional, "Narciso acha feio o que não é espelho" ("Sampa")[309].

No caso *Myers* no Supremo Tribunal Federal, debateu-se justamente – por expressa provocação do Ministério Público Federal (atuando como *custos legis*) – a ausência de fundamentação na sentença estrangeira, o que contraria o modelo brasileiro de devido processo legal (e levando à violação da ordem pública, na visão do *parquet*). Porém, o STF deferiu a homologação, decidindo que não cabia analisar a estrutura da sentença estrangeira tendo como baliza o Código de Processo Civil e a Constituição nacionais (*lex fori*)[310].

O modelo da *lex causae* consiste na aceitação da formatação da dignidade humana e dos consequentes direitos humanos de acordo com a concepção do Estado do qual a sentença estrangeira emana. Há, de um lado, grande confiança no ordenamento estrangeiro e, consequentemente, um incremento da cooperação jurídica internacional. Essa confiança pode estar, inclusive, embasada na existência consolidada do regime de-

---

309 Epígrafe do livro. ABADE, Denise Neves. *Direitos fundamentais na cooperação jurídica internacional*. São Paulo: Saraiva, 2013.

310 STF, SE 4.590/EU, Rel. Min. Marco Aurélio, *DJ* 1-7-1992.

mocrático e protetor de direitos humanos no Estado estrangeiro. Contudo, mesmo Estados democráticos podem desrespeitar direitos ou podem passar por momentos de histeria e pânico. Essa "cegueira deliberada" do Estado do foro pode prejudicar, em um caso concreto, determinada faceta da dignidade humana.

Por fim, há o modelo *universalista* ou modelo da interpretação internacionalista, que busca aferir a dignidade humana e o conteúdo de direitos protegidos de acordo com parâmetros internacionais, aferidos do intenso cipoal de decisões de órgãos internacionais de direitos humanos. Esse modelo é o que mais se aproxima da essência de tolerância e diversidade do Direito Internacional Privado, disciplina que tem sua *alma mater* na possibilidade de uso de regras distintas das regras locais. Por sua vez, o modelo universalista também atende ao próprio desenho contemporâneo da dignidade humana, que não é mais localista, e sim internacional[311].

Exemplo do impacto da adoção de determinado modelo de aferição do respeito a direitos humanos em casos de processos com vínculos de estraneidade deu-se no julgamento no Superior Tribunal de Justiça, em 2010, de homologação de sentença estrangeira proferida pelo Judiciário da Federação russa, versando sobre a declaração de nulidade de cláusula de estatuto social, referente à utilização da marca da vodca "Stolichnaya". Em suas contestações, as interessadas no indeferimento da homologação da sentença russa alegaram ofensa à ordem pública brasileira, em especial por realizar (i) desapropriação sem o pagamento da respectiva indenização, além de desrespeito (ii) aos princípios da boa-fé, segurança jurídica, devido processo legal, contraditório e ampla defesa. O Ministro relator Fernando Gonçalves fez constar de seu voto que a sentença russa já havia sido considerada válida pela Corte Europeia de Direitos Humanos, ocasião em que não foi detectada qualquer violação à Convenção Europeia de Direitos Humanos. Assim, de modo pioneiro, houve certa aproximação em direção ao modelo universalista[312].

---

311 Sobre a evolução histórica da proteção internacional dos direitos humanos, ver CARVALHO RAMOS, André de. *Teoria geral dos direitos humanos na ordem internacional.* 7. ed. São Paulo: Saraiva, 2019.

312 STJ, Sentença Estrangeira Contestada 269, Rel. Min. Fernando Gonçalves, Corte Especial, julgamento em: 3-3-2010, *DJe* 10-6-2010.

Em 2021, o STJ voltou a rejeitar o uso do modelo da *lex fori* no caso *Schiavetti*, no qual se constatou o acesso às informações bancárias de correntista brasileiro em banco norte-americano (Delta National Bank) sediado no Estado de Nova York (EUA). Tal acesso foi feito pela Procuradoria daquele Estado da Federação norte-americana à luz de sua própria legislação. Perante o STJ, a defesa defendeu a nulidade das provas por ofensa à ordem pública brasileira (art. 17 da LINDB), uma vez que não teria ocorrido a quebra do sigilo bancário de acordo com o ordenamento brasileiro, que exige autorização prévia judicial brasileira. Para o relator, Ministro Ribeiro Dantas (STJ), é necessário aceitar "diferentes conformações legislativas" do devido processo legal, admitindo-se "certa margem de discricionariedade" aos legisladores dos diversos Estados, para impor ou não a exigência de prévia autorização judicial (a reserva de jurisdição) e, consequentemente, tutelar a privacidade dos correntistas[313]. O relator enfatizou ainda que, caso a produção de prova no exterior fosse realizada mediante tortura ou em procedimento eivado de perseguição político-ideológica, a solução seria outra e a prova seria considerada *ilícita* por existir desrespeito à *condição humana*. O desrespeito à condição humana é o que é decisivo, e não a falta de autorização judicial brasileira.

Com razão o STJ. Aceitar que o modelo da *lex fori* (no caso, o "modelo brasileiro") do devido processo legal seja o único adequado seria impor uma intolerância ao estrangeiro incompatível com os ideais do DIPr. Além disso, a necessidade de autorização judicial prévia é decorrência da soberania brasileira e é limitada às contas correntes sob a jurisdição nacional. Ofenderia o Direito Internacional tal alcance extraterritorial baseado exclusivamente na nacionalidade e na delimitação interna do direito à privacidade, que teria o condão de considerar que toda e qualquer conta-

---

313 *In verbis:* "Cada país tem a independência para estabelecer quais medidas investigativas se submetem à reserva de jurisdição, como modo de instituir uma cautela adicional à tutela da intimidade de seus cidadãos. Não se pode, todavia, exigir uniformidade sobre o tema no regramento das quase duas centenas de Estados soberanos, sob pena de inviabilizar a cooperação jurídica internacional" (voto do Min. Relator) (STJ, Ag em REsp 701.833/SP, Rel. Min. Ribeiro Dantas, 5ª Turma, v.u., julgamento em: 4-5-2021).

-corrente aberta livremente por brasileiros nos Estados estrangeiros deve contar com a proteção nacional.

Quanto ao modelo do universalismo de direitos humanos da produção probatória no exterior, também não houve nenhum direito essencial violado. O Direito Internacional dos Direitos Humanos não considera que a quebra do sigilo bancário deva ser precedida obrigatoriamente por ordem judicial: há Estados europeus que admitem tal quebra por ordem do Ministério Público local, sem que a Corte Europeia de Direitos Humanos tenha contra isso se insurgido.

No que tange à gramática dos direitos humanos, aquele que abre conta-corrente em Estado democrático estrangeiro que permite ao Ministério Público local a quebra do sigilo bancário não possui expectativa de privacidade diante daquele *parquet*. Não pode alegar, após, em boa-fé, que seria exigível prévia ordem judicial brasileira.

> **Art. 14.** Não conhecendo a lei estrangeira, poderá o juiz exigir de quem a invoca prova do texto e da vigência.

O teor do presente artigo não constava da antiga introdução ao Código Civil de 1916, tendo sido inspirado em artigo com o mesmo teor do Código de Processo Civil de 1939 (art. 212[314]). Os Códigos de Processo Civil de 1973 (art. 337[315]) e de 2015 (art. 376[316]) seguiram a mesma linha, pela qual o juiz pode exigir a prova do *direito estrangeiro*, o que evita eventual interpretação restritiva do vocábulo "lei" do art. 14 da LINDB.

Sua presença em um texto regulatório de Direito Internacional Privado explica-se pela centralidade da temática da aplicação do direito estran-

---

314 CPC, 1939: Art. 212. Aquele que alegar direito estadual, municipal, costumeiro, singular ou estrangeiro, deverá provar-lhe o teor e a vigência, salvo si o juiz dispensar a prova.

315 Art. 337 do CPC de 1973: A parte, que alegar direito municipal, estadual, estrangeiro ou consuetudinário, provar-lhe-á o teor e a vigência, se assim o determinar o juiz.

316 Art. 376 do novo CPC (2015): A parte que alegar direito municipal, estadual, estrangeiro ou consuetudinário provar-lhe-á o teor e a vigência, se assim o juiz determinar.

geiro na matéria. Consequentemente, a *prova* (i) do texto estrangeiro, (ii) da sua vigência e (iii) da interpretação representam pilares da disciplina, pois de nada adiantariam as regras de concurso de leis se, ao final, não se pudesse aplicar o direito estrangeiro em virtude da incerteza sobre seu teor, vigência ou mesmo interpretação.

Inicialmente, o alcance do que vem a ser "direito estrangeiro" é amplo: todo o direito vigente privado ou público (federal ou estadual, legal ou consuetudinário) do Estado estrangeiro desde que indicado pelas regras de conflito do Direito Internacional Privado (DIPr).

O dispositivo em análise *não* elimina a *obrigatoriedade* de o juízo aplicar, *de ofício*, o direito estrangeiro extraído da mecânica do DIPr. O brocardo *iura novit curia* (o juiz conhece o direito) impõe à magistratura o dever de aplicar o direito cabível aos fatos controvertidos, o que inclui o direito estrangeiro indicado pelas regras do DIPr. Por isso, o art. 14 diz respeito à *prova* do direito estrangeiro e não à sua obrigatoriedade, não afetando também o dever do juízo de aplicá-lo de ofício. Somente quando o juízo desconhecer seu teor e vigência é que pode exigir daquele que o invoca que lhe seja provado.

Essa obrigatoriedade da aplicação do direito estrangeiro indicado pelas regras do DIPr pelo juízo é fruto do reconhecimento da lei estrangeira como *direito* e não como *matéria de fato*[317]; por isso, a não invocação do direito estrangeiro pela parte é irrelevante, cabendo ao juiz aplicar a lei estrangeira se isso for apontado pelo DIPr. Caso não o faça, é caso de denegação de justiça e injustificada discriminação em face do direito estrangeiro. Nesse sentido, prevê o Código Bustamante, em seu art. 408, que os juízes aplicarão as leis dos demais Estados contratantes *de ofício*[318].

Caso o juiz, então, não conheça o direito estrangeiro, pode determinar a "quem o invoca" (LINDB) ou "a parte que alegar" (CPC/2015), o que não

---

317 Sobre a teoria de ser o direito estrangeiro matéria de fato (e não de direito) defendida nos Estados Unidos, especialmente com Joseph Beale, ver a crítica do Professor das Arcadas Nicolau Nazo. NAZO, Nicolau. *Da aplicação e da prova do direito estrangeiro*. São Paulo: Tipografia Siqueira, 1941, em especial p. 28-29.

318 Art. 408. Os juízes e tribunais de cada Estado contratante aplicarão de ofício, quando for o caso, as leis dos demais, sem prejuízo dos meios probatórios a que este capítulo se refere.

impede que (i) a parte espontaneamente produza tal prova ou ainda que (ii) o juiz diligencie nesse sentido.

O juiz, assim, ao se deparar com a necessidade de aplicação do direito estrangeiro deve seguir as seguintes regras: i) aplicar a norma estrangeira de ofício, como consequência direta do DIPr e do acesso à tutela justa; ii) caso não conheça a norma estrangeira e mesmo dispondo da possibilidade de determinar à parte que produza a prova do direito estrangeiro, deve o juiz diligenciar e buscar o texto faltante[319], em face do seu dever de aplicar a lei cabível de ofício e decidir a lide (a chamada proibição do *non liquet*, prevista no art. 140 do CPC/2015[320]); iii) caso, mesmo após sua diligência, não conheça o teor e a vigência, deve exigir da parte que o alegou a prova do direito alegado; e iv) as partes (mesmo aquela que nada alegou) podem *espontaneamente* apresentar o direito invocado[321].

A prova do direito estrangeiro pode ser obtida por todos os meios admitidos no Direito. Em geral, utiliza-se um dos seguintes meios de prova: (i) prova documental pela apresentação do texto; (ii) prova pericial (parecer de advogados ou professores); (iii) informação do próprio Estado estrangeiro sobre vigência, sentido e alcance legal do direito; e (iv) prova testemunhal.

Em geral, a prova documental do texto é a mais singela. A vigência e o sentido são os tópicos mais difíceis de provar, podendo ser utilizadas declarações firmadas de reputados internacionalistas do Estado de cuja legislação se trata (prova pericial).

Há tratados de Direito Internacional Privado que propõem meios de prova, como o Código Bustamante que, em seu art. 409, prevê que o texto legal estrangeiro, bem como sua vigência e sentido, podem ser demons-

---

319 Nesse sentido, Tenório sustenta que "Conveniente que o juiz promova *motu-proprio* as diligências que a curiosidade intelectual justifica. Não merece apreço a comodidade mental que, toda a vez que a parte invocar direito estrangeiro, reclame a prova". TENÓRIO, Oscar. *Lei de Introdução ao Código Civil*. 2. ed. Rio de Janeiro: Borsoi, 1955, p. 414.

320 Art. 140. O juiz não se exime de decidir sob a alegação de lacuna ou obscuridade do ordenamento jurídico.

321 Nesse sentido, ver ESPÍNOLA, Eduardo. *Elementos de direito internacional privado*. Rio de Janeiro: Jacintho Ribeiro dos Santos, 1925, p. 58-59.

trados mediante *certidão*, devidamente legalizada, de dois advogados em exercício no Estado estrangeiro. Além disso, o art. 410 do mesmo tratado possibilita ao juiz solicitar, de ofício, pela via diplomática, antes de decidir, ao Estado de cuja legislação se trate, que este forneça um *relatório* sobre (i) o texto, (ii) a vigência e o sentido do direito aplicável. Esse *relatório* pode ser fornecido pelo mais alto tribunal, pela Procuradoria-Geral, pela Secretaria ou pelo Ministério da Justiça (art. 411).

Mais recentemente, a Convenção Interamericana sobre Prova e Informação acerca do Direito Estrangeiro, adotada em Montevidéu, Uruguai, em 8 de maio de 1979[322], prevê a *consulta para prova e informação sobre o direito estrangeiro.* Essa consulta deve ser explícita, sem vagueza, para que seja evitada imprecisão. Não se busca um parecer, mas sim informação objetiva sobre o direito do Estado que presta a consulta. A Convenção estabelece o uso da via da autoridade central para informar sobre o texto, a vigência e o alcance do direito estrangeiro. Como medida de proteção ao Estado informante, este não será responsável pelas opiniões emitidas nem ficará obrigado a aplicar ou fazer aplicar o direito segundo o conteúdo da resposta dada. Também como salvaguarda ao Estado informante, este não é obrigado a responder a consulta, por ofensa a seus interesses, segurança ou soberania. A autoridade central designada pelo Brasil é o Ministério da Justiça, que atua por intermédio do seu Departamento de Recuperação de Ativos e Cooperação Jurídica Internacional (DRCI).

No âmbito do Mercosul, o Protocolo de Cooperação e Assistência Jurisdicional em Matéria Civil, Comercial, Trabalhista e Administrativa (Protocolo de Las Leñas[323]) também prevê o pedido de informação de direito por intermédio da Autoridade Central (no Brasil, também o Ministério da Justiça). Esses tratados facilitam a tarefa do juízo que, antes de sentenciar, pode acionar a via célere da autoridade central, para receber a informação atual do direito dos Estados contratantes.

---

322 Ratificada pelo Brasil e incorporada internamente pelo Decreto n. 1.925/96.

323 Ratificado pelo Brasil e incorporado pelo Decreto n. 2.067, de 12 de novembro de 1996.

Quanto à *natureza* da *interpretação* da norma estrangeira, observo que essa temática rendeu diversas visões na doutrina e jurisprudência em vários países. A doutrina anglo-saxã do início do século endossou a negação da aplicação do direito estrangeiro, por meio da teoria dos *vested rights* (direitos adquiridos), pela qual o direito não é aplicável além do território de um Estado, e a *lex fori* só reconhece situações consolidadas no exterior[324]. Para Serpa Lopes, no sistema dos *vested rights*, o direito estrangeiro é um simples fato, uma condição para a criação de um direito nacional[325]. Assim, tratava-se de analisar fatos e não de interpretar regras jurídicas.

Já a doutrina da primeira década do século XX consagrou as *teorias da recepção* para fundamentar a aplicação do direito estrangeiro pelo juiz nacional. De acordo com as teorias da remissão ou recepção, uma norma estrangeira só teria validade se fosse incorporada ou recepcionada pelo direito nacional. Há nuances entre as teorias da recepção. A teoria da *recepção material* considera que a norma estrangeira perde sua origem e é nacionalizada, ou seja, o conteúdo da regra estrangeira passa a ser utilizado como regra nacional no foro e assim deve ser interpretada[326]. Já a teoria da *recepção formal*, defendida por Roberto Ago[327], sustenta que a norma estrangeira é incorporada como regra jurídica e conserva o sentido que lhe é dado pelo sistema jurídico estrangeiro, não perdendo sua origem estrangeira.

Na atualidade, a pluralidade de fontes do DIPr (nacional e internacional) não exige mais que seja debatida a aplicabilidade do direito estran-

---

324 BOUCAULT, Carlos Eduardo de Abreu. *Direitos adquiridos no direito internacional privado.* Porto Alegre: Sergio Antonio Fabris, 1996, p. 73.

325 SERPA LOPES, Miguel Maria de. *Comentários à Lei de Introdução ao Código Civil.* 2. ed. Rio de Janeiro: Freitas Bastos, 1959, v. III, p. 172.

326 Ver a descrição da teoria da recepção material em Batiffol, que a considera artificial. BATIFFOL, Henri. *Traité élémentaire de droit international privé.* Paris: LGDJ, 1959, p. 380. Também em BAPTISTA, Luiz Olavo. Aplicação do direito estrangeiro pelo juiz nacional. *Revista de Informação Legislativa*, Brasília, ano 36, n. 142 abr./jun. 1999, p. 267-277, em especial p. 269.

327 AGO, Roberto. Règles générales des conflits de lois. 58 *Recueil des Cours de l' Académie de Droit International de la Haye*, 1936, p. 243-470, em especial p. 303.

geiro por meio das teorias da remissão ou da recepção; pelo contrário, há um dever internacional que considera que a norma estrangeira é a norma reguladora daquele fato transnacional. A norma internacional de DIPr, por exemplo, obriga todo o Estado a fazê-la valer internamente, sob pena de responsabilização internacional e descumprimento – no caso brasileiro – da própria Constituição, que assegura o respeito aos tratados celebrados. Assim, na linha de Pillet, o Direito Internacional Privado é ramo com vínculos às normas internacionais que exigem que a lei estrangeira seja aplicada, não a transformando em norma nacional[328].

De qualquer modo, para cumprir a indicação da regra de DIPr, é necessário o uso da *interpretação* fixada pelo Estado de origem da norma. Se, hipoteticamente, o juiz brasileiro pudesse interpretar a norma estrangeira com padrões locais de hermenêutica, estaríamos a aplicar direito diverso do direito estrangeiro. *Ad terrorem*, o juiz brasileiro poderia interpretar o vocábulo "vedação" por "permissão", o que fatalmente distorceria a lei estrangeira e descumpriria o DIPr[329].

Assim, o juiz brasileiro deve aplicar a norma estrangeira como se juiz estrangeiro fosse. Nesse sentido, dispõe a Convenção Interamericana sobre Normas Gerais de Direito Internacional Privado, aprovada na Conferência Interamericana de Direito Internacional Privado, realizada em Montevidéu, em 1979 (CIDIP-II), e já ratificada pelo Brasil, que "os juízes e as autoridades dos Estados Partes ficarão obrigados a aplicar o direito estrangeiro tal como o fariam os juízes do Estado cujo direito seja aplicável, sem prejuízo de que as partes possam alegar e provar a existência e o conteúdo da lei estrangeira invocada" (art. 2º)[330].

Assim, a interpretação a ser seguida pelo juiz brasileiro é a interpretação da lei estrangeira no seu Estado de origem. Para assegurar isso, é

---

328 Pillet descartava a ideia de que o DIPr fosse ramo do direito nacional, devendo ser considerado *ramo do Direito Internacional* (*branche du droit des gens*). Ver PILLET, Antoine. *Principes de droit international privé*. Paris: Pedone/Allier Frères, 1903, em especial p. 53-57.

329 Nesse sentido, conferir COSTA, Luiz Antônio Severo da. *Da aplicação do direito estrangeiro pelo juiz nacional*. Rio de Janeiro: Freitas Bastos, 1968, p. 35.

330 Incorporada internamente pelo Decreto n. 1.979, de 9 de agosto de 1996.

necessário que cada Estado possua *recursos cabíveis contra interpretações errôneas* do direito estrangeiro ou negativa de sua aplicação.

O Código Bustamante determina que, em todo o Estado contratante onde existir o recurso de cassação ou instituição correspondente, poderá ser o mesmo interposto por (i) violação, (ii) interpretação errônea ou (iii) aplicação indevida de lei estrangeira, nas mesmas condições e casos em que o possa quanto ao direito nacional (art. 412).

Também a Convenção Interamericana sobre Normas Gerais de Direito Internacional Privado prevê que "todos os recursos previstos na lei processual do lugar do processo serão igualmente admitidos para os casos de aplicação da lei de qualquer dos outros Estados Partes que seja aplicável" (art. 4º).

No Brasil, o Supremo Tribunal Federal *admitiu* recurso contra decisão que aplicou o direito estrangeiro diversamente do que constava da interpretação dominante no Estado estrangeiro de origem[331]. Na atualidade, caso determinado Tribunal de Justiça ou Tribunal Regional Federal interprete o direito estrangeiro de modo diverso do feito no Estado estrangeiro, é cabível recurso especial ao Superior Tribunal de Justiça, justamente para uniformizar a aplicação da norma estrangeira no Brasil.

Resta analisar a solução a ser dada no caso de a *lei estrangeira não ser seguramente provada*. Há diversas soluções preconizadas pela doutrina e jurisprudência no Brasil e no Direito Comparado, a seguir detalhadas:

1) *Uso da lex fori*. O uso da *lex fori* é justificado uma vez que o DIPr é construído na dicotomia *lex fori* x *lex causae*: na impossibilidade de

---

331 Supremo Tribunal Federal, Recurso Extraordinário 93.131/MG, Rel. Min. Moreira Alves, julgamento em 17-12-1981, publicação *DJ* 23-4-1982, p. 3669. Consta da ementa do acórdão: "Equiparação da lei estrangeira, aplicada no Brasil, à legislação federal brasileira para efeito de admissibilidade de recurso extraordinário. A lei estrangeira, aplicada por força de dispositivo de direito internacional privado brasileiro (na espécie o art. 9° da Lei de Introdução ao Código Civil), se equipara à legislação federal brasileira, para efeito de admissibilidade de recurso extraordinário. Não ocorrência, no caso, de dação em cumprimento (datio in solutum) e de sub-rogação legal. Negativa de vigência dos artigos 837, 592 e 593 do código civil português. Recurso extraordinário conhecido e provido". Após a CF/88, o recurso extraordinário perdeu tal função (uniformização da aplicação da lei federal), cedendo-o ao Superior Tribunal de Justiça (recurso especial).

aplicação do direito estrangeiro, só restaria a *lex fori*. Para Espínola, o juiz deve decidir o caso e, assim, aplicar a própria lei nacional na presunção de que seja equivalente ao direito estrangeiro não provado[332]. Essa é a solução do Código Civil português, que, na impossibilidade de determinar o conteúdo do direito estrangeiro aplicável, ordena a aplicação das regras do direito comum português[333].

2) *Rejeição da Demanda*. Machado Villela sustentou que, na falta de previsão legal de aplicação da *lex fori*, deve-se julgar improcedente a demanda cuja pretensão era baseada no dispositivo da lei estrangeira não provada[334]. A crítica a esse entendimento consiste na indevida equiparação do direito estrangeiro a um fato que, se não provado, prejudica quem o alegou.

3) *Converter o julgamento em diligência*. Pontes de Miranda defendeu a conversão do julgamento em diligência, pois o juiz deveria esperar que fosse provado o direito estrangeiro, uma vez que não seria possível nem o *non liquet* e nem incidiria o direito brasileiro (já que o DIPr havia afastado a norma brasileira)[335]. A crítica dessa corrente é que sua aplicação pode prolongar excessivamente os litígios, ofendendo o direito ao devido processo legal em prazo razoável. Além disso, essa

---

332 ESPÍNOLA, Eduardo. *Elementos de direito internacional privado*. Rio de Janeiro: Jacintho Ribeiro dos Santos, 1925, p. 59.

333 Art. 348 (Direito consuetudinário, local, ou estrangeiro). 1. Àquele que invocar direito consuetudinário, local, ou estrangeiro compete fazer a prova da sua existência e conteúdo; mas o tribunal deve procurar, oficiosamente, obter o respectivo conhecimento. 2. O conhecimento oficioso incumbe também ao tribunal, sempre que este tenha de decidir com base no direito consuetudinário, local, ou estrangeiro e nenhuma das partes o tenha invocado, ou a parte contrária tenha reconhecido a sua existência e conteúdo ou não haja deduzido oposição. 3. *Na impossibilidade de determinar o conteúdo do direito aplicável, o tribunal recorrerá às regras do direito comum português.*

334 MACHADO VILLELA, Álvaro da Costa. *Tratado elementar (teórico e prático) de direito internacional privado*. Coimbra: Coimbra Editora, 1921, Livro II, p. 264.

335 PONTES DE MIRANDA, Francisco Cavalcanti. *Tratado de direito internacional privado*. Rio de Janeiro: José Olympio, 1934, t. II, Parte especial, p. 365. Adotando a mesma posição de Pontes de Miranda, ver BATALHA, Wilson de Souza Campos. *Tratado de direito internacional privado*. 2. ed. São Paulo: RT, 1977, v. II, p. 427-428.

opção é incompleta, pois não explica o que o juízo deve fazer caso a diligência fracasse.

4) *Julgar de acordo com o direito provável existente.* Há quem defenda que a melhor solução é aplicar o direito estrangeiro provável existente, o que seria superior ao uso da *lex fori* pura e simplesmente[336]. A crítica a tal posicionamento é a dose de arbítrio judicial que é inevitável no julgamento do litígio.
5) *Uso de analogia e princípios gerais de direitos.* Essa corrente sustenta que a ausência de prova do direito estrangeiro é equivalente à lacuna, que deve ser preenchida conforme o que consta do art. 4º da LINDB[337], ou seja, por analogia e recurso aos princípios gerais do direito[338].
6) *Uso de regra de conexão subsidiária.* Essa corrente apoia o uso de regras subsidiárias de conexão; por exemplo, caso o direito estrangeiro indicado pela lei do domicílio não seja provado, utiliza-se a lei da residência, tal qual consta do DIPr brasileiro. Para Valladão, essa opção mantém o "espírito" da norma do DIPr de aplicar a lei mais vinculada ao fato transnacional[339]. Contudo, essa corrente também é incompleta, pois nada obsta que não haja prova também do direito estrangeiro subsidiário.

Atualmente, a posição adotada pelo Superior Tribunal de Justiça brasileiro foi a do uso da *lex fori* (lei brasileira), pois, não sendo viável produzir-se a prova do direito estrangeiro e "como não pode o litígio ficar

---

336 Wolff usou, como exemplo, a impossibilidade da prova do teor de dispositivo de novo Código Civil da Bolívia. Deveria o juiz local usar o Código anterior, considerando que, possivelmente, a regra não teria sido modificada. WOLFF, Martin. *Derecho internacional privado.* Tradução de José Rovira y Emergol. Barcelona: Labor, 1936, p. 140-141.

337 LINDB, Art. 4º Quando a lei for omissa, o juiz decidirá o caso de acordo com a analogia, os costumes e os princípios gerais de direito.

338 BAPTISTA, Luiz Olavo. Aplicação do direito estrangeiro pelo juiz nacional. *Revista de Informação Legislativa,* Brasília, ano 36, n. 142, abr./jun. 1999, p. 267-277, em especial p. 272.

339 VALLADÃO, Haroldo. *Direito internacional privado.* 5. ed. Rio de Janeiro: Freitas Bastos, 1980, v. I, p. 473.

sem solução, o Juiz aplicará o direito nacional"[340]. Valladão criticou a opção pela *lex fori*, pois a entendia como "sobrevivência do territorialismo"[341].

Art. 15. Será executada no Brasil a sentença proferida no estrangeiro, que reúna os seguintes requisitos:

a) haver sido proferida por juiz competente;

b) terem sido as partes citadas ou haver-se legalmente verificado à revelia;

c) ter passado em julgado e estar revestida das formalidades necessárias para a execução no lugar em que foi proferida;

d) estar traduzida por intérprete autorizado;

e) ter sido homologada pelo Supremo Tribunal Federal.

O art. 15 trata de espécie de *cooperação jurídica internacional* que cuida do reconhecimento, homologação e execução no Brasil de sentenças judiciais (e, por analogia, arbitrais) definitivas. Para Huck, o reconhecimento consiste na aceitação da sentença estrangeira, sem sua execução. A execução da sentença estrangeira possibilita a satisfação coativa da pretensão nela contida. Já a homologação consiste em procedimento específico para que determinada sentença estrangeira possa produzir efeitos em determinado Estado[342].

Além do óbvio interesse do Direito Processual, essa temática é também da alçada do Direito Internacional Privado, uma vez que a aplicação extraterritorial do Direito pode ser realizada de forma (i) direta ou (ii)

---

340 Superior Tribunal de Justiça, Recurso Especial 254.544/MG, Rel. Min. Eduardo Ribeiro, julgamento em 18-5-2000, publicado no *DJ* de 14-8-2000. Consta da ementa: "Sendo caso de aplicação de direito estrangeiro, consoante as normas do Direito Internacional Privado, caberá ao Juiz fazê-lo, ainda de ofício. Não se poderá, entretanto, carregar à parte o ônus de trazer a prova de seu teor e vigência, salvo quando por ela invocado. Não sendo viável produzir-se essa prova, como não pode o litígio ficar sem solução, o Juiz aplicará o direito nacional".

341 VALLADÃO, Haroldo. *Direito internacional privado.* 5. ed. Rio de Janeiro: Freitas Bastos, 1980, v. I, p. 479.

342 HUCK, Hermes Marcelo. *Sentença estrangeira e* lex mercatoria. São Paulo: Saraiva, 1994, p. 18.

indireta. Na aplicação direta do direito estrangeiro, utiliza-se norma estrangeira para reger determinado fato transnacional. Por sua vez, a aplicação indireta do direito estrangeiro consiste no uso da decisão estrangeira que já solucionou a questão em outro Estado[343]. Para Huck, o reconhecimento e execução dessas decisões estrangeiras concretizam a *aplicação indireta do direito estrangeiro*, fora dos limites da jurisdição de seus prolatores[344].

A aplicação indireta do direito estrangeiro tem como consequência o reconhecimento da validade extraterritorial de decisão que foi proferida por juízo estrangeiro, o que, aparentemente, choca-se com o limite territorial de cada jurisdição estatal. Apesar de divergências doutrinárias, o fundamento do reconhecimento da decisão ou sentença estrangeira é o *acesso à justiça*, norma constante de diversos tratados de direitos humanos, e que é ofendido se um determinado Estado recusar injustificadamente executar em seu território decisão estrangeira.

Essa espécie cooperacional desenvolveu-se a partir do século XIX, justamente para superar a visão soberanista exacerbada pela qual uma sentença estrangeira nunca poderia gerar efeito extraterritorial, podendo, no máximo, servir como *fato* a ser discutido em uma nova ação perante a justiça do foro.

Os primeiros registros de execução de decisão estrangeira remontam a tratativas concluídas entre Veneza e outras cidades, já nos séculos XIII e XIV, mas com intensa dificuldade, dada a convicção de que não se deveria impor decisões oriundas de autoridade sem qualquer poder no foro[345]. O marco ocorreu no século XIX, com tratado sobre a navegação do Rio Reno, em 1831, pelo qual as sentenças de um Estado Parte eram reconhecidas e poderiam ser executadas sem qualquer outra formalidade em um dos demais

---

343 MARNOUCO E SOUZA, José Ferreira. *Execução extraterritorial das sentenças cíveis e commerciais*. Coimbra: F. França Amado Editor, 1898, p. 4.

344 HUCK, Hermes Marcelo. *Sentença estrangeira e* lex mercatoria. São Paulo: Saraiva, 1994, p. 1.

345 CASTRO, Amílcar de. *Direito internacional privado*. 5. ed., rev. e atual. por Osíris Rocha. Rio de Janeiro: Forense, 2000, p. 550.

Estados contratantes. Schlosser, inclusive, lamenta que essa inovação (execução automática em outro Estado) não foi seguida posteriormente[346].

Lentamente, com a consolidação do próprio Direito Internacional Privado clássico no século XIX, pelo qual a aplicação direta do direito estrangeiro passou a ser tratada de modo sistematizado, desenvolveram-se, em paralelo, regras nacionais sobre a aplicação indireta do direito estrangeiro por intermédio do reconhecimento e execução das sentenças estrangeiras.

Há três modelos adotados pelos Estados em diversos momentos históricos pelos quais uma decisão estrangeira pode ser percebida pelo Estado: (i) *modelo da recusa ou do exclusivismo*; (ii) *modelo da autorização* e (iii) *modelo da aplicabilidade direta ou automática*.

Pelo *modelo da recusa ou do exclusivismo*, a sentença (ou decisão) estrangeira só serve como *matéria fática*, não sendo possível seu uso interno, pois somente a jurisdição doméstica seria exclusiva e única. Esse modelo foi defendido por autores anglo-saxões, para quem as sentenças estrangeiras não possuíam nenhum efeito fora do território do Estado prolator[347].

Já pelo *modelo da autorização*, a sentença estrangeira é um *ato jurídico* cuja eficácia está subordinada a uma condição, que é a prolação posterior de ato nacional (que pode ser uma sentença de homologação, ato administrativo de confirmação, *exequatur* administrativo etc.) pela qual se dá eficácia nacional à sentença estrangeira[348].

---

346 Convenção entre os Governos dos Estados as margens do Rio Reno sobre navegação deste rio (Convention among the Governments of the States Bordering the Rhine and Rules Concerning Navigation of this River) de 1831. Esse acordo foi revisto em 1868 (Ato Revisado de Mannheim). De acordo com Schlosser, é o mais antigo tratado ainda vigente sobre reconhecimento e execução de sentença estrangeira. Ver SCHLOSSER, Peter. Jurisdiction and international judicial and administrative co-operation. 284 *Recueil des Cours de l'Académie de Droit International de la Haye*, 2000, p. 9-428, em especial p. 48 e seguintes.

347 SERPA LOPES, Miguel Maria de. *Comentários à Lei de Introdução ao Código Civil*. 2. ed. Rio de Janeiro: Freitas Bastos, 1959, v. III, p. 196; CASTRO, Amílcar de. *Direito internacional privado*. 5. ed. rev. e atualizado por Osíris Rocha. Rio de Janeiro: Forense, 2000, p. 549.

348 Adaptado de Morelli, que entendia, contudo, que a sentença estrangeira teria a natureza de um *fato jurídico*, pois não poderia ser considerada um *ato jurídico*

Por fim, pelo *modelo da aplicabilidade imediata ou direta*, a sentença estrangeira é aplicada diretamente no Estado do foro, como se sentença nacional fosse, sem recusa ou necessidade de dotação de eficácia por decisão nacional.

O *modelo da recusa* é incompatível com o acesso à justiça célere (porque obriga o interessado a iniciar outro processo), sem contar que isola o Estado que o adota dos demais Estados, que, por sua vez, tendem a não reconhecer as sentenças daquele Estado por falta de reciprocidade.

No entanto, o *modelo da aplicabilidade imediata* gera automatismo e celeridade na execução de sentenças estrangeiras, mas pressupõe a existência de forte confiança e valores comuns entre os Estados, como ocorre, por exemplo, na União Europeia, que dá passos largos para a implementação desse modelo. Entretanto, mesmo na União Europeia, diferencia-se o *reconhecimento simples* das decisões exaradas[349] em cada Estado-Membro do *reconhecimento para a execução* que, em geral, ainda exige homologação. Para acelerar a execução da decisão estrangeira, o Regulamento n. 44/2001 permitiu a interposição de ação de execução de

---

(fruto de uma declaração de vontade) já que o Estado estrangeiro não era sujeito de direito interno. No Brasil, os Estados estrangeiros possuem personalidade jurídica e são reconhecidos inclusive pela Constituição (por exemplo, o art. 114, I, que trata dos "entes de direito público externo") e pelo Código Civil (art. 42, que reconhece os Estados estrangeiros como "pessoas jurídicas de direito público externo"). MORELLI, Gaetano. *Derecho procesal civil internacional*. Trad. de Santiago S. Melendo. Buenos Aires: Ed. Jurídicas Europa-América, 1953 (original em italiano de 1938), em especial p. 296-297.

349 Conforme prevê o art. 33 do Regulamento (CE) n. 44/2001 do Conselho, de 22 de dezembro de 2000, relativo à jurisdição internacional (competência judiciária), ao reconhecimento e à execução de decisões em matéria civil e comercial. É designado "Bruxelas I". Mesmo o art. 33 prevê a possibilidade de impugnação desse reconhecimento simples. *In verbis:* "Artigo 33. 1. As decisões proferidas num Estado-Membro são reconhecidas nos outros Estados-Membros, sem necessidade de recurso a qualquer processo. 2. Em caso de impugnação, qualquer parte interessada que invoque o reconhecimento a título principal pode pedir, nos termos do processo previsto nas secções 2 e 3 do presente capítulo, o reconhecimento da decisão. 3. Se o reconhecimento for invocado a título incidental perante um tribunal de um Estado-Membro, este será competente para dele conhecer".

decisão estrangeira, para, após, caso a parte adversa alegue, haja a análise do cumprimento de requisitos para a eficácia nacional daquela decisão (por exemplo, violação da ordem pública)[350]. A evolução da temática na União Europeia tende à adoção do modelo da aplicabilidade imediata em determinados temas. No tocante a algumas decisões sobre direito de família (direito de visita, regresso de crianças[351]) e ainda a execução de dívidas não contestadas, as decisões estrangeiras (o chamado título executivo europeu – *european enforcement order for uncontested claims*[352]) são automaticamente eficazes.

A maior parte dos Estados adota o *modelo da autorização*, com variações sobre como deve ser feita a análise da sentença estrangeira para que lhe seja dada eficácia em outro Estado.

É possível classificar os modos de realização da autorização de acordo com o *tipo de análise a ser feita pelo Estado do foro*: (i) o modo da *revisão*

---

350 O Regulamento n. 44/2001 encontra-se revogado, estando em vigor o Regulamento n. 1.215/2012. Sobre a temática, ver SILVA, Ricardo Perlingeiro Mendes. Reconhecimento de decisão judicial estrangeira no Brasil e o controle da ordem pública internacional no Regulamento (CE) 44: análise comparativa. 118 *Revista de Processo*, 2004, p. 173-186.

351 O Regulamento Bruxelas II bis (Regulamento (CE) 2.201/2003, do Conselho, de 27 de Novembro de 2003, relativo à competência, ao reconhecimento e à execução de decisões em matéria matrimonial e em matéria de responsabilidade parental) determina que: "Artigo 41. Direito de visita. 1. O direito de visita referido na alínea a) do n. 1 do artigo 40.o, concedido por uma decisão executória proferida num Estado-Membro, é reconhecido e goza de força executória noutro Estado-Membro sem necessidade de qualquer declaração que lhe reconheça essa força e sem que seja possível contestar o seu reconhecimento, se essa decisão tiver sido homologada no Estado-Membro de origem nos termos do n.o 2". Ainda, dispõe o art. 42 que "Regresso da criança. 1. O regresso da criança referido na alínea b) do n.o 1 do artigo 40.o, resultante de uma decisão executória proferida num Estado-Membro é reconhecido e goza de força executória noutro Estado-Membro sem necessidade de qualquer declaração que lhe reconheça essa força e sem que seja possível contestar o seu reconhecimento, se essa decisão tiver sido homologada no Estado-Membro de origem, nos termos do n.o 2. Mesmo se a legislação nacional não previr a força executória de pleno direito de uma decisão que exija o regresso da criança previsto no n.o 8 do artigo 11.o, o tribunal pode declarar a decisão executória, não obstante qualquer recurso". Ver mais em SILVA, Nuno Ascensão et al. *Direito internacional da família*. Lisboa: Centro de Estudos Judiciários, 2014, t. I.

352 Regulamento (CE) n. 805/2004 do Parlamento Europeu e do Conselho de 21 de abril de 2004, que cria o título executivo europeu para créditos não contestados.

absoluta de mérito, pelo qual o Estado do foro pode reexaminar o mérito da decisão estrangeira, substituindo-a pela decisão nacional; (ii) o modo da *revisão relativa* de mérito, pelo qual o Estado do foro revê o mérito, mas tão somente para admitir ou rejeitar a sentença estrangeira; (iii) o modo do *controle limitado* (também chamado de juízo de delibação), pelo qual o Estado do foro afere tão somente determinados aspectos referentes à sentença estrangeira, excluindo, em geral, a análise do mérito da decisão[353].

Há quem ainda agregue (iv) o modo da *reciprocidade de fato* (baseado na aferição, caso a caso, de que o Estado estrangeiro oferta reciprocidade às sentenças do Estado do foro) e (v) o modo da *reciprocidade diplomática* (fundado em tratado)[354]. Contudo, a existência da exigência de reciprocidade é pressuposto para a análise feita pelos modos anteriores, ou, como salienta Greco Filho, a reciprocidade é compatível com os diversos modos já listados[355].

Também é possível classificar o sistema de autorização pelo *órgão interno responsável* pela análise em: (i) *administrativo*, no qual o Poder Executivo do Estado do foro é responsável pela concessão ou não da autorização para que a sentença estrangeira possua eficácia nacional; (ii) *judicial*, no qual essa análise é feita pelo Judiciário. O sistema de autorização judicial, por sua vez, pode ser subdividido em dois: (i) *controle judicial difuso*, no qual a autorização para a eficácia interna da sentença estrangeira é feita por *qualquer* órgão judicial competente para executar o tipo de comando judicial contido na sentença estrangeira; (ii) *controle judicial concentrado*, no qual há apenas um órgão que autoriza a eficácia

---

353 Classificação adotada por SERPA LOPES, Miguel Maria de. *Comentários à Lei de Introdução ao Código Civil.* 2. ed. Rio de Janeiro: Freitas Bastos, 1959, v. III, p. 196. E também por GRECO FILHO, Vicente. *Homologação de sentença estrangeira.* São Paulo: Saraiva, 1978, p. 16.

354 MARNOUCO E SOUZA, José Ferreira. *Execução extraterritorial das sentenças cíveis e commerciais.* Coimbra: F. França Amado Editor, 1898, p. 43 e seguintes. Essa classificação foi seguida por Oscar Tenório. TENÓRIO, Oscar. *Direito internacional privado.* 11. ed. Rio de Janeiro: Freitas Bastos, 1976, v. II, p. 380.

355 GRECO FILHO, Vicente. *Homologação de sentença estrangeira.* São Paulo: Saraiva, 1978, p. 19.

nacional da sentença estrangeira, deixando o eventual cumprimento da decisão reconhecida para outro órgão judicial.

No Brasil, a evolução da matéria foi lenta. As Ordenações Filipinas, de largo uso inclusive após a independência, foram omissas quanto ao reconhecimento de sentenças estrangeiras. No Brasil imperial, a primeira regulamentação ocorreu somente com a edição da Lei n. 2.615 de 1875, cujo art. 6º, § 2º permitiu ao governo (Poder Executivo), por meio de regulamento e mediante reciprocidade, autorizar a execução de sentenças estrangeiras cíveis[356].

A regulamentação dessa lei foi feita pelo Decreto n. 6.982 de 1878, no qual foram estabelecidas, pela primeira vez, as exigências para a execução das sentenças estrangeiras no Brasil, sendo transferido o "cumpra-se" (*exequatur*) da sentença estrangeira para o Judiciário. De acordo com o art. 1º, a execução de sentenças estrangeiras cíveis (excluindo, então, as criminais) dependeria de: (i) reciprocidade dada pelo Estado estrangeiro; (ii) formalidades externas que a dotassem de força executória de acordo com a lei do Estado estrangeiro; (iii) trânsito em julgado; (iv) autenticação consular; e (v) tradução por intérprete juramentado.

Ao mesmo tempo, o Decreto estabeleceu as causas de denegação do reconhecimento, a saber: (i) ofensa à soberania; (ii) leis ditas como "obrigatórias" e de "ordem pública"; (iii) as que regulam a organização da propriedade territorial; e (iv) moralidade pública (art. 2º)[357].

---

356 Art. 6º É autorizado o Governo para, no Regulamento que der a esta Lei, estabelecer a competência dos Tribunais e forma do processo dos crimes cometidos em país estrangeiro. É outrossim autorizado para regular mediante *reciprocidade*: (...) § 2º A execução das sentenças cíveis dos Tribunais estrangeiros. Grafia atualizada pelo Autor.

357 De autoria de Lafayette Rodrigues Pereira, então Secretário de Estado dos Negócios da Justiça. Art. 2º Não obstante concorrerem os requisitos do artigo antecedente, as ditas sentenças não serão executadas se contiverem decisão contrária: § 1º à Soberania Nacional, como si por exemplo, subtraíssem algum brasileiro à competência dos Tribunais do Império. § 2º às leis rigorosamente obrigatórias, fundadas em motivos de ordem pública, como são as que vedam a instituição da alma e das corporações de mão-morta por herdeiras. § 3º às que regulam a organização da propriedade territorial, como são as que proíbem o estabelecimento de morgados e vínculos, a

O Decreto previu ainda que a competência para o reconhecimento era do *juízo nacional que seria competente* caso a sentença a ser executada fosse nacional. Esse juízo deveria, então, dar o "cumpra-se" à sentença estrangeira[358].

Assim, inicialmente, o Brasil optou pelo modo de reconhecimento de *controle limitado*, de cunho *judicial* e *difuso*, com *reciprocidade*. Greco salienta que, embora não expressamente, o Brasil adotou o chamado *juízo de delibação*, que é o modelo de controle limitado pelo qual são aferidos somente determinados requisitos formais e avaliada a inexistência de óbices (como ofensa à soberania, ordem pública, moral etc.)[359]. Quanto à reciprocidade, cabia ao juízo indagar ao Poder Executivo sobre a prática do Estado estrangeiro. Em 1880, o Decreto n. 7.777 previu que o Poder Executivo poderia suprir a ausência de reciprocidade por meio de um *exequatur administrativo.*

Com a proclamação da República, a Lei n. 221, de 20 de novembro de 1894, referente à organização da Justiça Federal[360], regulou-se a execução de sentença estrangeira, com o ineditismo da previsão de um juízo de homologação de sentença estrangeira concentrado no *Supremo Tribunal Federal.* Foi previsto o rol de impugnações que o interessado na não homologação deveria opor, a saber: (i)[361] inautenticidade da sentença; (ii)

---

inalienabilidade perpetua. § 4° às leis da moral, como si a sentença consagrar a poligamia, ou convenções reprovadas.

358 Art. 3° São competentes para a execução as justiças brasileiras, que o seriam si as sentenças fossem dadas pelos Juízes e Tribunais do Império. Art. 4° O Juiz, a quem for apresentada a sentença para execução, verá se ela tem os requisitos do art. 1°, e, se por não ofender o art. 2°, está no caso de ser executada.

359 GRECO FILHO, Vicente. *Homologação de sentença estrangeira.* São Paulo: Saraiva, 1978, p. 38.

360 Completando o disposto no Decreto n. 848 de 1890, que organizou a Justiça Federal.

361 Art. 12, § 4° (...) 1° qualquer duvida sobre a authenticidade do documento ou sobre a intelligencia da sentença; 2°, não ter a sentença passado em julgado; 3°, ser a sentença proferida por juiz ou tribunal incompetente; 4°, não terem sido devidamente citadas as partes ou não se ter legalmente verificado a sua revelia, quando deixarem de comparecer; 5°, conter a sentença disposição contrária à ordem pública ou ao direito publico interno da União. Em caso algum é admissível a produção de provas sobre o fundo da questão julgada.

falta do trânsito em julgado; (iii) juízo estrangeiro incompetente; (iv) partes não citadas ou não ter sido constatada a revelia; (v) violação da ordem pública ou do direito interno da União. Também ficou expressa a proibição de revisão de mérito do que foi decidido na causa estrangeira.

Em 1898, o Decreto n. 3.084 (Consolidação das Leis referentes à Justiça Federal) refez o tratamento da matéria, unificando o disposto no antigo Decreto imperial n. 6.982 de 1878 com o teor da Lei n. 221[362].

Foram estabelecidos os pressupostos positivos (que devem estar presentes) e negativos (que devem estar ausentes) do juízo de controle limitado perante o Supremo Tribunal Federal. A cognição do juízo foi expressamente restrita (impedindo-se a revisão do mérito) e ainda o alcance da impugnação da parte interessada na denegação da homologação foi propositalmente restringido.

Os pressupostos positivos estabelecidos para a homologação foram: (i) formalidades externas necessárias para tornar a sentença executória, de acordo com a lei estrangeira; (ii) juízo competente de acordo com a lei estrangeira; (iii) partes citadas ou legalmente verificada a revelia; (iv) trânsito em julgado; (v) autenticação consular brasileira; e (vi) tradução juramentada. Os pressupostos negativos fixados foram: (i) ofensa à ordem pública; (ii) ofensa ao direito público interno da União (que seria norma imperativa).

A matéria que o interessado poderia apresentar para a não homologação decorre desses pressupostos, configurando-se como: (i) dúvida sobre autenticidade ou inteligência da sentença; (ii) falta de algum pressuposto positivo ou existência de pressuposto negativo (óbice de ordem pública ou de direito público da União). Também ficou expresso que não seria admissível a produção de provas sobre a matéria de fundo (mérito). Quanto aos tipos de sentenças passíveis de homologação, o Decreto n. 3.084 foi

---

362 A consolidação é vasta, dividida em várias partes, sem numeração única. Os dispositivos referentes à homologação de sentença estrangeira encontram-se na Parte Quinta "Processo nas causas cíveis de ordem pública ou administrativa", Título I "Processo de ordem pública", Capítulo II "Da homologação da sentença estrangeira", a partir do art. 7º.

amplo, exigindo a homologação para as sentenças estrangeiras de partilha, meramente declaratórias e arbitrais.

A antiga introdução ao Código Civil de 1916 foi lacônica, tendo previsto, no seu art. 16, que "As sentenças dos tribunais estrangeiros serão exequíveis no Brasil, mediante as condições que a lei brasileira fixar", o que manteve, na prática jurisprudencial, os requisitos consolidados no Decreto n. 3.084/1898.

O Código de Processo Civil de 1939 tratou da matéria nos arts. 785 a 796 e a Lei de Introdução ao Código Civil de 1942 a mencionou no art. 15, ora em comento, com um parágrafo único ("Não dependem de homologação as sentenças meramente declaratórias do estado das pessoas"), que foi revogado expressamente pela Lei n. 12.036, de 1º de outubro de 2009 (veremos a seguir quais são as decisões estrangeiras que não dependem de homologação).

A *espinha dorsal* do reconhecimento e autorização para execução de sentença estrangeira no Brasil foi, então, consolidada em 1898, e, desde então, *não houve ruptura significativa*. O Brasil adotou o modo de autorização por controle limitado (juízo de delibação), judicial e concentrado em órgão de cúpula do Judiciário (STF – e depois o Superior Tribunal de Justiça, após a EC n. 45/2004), sem reciprocidade.

A consagração do modelo do controle limitado deu-se com o Código de Processo Civil italiano de 1865, que adotou o chamado "juízo de delibação" (*giudizio di delibazione)* para que determinada sentença estrangeira recebesse o *exequatur*, ou seja, o "cumpra-se" local.

Delibação é termo oriundo do latim *delibatio*, que significa, nesse contexto, examinar superficialmente ou externamente[363]. A lógica do juízo de delibação é evitar que o Estado do foro reanalise o mérito da causa (decisão sobre o bem da vida em litígio) e tão somente examine requisitos formais (jurisdição, força executória no Estado de origem, trân-

---

363 CASTRO, Amílcar de. *Direito internacional privado*. 5. ed., rev. e atual. por Osíris Rocha. Rio de Janeiro: Forense, 2000, p. 555.

sito em julgado) e verifique a preservação de determinados princípios do foro (citação válida, respeito à ordem pública).

Esse juízo de delibação foi exercido pelo STF, desde o final do século XIX até a edição da Emenda Constitucional n. 45, de 2004. Inicialmente, a Constituição de 1891 não mencionou a homologação de sentença estrangeira no rol das competências originárias do Supremo Tribunal Federal, o que gerou polêmica sobre se a Lei n. 221/1894 poderia ter ampliado a competência constitucional do STF[364]. Amazonas esclarece que, após titubeios na época, o STF acabou firmando sua competência para a homologação das sentenças estrangeiras.

Somente com a Constituição de 1934, a homologação de sentença estrangeira passou, expressamente, à competência constitucional do STF (art. 76, I, *g*). Essa tradição constitucional de análise homologatória de sentença estrangeira no STF foi mantida até a redação originária da Constituição de 1988.

Após, no esforço de diminuição da carga processual do STF para sua melhor atuação como guardião da Constituição, a Emenda Constitucional n. 45, de 2004, determinou a transferência da competência para homologar sentença estrangeira ao Superior Tribunal de Justiça.

A redação original da CF/88 era a seguinte: "Art. 102. Compete ao Supremo Tribunal Federal, precipuamente, a guarda da Constituição, cabendo-lhe: I – processar e julgar, originariamente: "(...) *h)* a homologação *das* sentenças estrangeiras e a concessão do *exequatur* às cartas rogatórias, que podem ser conferidas pelo regimento interno a seu Presidente".

Com a EC n. 45/2004, o art. 105, I, *i*, da CF/88 ficou com a seguinte redação: "Compete ao Superior Tribunal de Justiça: I – processar e julgar, originariamente: (...) *i)* a homologação *de* sentenças estrangeiras e a concessão de *exequatur* às cartas rogatórias". Houve ligeira mudança redacional ("homologação *das* sentenças estrangeiras" para "homologação *de* sentenças estrangeiras"), o que pode servir para justificar a adoção do

---

364 AMAZONAS, José Antônio de Almeida. *Da execução de sentenças estrangeiras*. São Paulo: RT, 1940, p. 55-56.

modelo de aplicabilidade imediata, pois *nem todas* as sentenças estrangeiras precisam agora ser homologadas, à luz da redação desse dispositivo constitucional (art. 105, I, *i*)[365].

O CPC/73 foi mais conciso, regulando a matéria nos arts. 483 e 484, remetendo a regulação mais detalhada ao Regimento Interno do Supremo Tribunal Federal[366]. O CPC de 2015, por sua vez, detalhou a temática (arts. 960 a 965), mas fez remissão aos tratados e ao Regimento Interno do Superior Tribunal de Justiça (art. 960, § 2º[367]). Houve, ainda, um aperfeiçoamento terminológico, com a utilização da expressão ampla "homologação de *decisão estrangeira*" (art. 960), evitando a discussão sobre se o ato oriundo da soberania estrangeira era considerado lá como "sentença".

Por seu turno, o Superior Tribunal de Justiça adotou, emergencialmente, a Resolução n. 9/2005 logo depois da Emenda Constitucional n. 45 para reger a temática da homologação da sentença estrangeira até que o seu Regimento interno fosse reformado e adaptado à nova competência constitucional. Em dezembro de 2014, foi finalmente adotada a Emenda Regimental n. 18 que acresceu os *arts. 216-A a 216-X*, contendo regras sobre a homologação de sentença estrangeira, carta rogatória e auxílio direto.

A natureza jurídica do instituto da homologação de sentença estrangeira no Brasil é *constitutiva*, pela qual se dá eficácia interna a comando estrangeiro, sendo feita uma análise de *contenciosidade limitada no Superior Tribunal de Justiça*. Sem a homologação, a soberania do Estado

---

365 Sem contar a supressão da expressão "que podem ser conferidas pelo regimento interno a seu Presidente". Apesar disso, o Regimento interno do STJ continuou a conferir tal poder ao Presidente, a semelhança do que fazia o Regimento do STF, tendo sido entendido que não houve proibição expressa, apenas enxugamento – natural – do texto constitucional.

366 FUX, Luiz. Homologação de sentença estrangeira. In: TIBURCIO, Carmem; BARROSO, Luís Roberto (Org.). *O direito internacional contemporâneo* – estudos em homenagem a Jacob Dolinger. Rio de Janeiro: Renovar, 2006, p. 643-644.

367 *In verbis:* "Art. 960. A homologação de *decisão estrangeira* será requerida por ação de homologação de decisão estrangeira, salvo disposição especial em sentido contrário prevista em tratado. (...) § 2º A homologação obedecerá ao que dispuserem os tratados em vigor no Brasil e o Regimento Interno do Superior Tribunal de Justiça".

impediria o alcance extraterritorial da força vinculante contida em um comando judicial estrangeiro[368].

Assim, exige-se a propositura ação de homologação de decisão estrangeira para a execução de sentença estrangeira no Brasil, salvo disposição especial em sentido contrário prevista em tratado. Essa remissão a tratados permite compatibilizar a legislação nacional com eventual norma internacional (por exemplo, o Protocolo de Las Leñas, que prevê a homologação da sentença oriunda dos países do Mercosul, sem a ação de homologação, bastando o envio de *carta rogatória* – art. 19). O rito da homologação obedece, além dos tratados em vigor, ao Regimento Interno do Superior Tribunal de Justiça. Já a homologação de decisão arbitral estrangeira obedece ao disposto em tratado e em lei específica, aplicando-se, subsidiariamente, as disposições do novo CPC.

O Brasil adotou o *modelo do paralelismo* ou *equivalente hipotético*, que considera passível de homologação tanto a decisão judicial definitiva estrangeira quanto a decisão não judicial estrangeira (por exemplo, decisão administrativa) que, *pela lei brasileira, teria natureza jurisdicional*, podendo existir a homologação parcial.

No entanto, não é necessário homologar decisão estrangeira que, no Brasil, pelo critério do equivalente hipotético, não exigiria decisão judicial[369]; por exemplo, o divórcio consensual – que no Brasil já é passível de

---

368 Nesse sentido, decidiu o STF: "As sentenças proferidas por tribunais estrangeiros somente terão eficácia no Brasil depois de homologadas pelo Supremo Tribunal Federal. O processo de homologação desempenha, perante o Supremo Tribunal Federal – que é o Tribunal do foro –, uma função essencial na outorga de eficácia às sentenças emanadas de Estados estrangeiros. Esse processo homologatório – que se reveste de *caráter constitutivo* – faz instaurar, perante o Supremo Tribunal Federal, uma situação de *contenciosidade limitada*. Destina-se a ensejar a verificação de determinados requisitos fixados pelo ordenamento positivo nacional, propiciando, desse modo, o reconhecimento, pelo Estado brasileiro, de sentenças estrangeiras, com o objetivo de viabilizar a produção dos efeitos jurídicos que lhes são inerentes". Supremo Tribunal Federal, Sentença Estrangeira Contestada n. 5.093/Estados Unidos. Rel. Min. Celso de Mello, julgamento 8-2-1996, publicação *DJ* 13-12-1996 p. 50169.

369 Nesse sentido, GRECO FILHO, Vicente. *Homologação de sentença estrangeira*. São Paulo: Saraiva, 1978, p. 127. Conferir também o seguinte precedente do STF, que extinguiu ação de homologação de casamento celebrado no exterior: "A Constituição

ser feito na seara administrativa de acordo com a Lei n. 11.441/2007[370] – não necessita mais de homologação, pois não seria mais "sentença estrangeira". Nessa linha e coerentemente com a evolução do tratamento do divórcio consensual no Brasil (que não mais exige ação judicial), o CPC determinou que a *sentença estrangeira de divórcio consensual* produza efeitos no Brasil, independentemente de homologação pelo Superior Tribunal de Justiça[371].

Unindo, então, os dispositivos da LINDB, do CPC e do Regimento Interno do STJ, podemos identificar os seguintes *cinco* elementos do *juízo de delibação brasileiro*: 1) observância de pressupostos formais, como autenticidade, legalização documental e tradução, caso necessário; 2) jurisdição internacional (equivocadamente denominada competência, como

---

Federal atribui ao Supremo Tribunal Federal competência para 'a homologação de sentenças estrangeiras', art. 102, I, *h*, ou seja, de atos jurisdicionais irrecorríveis de outros países, ou ainda de atos administrativos que sejam a eles equiparados, como é o caso, por exemplo, do divórcio consensual em países cujo sistema jurídico tem esta previsão. O casamento não é ato jurisdicional ou a ele equivalente. Processo extinto sem julgamento de mérito, por veicular pedido juridicamente impossível". Supremo Tribunal Federal, Sentença Estrangeira Contestada n. 4.966/Portugal. Rel. Min. Paulo Brossard, julgamento em 23-6-1994, publicação em *DJ* 30-9-1994, p. 26165.

370 Atualmente, o novo CPC rege a matéria, na mesma linha: "(...) Art. 733. O divórcio consensual, a separação consensual e a extinção consensual de união estável, não havendo nascituro ou filhos incapazes e observados os requisitos legais, poderão ser realizados por escritura pública, da qual constarão as disposições de que trata o art. 731. § 1º A escritura não depende de homologação judicial e constitui título hábil para qualquer ato de registro, bem como para levantamento de importância depositada em instituições financeiras. § 2º O tabelião somente lavrará a escritura se os interessados estiverem assistidos por advogado ou por defensor público, cuja qualificação e assinatura constarão do ato notarial".

371 CPC (2015), art. 961, § 5º. Superou-se, assim, a dúvida sobre a necessidade de homologação de sentença estrangeira que, por sua vez, meramente homologou acordo de divórcio, mesmo após a Lei n. 11.441/2007. Na defesa de que ainda existia o interesse de agir do requerente para interpor a ação de homologação de sentença estrangeira, o STJ entendia que a decisão estrangeira (judicial ou administrativa) que homologou o acordo amigável entre as partes era sujeita à homologação. Entre outros precedentes, ver Superior Tribunal de Justiça, Sentença Estrangeira Contestada n. 7.811, Rel. Min. Eliana Calmon, julgamento 7-8-2013, Órgão Julgador: Corte Especial, publicação no *DJe* 15-8-2013.

vimos) do juízo estrangeiro e ausência de violação da jurisdição internacional absoluta do juízo brasileiro; 3) citação válida, para que seja ofertada a oportunidade de defesa e contraditório, verificando se a revelia foi corretamente aplicada; 4) executoriedade da decisão estrangeira no Estado prolator, bem como ausência de coisa julgada de eventual sentença brasileira sobre o litígio no caso de jurisdição cível concorrente; e 5) ausência de ofensa à ordem pública em sentido amplo (incluindo, aqui, também a proteção à dignidade da pessoa humana que consta do art. 261-P do Regimento Interno do STJ).

Observa-se que os elementos mencionados consagram o juízo de delibação como sendo uma cognição limitada sobre (i) os aspectos formais (que não podem ser desconsiderados, pois são pressupostos da continuidade da análise), (ii) os limites da jurisdição internacional, (iii) a preservação da garantia processual mínima (contraditório), (iv) a observância da executoriedade da decisão e (v) a preservação dos valores essenciais do Estado do foro (ordem pública em sentido amplo). A ampla defesa e o contraditório no juízo de delibação são restritos a tais matérias, conforme jurisprudência tradicional no Brasil[372].

Watanabe esclarece que a cognição pode ser limitada no tocante à extensão (horizontalmente), não podendo abranger outros tópicos, mas é ilimitada *verticalmente,* ou seja, quanto à profundidade. Assim, no caso do processo de homologação de sentença estrangeira, a cognição é limitada quanto à extensão (também chamada de amplitude), mas exauriente para cada um dos pontos anteriormente mencionados[373].

Assim, fica compreensível o art. 963 do novo CPC, que estabelece os seguintes requisitos indispensáveis da homologação da decisão: I – ser

---

372 Para o Supremo Tribunal Federal: "O art. 221 do Regimento Interno do Supremo Tribunal Federal *delimita o campo para que se estabeleça eventual contraditório*, não sendo possível, pela via processual de sentença estrangeira, discutir situações jurídicas diversas dos requisitos indispensáveis a homologação. Preenchidos os requisitos regimentais, defere-se o pedido de homologação da sentença estrangeira". Supremo Tribunal Federal, Sentença Estrangeira Contestada n. 4.795/Confederação Helvética, Rel. Min. Maurício Correa, julgamento em 16-8-1995, publicação *DJ* 20-10-1995, p. 35256.

373 WATANABE, Kazuo. *Da cognição no processo civil.* 3. ed. São Paulo: Perfil, p. 129.

proferida por autoridade competente; II – ser precedida de citação regular, ainda que verificada a revelia; III – ser eficaz no país em que foi proferida; IV – não ofender a coisa julgada brasileira; V – estar acompanhada de tradução oficial, salvo disposição que a dispense prevista em tratado; VI – não conter manifesta ofensa à ordem pública. Para complementar, o art. 964 dispôs que "não será homologada a decisão estrangeira na hipótese de competência exclusiva da autoridade judiciária brasileira". Assim, a "autoridade competente" estrangeira será aquela que (i) pelas suas regras e pelo Direito Internacional poderia prolatar a decisão e (ii) não invadiu tema de competência exclusiva da autoridade judicial brasileira (*vide* comentário ao art. 12 da LINDB).

Contudo, a jurisprudência recente (2014) do STJ sugere a ampliação do alcance da jurisdição exclusiva brasileira sob a justificativa da preservação da "soberania brasileira" ou mesmo de nossa "ordem pública". Foi o caso de sentença estrangeira sobre guarda ou alimentos (jurisdição cível concorrente) que *não* foi homologada, pois já havia decisão do Judiciário brasileiro em caráter provisório e após o trânsito em julgado daquela sobre do mesmo assunto. O STJ considerou que a homologação no caso em comento violaria a soberania nacional[374].

Há, ainda, claro desequilíbrio entre os requisitos. Inicialmente, as questões formais (falta de tradução, por exemplo) podem gerar a extinção sem julgamento de mérito, permitindo a repropositura da ação.

---

374 *In verbis*: "Como visto acima, o fato de já ter sido proferida uma sentença estrangeira tratando sobre guarda e alimentos, não impede que a questão seja reapreciada pela Justiça brasileira, considerando que esses temas (guarda e alimentos) são relações de caráter continuativo, ou seja, que variam de acordo com a situação do momento (ex.: no dia de ontem, era melhor que a guarda estivesse com o pai, o que não significa necessariamente que hoje isso continue sendo verdadeiro). Na presente situação, como já há uma decisão do Poder Judiciário brasileiro em sentido contrário à sentença estrangeira, se esta fosse homologada nesta parte (guarda) haveria uma ofensa à soberania da jurisdição nacional. Logo, no caso concreto, a sentença estrangeira poderá ser homologada no capítulo que trata sobre o divórcio, mas não no que se refere à guarda". STJ, Corte Especial, SEC 6.485-EX, Rel. Min. Gilson Dipp, julgado em 3-9-2014 (*Info* 548).

Desses requisitos, são quatro que geram coisa julgada material, caso a ação de homologação seja julgada improcedente: (i) autoridade judicial sem jurisdição (quer por invadir a jurisdição absoluta brasileira ou por não dispor, de acordo com o Direito Internacional e da origem, de jurisdição para tanto); (ii) falta de citação regular; (iii) ofensa à coisa julgada brasileira; (iv) ofensa à ordem pública. Os dois primeiros (ausência de jurisdição internacional e falta de citação) podem, inclusive, ser absorvidos pelo conceito de ordem pública.

No mais, há falta de critério da tradição brasileira na enumeração dos requisitos do juízo de delibação, pois não se usou gênero (violação de direitos humanos), mas sim tipo de violação. Por exemplo, a ausência de citação gera ofensa ao devido processo legal, mas há outras ofensas a direitos fundamentais (como, por exemplo, tratamento discriminatório a uma das partes, por ser estrangeira) que não foram listados. O conceito indeterminado da ordem pública serve, então, como *cláusula de abertura* para que a jurisprudência possa impedir a homologação de sentença estrangeira.

Nessa linha, o Regimento Interno do Superior Tribunal de Justiça introduziu em dezembro de 2014, poucos meses antes da edição do novo CPC (2015), novo óbice à homologação de sentença estrangeira: a ofensa à *dignidade da pessoa humana*, que, em conjunto com a ofensa à soberania e à ordem pública, impedem a homologação da sentença estrangeira (art. 2016-F[375]). Para compatibilizar esse dispositivo regimental com o novo CPC (que só menciona a ofensa à ordem pública), entendemos que o conceito indeterminado de ordem pública (*vide* comentário ao art. 17 da LINDB, neste livro) abarca também a soberania e a dignidade da pessoa humana.

O atual CPC manteve a posição assumida pelo Superior Tribunal de Justiça (na revogada Resolução n. 9/2005), que admitia a *tutela de urgência* nos procedimentos de homologação de sentença estrangeira[376]. Cabe, assim, a apreciação de pedidos de urgência e autorização de atos de *exe-*

375 *In verbis:* "Art. 216-F. Não será homologada a sentença estrangeira que ofender a soberania nacional, a dignidade da pessoa humana e/ou a ordem pública".

376 Superando posição antiga do Supremo Tribunal Federal, que considerava incabível a tutela de urgência na ação de homologação de sentença estrangeira.

cução provisória no processo de homologação de decisão estrangeira. Quando dispensada a homologação para que a sentença estrangeira produza efeitos no Brasil, a decisão concessiva de medida de urgência dependerá, para produzir efeitos, de ter sua validade expressamente reconhecida pelo juiz competente para dar-lhe cumprimento, dispensada a homologação pelo Superior Tribunal de Justiça.

Não é necessária a homologação de *sentença internacional,* pois não se trata de *sentença estrangeira.* O regime jurídico da sentença internacional, que é aquela prolatada pelos órgãos judiciais estabelecidos por tratados celebrados pelo Brasil, é distinto e depende do próprio tratado instituidor do órgão julgador. Em geral, as sentenças internacionais têm *aplicabilidade imediata,* devendo o Estado escolher os meios para implementar seus comandos[377].

Quanto à necessidade de homologação de *sentença estrangeira declaratória do estado de uma pessoa,* há intensa discussão e controvérsia, em especial após a revogação expressa do art. 15, parágrafo único, da LINDB pela Lei n. 12.036/2009. Esse dispositivo dispunha que "Não dependem de homologação as sentenças meramente declaratórias do estado das pessoas". A fundamentação da supressão foi singela: o *caput* art. 483 do CPC de 1973 o teria revogado, pois previa que todas as sentenças estrangeiras deveriam ser homologadas para terem eficácia no Brasil[378].

No século XIX, Marnouco e Souza relatou intensa discussão doutrinária sobre a necessidade de autorização do Estado do foro para a eficácia de sentença estrangeira sobre estado de pessoas. Defendeu que a sentença estrangeira meramente declaratória era equivalente a um documento apto para determinar uma qualidade ou estabelecer um fato e nada mais, sendo desnecessária a homologação[379].

---

377 Para mais detalhes sobre a implementação de sentença internacional, em especial na seara dos direitos humanos, ver CARVALHO RAMOS, André de. *Processo internacional de direitos humanos.* 6. ed. São Paulo: Saraiva, 2019.

378 *In verbis*: "Art. 483. A sentença proferida por tribunal estrangeiro não terá eficácia no Brasil senão depois de homologada pelo Supremo Tribunal Federal. Parágrafo único. A homologação obedecerá ao que dispuser o Regimento Interno do Supremo Tribunal Federal".

379 MARNOUCO E SOUZA, José Ferreira. *Execução extraterritorial das sentenças*

Durante a vigência do Decreto n. 6.982 de 1878, havia a previsão de homologação das sentenças meramente declaratórias de estado, que, mesmo sem o *cumpra-se,* poderiam ter reconhecido o efeito de coisa julgada perante os tribunais do Império (arts. 11 e 12). Já na República, o Decreto n. 3.084, de 1898, manteve a necessidade da homologação das sentenças estrangeiras meramente declaratórias (art. 14), sem sequer mencionar a produção automática do efeito de coisa julgada perante os juízos brasileiros, que teria sido revogado pela Lei n. 221/1894[380].

Já a antiga introdução ao Código Civil foi omissa e nada mencionou sobre a homologação de sentença estrangeira de estado. Mesmo diante dessa omissão, Beviláqua defendeu que tais sentenças, por não terem de ser executadas, deveriam dispensar homologação. Mas, em face da tradição de se exigir a homologação de toda sentença estrangeira, o STF decidiu, à época, que também essas sentenças de estado dependeriam de homologação[381].

Após a LICC de 1942, houve reação de alguns doutrinadores, como Valladão e Balmaceda Cardoso[382], que viram inconstitucionalidade no parágrafo único do art. 15, por ofender a Constituição na parte em que esta atribuía ao Supremo Tribunal Federal a competência para homologar sentença estrangeira (na época, art. 101, I, *b*). Valladão chega a falar em "descalabro" que seria a retirada das sentenças declaratórias de estado do controle do STF[383].

---

cíveis e commerciais. Coimbra: F. França Amado Editor, 1898, p. 139-142, em especial p. 140.

380 ESPÍNOLA, Eduardo. *Elementos de direito internacional privado.* Rio de Janeiro: Jacintho Ribeiro dos Santos, 1925, p. 738.

381 BEVILÁQUA, Clóvis. *Princípios elementares de direito internacional privado.* 3. ed. Rio de Janeiro: Freitas Bastos, 1938, p. 446.

382 BALMACEDA CARDOSO, P. *O direito internacional privado em face da doutrina, da legislação e da jurisprudência brasileiras.* São Paulo: Livraria Martins Editora, 1943, p. 186-205, em especial p. 194.

383 VALLADÃO, Haroldo. Sentenças estrangeiras de divórcio, devolução e competência dos tribunais brasileiros face à nova Lei de Introdução. *Estudos de direito internacional privado.* Rio de Janeiro: José Olympio, 1947, p. 175-184, em especial p. 178.

Após a edição do CPC de 1973 e seu art. 483, fortaleceu-se a corrente da necessidade de homologação de *toda* sentença estrangeira. Finalmente, a Lei n. 12.036/2009 revogou o parágrafo único do art. 15.

Contudo, o novo CPC de 2015 não foi tão enfático, tendo previsto – como já visto – a desnecessidade de homologação de sentença estrangeira de divórcio consensual. Além disso, a crítica de Valladão e Balmaceda Cardoso sobre a eventual inconstitucionalidade da não homologação de sentença estrangeira em face da competência constitucional do Supremo Tribunal Federal na matéria (e agora do Superior Tribunal de Justiça) não procede, pois a Constituição brasileira estimula a cooperação jurídica internacional (art. 4º, IX, bem como a defesa do acesso à justiça[384]), e a menção à homologação de sentença estrangeira no rol de competências do STF deveria ser entendida como norma de distribuição de competências, *caso fosse necessária a homologação*. Ademais, a reforma constitucional de 2004 reforçou tal entendimento, pois, como vimos, a transferência da competência homologatória para o Superior Tribunal de Justiça foi feita com pequena alteração de texto: agora, fixou-se a competência da homologação *de* sentenças estrangeiras (art. 105, I, *i*), reconhecendo-se que nem todas devem ser submetidas a tal rito. Por exemplo, não é inconstitucional a celebração, pelo Brasil, de tratado dispensando a homologação de sentenças e assegurando a circulação internacional de nossas sentenças judiciais ou arbitrais (e vice-versa, em relação as do Estado estrangeiro contratante).

Com isso, entendemos que, apesar de não constar expressamente da legislação (com a revogação do parágrafo único do art. 15 em 2009), *não* é necessária a homologação de sentença meramente declaratória de estado da pessoa[385]. O estado da pessoa física consiste no conjunto de quali-

384 *In verbis:* "Art. 4º A República Federativa do Brasil rege-se nas suas relações internacionais pelos seguintes princípios: (...) IX – cooperação entre os povos para o progresso da humanidade". Na doutrina, com forte embasamento na fundamentação jusfundamentalista, conferir em ABADE, Denise Neves. *Direitos fundamentais na cooperação jurídica internacional.* Saraiva: São Paulo, 2013.

385 Nessa linha, ver também a bela obra de PEREIRA, Marcela Harumi Takahashi. *Sentença estrangeira. Efeitos independentes da homologação.* Belo Horizonte: Del Rey, 2010, em especial p. 189.

dades inerentes à personalidade, como seu nome, filiação, relações de parentesco, capacidade, relações familiares, nacionalidade etc. A *sentença estrangeira meramente declaratória de estado das pessoas* é aquela destinada a produzir, no Brasil, a única consequência de atestar estado de pessoa, não visando produzir outro efeito (direito ou indireto), como, por exemplo, efeito patrimonial ou modificação de registro. Assim, a *finalidade* é o fator decisivo para que seja ou não exigida a homologação da sentença estrangeira declaratória de estado. Caso haja a finalidade de produzir algum outro efeito constitutivo ou executório no Brasil, a homologação é indispensável.

A desnecessidade da homologação, assim, funda-se no respeito da dignidade inerente a todos os seres humanos, que devem ter os seus direitos de personalidade (direito ao nome, nacionalidade, filiação etc.) declarados *per se*, por todos os Estados da comunidade internacional. As normas internacionais de direitos humanos fundam esse *reconhecimento automático* da sentença estrangeira para fins meramente declaratórios, que, nessa hipótese, apresenta-se como *documento adequado* à determinação de faceta da personalidade do indivíduo[386]. No caso brasileiro, a Convenção Americana de Direitos Humanos prevê o direito ao reconhecimento da personalidade jurídica (art. 3º[387]); por exemplo, a sentença estrangeira de adoção pode servir, sem homologação, para provar a filiação de estrangeiro na condição de turista no Brasil.

Por sua vez, em geral não é passível de execução a sentença estrangeira que ainda não transitou em julgado, conforme disposto no art. 15, *c*, da LINDB. O verbete n. 420 da Súmula do Supremo Tribunal Federal vai no mesmo sentido, dispondo que "não se homologa sentença proferida no estrangeiro sem prova do trânsito em julgado". O fundamento dessa vedação está na possível insegurança jurídica gerada pela homologação de

---

386 Nessa linha, conferir MARNOUCO E SOUZA, José Ferreira. *Execução extraterritorial das sentenças cíveis e commerciais*. Coimbra: F. França Amado Editor, 1898, p. 139-142, em especial p. 140.

387 Art. 3º Direito ao reconhecimento da personalidade jurídica. Toda pessoa tem direito ao reconhecimento de sua personalidade jurídica.

sentença ainda não firme no seu Estado de origem. Contudo, deve-se ponderar a insegurança jurídica com outros direitos protegidos pelo imediato cumprimento da sentença eficaz (mas ainda não definitiva), como é o caso, por exemplo, do direito à vida protegido pela eficácia imediata da sentença não definitiva que fixou alimentos.

Por isso, vários tratados celebrados pelo Brasil estipulam, como requisito, somente a executoriedade da sentença no Estado prolator (e não o trânsito em julgado); por exemplo, citem-se os seguintes tratados que autorizam a homologação de sentença exequível (mas não definitiva): (i) Protocolo de Cooperação e Assistência Jurisdicional em Matéria Civil, Comercial, Trabalhista e Administrativa do Mercosul (Protocolo de Las Leñas, art. 20, "e"[388]), (ii) Convênio de Cooperação Judiciária em Matéria Civil, entre o Governo da República Federativa do Brasil e o Reino da Espanha (art. 19, "b"[389]), (iii) Acordo de Cooperação em Matéria Civil entre o Governo da República Federativa do Brasil e o Governo da República Francesa (art. 20, "d", no tocante às sentenças sobre obrigação alimentar, guarda de menor e direito de visita[390]), (iv) Convenção Interamericana sobre Obrigação Alimentar (art. 11, "g"[391]). Por isso, o novo CPC

---

388 Incorporado internamente pelo Decreto n. 2.067, de 12 de novembro de 1996. *In verbis:* "Art. 20. As sentenças e os laudos arbitrais a que se referem o artigo anterior terão eficácia extraterritorial nos Estados Partes quando reunirem as seguintes condições: (...) *e)* que a decisão tenha força de coisa julgada e/ou executória no Estado em que foi ditada".

389 Incorporado internamente pelo Decreto n. 166, de 03 de julho de 1991. *In verbis:* "Art. 19. Para que a decisão proferida em um Estado possa ser reconhecida no outro, serão indispensáveis os seguintes requisitos: (...) *b)* que seja executória no Estado de origem".

390 Incorporado internamente pelo Decreto n. 3.598, de 12 de setembro de 2000. *In verbis:* "Art. 20. 1. A pessoa que invocar o reconhecimento ou que peça a execução deverá fornecer: (...) *d)* todos os documentos hábeis para estabelecer que a decisão é executória no território do Estado onde foi proferida e que não pode mais – com exceção de decisões relativas à obrigação alimentar, à guarda de menor ou ao direito de visita – ser objeto de recursos".

391 Incorporada internamente pelo Decreto n. 2.428, de 17 de dezembro de 1997. *In verbis:* "Artigo 11. As sentenças estrangeiras sobre obrigação alimentar terão eficácia extraterritorial nos Estados Partes, se preencherem os seguintes requisitos:

previu, como requisito genérico da homologação, que a sentença estrangeira seja eficaz no Estado em que foi proferida (art. 963, III).

O novo CPC continuou a não exigir a reciprocidade (por tratado ou por promessa diplomática) na homologação da sentença estrangeira. A reciprocidade é regra geral da cooperação jurídica internacional de acordo com o art. 26, *caput* e § 1º ("Art. 26. A cooperação jurídica internacional será regida por tratado de que o Brasil faz parte e observará: (...) § 1º Na ausência de tratado, a cooperação jurídica internacional poderá realizar-se com base em reciprocidade, manifestada por via diplomática"). De acordo com o art. 26, § 2º do novo CPC, "não se exigirá a reciprocidade referida no § 1º para homologação de sentença estrangeira". Assim, é possível que o Brasil homologue e execute internamente sentença estrangeira oriunda de Estado que não execute sentença brasileira.

Excepcionalmente, o CPC aceitou a homologação de decisão estrangeira para fins de *execução fiscal* quando prevista em *tratado* ou em promessa de *reciprocidade* apresentada à autoridade brasileira (art. 961, § 4º). Saliente-se o retorno da exigência da "reciprocidade", que havia sido eliminada, em geral, do regime brasileiro da homologação de sentença estrangeira desde o final do século XIX.

O cumprimento de decisão estrangeira será feito perante o juízo federal competente, a requerimento da parte, conforme as normas estabelecidas para o cumprimento de decisão nacional. O pedido de execução deverá ser instruído com cópia autenticada da decisão homologatória do STJ[392].

À guisa de conclusão, observo que, mesmo nos Estados que adotam o controle *limitado*, não há *juízo de delibação puro*, que não analise ao menos uma parte do mérito de uma demanda. Por exemplo, o conceito indeterminado de ordem pública pode servir para impedir a execução de sentença estrangeira cuja decisão de mérito sobre o bem da vida ofendeu direitos humanos na visão do Estado do foro (como sentença que discri-

---

(...) *g)* que as sentenças tenham caráter executório no Estado em que forem proferidas. Quando existir apelação da sentença, esta não terá efeito suspensivo".

392 CF/88, art. 109, X. No novo CPC (2015), conferir art. 965.

minou a mulher, violando a igualdade de gênero). Essa avaliação – ofensa a direitos humanos – é uma análise de mérito.

A opção brasileira pelo controle limitado consolidou-se no final do século XIX em um momento no qual a economia brasileira passava por uma forte abertura, tanto na busca por mão de obra de imigrantes quanto na exportação de bens primários. Assim, sequer se buscou inserir a reciprocidade.

Não é necessário dizer que o modelo de controle limitado favorece o reconhecimento e autorização para a execução de sentença estrangeira, pois reduz em muito o que pode ser apontado pela parte prejudicada e também o que poderia ser deduzido de ofício pelo juízo. Também se amplia a probabilidade de homologação da sentença estrangeira, a *limitada* área de jurisdição internacional tida como absoluta pelo Brasil. Fora desses poucos casos de jurisdição absoluta, o Estado estrangeiro possivelmente será considerado pelo Brasil como tendo jurisdição internacional (seria "competente", na linguagem tradicional).

Desse modo, o Brasil abriu amplamente seu "mercado de produtos judiciais", o que foi mantido até a atualidade. No tocante às demais espécies cooperacionais, isso não ocorreu e a regra adotada no CPC de 2015 é a exigência de reciprocidade[393].

Já que o Brasil praticamente aboliu unilateralmente a reciprocidade nas homologações de sentenças estrangeiras (salvo, como visto anteriormente, no caso de execuções fiscais[394]), é estratégica para os interesses nacionais a celebração de um *grande tratado multilateral* sobre reconhecimento e execução de sentenças no bojo da Conferência da Haia de Direito Internacional Privado para assegurar a *circulação internacional das sentenças*

---

393 A reciprocidade é regra geral da cooperação jurídica internacional de acordo com o art. 26, *caput* e § 1º ("Art. 26. A cooperação jurídica internacional será regida por tratado de que o Brasil faz parte e observará: (...) § 1º Na ausência de tratado, a cooperação jurídica internacional poderá realizar-se com base em reciprocidade, manifestada por via diplomática").

394 O CPC de 2015 aceitou a homologação de decisão estrangeira para fins de execução fiscal quando prevista em *tratado* ou em promessa de *reciprocidade* apresentada à autoridade brasileira (art. 961, § 4º).

brasileiras. A negociação findou em 2019, tendo sido adotado o texto da nova Convenção sobre o Reconhecimento e Execução de Sentenças Estrangeiras em Matérias Civis e Comerciais na 22ª Sessão Diplomática da Conferência da Haia de Direito Internacional Privado ("Convenção de Sentenças")[395].

Art. 16. Quando, nos termos dos artigos precedentes, se houver de aplicar a lei estrangeira, ter-se-á em vista a disposição desta, sem considerar-se qualquer remissão por ela feita a outra lei.

O art. 16 da LINDB trata do chamado reenvio, que é também denominado retorno, devolução ou remissão. O reenvio consiste na atividade da aplicação da norma de Direito Internacional Privado estrangeira, que pode remeter (reenviar) a solução da controvérsia ao direito do foro ou a outro direito estrangeiro.

O cerne do reenvio ou devolução[396] está na discussão sobre qual deve ser a *amplitude* do direito estrangeiro indicado pela regra de conexão: se a "norma estrangeira indicada" deveria ser entendida somente como sendo (i) o direito material estrangeiro ou (ii) seria possível aplicar, inicialmente, o próprio Direito Internacional Privado estrangeiro, e somente depois determinado direito material. Nessa segunda hipótese, ocorreria o reenvio.

O reenvio é um instituto nascido no âmbito do *método conflitual do DIPr*, pelo qual utiliza-se um critério de conexão para determinar o direito (direito do foro ou direito estrangeiro) apto a reger o fato transnacional.

Todavia, o reenvio distingue-se da aplicação tradicional das regras de conflito, que tão somente indicariam o direito material (do foro ou de

---

395 O Autor da presente parte deste livro participou, como membro oficial, da Delegação do Brasil na 22ª Sessão Diplomática da Conferência da Haia de Direito Internacional Privado, ocorrida em 2019, na qual foi aprovada a "Convenção sobre o Reconhecimento e Execução de Sentenças Estrangeiras em Matéria Civil ou Comercial" (ou "Convenção de Sentenças").

396 Valladão dá preferência ao termo "devolução", por ser mais amplo. VALLADÃO, Haroldo. *A devolução nos conflictos sobre a lei pessoal*. São Paulo: RT, 1930. Esta foi a tese de livre-docência de Valladão.

Estado estrangeiro) para reger um fato transnacional. O reenvio aumenta as possibilidades de escolha de uma regra material, pois exige que seja investigado *todo o ordenamento* do Estado estrangeiro, o que implica a análise, como uma preliminar, do Direito Internacional Privado do Estado cujo direito foi apontado pela regra de conflito da *lex fori*[397].

Essa análise do direito internacional privado estrangeiro pode indicar para reger o fato transnacional (i) o próprio direito material estrangeiro, (ii) o direito material do Estado do foro ou até mesmo (iii) um direito material de outro Estado.

O fundamento do reenvio consiste em não se utilizar o direito material de um Estado cujo juiz, hipoteticamente, não o utilizaria.

O caso clássico de reenvio é referente à tradicional divergência entre a lei da nacionalidade e a lei do domicílio para reger o estatuto pessoal. Determinado Estado X, adotante da lei do domicílio, analisa a capacidade de *seu nacional domiciliado no Estado Y*, que adota a lei da nacionalidade. Pelo instituto do reenvio, o Estado X deve consultar, primeiro, o Direito Internacional Privado de Y, que, por adotar a lei da nacionalidade, ordenaria que fosse aplicado o direito material de X (lei da nacionalidade, pois o indivíduo é apenas domiciliado em Y, tendo a nacionalidade de X).

O caso descrito acima é classificado como *reenvio de primeiro grau*, *reenvio indireto* ou ainda *Rückerverweisung*[398]. Se há uma segunda remissão, ou seja, se o direito internacional privado de X remeter ao direito internacional privado de Y e esse indicar o direito de um terceiro Estado, estará configurado o *reenvio de segundo grau* (ou *Weiterverweisung*), e assim sucessivamente (reenvio de terceiro grau, quarto grau etc.). O exemplo comum de reenvio de segundo grau é do juiz alemão que deverá deci-

---

397 FRANCESCAKIS, Ph. *La théorie du renvoi et les conflits de systèmes en droit international privé*. Paris: Sirey, 1958, p. 79.

398 Para Rigaux, "Le renvoi au premier degré suppose la combinaison de deux ordres juridiques face è une dispersion géographique de deux facteurs de rattachement qui sont, l´un à l´exclusion de l´autre, tenus pour pertinents". RIGAUX, François. Les situations juridiques individuelles dans un système re relativité générale. Cours général de droit international privé. 213 *Recueil des Cours de l'Académie de Droit International de la Haye*, 1989, p. 9-407, em especial p. 145.

dir a sucessão de um dinamarquês domiciliado na França. O direito internacional privado alemão indicará a lei nacional do *de cujus*; já o direito internacional privado dinamarquês, por sua vez, indicará a lei do domicílio, que é a francesa[399].

O Caso Collier *vs.* Rivaz, de 1841, na Inglaterra, é apontado como o primeiro caso no qual se verificou esse fenômeno. A Corte de *Canterbury* foi provocada a decidir se eram válidos alguns codicilos no testamento de um cidadão inglês que faleceu na Bélgica e lá redigiu suas disposições de última vontade. O direito inglês adotava como critério de conexão para sucessões o *último domicílio do falecido* e remeteu o caso à aplicação do direito belga. O problema é que, de acordo com o ordenamento belga, o *de cujus* nunca fixou, legalmente, domicílio na Bélgica, apenas ali residiu, e, por adotar como critério de conexão a *nacionalidade do falecido*, o reenvio levou à aplicação do direito inglês. O tribunal, então, aceitou o reenvio e acatou as disposições de última vontade do falecido[400].

Outro precedente importante para a consolidação do reenvio foi o Caso *Forgo*, julgado em 24 de junho de 1878 e decidido definitivamente em 1882. Tratava-se da sucessão de um nacional bávaro, que, embora residisse por décadas na França (em Pau), continuou domiciliado na Baviera. Forgo faleceu deixando valores mobiliários (considerados bens móveis) sem herdeiros necessários, apenas parentes colaterais distantes que ainda residiam na Baviera. Estes postularam perante o Judiciário francês o direito à sucessão, considerando que a lei francesa remetia à aplicação da lei do domicílio do *de cujus*, – que, no caso, havia conservado seu domicílio *de jure* na Baviera –, lei essa que permitia a sucessão de parentes colaterais, enquanto a francesa rejeitava. A Corte de Cassação

399 LEWALD, Hans. La théorie du renvoi. 29 *Recueil des Cours de l'Académie de Droit International de la Haye*, 1929, p. 515-620, em especial p. 527-528.

400 "(...) The Court sitting here decides from the evidence of persons skilled in that law, and decides as it would if sitting in Belgium." Annuaire 164. Conferir em LORENZEN, Ernest G. Renvoi theory and the application of foreign conflict of laws law: renvoi in particular classes of cases. *Yale Law School Legal Scholarship Repository*. Faculty Scholarship Series. Paper 4523, 1910.

francesa entendeu que, ao mesmo tempo que o direito francês remetia a questão à lei bávara, o direito internacional privado bávaro a reenviava à lei da residência habitual do defunto, *devolvendo* a questão à aplicação do direito francês. Com base nisso, a Corte, aplicando a lei francesa, declarou a herança vacante e os bens do sr. *Forgo* foram incorporados ao Poder Público francês[401].

Com o reenvio, o juiz do foro age na escolha da lei como se juiz estrangeiro fosse, aplicando, de início, o direito internacional privado estrangeiro e, depois, o direito material indicado.

Como já mencionado, a lógica implícita do reenvio é que não se deve utilizar o direito material de um Estado *que não o aplicaria*, caso o mesmo fato transnacional tivesse que ser lá julgado. No Caso Collier *vs.* Rivaz, o juiz inglês fez justamente este raciocínio: se o fato em questão tivesse sido julgado na Bélgica, seria aplicável o direito inglês; ou seja, a própria Bélgica não desejava que seu direito material fosse aplicável ao caso. Assim, o

---

401 "(...) Attendu que, suivant le droit bavarois, les meubles, corporels ou incorporels, sont régis par la loi de leur situation, combinée en matière de successions, avec la loi du domicile de fait ou résidence habituelle du défunt; – Qu'il suit de là que, même en admettant, ainsi que l'a décidé l'arrêt attaqué, que Forgo ait conservé la nationalité bavaroise, la dévolution héréditaire des biens meubles qu'il possédait en France, où il s'était fixé, doit être régie par la loi française. (...)" Cour de Cassation. "Arrêt Forgo". Civ. 24 juin 1878, S. 1878, 1. 429, D. 1879. 1. 56, Clunet 1879. 285. O caso foi decidido em definitivo, em 1882, no julgamento de novo recurso: "(...) Attendu que ledit Forgo n'ayant pas été naturalisé Français, n'ayant pas perdu sa nationalité d'origine, et n'ayant pas obtenu du Gouvernement français l'autorisation de fixer son domicile en France, sa succession doit être régie par la loi bavaroise; – Mais attendu que, suivant la loi bavaroise, on doit appliquer, en matière de statut personnel, la loi du domicile ou de la résidence habituelle, et, en matière de statut réel, la loi de la situation des biens meubles ou immeubles; qu'ainsi dans l'espèce, sans qu'il y ait lieu de rechercher si, d'après la loi bavaroise la matière des successions ab intestat dépend du statut personnel ou du statut réel, la loi française était seule *applicable; – D'où il suit que c'est à bon droit que l'arrêt attaqué a repoussé la demande en revendication formée contre l'Etat français par des parents collatéraux de la mère naturelle de Forgo. Par ces motifs: – Rejette".* Du 22 février 1882. – Cour de cassation (Ch. req.) – MM. Bédarides, prés. Disponível em <http://www.lexinter.net/JPTXT2/succession_mobiliere.htm>, último acesso em 19 de abril de 2015.

reenvio *respeita a soberania do Estado estrangeiro*, que não deseja que seu direito material regule esse tipo de controvérsia.

Fica evidente, também, que o reenvio tem como pressuposto a existência de critérios de conexão distintos entre os Estados para reger os tipos de fatos transnacionais, como, por exemplo, a lei do domicílio ou a lei da nacionalidade no que tange ao estatuto da pessoa física.

Por isso, Francescakis considera o reenvio como forma de *conflito negativo entre os sistemas de conflitos de lei*[402]. O reenvio pode ser lido, ainda, como importante elemento de coordenação das ordens jurídicas, uma vez que opera com um *espírito de tolerância* ao direito estrangeiro como um todo. Possibilita a aplicação do direito mais adequado à relação jurídica em foco, que não necessariamente é o da lei do foro ou da lei estrangeira indicada pelas normas de conflito desse.

Na defesa do reenvio, Raape sustentou sua necessidade pelo *respeito aos direitos adquiridos*, ilustrando com um caso hipotético, envolvendo o casamento em Moscou de um tio e sua sobrinha, ambos suíços, domiciliados na Rússia. Apesar de proibido na lei interna suíça, o DIPr suíço remete o caso à legislação do local do casamento, que, no caso, considera-o válido (lei russa). Imaginou Raape que esse casamento pudesse ser avaliado na Alemanha, cujo DIPr exige a aplicação da lei nacional dos nubentes. Sem o reenvio, o direito material suíço seria aplicado, o que tornaria o casamento inválido, violando os direitos adquiridos do casal[403].

Sob o ponto de vista lógico, os doutrinadores desfavoráveis ao reenvio argumentam que a *lex fori* remete à aplicação das normas materiais do direito estrangeiro e não às suas normas de conflito. A questão primordial diante de uma relação jurídica transfronteiriça é identificar o

---

402 FRANCESCAKIS, Ph. *La théorie du renvoi et les conflits de systèmes en droit international privé*. Paris: Sirey, 1958, p. 81.

403 RAAPE, Leo. Les rapports juridiques entre parents et enfants comme point de départ d'une explication pratique d'anciens et de nouveaux problèmes fondamentaux du droit international privé. 50 *Recueil des Cours de l'Académie de Droit International de la Haye*, 1934, p. 401-544, em especial p. 413 e seguintes.

direito aplicável à relação, problema esse que já se resolve pela primeira remissão feita pelo direito do foro, não havendo motivo para se tomar em consideração as normas de Direito Internacional Privado do sistema jurídico a ser aplicado[404].

Já os defensores do reenvio argumentam que, no aspecto lógico, não há como *separar* a aplicação do direito estrangeiro em *normas materiais e de conflito,* devendo aquele ser aplicado como um todo[405]. Esse foi o entendimento adotado pelo Tribunal de Apelações de Lübeck, Alemanha, no Caso *Krebs c. Rosalino* (1861), decisão que deu origem a chamada *teoria da referência global ao direito estrangeiro,* que interpreta "direito estrangeiro" como uma referência a todo o ordenamento jurídico, inclusive as normas de direito internacional privado[406].

A *teoria da referência global ao direito estrangeiro* foi criticada por aqueles que se opunham ao reenvio, sob o fundamento de que sua adoção acarretaria em um *círculo vicioso* em que uma lei indicaria a outra e assim sucessivamente, sem apresentar uma solução para o conflito de leis no caso concreto, gerando o problema dos "retornos sucessivos"[407].

Em reação à tal crítica (círculo vicioso), há respostas, destacando-se (i) a *foreign court theory,* ou "duplo reenvio", dos tribunais ingleses e (ii) o sistema do reenvio de primeiro grau simples.

---

404 RIGAUX, François. Les situations juridiques individuelles dans un système re relativité générale. Cours général de droit international privé. 213 *Recueil des Cours de l'Académie de Droit International de la Haye,* 1989, p. 9-407, em especial p. 146. Também: DOLINGER, Jacob. *Direito internacional privado.* Parte geral. 10. ed. rev. e atual. Rio de Janeiro: Forense, 2011, p. 337.

405 DOLINGER, Jacob. *Direito internacional privado. Parte geral.* 10. ed. rev. e atual. Rio de Janeiro: Forense, 2011, p. 338.

406 DAVÍ, Angelo. Le renvoi en droit international privé contemporain. 352 *Recueil des Cours de l'Académie de Droit International de la Haye,* 2012, p. 1-521, em especial p. 58-59.

407 Um "jogo de tênis" entre os ordenamentos jurídicos, no qual um jogaria a solução do fato transnacional para o outro. Conferir em TENÓRIO, Oscar. *Direito internacional privado.* 11. ed. Rio de Janeiro: Freitas Bastos, 1976, v. I, p. 342; BATALHA, Wilson de Souza Campos. *Tratado de direito internacional privado.* São Paulo: RT, 1977, v. I, p. 166.

A *foreign court theory*, ou duplo reenvio consiste em replicar no Estado do foro a solução que seria dada pelos tribunais do país do qual a *lex fori* indicou ser o direito aplicável à relação[408]. Essa prática consolidou-se na Inglaterra no Caso Annesley, de 1926. Uma cidadã inglesa que vivia na França – sem que lá tenha fixado domicílio de acordo com a lei francesa – faleceu deixando testamento que foi questionado no foro britânico. Após um longo debate sobre o domicílio da falecida, a corte inglesa entendeu ser na França, baseando-se no direito do foro. O problema é que, para o direito inglês, a lei aplicável à relação era a do domicílio do *de cujus*, ou seja, a francesa, enquanto essa, por sua vez, adotava como elemento de conexão a lei de nacionalidade, reenviando ao primeiro. A corte britânica, então, baseou-se na legislação e na jurisprudência francesas para decidir que, se o caso tivesse sido proposto no foro francês, a *lex fori* remeteria o caso à lei britânica, que aplicaria a lei francesa, e, por essa razão, concluiu pela aplicação da última[409].

No Caso Annesley, a *lei francesa* foi finalmente aplicada, pois o juiz inglês constatou que a jurisprudência dos tribunais franceses aceitava o reenvio. Situação oposta seria no caso em que a lei britânica remetesse a aplicação do direito brasileiro, pois o juiz britânico constataria que a LINDB (art. 16, ora em análise) não admite o reenvio.

Outra solução é a adotada pela legislação alemã e de outros países como Áustria, Eslovênia e Coreia do Sul. O § 1º do art. 4º da Lei de Introdução ao

408 Para Francescakis, "(...) Elle consiste à copier purement et simplement la solution que la question litigieuse reçoit ou est supposée recevoir devant les tribunaux du pays dont la loi est applicable". FRANCESCAKIS, Ph. *La théorie du renvoi et les conflits de systèmes en droit international privé*. Paris: Sirey, 1958, p. 106.

409 "In these circumstances, and after careful consideration of the evidence of the experts called before me, I have come to the conclusion that I ought to accept the view that according to French law the French Courts, in administering the movable property of a deceased foreigner who, according to the law of his country, is domiciled in France, and whose property must, according to that law, be applied in accordance with the law of the country in which he was domiciled, will apply French municipal law, and that even though the deceased had not complied with art. 13 of the Code". Re: Annesley [1926] ch 692. Disponível em <http://lorenz.userweb.mwn.de/urteile/inreross.htm>, último acesso em 1º de maio de 2015.

Código Civil Alemão (EGBGB) prevê o chamado *reenvio de primeiro grau simples* (também chamado de *reenvoi retour* pela doutrina francesa[410]), segundo o qual se a referência for feita à lei de outro país e suas normas de conflito remeterem de volta à lei alemã, essa será aplicada[411]. Claro que essa solução (advogada por Wolff[412], entre outros) é, no mínimo, arbitrária, pois esvazia o instituto ao retorno e o reduz tão somente ao uso da *lex fori.*

Outro tipo de reenvio é o *reenvio oculto.* Essa expressão doutrinária foi gerada a partir da constatação da *inexistência*, em alguns países, de regras próprias de conflito de leis, como, por exemplo, no tocante ao estatuto pessoal nos Estados Unidos e Reino Unido. Nesses casos, aplicam-se as regras de jurisdição internacional, e se o juiz do foro possuir jurisdição, ele aplica a *lex fori.* Assim, Ferrer Correia exemplifica: se um casal britânico pretende divorciar-se em Portugal, onde possui domicílio, o juiz português não poderá aplicar a lei da nacionalidade (prevista no DIPr português), pois o direito inglês não possui regra sobre o estatuto pessoal. Surge situação similar ao reenvio, pois basta admitir que o juiz português deveria julgar como se juiz britânico fosse, o que levaria a aplicar a lei do foro (no caso, a lei portuguesa), levando a um "reenvio oculto", do Reino Unido a Portugal[413].

---

410 Conferir em BARTIN, E. *Principes de droit international privé selon la loi et la jurisprudence françaises.* Paris: Éditions Domat-Montchrestien, 1930, t. 1, em especial p. 204.

411 Utilizamos a tradução em inglês da lei de introdução ao código civil alemão: "Art. 4 Renvoi; split law (1) If referral is made to the law of another country, the private international law of that country shall also be applied, insofar as this is not incompatible with the meaning of the referral. If the law of another country refers back to German law, the German substantive provisions shall apply. (2) Where the parties can choose the law of a certain country, that choice may only relate to the substantive provisions. (3) If referral is made to the law of a country having several partial legal systems, without indicating the applicable one, then the law of that country will determine which partial legal system shall be applicable. Failing any such rules, the partial legal system to which the connection of the subject matter is closest shall be applied". Disponível em <http://www.gesetze-im-internet.de/englisch_bgbeg/englisch_bgbeg.html>, último acesso em 2 de maio de 2015.

412 WOLFF, Martin. *Derecho internacional privado.* Tradução de José Rovira y Emergol, Barcelona: Labor, 1936, p. 119.

413 Sobre o reenvio oculto, ver FERRER CORREIA, A. *Lições de direito internacional privado.* Coimbra: Almedina, 2000, t. I, p. 297-298.

Há ainda o *reenvio de ordem pública* (*renvoi d'ordre public*), o qual consiste na aceitação do reenvio desde que a lei material ao final indicada não viole a ordem pública do Estado estrangeiro cuja lei material, sem o reenvio, regularia hipoteticamente a situação. Assim, não basta que o Estado do foro admita o reenvio (posição tradicional): é necessário que a solução final não viole a ordem pública estrangeira. Nessa linha, Kassir menciona o *Caso Philibert*, no qual o Judiciário libanês, ao aplicar o reenvio a caso envolvendo a França, teria que utilizar a lei libanesa (reenvio de primeiro grau) e, consequentemente, dar solução em desfavor dos interesses de uma criança em caso de sucessão envolvendo filiação natural. Essa solução foi afastada, porque violaria a ordem pública francesa (ordenamento estrangeiro que regularia a questão, se não houvesse o reenvio)[414].

Diante de tantas espécies de reenvio, há também ausência de comsenso doutrinário sobre sua aceitação. Por exemplo, nos debates realizados no seio do Instituto de Direito Internacional, não houve consenso sobre o reenvio. Em 1900, na sessão de Neuchatel, o Instituto de Direito Internacional posicionou-se *contra* o reenvio[415]. Essa posição, contudo, *não* perdurou, sendo mudada no ano de 1932, na sessão de Oslo[416]. Mais recentemente, na sessão de Berlim, em 1999, o Instituto pronunciou-se

---

414 KASSIR, Walid J. Le renvoi en droit international privé: technique de dialogue entre les cultures juridiques. *Recueil des Cours de l'Académie de Droit International de La Haye*, v. 352, 2015, p. 9-120, em especial p. 101.

415 *In verbis:* "Quand la loi d'un Etat règle un conflit de lois en matière de droit privé, il est désirable qu'elle désigne la disposition même qui doit être appliquée à chaque espèce et non la disposition étrangère sur le conflit dont il s'agit". Institut de Droit International. "Conflits entre les dispositions des lois nationales relatives au droit international privé. Question du renvoi". Relatores: Giulio Cesare Buzzati e Jules Armand Lainé. Sessão de Neuchâtel, 1900. Disponível em <http://www.idi-iil.org/idiF/resolutionsF/1900_neu_04_fr.pdf>, último acesso em 2 de maio de 2015.

416 *In verbis:* "La capacité des mineurs, des aliénés, des faibles d'esprit et des prodigues, en matière d'actes patrimoniaux entre vifs, est déterminée par leur loi nationale. Toutefois, lorsque cette loi renvoie à une autre loi, celle-ci doit être Appliquée". Institut de Droit International. "Conflits de lois relatifs à la capacité des mineurs, aliénés, faibles d'esprit et prodigues, en matière d'actes patrimoniaux entre vifs". Relatores: Georges Streit e J.H.P. Niboyet. Sessão de Oslo, 1932. Disponível em <http://www.idi-iil.org/idiF/resolutionsF/1900_neu_04_fr.pdf>, último acesso em 2 de maio de 2015.

novamente *favorável* ao uso do reenvio, ao estabelecer que os Estados não devem excluir o direito internacional privado estrangeiro, mesmo que sua consideração implique "reenvio de primeiro ou segundo grau"[417].

No direito brasileiro, a introdução ao Código Civil de 1916 foi *omissa* em relação ao reenvio. Na época, a maioria dos autores brasileiros defendeu o instituto, como Beviláqua[418], Espínola (que admitia somente o reenvio de primeiro grau[419]) e Valladão[420]. A jurisprudência foi na mesma linha, considerando o reenvio *implícito* no Direito Internacional Privado brasileiro[421].

Contudo, em 1942, com a edição da Lei de Introdução ao Código Civil, o reenvio foi *proibido* por determinação expressa do art. 16 do referido diploma, sob forte influência do Direito Internacional Privado italiano, que o havia proibido em 1942. Para Serpa Lopes, comparando-se o texto italiano com o art. 16 da LINDB, vê-se que "o dispositivo da nossa lei não passa de uma tradução ao pé da letra" da regra similar italiana[422].

---

417 *In verbis:* "La prise en compte du droit international privé étranger 1. ne devrait pas être exclue d'emblée, qu'elle implique ou non un renvoi au premier ou au second degré (...)". Institut de Droit International. "La prise en compte du droit international privé étranger." Quatrième Commission, Relator: Kurt Lipstein. Sessão de Berlim, 1999. Disponível em <http://www.idi-iil.org/idiF/resolutionsF/1999_ber_01_fr.PDF>, último acesso em 2 de maio de 2021.

418 BEVILÁQUA, Clóvis. *Princípios elementares de direito internacional privado.* 3. ed. Rio de Janeiro: Freitas Bastos, 1938, p. 146.

419 ESPÍNOLA, Eduardo. *Elementos de direito internacional privado.* Rio de Janeiro: Jacintho Ribeiro dos Santos, 1925, p. 371.

420 VALLADÃO, Haroldo. *A devolução nos conflictos sobre a lei pessoal.* São Paulo: RT, 1930.

421 Entre outros casos nos quais foi discutido o reenvio, ver Supremo Tribunal Federal. Recurso Extraordinário 31.165/Rio Grande do Sul, Rel. Min. Candido Mota Filho, julgado em 24-1-1957; Supremo Tribunal Federal, Recurso Extraordinário 68.157/Guanabara, Rel. Min. Luiz Gallotti, julgado em 18-4-1972. Ver rol de decisões em DOLINGER, Jacob. *Direito internacional privado.* Parte geral. 10. ed. rev. e atual. Rio de Janeiro: Forense, 2011, p. 357. Ver também em OCTÁVIO, Rodrigo. *Dicionário de direito internacional privado,* p. 79.

422 SERPA LOPES, Miguel Maria de. *Comentários à Lei de Introdução ao Código Civil.* 2. ed. Rio de Janeiro: Freitas Bastos, 1959, v. III, p. 272-273. Atualmente, após reforma de 1995, a Itália admite o reenvio. Conferir em DOLINGER, Jacob. *Direito internacional privado* – Parte geral. 10. ed. Rio de Janeiro: Forense/GEN, 2011, p. 358.

Entre os doutrinadores brasileiros *contrários* ao reenvio, Tenório considera-o um grave desvirtuamento da verdadeira função do direito internacional privado, que é a escolha da lei material estrangeira (e não o uso do direito internacional privado estrangeiro)[423]. Para Amílcar de Castro, o reenvio é uma concepção falsa e subversiva de todas as regras de direito internacional privado: no lugar das normas do DIPr designarem direito material, passam a indicar direito internacional privado estrangeiro[424].

Contudo, o exemplo de Raape (visto anteriormente) continua a ser atual, mostrando a importância da devolução ou reenvio, nos casos em que o critério de conexão aponta um direito estrangeiro que não fornece a solução mais justa.

Por isso, os projetos de alteração da LINDB reinseriram o reenvio no Direito Internacional Privado brasileiro de matriz legal. O "Código de Aplicação das Normas Jurídicas" (baseado no anteprojeto, revisado, de Haroldo Valladão) previu o reenvio no art. 78[425]. O Projeto n. 4.905/95 também acatou o reenvio, em seu art. 15[426]. Já o Projeto de Lei n. 269, hoje arquivado (baseado no Projeto 4.905) também defende o reenvio em seu art. 16[427].

---

423 TENÓRIO, Oscar. *Direito internacional privado.* 11. ed. Rio de Janeiro: Freitas Bastos, 1976, v. I, p. 343.

424 CASTRO, Amílcar de. *Direito internacional privado.* 5. ed., rev. e atual. por Osíris Rocha. Rio de Janeiro: Forense, 2000, p. 245-246.

425 Art. 78. Na observância do direito estrangeiro declarado competente, o juiz brasileiro atenderá às disposições do mesmo direito sobre a respectiva aplicação, inclusive a referência a outro direito com base em critério diferente, religião, raça, origem, naturalidade, nacionalidade, domicílio, vizinhança, residência, território etc.
Parágrafo único. A referência acima só ficará excluída se não for feita ao direito brasileiro ou se não for feita a qualquer outro direito que afinal a aceite.

426 Art. 15. Reenvio – Se a lei estrangeira, indicada pelas regras de conexão desta lei, determinar a aplicação da lei brasileira, esta será aplicada. § 1º Se, porém, determinar a aplicação da lei de outro país, esta última somente prevalecerá se também estabelecer que é competente. § 2º Caso a lei do terceiro país não se considerar competente, aplicar-se-á a lei estrangeira inicialmente indicada pelas regras de conexão desta Lei.

427 A redação é próxima a do Projeto de Lei n. 4.905/95: "Art. 16. Reenvio – Se a lei estrangeira, indicada pelas regras de conexão da presente Lei, determinar a aplicação da lei brasileira, esta será aplicada. § 1º Se, porém, determinar a aplicação da lei de

Art. 17. As leis, atos e sentenças de outro país, bem como quaisquer declarações de vontade, não terão eficácia no Brasil, quando ofenderem a soberania nacional, a ordem pública e os bons costumes.

O art. 17 trata de tema tradicional do Direito Internacional Privado, que é o da *ordem pública*. A ordem pública consiste no conjunto de valores essenciais *defendidos* por um Estado, que impede (i) a aplicação de lei estrangeira eventualmente indicada pelos critérios de conexão; (ii) a prorrogação ou derrogação da jurisdição; e, por fim, (iii) a cooperação jurídica internacional pretendida. Assim, na ótica do Direito Internacional Privado, a ordem pública é um instituto que restringe a própria atuação do DIPr para preservar os valores *defendidos* pelo Estado do foro[428].

Cabe, inicialmente, distinguir a ordem pública em virtude de sua *função*. De acordo com a função, classifica-se, usualmente, a ordem pública em dois tipos: (i) a *ordem pública interna*, que serve como limitação à autonomia da vontade dos particulares (que não podem derrogar, por seus acordos, normas de ordem pública), e (ii) a *ordem pública de Direito Internacional Privado* (também chamada de "ordem pública internacional"), que serve como limitação ao uso do direito estrangeiro (inclusive direitos adquiridos), determinação da jurisdição e realização da cooperação jurídica internacional[429].

---

outro país, esta última prevalecerá caso também estabeleça sua competência. § 2º Se a lei do terceiro país não estabelecer sua competência, aplicar-se-á a lei estrangeira inicialmente indicada pelas regras de conexão da presente Lei".

428 Para Valladão, a ordem contempla os princípios essenciais da ordem jurídica do foro, fundados nos conceitos de justiça, de moral, de religião, de economia e mesmo de política, que ali orientam a respectiva legislação. (VALLADÃO, Haroldo. *Direito internacional privado*, v. 1, p. 496).

429 Classificação atribuída, originalmente, a Charles Brocher, que usou a dicotomia *ordre public interne* e *ordre public international*. BROCHER, Charles. *Nouveau traité de droit international privé au double point de vue de la doutrine et de la pratique*. Paris: E. Thorin Éditor, 1876, p. 342-368. Houve intensa polêmica doutrinária entre os que abraçaram a dicotomia lançada por Brocher e os que a recusavam, entendendo ser a ordem pública una e sempre nacional.

É possível, ainda, classificar a ordem pública em razão da origem dos valores defendidos pelo Estado da seguinte maneira: (i) *ordem pública nacional*; (ii) *ordem pública regional*; e (iii) *ordem pública internacional* (ou universal). A *ordem pública nacional* é aquela que contém valores essenciais produzidos no próprio Estado do foro. Já a *ordem pública regional* contempla valores imperativos contidos em normas produzidas por organizações regionais, como a União Europeia. Por fim, a *ordem pública internacional* é aquela que contém valores essenciais da comunidade internacional como um todo.

As classificações propostas interagem: a *ordem pública de direito internacional privado* (classificação pela função) é aquela *defendida* pelo Estado do foro, mas pode ter seus valores originados de normas nacionais, internacionais regionais, ou internacionais estrito senso. Assim, no DIPr, a *defesa* da ordem pública é do Estado do foro, mas não necessariamente os valores nela contidos têm origem nacional.

O limite ao uso do direito estrangeiro em virtude de violação de valores essenciais defendidos no foro já pode ser detectado na fase iniciadora do Direito Internacional Privado (fase estatutária). Na chamada "Escola Italiana", Bártolo (Bartolus) de Sassoferrato (1314-1357) sustentou a existência de *estatutos odiosos*, que não seriam aplicáveis por violação às crenças do foro, o que é o embrião da cláusula de ordem pública. Bártolo deu, como exemplo, a incapacidade hereditária das filhas. Entre os casos por ele analisados, ficou célebre a "Questão Inglesa", envolvendo a sucessão de inglês com bens na Inglaterra e Itália. Na Inglaterra, a lei estipulava que a herança era toda do primogênito; na Itália, havia a regra de partilha entre os filhos. A solução, após o estudo dos vocábulos do estatuto (para aferir se se tratava de um "estatuto pessoal" ou "estatuto real"), foi a desconsideração da unidade da sucessão, tendo o primogênito herdado os bens na Inglaterra, mas partilhado os bens na Itália com seus irmãos. Bártolo considerou a exclusão dos demais irmãos um estatuto odioso e por isso *não* poderia ter alcance extraterritorial, mesmo se fosse considerado um estatuto pessoal[430].

---

430 Como já mencionado em nosso comentário ao art. 10, utilizamos a tradução para o inglês de Beale. BEALE, Joseph Henry (tradutor). *Bartolus on the conflict of law.*

Na fase clássica, dois nomes destacam-se no estudo da não aplicação do direito estrangeiro por violação de valores ou princípios essenciais da *lex fori:* Story e Savigny.

Joseph Story (1779-1845) é tido como um dos fundadores da escola norte-americana de direito internacional privado[431] e defendeu que nenhum Estado pode ser obrigado a ceder em suas opções políticas e institucionais fundamentais em favor das opções de outro Estado, ou ainda a praticar condutas que sejam incompatíveis com a política do foro[432]. Dolinger, em célebre estudo sobre ordem pública, defende que Story é o pioneiro, na doutrina moderna do Direito Internacional Privado, a esboçar com clareza a noção de ordem pública no DIPr[433].

Por sua vez, Friedrich Carl von Savigny (1779-1861), no seu esforço de compreensão científica do Direito, sustentou, em seu livro "Sistema do Direito Romano Atual – vol. VIII"[434] (1849), a igualdade no tratamento das

---

Cambridge: Harvard University Press, 1914. A questão inglesa encontra-se nas p. 44-47. Também foi consultada, devido às críticas à tradução de Beale, a tradução de Clarence Smith. CLARENCE SMITH, J.A. Bartolo on the conflict of laws. *The American Journal of Legal History,* v. 14, n. 3, Jul., 1970, p. 174-183 e também p. 247-275.

431 KUHN, A. K. La conception du droit international privé d´aprés la doctrine et la pratique aux États-Unis. *Recueil des Cours de l´Académie de Droit International de la Haye,* 1928, p. 193 e seguintes; BELLOT, H. H. L. La théorie anglo-saxonne des conflits de lois. *Recueil des Cours de l´Académie de Droit International de la Haye,* 1924, p. 141 e seguintes.

432 *In verbis:* "It is difficult to conceive, upon what ground a claim can be rested, to give any municipal laws an extra-territorial effect, when those laws are prejudicial to the rights of other nations, or to those of their subjects. It would at once annihilate the sovereignty and equality of every nation, which should be called upon to recognize and enforce them; or compel it to desert its own proper interest and duty to its own subjects in favor of strangers, who were regardless of both". In: STORY, Joseph. *Commentaries on the conflict of laws* (1ª ed. 1834), 4. ed. Boston: Little Brown and Company (disponível em <http://www.unz.org/Pub/StoryJoseph-1834n02>, último acesso em 8 de maio de 2015), em especial § 32, p. 43.

433 DOLINGER, Jacob. *A evolução da ordem pública no direito internacional privado.* Tese apresentada para o concurso à Cátedra de Direito Internacional Privado da Faculdade de Direito da Universidade do Estado do Rio de Janeiro. Rio de Janeiro, 1979, p. 63.

434 O "Sistema do Direito Romano Atual" consiste em obra de fôlego, na qual Savigny busca estabelecer a teoria geral do Direito Privado. O volume VIII é voltado à

questões jurídicas para que haja solução idêntica – porque o contrário seria irracional – seja qual for o foro de julgamento. Para Savigny, é possível identificar *a priori* o direito mais pertinente a cada relação jurídica, por meio da localização do centro ou sede da relação em análise. Há, na doutrina de Savigny, duas classes de *normas de exceção à aplicação de direito estrangeiro* indicado pela sede da relação jurídica: (i) as normas locais obrigatórias, que não podem nunca ser substituídas por direito estrangeiro e (ii) as normas estrangeiras não aceitas pelo foro, como os institutos odiosos (poligamia, proibição de aquisição de propriedade por judeus, morte civil, escravidão), que seriam inaplicáveis em Estados que os repelem, o que evidencia sua aceitação da noção de ordem pública[435].

No desenvolvimento histórico do DIPr brasileiro, o primeiro diploma a mencionar expressamente o *limite da ordem pública ao direito estrangeiro* foi o Decreto n. 6.982 de 1878, que tratou do reconhecimento e execução de sentença estrangeira (visto no comentário ao art. 15). O art. 2º do Decreto estabeleceu *quatro* causas de denegação do reconhecimento, a saber: (i) ofensa à soberania; (ii) leis ditas como obrigatórias e de *ordem pública*; (iii) as que regulam a organização da propriedade territorial; e (iv) moralidade pública[436]. Após, a Lei n. 221 de 1894 reduziu esses casos a dois: ofensa à ordem pública e ao direito público, o que mostra a confusão ainda reinante entre a ordem pública interna (normas cogentes nacionais, como as de direito público) e a ordem pública de direito internacional privado (normas contendo valores essenciais defendidos pelo Estado).

No *Esboço* de Teixeira de Freitas, houve a expressa exclusão do direito estrangeiro nos casos em que sua aplicação fosse contrária ao direito público e criminal do Império, à tolerância dos cultos, à moral e bons costumes. Como exemplo de lei estrangeira ofensiva aos direitos público

---

aplicação da lei no espaço e no tempo, o que a transforma em essencial para o desenvolvimento do DIPr.

435 SAVIGNY, Friedrich Carl von. *Sistema do direito romano atual.* Tradução de Ciro Mioranga (edição original de 1849). Ijuí: Unijuí, 2004, v. VIII, p. 53.

436 Disponível em <http://www2.camara.leg.br/legin/fed/decret/1824-1899/decreto-6982-27-julho-1878-547801-publicacaooriginal-62676-pe.html>, último acesso em 23 de maio de 2021.

e criminal, citou as que permitissem a poligamia. Quanto à tolerância dos cultos, apontou as leis que considerassem incapazes judeus e apóstatas, entre outros exemplos[437].

O projeto de Clóvis Beviláqua continha, em seu art. 18, a proibição à aplicação de lei estrangeira contrária à soberania nacional, ofensiva dos bons costumes ou diretamente incompatível com lei federal brasileira fundada em motivo de ordem pública. Após os longos debates no Congresso Nacional, a introdução ao Código Civil de 1916 foi aprovada com redação diferente no tocante à matéria, unindo artigos que estavam separados no projeto: "as leis, atos, sentenças de outro país, bem como as *disposições e convenções particulares*, não terão eficácia, quando ofenderem a soberania nacional, a ordem pública e os bons costumes" (art. 17). Eduardo Espínola e Eduardo Espínola Filho criticaram esse dispositivo, fruto da influência do Código Civil italiano, pois teria unido em um único artigo a *ordem pública nacional* (na hipótese da restrição à autonomia da vontade – "disposições e convenções particulares") com a *ordem pública internacional* (de direito internacional privado), no caso das "leis, atos sentenças de outro país"[438].

Por seu turno, a LINDB foi editada com redação quase idêntica: "As leis, atos e sentenças de outro país, bem como *quaisquer declarações de vontade*, não terão eficácia no Brasil, quando ofenderem a soberania nacional, a ordem pública e os bons costumes". Substituiu-se, somente, a expressão "disposições e convenções particulares" de 1916 pela "quaisquer declarações de vontade" de 1942. Para Gama e Silva, antigo professor titular de Direito Internacional Privado da Faculdade de Direito da Univer-

---

437 Art. 5º da parte geral do Esboço. Ver em FREITAS, Augusto Teixeira de. *Código Civil:* esboço. Rio de Janeiro: Typographia Universal de Laemmert, 1860, p. 5-6.

438 *In verbis:* "Nesse ponto é que se mostra a inconveniência de unir, no mesmo dispositivo de lei, a regra de direito civil relativa ao respeito, que devem as disposições e convenções particulares às normas legais de ordem pública, e a regra de direito internacional privado relativa à inadmissibilidade de aplicação de leis estrangeiras, que ofendem aos nossos princípios de ordem pública". ESPÍNOLA, Eduardo; ESPÍNOLA FILHO, Eduardo. *Tratado de direito civil brasileiro.* Rio de Janeiro: Freitas Bastos, 1941, v. VII: Do direito internacional privado brasileiro – parte geral, p. 588.

sidade de São Paulo, não houve inovação e foi mantido o mesmo princípio consagrado no direito positivo e na jurisprudência nacionais pretéritas[439].

O alcance da ordem pública prevista na LINDB é amplo no domínio do Direito Internacional Privado, abordando seus três segmentos: (i) aplicação de leis estrangeiras; (ii) execução de atos e sentenças estrangeiras; e (iii) utilização de declarações de vontades estrangeiras. Assim, no Brasil, não é afetada a validade da norma estrangeira, mas sua eficácia.

A LINDB utilizou três expressões de limite ao direito estrangeiro: soberania nacional, ordem pública e bons costumes. Apesar de reconhecer que tudo poderia ser resumido na expressão "ordem pública", Serpa Lopes buscou definir separadamente cada um dos dois outros termos em relação à limitação ao uso do direito estrangeiro: (i) ofensa à soberania consiste em tudo que fere o *jus imperii* do Estado brasileiro, como lei estrangeira que ferisse a competência dos tribunais brasileiros em julgar brasileiros; (ii) ofensa aos bons costumes retrata o conjunto de princípios éticos contemporâneos próprios do seu povo e país[440].

Também Espínola reconheceu a amplitude da "ordem pública", em cujo objeto os autores em geral inserem o respeito à soberania e aos bons costumes[441]. Amílcar de Castro considerou o uso dos termos "soberania" e "bons costumes" supérfluos, pois bastaria a menção à ordem pública[442]. Corrêa de Brito, ao tratar da redundância do uso dos três termos ("soberania", "ordem pública" e "bons costumes"), defende a *prevalência do termo mais genérico da ordem pública*, que envolve os outros dois[443].

---

439 GAMA E SILVA, Luis Antonio. *A ordem pública em direito internacional privado.* Monografia de concurso à docência-livre de direito internacional privado, na Faculdade de Direito da Universidade de São Paulo. São Paulo, 1944, p. 139.

440 SERPA LOPES, Miguel Maria de. *Comentários à Lei de Introdução ao Código Civil.* 2. ed. Rio de Janeiro: Freitas Bastos, 1959, v. III, p. 300-301.

441 ESPÍNOLA, Eduardo. *Elementos de direito internacional privado.* Rio de Janeiro: Jacintho Ribeiro dos Santos, 1925, p. 341.

442 Amílcar de Castro prefere o termo "ordem social" em vez de "ordem pública", uma vez que esta última é ambígua, podendo significar a manutenção da paz e da segurança. CASTRO, Amílcar de. *Direito internacional privado.* 5. ed. rev. e atual. por Osíris Rocha. Rio de Janeiro: Forense, 2000, p. 292.

443 BRITO, Luiz Araújo Corrêa de. *Do limite à extraterritorialidade do direito estrangeiro no Código Civil brasileiro.* São Paulo: Escolas Profissionais Salesianas, 1952, p. 100.

No plano convencional, o art. 4º do Código de Bustamante estabelece que "os preceitos constitucionais são de ordem pública internacional". Novamente, há a confusão entre as normas imperativas ou de ordem pública interna (no caso, as normas constitucionais, que não podem ser derrogadas pela vontade das partes) e as normas de ordem pública de direito internacional privado (que são somente aquelas que contêm valores essenciais defendidos pelo Estado).

Já o art. 5º da Convenção Interamericana sobre Normas Gerais de Direito Internacional Privado determina que a lei declarada aplicável poderá *não* ser aplicada no território do Estado Parte que a considerar *manifestamente* contrária aos *princípios de sua ordem pública*[444]. Nesse ponto, a Convenção inclina-se a favor do reconhecimento da *interpretação restritiva* da cláusula de ordem pública, pois é necessário que a lei estrangeira seja "manifestamente" contrária aos princípios da ordem pública defendida pelo Estado. Essa interpretação restritiva da cláusula de ordem pública advém do risco de que seu uso abusivo redunde em *xenofobia jurídica*, em desfavor de um Direito Internacional Privado que aceita a pluralidade de valores que informa o mundo contemporâneo.

Por sua vez, os tratados que cuidam da cooperação jurídica internacional contam, em geral, com cláusula de denegação da cooperação em virtude de ofensa à ordem pública, à soberania, à segurança e a outros interesses essenciais do Estado requerido[445].

---

444 *In verbis:* "A lei declarada aplicável por uma convenção de Direito Internacional Privado poderá não ser aplicada no território do Estado Parte que a considerar manifestamente contrária aos princípios da sua ordem pública".

445 Conforme ensina Denise Neves Abade, em obra indispensável sobre cooperação jurídica internacional, citando, o artigo 3.1 "e" do Tratado entre a República Federativa do Brasil e a República Italiana sobre Cooperação Judiciária em Matéria Penal: "e) se a Parte requerida considerar que a prestação da cooperação pode comportar prejuízo à própria *soberania, segurança ou a outros interesses nacionais essenciais*"; o artigo V, 1. "d" do Acordo de Cooperação Judiciária e Assistência Mútua em Matéria Penal entre o Governo da República Federativa do Brasil e o Governo da República da Colômbia, que impede o cumprimento do pedido caso este seja contrário "à *segurança, à ordem pública ou a outros interesses essenciais da Parte Requerida*"; o artigo III, 1. "b" do Acordo de Assistência Judiciária em Matéria Penal entre o Governo da Re-

Resta determinar o conteúdo da ordem pública de direito internacional privado. Inicialmente, a leitura de seu conceito (visto anteriormente) demonstra que a ordem pública é caracterizada pela *indeterminação* e, consequentemente, é *instável*, podendo variar ao sabor da mudança dos valores essenciais defendidos pelo Estado. Sua determinação é sempre *contemporânea*, pois depende da atualidade dos valores nela contidos[446].

A primeira orientação para a determinação do conteúdo da ordem pública para o DIPr é não confundi-lo com o conteúdo da ordem pública *interna*. A qualidade de norma de ordem pública no foro (norma cogente, aquela que não pode ser derrogada pela vontade das partes) *não implica*, necessariamente, que essa norma impedirá a aplicação do direito estrangeiro. Só impedirá a aplicação do direito estrangeiro se este se chocar, de modo grave, com os valores essenciais defendidos pelo Estado brasileiro[447]. Caso contrário, o Direito Internacional Privado deixa de ser o *direito do respeito à tolerância e da diversidade* e, desnaturado totalmente, passa a ser um simples *direito narcísico* que só aceita aplicar lei estrangeira que for idêntica a lei do foro.

Em segundo lugar, cada vez mais a doutrina inclina-se para aceitar a impregnação *jusfundamentalista* do conceito de ordem pública. Como salienta Abade, a proteção de direitos humanos está entre os *valores essenciais* defendidos pelo Estado do foro ao invocar a cláusula de ordem pública[448].

---

pública Federativa do Brasil e o Governo dos Estados Unidos da América, entre outros. Conferir em ABADE, Denise Neves. *Direitos fundamentais na cooperação jurídica internacional*. São Paulo: Saraiva, 2013, p. 240.

446 DOLINGER, Jacob. *Direito internacional privado* – Parte geral. 10. ed. Rio de Janeiro: Forense/GEN, 2011, em especial p. 389.

447 Para Dolinger: "Não é toda lei local, cogente, das que não podem ser derrogadas pela vontade das partes no plano interno, que não poderá ser substituída por lei estrangeira diversa, no plano do Direito Internacional Privado. (...) A norma estrangeira, indicada pelo DIP, deverá chocar a nossa ordem pública de forma mais grave para que sal aplicação seja rejeitada". DOLINGER, Jacob. *Direito internacional privado* – Parte geral. 10. ed. Rio de Janeiro: Forense/GEN, 2011, em especial p. 397.

448 ABADE, Denise Neves. *Direitos fundamentais na cooperação jurídica internacional*. São Paulo: Saraiva, 2013, p. 104.

Descartado o uso do direito estrangeiro, a prática brasileira inclina-se pelo uso da lei brasileira (*lex fori*) sem maior preocupação com eventual norma alternativa.

Art. 18. Tratando-se de brasileiros, são competentes as autoridades consulares brasileiras para lhes celebrar o casamento e os mais atos de Registro Civil e de tabelionato, inclusive o registro de nascimento e de óbito dos filhos de brasileiro ou brasileira nascido no país da sede do Consulado.

§ 1º As autoridades consulares brasileiras também poderão celebrar a separação consensual e o divórcio consensual de brasileiros, não havendo filhos menores ou incapazes do casal e observados os requisitos legais quanto aos prazos, devendo constar da respectiva escritura pública as disposições relativas à descrição e à partilha dos bens comuns e à pensão alimentícia e, ainda, ao acordo quanto à retomada pelo cônjuge de seu nome de solteiro ou à manutenção do nome adotado quando se deu o casamento.

§ 2º É indispensável a assistência de advogado, devidamente constituído, que se dará mediante a subscrição de petição, juntamente com ambas as partes, ou com apenas uma delas, caso a outra constitua advogado próprio, não se fazendo necessário que a assinatura do advogado conste da escritura pública.

Art. 19. Reputam-se válidos todos os atos indicados no artigo anterior e celebrados pelos cônsules brasileiros na vigência do Decreto-Lei n. 4.657, de 4 de setembro de 1942, desde que satisfaçam todos os requisitos legais. *(Incluído pela Lei n. 3.238, de 1957)*

Parágrafo único. No caso em que a celebração desses atos tiver sido recusada pelas autoridades consulares, com fundamento no artigo 18 do mesmo Decreto-lei, ao interessado é facultado renovar o pedido dentro em 90 (noventa) dias contados da data da publicação desta lei. *(Incluído pela Lei n. 3.238, de 1957)*

A redação original do presente dispositivo na LICC de 1942 era a seguinte: "Art. 18. Tratando-se de brasileiros ausentes de seu domicílio no país, são competentes as autoridades consulares brasileiras para lhes celebrar o casamento, assim como para exercer as funções de tabelião e de oficial do registo civil em atos a eles relativos no estrangeiro"[449]. A Lei n.

449 Agradeço a pesquisa da aplicação dos arts. 18 e 19 na doutrina e jurisprudência ao brilhante Mestre em Direito Internacional da FADUSP Vitor Geromel.

3.238, de 1º de agosto de 1957, realizou a primeira alteração, aumentando a competência dos cônsules brasileiros em matéria de registro civil e tabelionato. Mais recentemente, a Lei n. 12.847, de 29 de outubro de 2013, adicionou os §§ 1º e 2º, em consonância com as alterações na legislação de direito de família relativa ao divórcio.

Primeiramente, a competência registral ou notarial foi atribuída aos cônsules pelo direito consuetudinário e depois positivada na Convenção de Viena sobre Relações Consulares, de 1963. O art. 5º, *f*, da referida Convenção elenca, expressamente, como função consular "agir na qualidade de notário e oficial de registros civil". Na prática brasileira, a função notarial dos cônsules remonta à época do Império. Na República, o Decreto n. 181, de 24 de janeiro de 1890[450], que regulou o casamento civil, trouxe a previsão expressa sobre a possibilidade de cônjuges brasileiros contraírem núpcias em território estrangeiro diante da autoridade consular brasileira. Após, pelo Decreto n. 10.384, de 6 de agosto de 1913[451], foi aprovado um novo conjunto de regulamentações para o Corpo Consular Brasileiro, sendo estabelecida a competência dos cônsules de realizar o registro dos nascimentos, óbitos e casamento de cidadãos brasileiros em suas circuns-

---

450 Capítulo V – Do casamento dos brazileiros no estrangeiro e dos estrangeiros no Brazil. Art. 47. O casamento dos brazileiros no estrangeiro deve ser feito de accordo com as disposições seguintes: § 1º Si ambos ou um só dos contrahentes é brazileiro, o casamento póde ser feito na fórma usada no paiz onde for celebrado. § 2º Si ambos os contrahentes forem brazileiros, podem tambem casar-se, na fórma da lei nacional, perante o agente diplomatico, ou consular do Brazil. § 3º Os casamentos de que trata o paragrapho antecedente estão sujeitos ás formalidades e aos impedimentos previstos nesta lei, os quaes serão devolvidos ao conhecimento do poder judicial do Brazil, e só depois de solvidos por elle se considerarão levantados onde foram oppostos. § 4º Os mesmos casamentos devem ser registrados no Brazil á vista dos documentos de que trata o art. 1º, tres mezes depois de celebrados, ou um mez depois que os conjuges ou, ao menos, um delles voltar ao paiz. Art. 48. As disposições desta lei relativas as causas de impedimento e ás formalidades preliminares são applicaveis aos casamentos de estrangeiros celebrados no Brazil.

451 Art. 462. Incumbe aos Consules a matricula dos brazileiros que residirem no seu districto, e bem assim o registro dos nascimentos e obitos de seus compatriotas e a celebração de casamento, quando ambos os contrahentes forem brazileiros, e a legislação local reconhecer effeitos civis aos casamentos assim celebrados. (Regulamento Consular, art. 169, Decreto n. 181, de 24 de janeiro de 1890 e Circular n. 21, de 5 de outubro de 1904.)

crições. Atualmente, os diplomas que disciplinam os atos notariais e de registro civil dos consulados brasileiros são os Decretos ns. 8.742, de 4 de maio de 2016, e 1.018, de 23 de dezembro de 1993.

A função notarial e de registro civil dos cônsules representa uma exceção à regra do *locus regit actum*, que determina que a lei aplicável aos atos é a do lugar em que se constituem. Assim, apesar de se concretizarem num determinado país, tais atos serão regidos pela *lei da autoridade consular* perante a qual se celebrarem. Trata-se, pois, de uma hipótese excepcional de aplicação extraterritorial da legislação do foro.

Em outras palavras, há aqui uma zona de convergência entre o Direito Internacional Público, mais especificamente seu ramo consular, e o Direito Internacional Privado. De um lado, há a chamada "soberania pessoal" do Estado de origem sobre seu cidadão, que, por consequência, aspira a aplicação de suas leis às relações de seus nacionais, mesmo que fora de suas fronteiras. De outro, há a soberania territorial do Estado receptor, o que, consequentemente, implicaria na aplicação da *lex fori a* essas mesmas relações, vez que estabelecidas em seu território. Desse modo, o direito consular possibilita uma harmonização desse conflito potencial, permitindo a aplicação da *lex personae* às relações estabelecidas no território do Estado receptor[452].

Assim, o dispositivo legal em comento é cada vez mais importante diante da globalização e da crescente hipermobilidade de indivíduos. O número de brasileiros no exterior não para de crescer, o que justifica a importância de haver uma autoridade nacional com competência e fé pública para, por exemplo, realizar o registro do nascimento de um filho de brasileiro – o que é fundamental para comprovação da nacionalidade brasileira –, um casamento entre brasileiros que desejam que sua lei nacional seja aplicável, entre outros atos que necessitem de serviços notariais e de registro civil.

---

452 MARESCA, Adolfo. Les relations consulaires et les fonctions du consul en matière de droit privé. 134 *Recueil des Cours de l'Académie de Droit International de la Haye*, 1971, p. 105-161, em especial p. 130-131.

Especificamente no que se refere aos matrimônios, o art. 1544 do Código Civil estabelece a obrigação de registrar o casamento realizado perante autoridades consulares em 180 dias, "a contar da volta de um ou ambos os cônjuges ao Brasil, no cartório do respectivo domicílio, ou em sua falta, no 1º Ofício da Capital do Estado em que passem a residir".

No mesmo sentido, o art. 32 da Lei n. 6.015/73[453] estende a formalidade do translado do registro, também, para as hipóteses de nascimento e óbito. O traslado do registro é uma mera formalidade, que não compromete a validade, no direito brasileiro, do casamento entre brasileiros celebrado por autoridade consular. Essa é a posição do Superior Tribunal de Justiça[454], que adotou a interpretação de Jacob Dolinger[455], para quem o legislador não pretendeu obrigar ao registro como requisito de validade do ato, e sim como prova de sua celebração. O mesmo raciocínio aplica-se às hipóteses dos §§ 1º e 2º, no tocante ao divórcio consensual.

Já o art. 19 e seu parágrafo único visaram confirmar a validade dos matrimônios celebrados pelas autoridades consulares entre 1942 e 1957. Conforme ensina Tenório, o objetivo da adição do art. 19 à LINDB foi considerar válido o casamento por acaso celebrado por cônsul brasileiro não tendo os nubentes domicílio no Brasil[456].

---

453 Art. 32. "Os assentos de nascimento, óbito e de casamento de brasileiros em país estrangeiro serão considerados autênticos, nos termos da lei do lugar em que forem feitos, legalizadas as certidões pelos cônsules ou quando por estes tomados, nos termos do regulamento consular. § 1º Os assentos de que trata este artigo serão, porém, transladados nos cartórios de 1º Ofício do domicílio do registrado ou no 1º Ofício do Distrito Federal, em falta de domicílio conhecido, quando tiverem de produzir efeito no País, ou, antes, por meio de segunda via que os cônsules serão obrigados a remeter por intermédio do Ministério das Relações Exteriores".

454 *Vide*: STJ, REsp 280.197/RJ, Rel. Min. Ari Pargendler, julgamento em 11-6-2002, *DJ* 5-8-2002 p. 328, *RDR* v. 24 p. 266. STJ, REsp 440.443/RS, Rel. Min. Ari Pargendler, julgamento em 26-11-2002, *DJ* 26-5-2003, p. 360, *RDR*, v. 27 p. 396.

455 DOLINGER, Jacob. *Direito civil internacional*. Rio de Janeiro: Renovar, 1997, v. I: a família no direito internacional privado, em especial, p. 49.

456 TENÓRIO, Oscar. *Direito internacional privado*. 11. ed. Rio de Janeiro: Freitas Bastos, 1976, v. 2, p. 69.

PARTE III

COMENTÁRIOS AOS ARTIGOS 20-30, ATINENTES AO DIREITO PÚBLICO, ACRESCIDOS PELA LEI N. 13.655/2018

Erik Frederico Gramstrup

CAPÍTULO 1

INTRODUÇÃO: DISPOSITIVOS INTRODUZIDOS PELA LEI N. 13.655/2018

O Projeto de Lei n. 7.444/2017 (PLS n. 349/2015), originalmente apresentado pelo Senador Antônio Anastasia, teve por objetivo introduzir, na Lei de Introdução às Normas do Direito Brasileiro, preceitos orientados à segurança jurídica e à qualidade das decisões públicas, notadamente no que se refere ao Direito Administrativo. Inspirou-se em pesquisas empíricas desenvolvidas na Sociedade Brasileira de Direito Público – SBDP, na Fundação Getulio Vargas e na Faculdade de Direito da Universidade de São Paulo. O anteprojeto nasceu de proposta de Carlos Ari Sundfeld e Floriano de Azevedo Marques Neto, a partir da constatação de que a multiplicação das regras de controle da atividade administrativa estava a gerar perplexidades e instabilidade institucional, de modo a gerar a necessidade, por assim dizer, de uma lei de segurança hermenêutica em matéria de gestão e inovação administrativa, cuja situação ideal seria a Lei de Introdução, uma lei sobre leis.

A reforma de 2018 da LINDB pretendeu, ostensivamente, trazer temas de direito público à baila. Em sua estrutura original, a Lei de Introdução, como dissemos anteriormente, constava de três partes lógicas: (a) elaboração, interpretação e aplicação das leis em geral, dando-lhes grande destaque como fonte do Direito; (b) conflitos de leis em matérias tipicamente privadas, como obrigações, contratos, família e sucessões, além da imposição de limites à eficácia da lei estrangeira no Brasil; (c) validade e eficácia de certos atos oriundos do estrangeiro, seu reconhecimento no

Brasil, como é o caso manifesto da sentença estrangeira. Reformada e ampliada, a Lei de Introdução passou a versar sobre temas publicistas, não apenas no que toca a aspectos processuais – o que já ocorria –, mas também no que se refere à aplicação da lei material relacionada com conteúdo de Direito Público. As disposições acrescidas em 2018 ostentam a pretensão – e não são necessariamente felizes ao perseguir esse objetivo – de disciplinar deveres e responsabilidades do agente público, entendida essa expressão do modo mais abrangente, na aplicação do Direito Administrativo, Constitucional, Tributário (este com algumas ressalvas), e não deixam de reportar-se, obliquamente, aos direitos coletivos e difusos.

Os destinatários dos arts. 20 a 30 da LINDB são os agentes públicos por ela mencionados, mas não todos aqueles que possam ser denotados pela expressão no seu sentido comum. Normalmente, entende-se como agente público um vasto universo, que compreende: a) os agentes políticos, integrantes dos cargos estruturais à organização política e formadores da vontade superior do Estado; b) os agentes honoríficos, membros de comissões técnicas sem vínculo profissional com o Estado; c) os servidores que mantêm vínculo profissional com a Administração direta, com as autarquias, fundações, empresas públicas e sociedades de economia mista, compreendendo os ocupantes de cargos e os contratados sob regime trabalhista; d) os particulares em cooperação com a Administração, incluídos aqui os prestadores de serviços, os concessionários e permissionários, os delegados de função e ofício público e os requisitados[1]. A LINDB como se encontra hoje reporta-se ora ao agente público, ora à autoridade, e o significado especial por ela colimado está mais próximo desta do que daquele, na sua acepção ordinária. No sentido especial, para os fins da LINDB, os agentes a que ela se dirige são aqueles com competência decisória e cujas funções implicam interpretação e aplicação direta da lei – o que exclui os servidores e empregados subalternos, que cumprem diretamente portarias, instruções e ordens de serviço. Os agentes que nos interessam são, além dos membros de Poderes que integrem

1 Cf. BANDEIRA DE MELLO, Celso Antonio. *Curso de direito administrativo*. São Paulo: Malheiros, 2015, p. 250-260.

a sua administração, os demais integrantes de cargos de direção e assessoramento superior, os magistrados, os dirigentes de autarquias e agências reguladoras, os membros de colegiados recursais, os integrantes dos tribunais de contas, os agentes que presidem licitações e firmam contratos administrativos, os que exercem a competência de expedir normas regulamentares e de serviço e os que emitem pareceres jurídicos e técnicos. Esses são os destinatários óbvios da LINDB na parte em que se refere ao direito público, ou pelo menos se tornam óbvios quando se consideram os arts. 20 a 30 de maneira integrada.

A grande dificuldade está em identificar se os agentes perante os quais se passa o processo administrativo fiscal devem ser incluídos na relação acima. Há algumas objeções possíveis. A aplicação do direito tributário é disciplinada por *lei complementar* (CTN, arts. 107 e 108). Essa mesma lei complementar reza que o lançamento é atividade vinculada (art. 142, parágrafo único, do CTN) – em contraste com a LINDB, que aparenta referir-se a situações em que o agente conta com algum grau de discricionariedade, ou deve proferir julgamento técnico-jurídico. Essas observações devem ser levadas em consideração: realmente, tornam menos intensa a aplicação da LINDB no processo administrativo fiscal, mas não a excluem totalmente. Por exemplo, não se compreende por que a autoridade lançadora não poderia (*rectius*: deveria) declarar as consequências da pronúncia de alguma nulidade, como requer o art. 21 da LINDB. Outro dispositivo perfeitamente aplicável, porque não incompatível com o CTN, é a responsabilidade do agente, decisor ou parecerista, por dolo ou erro grosseiro. Então, certamente, as normas gerais de direito tributário e a vinculação plena da autoridade lançadora levam a que a LINDB tenha aplicação apenas suplementar no campo do PAF, mas suplementar não quer dizer nenhuma, como por vezes se parece supor.

Do ponto de vista filosófico e ideológico, a reforma da LINDB, com o acréscimo de dez artigos, já conta uma mitologia de base. Ela seria afinada com o pragmatismo, cujo núcleo duro seria formado por três ideias principais: a) o antifundacionalismo, segundo o qual nenhuma teoria ou ideia humana dispõe de um fundamento último ou permanente; b) o contextualismo: o conhecimento depende da experiência humana, seus contextos e tradições; e c) o consequencialismo: as consequências práticas são consideradas antes da tomada de decisões[2]. Pessoalmente, não estamos muito satisfeitos com essa enunciação, de modo que tentaremos apresentar adiante nossa própria síntese do que seriam as teses epistemológicas principais do pragmatismo. Sem questioná-las pelo momento, sigamos com o raciocínio.

Ainda segundo o mito fundacional, o pragmatismo seria composto pelas contribuições de C. S. Peirce, seguido de W. James[3] e J. Dewey. Tudo teria ocorrido nas décadas finais do século XIX norte-americano e na primeira metade do século XX. Para os que apreciam uma narrativa mais dilatada, o pragmatismo teria sido esquecido na época da Primeira Guerra Mundial e revivido ulteriormente por R. Rorty[4]. O grande inconveniente desse mito é o de que os "pragmatistas" não formam uma escola coerente de pensamento. Não há sequer um acordo a respeito de qual seja o objetivo do pragmatismo, se seria, por exemplo, um método de pesquisa ou uma filosofia completa. A provável razão dessa falta de clareza e unidade é a de que se trata de um pensamento que ainda não ingressou na História, porque se encontra vivo e em desenvolvimento. Não é que não exista algum tipo de elo no pensamento desses autores, mas se trata de um elo frouxo, com diferenças marcantes entre as posições individuais. Para dar uma mostra externa disso, é sabido que Peirce desaprovou a interpretação de seu pensamento dada por James, cujo objetivo era o de ampliar o escopo do pragmatismo. Para destacar suas peculiaridades, Peirce resolveu rebatizar sua concepção como "pragmaticismo" (*pragmaticism*), um nome, nas suas próprias palavras, suficientemente feio para que ninguém mais quisesse se apropriar dele[5].

---

2 GODOI, Marcela Gonçalves. *Do caráter pragmatista das disposições da nova Lei de Introdução às Normas do Direito Brasileiro – LINDB e o impacto na gestão pública e na atuação dos órgãos de controle.* Disponível em <https://conteudojuridico.com.br/consulta/artigos/53821/do-carter-pragmat>, último acesso em 2 de maio de 2021.

3 Cf. BRÉHIER, Émile. *The history of philosophy* – contemporary philosophy since 1850. Chicago: University of Chicago Press, 1969, p. 136.

4 Vide, a respeito, RORTY, Richard. *Pragmatismo e política.* São Paulo: Martins Fontes, 2005, p. 123-134.

5 "Assim, pois, o autor, vendo este seu filho o 'pragmatismo' promovido a tal ponto, sente que já é tempo de lhe dar um beijo de despedida e abandoná-lo a seus destinos

Como se poderia, então, caracterizar o pragmatismo? Pode-se apontar que Peirce decidiu que o princípio pragmático versaria sobre o significado (*meaning*): uma coisa significa os hábitos que ela envolve[6]. Hábito (*habit*), para Peirce, é um padrão de atividade decorrente de condições específicas. Assim, a concepção que temos de um dado objeto é dada pelos efeitos desse objeto; o significado de uma proposição é manifestado pelo funcionamento do objeto. Mas não só: se a proposição não se limitar a descrever os efeitos do objeto definido, ela simplesmente recairá no absurdo (*meaningless*). Corolário disso: o problema da filosofia precedente está em que se ocupava, frequentemente, de questões desprovidas de sentido. A obra de Peirce é vasta e esse autor é mais conhecido, no Brasil, por sua teoria semiótica, mas não se corre grande risco ao afirmar que a máxima pragmática ora descrita está na base de seu pensamento. Por aí já se entrevê como nasceu o pragmatismo: como um método voltado a evitar discussões metafísicas. Determina-se o sentido de uma proposição por meio da formulação de uma hipótese: dado certas condições, devem-se seguir determinados resultados. No centro do pensamento de Peirce, ainda, está a noção de investigação ou pesquisa (*inquiry*): ela é voltada à eliminação da dúvida (*doubt*) e a fixação da crença (*belief*). A crença é um estado calmo e satisfatório, em que nossas ações são corroboradas pela experiência. Quando isso não ocorre e não sabemos como agir, surge um estado perturbado, o de dúvida, sendo função da pesquisa conduzir-nos ao estado mais confortável de crença. Há vários métodos de pesquisa, mas

mais elevados; enquanto que, a fim de servir aos propósitos precisos de expressar a definição original, o autor anuncia o nascimento da palavra 'pragmaticismo', que é suficientemente feia para estar a salvo de raptores" (PEIRCE, Charles Sanders. *Semiótica*. São Paulo: Perspectiva, 2005, p. 287).

6 "The essence of belief is the establishment of a habit; and different beliefs are distinguished by the different modes of action to which they give rise. If beliefs do not differ in this respect, if they appease the same doubt by producing the same rule of action, then no mere differences in the manner of consciousness of them can make them different beliefs, any more than playing a tune in different keys is playing different tunes" (PEIRCE, Charles Sanders. How to make our ideas clear. *Philosophical writings of Peirce*. New York: Dover, 1955, p. 29).

o único aceitável é o científico, porque nos leva a situações mais estáveis de crença e também porque é o único que se pode adotar, conscientemente, sem dissolvê-lo.

Como dissemos, W. James alargou o pragmatismo e incorreu na desaprovação de Peirce ao fazê-lo: para James, o significado de um pensamento (*thought*) está em suas consequências práticas, mas não se está tratando dos efeitos tangíveis e sim dos efeitos internos ou psicológicos da crença (*belief*)[7]. Uma proposição é julgada pelos efeitos de acreditar-se na sua verdade – de outro turno, para Peirce, a verdade de uma proposição é julgada pela realização de seus efeitos (externos) previstos. Para James, o pragmatismo não é uma técnica para descartar discussões metafísicas, mas para arbitrar essas discussões, declarando-se a favor da concepção que traga efeitos psicológicos positivos. Para dar-se um exemplo facilmente compreensível, o espiritualismo seria superior ao materialismo porque nos daria esperança, em contraste com o último, que leva à dissolução de tudo que se valora positivamente. Segundo Peirce, essa discussão é meramente um falso problema. Ela não deve ser arbitrada, mas descartada.

Dewey está próximo de Peirce ao declarar a inutilidade das discussões de natureza metafísica, mas não enxerga o pragmatismo como simples ferramenta para discernir o significado dos termos, e sim como um sistema filosófico completo. E, nesse sistema, a investigação (*inquiry*) é ressignificada como a busca ou construção de um estado de equilíbrio entre o organismo e seu ambiente, de modo a recuperá-lo sempre que necessário[8].

---

7 "To attain perfect clearness in our thoughts of an object, then, we need only consider what conceivable effects of a practical kind the object may involve—what sensations we are to expect from it, and what reactions we must prepare. Our conception of these effects, whether immediate or remote, is then for us the whole of our conception of the object, so far as that conception has positive significance at all" (JAMES, William. Pragmatism. *Writings 1902 1910.* New York: Penguin, 1987, p. 506-507).

8 "En primer lugar, el pensamiento no es para Dewey una realidad última, un absoluto, un proceso que cree la realidad objetiva en sentido metafísico. Tampoco es algo que en el hombre represente el elemento no natural, en el sentido de que coloque al hombre por encima de o en contraposición a la Naturaleza. Es, a la larga, una forma altamente desarrollada de la relación activa entre un organismo vivo y su ambiente" (COPLESTON, Frederick. *Historia de la filosofia.* Barcelona: Ariel, 1993, v. VIII, p. 342).

Cuida-se de um construtivismo epistêmico, cujo propósito não é a descoberta de fatos, mas sim a criação de um novo objeto de conhecimento que não preexistia. Com a formação da crença, retoma-se o equilíbrio entre o organismo vivo e as suas condições existenciais. Enfim, de um modesto princípio metodológico (Peirce), o pragmatismo progrediu para um sistema filosófico completo (abrangendo visões estéticas, éticas e espistemológicas) em James e Dewey.

Para o leitor não familiarizado com esse tipo de discussão, resumimos o essencial: não há um, mas muitos pragmatismos. O vínculo entre eles é sutil. Há pontos comuns, mas maiores são as divergências. O pragmatismo não se esgotou ainda, de modo a permitir uma análise exaustiva. Portanto, é sempre perigoso reclamar uma base tão fluída como estribo ideológico e filosófico da Lei de Introdução reformada.

Em todo caso, voltemos ao mito fundacional: a LINDB, no seu texto atual e acrescido, teria adotado certas teses relativas ao conhecimento humano:

a) Antifundacionalismo: o conhecimento humano não tem fundações últimas e definitivas;
b) Falibilismo: o conhecimento humano está sujeito a constante revisão, porque, em dado momento, sempre há um certo número de asserções que podem ser falsas;
c) Instrumentalismo: a qualidade ou probabilidade das razões invocadas para justificar certas asserções depende da importância que se dá ao problema.

Todas essas teses são contestáveis, mas não seria adequado aprofundar o assunto em um comentário jurídico. É suficiente dizer que os pragmatistas e seus sequazes não parecem guardar muita consistência com o antifundacionalismo, porque, ao argumentar, recaem com frequência no empirismo, ou seja, na ideia de que a experiência seria o esteio último de nossos conhecimentos[9]. Pois bem, se a experiência é o juiz último da

9 Veja-se como Dewey clama pela necessidade de um método sistemático experimental: "One side concerns method as it operates in gathering and testing the data

verdade, então há pelo menos um fundamento definitivo para o conhecimento humano (seguindo-se a lógica dos pragmatistas). Nesse caso, não há motivo sério para afirmar que o antifundacionalismo seria um escolho seguro para a inteligência da Lei de Introdução (sequer para qualquer outro problema interpretativo).

De modo mais concreto, a doutrina apontou os princípios, os objetivos e a metodologia da LINDB "nova" (reformada, com as inclusões da Lei n. 13.655/2018), que resumiremos assim:

a) não há intenção de mudança revolucionária, mas de incorporar ao texto legislativo práticas jurídicas selecionadas, originadoras de segurança jurídica e apego aos fatos concretos, em oposição a concepções baseadas em retórica abstrata;
b) deseja-se que o controle da Administração não seja exercido de modo voluntarista;
c) almeja-se que se chegue à construção do interesse público de modo compartilhado entre os diversos poderes e órgãos;
d) frisa-se o respeito à segurança jurídica, à boa-fé e às expectativas legítimas;
e) pretende-se que a visão macroscópica (das políticas públicas) venha substituir aquela preocupada predominantemente com as formas jurídicas;
f) objetiva-se dar segurança ao gestor público que atua de boa-fé;
g) pretende-se que a imposição de obrigações novas, por via de interpretação ou de regulamento, seja precedida de prazos e de modulação, como também de consulta pública e regimes de transição[10].

---

that form the evidence upon which an inference must rest to be properly supported—method of control of observation and memory, which supply the facts upon which inference proceeds" (DEWEY, John. *How we think*. Chicago: Gateway, 1971, p. 165).

10 Cf. SUNDFELD, Carlos Ari. A Lei de Introdução às Normas do Direito Brasileiro e sua renovação. In: CUNHA FILHO, Alexandre Jorge Carneiro da; ISSA, Rafael Hamze; SCHWIND, Rafael Wallbach (Coord.). *Lei de Introdução às Normas do Direito Brasileiro Anotada*: Decreto-Lei n.º 4.657, de 4 de setembro de 1942. São Paulo: Quartier Latin, 2019, v. 1, p. 33-39.

CAPÍTULO 2

COMENTÁRIOS AOS ARTS. 20-30 DA LINDB

Art. 20. Nas esferas administrativa, controladora e judicial, não se decidirá com base em valores jurídicos abstratos sem que sejam consideradas as consequências práticas da decisão. (*Incluído pela Lei n. 13.655, de 2018*)

Parágrafo único. A motivação demonstrará a necessidade e a adequação da medida imposta ou da invalidação de ato, contrato, ajuste, processo ou norma administrativa, inclusive em face das possíveis alternativas. (*Incluído pela Lei n. 13.655, de 2018*)

Segundo o dispositivo em comento, é vedado aplicar "valores jurídicos abstratos", em qualquer esfera de decisão (administrativa, controladora e judicial), sem a consideração das "consequências práticas", isto é, os resultados efetivos de modificação do mundo fenomênico, para além das meras normas. Há necessidade prévia de esclarecer-se, ainda que de modo inicial e incompleto, o conteúdo semântico desses termos jurídicos indeterminados. Inicialmente, porque tais termos, por sua mesma natureza, têm a vocação de evoluir no tempo quanto ao significado, demonstrando textura aberta e vagueza proposital. Mas seria impossível lidar com eles sem pelo menos discriminar um núcleo inicial de significação. É o que ensaiaremos a seguir.

O *caput* do art. 20 cuida de "valores jurídicos abstratos", em ampla denotação: reporta-se a várias dimensões conceituais, abarcando, pelo menos, os valores, os princípios jurídicos, os direitos fundamentais e os direitos humanos. Se é que esse desdobramento não poderia ser mais amplo, mas preferimos a abordagem sintética para melhor entendimento. As decisões fundadas abstratamente em qualquer elemento de um desses quatro grupos devem levar em consideração seus resultados modificativos no campo dos fatos. Se meditarmos sobre os integrantes desse vasto grupo (valores, princípios, direitos fundamentais e direitos humanos), perceberemos que estão intimamente relacionados: os valores reconhecidos pela humanidade, universalmente, dão azo às declarações de direitos humanos; muitos deles estão positivados, como direitos fundamentais, nos textos das Constituições; e, por fim, a consideração de uns e outros inspira a descoberta e a enunciação dos princípios jurídicos, dos quais tratamos com maior amplitude no início desta obra. Estas quatro espécies – valores, princípios, direitos humanos e direitos fundamentais – são o alvo do art. 20, o que desde logo o põe sob a névoa da suspeita: a lei, comando infraconstitucional, pode condicionar a aplicação de conteúdos constantes de tratados internacionais e da Constituição da República? Nossa pergunta é puramente retórica, porque a resposta óbvia é um sonoro e decidido "não". Mas o fato é que o art. 20 em comento disfarça o embaraçoso problema sob as vestes de comando dirigido à autoridade decisora: o juiz, o administrador e o encarregado de controle têm o dever específico de levar em conta as consequências práticas e, portanto, apontá-las na fundamentação ou motivação de suas decisões. Por um aspecto, esse art. 20 parece nocivo, porque seria impensável subordinar a aplicação, para dar um exemplo forte, do princípio da dignidade humana (que se pode compreender como "valor jurídico abstrato") a considerações de ordem puramente pragmática. Ou não?

Por detrás da pergunta, oculta-se uma complicada discussão, de sabor jusfilosófico, acerca dos próprios valores. Mais exatamente se, no julgamento das ações humanas, os valores devem ser considerados *per se* (ética de valores) ou se ditas ações devem ser examinadas pelo resultado obtido (ética consequencialista). O que o art. 20 – pelo menos em uma interpretação que se pretenda sadia – parece indicar é que *ambas as dimensões* da discussão devem ser sopesadas na aplicação do Direito – e, portanto, na motivação dos atos decisórios. *Sem descuidar* dos valores jurídicos abstratos, leia-se no art. 20 em comento, devem *também* ser levadas em consideração as consequências concretas do agir humano – e, em particular, da decisão enquanto agir humano. E esse complicado cálculo terá de constar do ato decisório, para fim de conhecimento pelos interessados, controle e recurso. Não é tarefa das mais fáceis, advirta-se. E o comando legal é tão exigente que em raras ocasiões poderá ser plenamente atendido. Mas serve de *benchmark*, ou ótimo a ser atingido.

Iniciemos com um exemplo de ética de valores. A ética tradicional, de origem judaico-cristã, pode ser tomada como paradigma. À luz dessa vertente de tradição, uma ação pode ser considerada boa se os meios escolhidos forem bons, justos ou retos e se as finalidades perseguidas forem boas, justas ou retas. Os dois termos da equação têm de estar presentes simultaneamente: meios bons e fins bons. Desse ponto de vista, é inócuo alegar que a finalidade buscada é correta, porque esse é apenas um dos aspectos a serem considerados no julgamento moral da ação. E, quando se menciona a finalidade buscada, pode-se apontar para o que efetivamente aconteceu, ou para o que o agente, de boa-fé, tencionava.

Na ética kantiana, a ordem de ideias supradescrita foi radicalizada: uma ação humana é boa se o dever moral é buscado em si mesmo[1]; se o agente escolhe fazer o correto simplesmente porque, à luz de sua consciência moral, aquilo é o correto. Não merece catálogo moral uma ação humana instrumental, ou seja, se o agente atua com vista a certos resultados tidos como desejáveis. Tome-se um exemplo simples: devo cuidar da saúde porque isso é o correto e não para ficar belo. A justificativa popular de que se agiu com boa intenção advém dessa radicalização kantiana e leva à completa abstração dos resultados atingidos. Dado que a formulação de Kant é muito forte, pode-se dizer que não retrata exatamente a posição tradicional. Kant foi um inovador em seu tempo. Mas não se deve descurar do fato de que foi um pensador com enorme influência na

1 KANT, Immanuel. *Metafísica dos costumes*. Lisboa: Fundação Calouste Gulbenkian, 2017, p. 307: "O princípio supremo da doutrina da virtude é o seguinte: age de acordo com uma máxima dos fins tal que assumi-los possa ser para cada um uma lei universal".

vertente formalista-positivista da filosofia do Direito. E, também, com muita influência no modo de pensar dos operadores contemporâneos, de modo que não se trata de questão puramente acadêmica. Desse "kantismo" ou pelo menos a partir da forma como percebem Kant, alguns intérpretes do Direito exercem o seu trabalho segundo o padrão "faça-se o Direito, ainda que pereça o Mundo" (*fiat justitia, pereat mundus*). Ou, formulando mais suavemente, sem atentar para as consequências materiais das interpretações. O nome formalismo jurídico é dado à tendência de ignorar-se as mencionadas consequências.

Considere-se o contraste com a visão utilitarista. Segundo ela, deve-se atentar para o que se realiza efetivamente e não para a intenção, para os meios ou para os fins buscados. Uma ação é boa, dentro desse paradigma, por seus frutos concretos. É em função dos resultados e unicamente deles que há de ser julgada. Na versão popular, uma ideia é boa se ela "funciona". Esse padrão advém do pensamento de autores como James Mill, J. Bentham[2] e J. S. Mill[3]. Particularmente importante é Bentham, para quem uma linha de ação legislativa é justificável na medida em que realiza *a maior felicidade para o maior número*. Desde logo, advirta-se que a ética de Bentham é baseada na busca do prazer e fuga da dor, sendo esses os últimos motivos da ação. De modo que sua ética é uma espécie de aritmética dos prazeres, analisando-os quanto aos seguintes critérios: duração, intensidade, certeza, proximidade, capacidade de produzir outros prazeres, ausência de consequências dolorosas. Mas tornemos para as consequências

---

2 BENTHAM, Jeremy. *An introduction to the principles of morals and legislation*. S.l.: Kitchener, 2000, p. 14-18: "A natureza submeteu a humanidade ao governo de dois mestres soberanos, o prazer e a dor (...) O princípio da utilidade reconhece essa sujeição e a assume como fundação para o sistema cujo objeto é compor o tecido da felicidade pelas mãos da razão e do direito (...) Por utilidade significa-se a propriedade de qualquer objeto, pela qual tenda a produzir benefício, vantagem, prazer, bem ou felicidade (tudo isso, no caso, tende a ser o mesmo) (...) O interesse da comunidade é a soma dos interesses dos vários membros que a compõem". Esses excertos, em tradução nossa, dão uma ideia do pensamento do autor.

3 MILL, John Stuart. *Utilitarianism and On liberty*. Oxford: Blackwell, 2003, p. 190: "Segundo o princípio da máxima felicidade, o fim último em razão do qual todas as outras coisas são desejáveis é uma existência o tanto quanto possível isenta de dores e tão rica quanto possível de prazeres" (tradução nossa).

jurídico-políticas desse modo de conceber a moral: como não é possível atender a todas as aspirações humanas, deve-se procurar o melhor possível, para o maior número possível de pessoas. De modo que a ação humana será julgada por sua operatividade concreta, na medida em que é eficiente. Não tanto se é certa, mas se "dá certo". Observe-se que é fácil, nessa ordem de ideias, reduzir "felicidade" ao "bem-estar material" e instaurar-se um certo desprezo pelos direitos das minorias, embora elas não necessariamente estejam excluídas do conceito de "maior número", nem contempladas. A distorção mais mundana dessas ideias é: uma ação é boa se ela produz resultado financeiro, conquanto se trate de uma extrema simplificação. De todo modo, ainda que tenha sofrido reduções e distorções, a filosofia utilitarista inspirou a noção de que se pode avaliar qualquer ação pelos seus frutos.

A dualidade que exploramos até aqui (ética de valores *versus* ética de resultados) foi objeto de reflexão na obra de Michael Sandel[4]. Em vez de dois termos, porém, a discussão de Sandel compreende três: justiça como promoção da prosperidade geral e maximização do bem-estar; como respeito à liberdade e aos direitos individuais; e como recompensa da virtude (e concomitante desincentivo ao vício). Em geral, a terceira visão é adotada por filósofos da Antiguidade, enquanto que as duas primeiras são associadas a pensadores modernos e contemporâneos, mas, na discussão pública, envolvendo cidadãos comuns, os três tipos de concepção costumam comparecer. De um modo geral, o pensamento utilitarista imagina o justo e o correto como maximização da prosperidade, enquanto que a ética de virtudes a que vínhamos aludindo obviamente relaciona o justo com a recompensa à disposição para fazer o bem (virtude) e evitar o mal (vício). A liberdade (e demais direitos fundamentais) é pressuposta tanto por uma concepção quanto por outra, pelo menos nas suas origens históricas. Só livremente se pode adquirir e praticar a virtude, que então será objeto de honra pública. No pensamento utilitarista, é a ação indivi-

---

4 SANDEL, Michael J. *Justiça:* o que é fazer a coisa certa. Rio de Janeiro: Civilização Brasileira, 2012.

dual livre, nos mercados não controlados, que traria a prosperidade. Mas em qualquer das hipóteses a liberdade pode vir a ser fustigada, se a sociedade compreender a promoção da virtude autoritariamente. Mas o que tudo isso tem a ver com a interpretação da LINDB? É que esses padrões de pensamento estão pressupostos no art. 20 em comento, enquanto aponta simultaneamente para duas direções: a dos valores abstratos – ética de valores – e a da ética de resultados, que também poderíamos chamar de consequencialismo.

Consequencialista é a tomada de decisão pela ótica dos resultados. Mais exatamente, pela mera avaliação dos resultados. Consequencialismo economicista é a tendência à decisão guiada exclusivamente por considerações de eficiência econômica, ou seja, porque os fatores de produção serão melhor alocados ou porque se logrará uma distribuição considerada ótima de bens e serviços. A consideração superficial ou o viés profissional pode levar à preferência pelo consequencialismo como aqui definido (em estado puro), mas se deve lembrar, primeiramente, que o art. 20 da LINDB não aponta para isso, e sim para um consequencialismo moderado, ou seja, que não deixa de lado os valores, mas também considera as consequências dessa ou daquela linha de decisão. Em segundo lugar, um exemplo ajudará a entender que o mero consequencialismo pode levar a consequências eticamente inaceitáveis, senão desastrosas. Durante o segundo Império, como bem se sabe, houve amplo debate público em torno da abolição do trabalho servil. Foi adotada legislação que, progressivamente, apontava para o sucesso do abolicionismo, mas a solução definitiva adveio tardiamente, apenas em 1888. Pois bem, um dos argumentos antiemancipatórios era de cunho, precisamente, consequencialista-economicista: temiam-se os resultados econômicos da medida para as províncias mais dependentes da exploração agrária extensiva, não afeitas à mão de obra assalariada e carentes de um mercado de trabalho no sentido contemporâneo da expressão. O que resulta chocante para nossa mentalidade é que o argumento consequencialista que apontava para a decadência econômica das províncias mais dependentes do trabalho servil realmente veio a se efetivar. As regiões mais atrasadas até certo ponto nunca se recuperaram. Mas, finalmente, chegou-se à conclusão de que esse argumento não era suficientemente ponderoso para arrostar a liberdade ou, como diríamos hoje, a dignidade humana. Como o exemplo aponta claramente, o consequencialismo puro pode ser extremamente cruel, se não for contrabalançado por considerações de outra ordem.

Por outro lado, não se pode negar que, mesmo antes da vigência do art. 20 da LINDB, muitas decisões, particularmente as judiciais, não deixavam de lado as consequências práticas. O inconveniente é que tais fundamentos "pragmáticos" restavam velados, por conta da premissa ideológica de que os movitos expressos deveriam conter referência apenas a regras ou princípios jurídicos. E se tal referência pudesse ser "neutralizada" com remissão direta a dispositivos legais, tanto melhor (pensava-se)! Com isso, aspecto importante das motivações ficava – e ainda fica – oculto, com obstrução ao devido processo legal, pois o eventual recorrente deveria adivinhar o fundamento implícito para melhor combatê-lo ou, ainda pior, deveria esgrimir suas razões também de forma transversa! Como o art. 20 não apenas libera a autoridade de ocultar seus motivos consequencialistas, mas ainda lhe impõe o dever de explicitá-los, espera-se que tenha o condão de tornar os fundamentos das decisões dos agentes públicos mais transparentes e analíticos. Todavia, não é de descartar-se que toda uma geração terá de ser substituída, antes que esses efeitos se façam sentir, pois não é simples a modificação de hábitos mentais.

Como contraponto ao exemplo dado, a decisão tomada pelo Superior Tribunal de Justiça, Primeira Seção, ao julgar o REsp 1.340.553/RS (Rel. Min. Mauro Campbell Marques, *DJe* de 16-10-2018), sob o rito do art. 1.036 do CPC/2015, fixou a interpretação do art. 40 da Lei de Execuções Fiscais, em torno da prescrição intercorrente no âmbito da execução fiscal, representou hipótese de decisão consequencialista defensável no âmbito moral[5]. Decidiu o STJ que a suspensão da execução fiscal, por não se lo-

5 O voto do relator é explícito quanto ao raciocínio consequencialista, a título de interpretar o "espírito" (finalidade) da redação atribuída ao art. 40 da Lei n. 6.830/80: "Com efeito, o espírito da lei é o de que nenhuma execução fiscal já ajuizada poderá permanecer eternamente nos escaninhos do Poder Judiciário ou da Procuradoria encarregada da execução das respectivas dívidas fiscais. Não é demais lembrar que,

calizar o executado para citação, ou por não se encontrarem bens penhoráveis, importaria, também, na suspensão da prescrição pelo prazo do art. 40 da Lei n. 6.830/80. Mas tal prazo foi tido como inexorável, no sentido de que as providências previstas no art. 40 (arquivamento dos autos por despacho judicial, após a intimação da Fazenda Pública) não teriam nenhuma influência na contagem. Em vista do custo da execução fiscal, apurado em pesquisa empírica, o prazo prescricional passou a ser concebido como um tempo de vida útil, após o que o processo de cobrança da dívida ativa seria economicamente irracional e inviável. Por corolário, o prazo corre a partir da situação objetiva (não serem encontrados os corresponsáveis ou bens passíveis de penhora), devidamente comunicada à exequente, e a consumação da prescrição só seria impedida se a inércia fosse rompida pela superação desse estado de coisas. Movimentação dos autos que não implique em citação ou em constrição exitosa não obsta a prescrição. Portanto, nessa decisão há muito mais do que mera construção destinada a convencionar o termo inicial da prescrição intercorrente. Há, na verdade, uma visão nova do fenômeno da inércia do credor, que passou a ser muito mais rigorosa, e tudo isso com fulcro em uma visão consequencialista, cujo objetivo é o de evitar a acumulação de processos deficitários e antieconômicos nos escaninhos (ou nos sistemas eletrônicos). Anteriormente, a filosofia da prescrição era um pouco mais leniente para com o credor, considerando-se que bastaria que ele não ficasse literalmen-

---

de acordo com o Relatório Justiça em Números 2013, elaborado pelo Departamento de Pesquisas Judiciárias do Conselho Nacional de Justiça, dos 92,2 milhões de processos em tramitação no Poder Judiciário, 29,3 milhões são execuções fiscais, o que corresponde a 32% do total de processos. São aproximadamente 25,6 milhões de execuções fiscais somente na Justiça Estadual, com taxa de congestionamento de 89%, superior a todas as outras classes. Na Justiça Federal tramitam mais de 3,5 milhões de execuções fiscais, com semelhante taxa de congestionamento. A exorbitante quantidade de execuções fiscais em trâmite nos diversos segmentos da Justiça é, hoje, uma das principais causas da morosidade sistêmica do Poder Judiciário, a prejudicar o andamento célere de outras classes processuais, na contramão do princípio constitucional da duração razoável do processo" (CONSELHO NACIONAL DE JUSTIÇA (Ed.). Grupo de Trabalho (Portaria n. 155/2013): Política Nacional de Priorização do Primeiro Grau de Jurisdição. Brasília, 2013, p. 66 e seguintes).

te inerte, ou seja, sem provocar a movimentação dos autos da execução fiscal. Agora, a provocação deve ser eficaz, no sentido de provocar alteração substancial no estado de coisas: a citação do corresponsável ou a efetiva penhora. Esses resultados práticos é que obstarão à prescrição. A decisão do STJ é consequencialista na medida em que os leva em consideração, assim como também o custo de manter-se execuções fiscais – cuja tramitação onera o Erário – sem frutos, por período superior ao autorizado em lei.

A abordagem *parcialmente* consequencialista do art. 20 da LINDB traz consigo duas dificuldades, uma de ordem epistemológica e outra de cunho prático. A consideração das consequências práticas de uma decisão pode conduzir a uma espiral infinita, porque se trata de um problema de predição do futuro e por conta das limitações do conhecimento humano. Portanto, não se pode ir além das consequências práticas imediatas e de razoável inferência[6]. Consequências remotas e/ou indiretamente coligadas com fatores causais estranhos à decisão em causa não podem entrar na ordem de considerações do agente público, nem lhe pode ser exigido que deduza motivação desse modo, porque, do contrário, não seria possível decidir sobre coisa alguma. Como decorrência da limitação de nosso conhecimento, só se pode pedir do emissor da decisão que tome em linha consequências entranhadas em séries causais bem estudadas e determinadas. Ou seja, não é qualquer possível e eventual "consequência prática", coligada com relação de causa e efeito meramente possível, mas incerta, que poderá motivar as decisões públicas. De outro lado, segue-se desse

6 O assunto já motivou crítica doutrinária: "A afirmação do dever de considerar as consequências segundo conceitos genérticos e totalizantes ('interesse público'/'interesse coletivo') não permite identificar os parâmetros concretos a serem considerados. Do mesmo modo, o regramento da Lei 13.655/18, tendo vocação normativa geral, não resolve essa indeterminação e não é suficiente para garantir a qualidade das decisões adotadas. A virtude de apontar o problema não é suficiente para resolvê-lo – este será um ônus próprio do responsável pela deliberação, a ser exercido e verificado caso a caso" (REISDORFER, Guilherme F. Dias. A Lei de Introdução às Normas do Direito Brasileiro e os contratos administrativos. *Informativo Justen, Pereira, Oliveira e Talamini*, Curitiba, n. 135, maio 2018. Disponível em <www.justen.com.br/informativo>, último acesso em 6 de maio de 2021).

problema outro, de ordem processual. Em processo contencioso, judicial ou administrativo, exige-se que as partes sejam ouvidas em regular contraditório. E, hoje, não se admite a assim dita "decisão-surpresa", isto é, aquela cujas premissas relevantes não foram objeto de debate, atual ou potencial (aquele em que a parte interessada tenha conscientemente deixado de expor suas razões[7]). A vedação da decisão-surpresa, considerada esteio do contraditório legítimo, conduz ao inevitável corolário de que as consequências práticas que – em parte – motivam a decisão devem ter sido objeto de debate – ao menos oportunidade de debate – pelas partes e pelos terceiros interessados intervenientes. Então, não é corretamente motivada ou fundamentada a decisão do agente público, em qualquer esfera, que não se remeta a esse debate, como igualmente teria de fazer em relação a quaisquer outras questões de fato e de direito[8], desde que pertinentes ao *thema decidendi.*

O tema do pragmatismo decisório foi objeto de notável doutrina, para a qual a referência a "valores jurídicos abstratos" é dogmaticamente "sem sentido", mas designa "os princípios jurídicos menos densificados". O motivo da inovação legal seria, ainda conforme essa doutrina, exigir maior esforço argumentativo do julgador. Se o caso em julgamento – pois o comentário se dirige às decisões judiciais – amolda-se a uma regra, mesmo que seja uma regra enunciada em termos vagos, basta que o juiz o demonstre, sem que lhe seja exigível cogitar de consequências práticas. A prognose das consequências seria inviável, dada a quantidade de termos vagos que se encontram na legislação brasileira. O art. 20 da LINDB comete um truísmo, pois se refere aos princípios, normas que indicam objetivos sem descrever como serão atingidos. O esforço argumentativo (robustecido) do julgador dirige-se, diante de uma hipótese de aplicação

---

7 Por isso, rejeita-se a expressão "direito dado pelas partes", em favor de "direito que as partes poderiam dar".

8 Isso não significa que a motivação ou fundamentação das decisões deve ser "exauriente", como querem alguns. Em Direito, nenhum debate jamais se exaure. Por outro lado, os atos administrativos e as decisões judiciais devem ser tomados em tempo razoável. A decisão deve ter fundamentos suficientes, o que é diverso de dizê-los exaurientes, este último um termo utópico, de consecução impossível.

de princípios a buscar os sentidos possíveis do texto e a avaliar suas consequências práticas, à luz das quais será justificado o sentido efetivamente atribuído. E, embora o comentário inicialmente visasse ao juiz, estende-se esse dever aos órgãos de controle de contas e às agências reguladoras. Fica claro, por isso, que a norma do art. 20, para além de um postulado hermenêutico, corporifica um dever de motivação. Cabe ao julgador demonstrar que a solução – dentre todas as possíveis – é aquela necessária e adequada, de modo que o art. 20 da LINDB poderia ser compreendido com mais um parágrafo dentro do art. 489 do CPC (atinente ao dever de fundamentação)[9]. Nós não estamos em discordância completa com a descrita linha de pensamento. Realmente, são incômodas as decisões (judiciais ou não) que fazem alusão vaga a princípios jurídicos, sem explicar a correlação com o caso sequer em termos dogmáticos. Esse tipo de salto epistemológico é praticado pela doutrina, causando-nos idêntico incômodo, servindo de exemplo a invocação multifuncional do princípio da dignidade humana diante de tantos problemas interpretativos, sem maior explicação e esclarecimento. Também concordamos que se trata de uma expansão – meramente analítica – do dever de fundamentação em casos de aplicação e colisão de princípios. Nossa palavra de cautela é em prol de que não se leve tal dever de motivação longe demais. Como já comentamos, a posição do julgador não é aberta como a do administrador; ao contrário, é muito mais condicionada. Ele está ainda limitado pelo debate das partes. É preciso, ademais, que a dedução das consequências seja humanamente possível. Não é viável requisitar ou proceder uma pesquisa empírica a cada vez que se tome uma decisão, principalmente diante de nossa realidade forense, em que os números colossais de feitos em curso são indiferentes a todas as tentativas de propiciar caminhos alternativos. O fórum não é academia, de modo que as possibilidades de cumprimento do dever reforçado de fundamentação são mais estreitas do

9 DIDIER, Fredie Souza; OLIVEIRA, Rafael Alexandria. Dever judicial de considerar as consequências práticas da decisão: interpretando o art. 20 da Lei de Introdução às Normas do Direito Brasileiro. *Revista de Direito Administrativo & Constitucional*, Belo Horizonte, n. 75, jan./mar. 2019, p. 143-160.

que se gostaria de confessar. De resto, a própria doutrina ora em comento admite que há limites: a) o contraditório; b) as deficiências estruturais do Poder Judiciário; e c) seria impossível predizer todas as consequências possíveis de uma decisão. O que talvez a doutrina tenha esquecido é que a multidão de casos a serem analisados, com estrutura semelhante, obriga a uma padronização das decisões. E o art. 20 da LINDB não oferece nenhuma ajuda diante desse ominoso problema. Ele terá de ser aplicado, pois é lei vigente, mas é preciso ser sóbrio quanto às ambições decorrentes dessa aplicação, inclusive dentre um raciocínio consequencialista. Deseja-se que a Justiça (e demais órgãos decisórios) melhore a qualidade de suas decisões, mas não que ela seja paralisada.

Dentro da linha crítica, já se notou que a transposição da lógica da processualidade das autoridades reguladoras para o processo controlador e para o processo judicial não se dá com facilidade. Notadamente porque os agentes de controle e os magistrados devem orientar-se, necessariamente, pelo controle de legalidade e, no último caso, também pelo controle de constitucionalidade. Além disso, conhecem das questões que lhe foram submetidas fracionariamente – isto é, dependendo do pedido, causa de pedir, e não com a mesma amplitude que o agente formulador de políticas públicas – e não poderão aplicar o art. 20 em toda profundidade esperada pelo reformador, ante a limitações que são intrínsecas a seus instrumentos de trabalho. Com muita precisão, diz-se: "a realidade de quem revisa é fracionária e incide apenas sobre os atos que estão naquele processo"[10]. Essa é uma crítica aguda e sensata, a reclamar, novamente, uma postura sóbria na avaliação das inovações legais.

O parágrafo único do art. 20 reporta-se a duas questões importantes, quais sejam, a invalidação do elemento (ato, contrato, ajuste, processo, procedimento ou norma) tipo por ilegal ou ilegítimo, que deve ser justificada diante das possíveis alternativas, e a imposição de medidas positivas – obrigações de fazer, se for permitido dizer assim –, que devem ser ava-

10 NEGREIROS, Hamanda Rafaela L. F. V. de. A aplicação da teoria processual administrativa à Lei n. 13.655/2018. *Revista de Direito Setorial e Regulatório*, v. 5, n. 2, out. 2019, p. 129-146.

liadas segundo o critério de proporcionalidade/razoabilidade. No primeiro caso (invalidação), a autoridade decisória terá de explicitar se haveria (ou não) alternativa melhor que a invalidade, o que parece mais se ligar às decisões dos Tribunais de Contas e de agentes administrativos pertencentes à cúpula do que a outros agentes públicos. Novamente surge o problema de que, no processo judicial ou administrativo contencioso, não se pode transcender o debate das partes, além do que as alternativas disponíveis precisariam mostrar-se suficientemente óbvias para que os interessados fossem provocados ao contraditório, se necessário. Consideradas essas dificuldades, que no fundo atenuam o dever de motivação, o paradigma hermenêutico em questão está em plena harmonia com o princípio da economia em matéria de nulidades – não se as declara senão quando essencial e impraticável solução melhor. Quanto ao segundo caso (imposição de deveres positivos), frequentemente a necessidade restará evidenciada a partir da própria norma, constitucional ou legal, violada pela inação do gestor, e o problema mais delicado consistirá na discussão sobre a adequação da medida, ou seja, se realiza os fins buscados e o faz sem sacrifícios desproporcionais. Aqui, sim, concorda-se que a novidade em matéria de interpretação foi alentada. Mas isso significa que ao órgão promotor da medida (por exemplo, o Ministério Público, inclusive o de contas) competirá um maior esforço na demonstração do requisito adequação, do contrário, ela poderá ser indeferida justamente por debilidade na conjectura de que a medida pretendida realiza, potencialmente, os fins visados pelo pedido.

Art. 21. A decisão que, nas esferas administrativa, controladora ou judicial, decretar a invalidação de ato, contrato, ajuste, processo ou norma administrativa deverá indicar de modo expresso suas consequências jurídicas e administrativas. (*Incluído pela Lei n. 13.655, de 2018*)

Parágrafo único. A decisão a que se refere o *caput* deste artigo deverá, quando for o caso, indicar as condições para que a regularização ocorra de modo proporcional e equânime e sem prejuízo aos interesses gerais, não se podendo impor aos sujeitos atingidos ônus ou perdas que, em função das peculiaridades do caso, sejam anormais ou excessivos. (*Incluído pela Lei n. 13.655, de 2018*)

Costuma-se distinguir, quanto ao ato administrativo, a perfeição – ou existência, alcançada quando o ato percorreu todo o *iter* necessário à sua formação – da validade (decorrente da observância dos requisitos previstos em norma jurídica) e, ambas, da eficácia ou aptidão do ato para produzir efeitos. A invalidação consiste na retirada de um ato administrativo, retroativamente ao instante da sua formação, porque dito ato foi emitido com inobservância do princípio da legalidade. A invalidade do ato administrativo pode ser da espécie nulidade, que não se convalida, decai em prazos longos e pode ser conhecida de ofício; ou da espécie anulabilidade, em que o vício decai em prazos mais curtos, deve ser declarada a pedido do interessado e é convalidável. Não se deve confundir a invalidade do ato administrativo com a sua ineficácia, pois mesmo a partir do nulo podem remanescer efeitos. Além disso, os efeitos podem permanecer porque a autoridade emissora do ato, tampouco seu superior hierárquico, não declarou a invalidade. Tem-se reconhecido como requisitos dos atos administrativos: (a) o sujeito competente; (b) o motivo ou pressuposto de fato; (c) o objeto ou conteúdo; (d) a finalidade; (e) a forma legalmente exigida; e (f) a causa (adequação entre motivo e conteúdo)[11].

O art. 21 da LINDB refere-se, como seu artigo precedente, às consequências das decisões nas esferas administrativa, controladora ou judicial. A diferença é que agora não se trata tanto das consequências "práticas" e sim no plano do Direito. Toma-se como pressuposto que a decisão subsumida no art. 21 teve cunho invalidante, isto é, declarou nulo ou anulado ato, contrato, ajuste, processo ou norma administrativa. Não é difícil determinar o sentido finalístico da norma extraída: pretende-se evitar as invalidações genéricas, é dizer, as que não apontam com precisão qual é o alcance exato da invalidade, que porção remanescerá valida e aproveitável e que parte terá de ser refeita.

11 Cf. VITTA, Heraldo Garcia. Invalidação dos atos administrativos. *Revista do Tribunal Regional Federal da 3ª Região*, n. 60, jul./ago. 2003, p. 43-64.

Estão imunizados contra a invalidação genérica os atos, os contratos e os convênios administrativos. A expressão "processo" compreende também o procedimento não contencioso, pois o menos se supõe compreendido pelo mais. Ficam de fora da locução legal os atos legislativos, pois a técnica de declaração de inconstitucionalidade é diferente de uma simples invalidade.

A nova diretriz será bastante útil se efetivamente for incorporada pelo controle de contas e pelo controle judicial. Decisões do tipo "anulo o processo desde o ato X" pouco concorrem para a efetividade da Administração. Podem afastar desvios, ilegalidades ou inobservância da moralidade, mas não ajudam a propiciar o cumprimento e a efetivação da política ou atividade a que o elemento anulado visara. A indicação específica das consequências do desfazimento do ato, norma, processo ou contrato é elemento auxiliar para a sua reconstituição, de modo que o agente público não fique desnorteado e incapacitado para agir.

O parágrafo único do art. 21 da LINDB traz uma espécie de regra de economia, bem conhecida em matéria de invalidades: *utile per inutile non vitiantur*[12], o que, no caso, quer dizer que por vezes a invalidade é sanável e, em tais casos, a decisão deve apontar concretamente para as condições em que se possa conduzir à regularização do ato, contrato, convênio, processo ou norma. Ou, quando menos, ao aproveitamento das partes não contaminadas pela causa da invalidade. A decisão, portanto, que anule uma sequência ou complexo de atos *ab origine* só pode assim ser proferida em situações drásticas, em que nenhum aproveitamento seja possível em vista da gravidade da nulidade e com o concreto apontamento dessa circunstância extraordinária.

Pensamos que o art. 21 em comento não se aplica à nulidade atinente ao processo judicial, porque há um sistema próprio de invalidades na prestação jurisdicional cível e criminal. Todavia, aplica-se o seu *espírito geral*, porque já é conhecido também naquelas esferas, de que deve haver

12 Ou, ainda, as partes úteis não devem ser prejudicadas pelas partes contaminadas.

razoabilidade e modicidade na decretação de invalidades. Vejamos mais de perto esse último aspecto.

A teoria da inexistência de atos foi desenvolvida, historicamente, por Zachariae von Lingenthal. Tratava-se, à época – primeiro terço do século XIX –, de explicar por que o casamento não poderia ser considerado sequer realizado, em contraste com a ausência de previsão da nulidade na lei civil e com o princípio de que não há invalidade sem previsão legal (*pas de nullité sans texte*). No século XIX não se reconheciam as uniões homoafetivas e dava-se à norma proibitiva um caráter suposto. Zachariae pressupôs, portanto, que o casamento tivesse como requisitos: (a) capacidade; (b) diversidade de sexo; (c) consentimento; e (d) celebração solene[13]. Faltando qualquer um deles, o casamento deveria ser considerado como não ocorrido. Hoje, a situação é bem diversa, havendo amplo reconhecimento civil das uniões homoafetivas. Além disso, a questão da capacidade está afeta à validade e não à existência, por haver expressa disposição legal. Mas a lição ainda serve para outros elementos essenciais à existência, como o consentimento em si – o que é diferente de consentimento defeituoso, gerador de anulabilidade – e a celebração como tal. Ainda assim, há que considerar que a inexistência de matrimônio não tolhe necessariamente, em nossos dias, o reconhecimento de união estável. Como quer que seja, essas ideias foram transpostas para além do direito de família (para a teoria geral do negócio jurídico) e até para fora do direito privado. No campo do Direito Processual Civil, a inexistência fez fortuna. A inexistência importa, como em outros setores do Direito, em uma impotência material para a produção de efeitos (enquanto que a invalidade é incapacidade legal para a produção deles). Está em um momento lógico e cronológico anterior ao da nulidade, porque diz respeito ao ser ou não ser do ato. O ato inexistente não é ato processual; enquanto que o ato nulo ao menos o é. Ato inexistente no processo prescinde de decretação judicial, embora essa

13 ZACHARIAE VON LINGENTHAL, Karl Eduard. *Cours de droit civil français*. Strassbourg: F. Lagier, 1839, v. 3, p. 209-210.

decretação possa ser útil. Já o ato nulo necessita de declaração de que o é e, na ausência dessa declaração, pode ser coberto pela coisa julgada. A nulidade processual é prevista pela lei; se o for, não pode ser subsumida pela categoria da inexistência. Ato processual inexistente é aquele ao qual faltam sujeito, objeto ou forma processualmente reconhecíveis, de modo que não pode ser substanciado pela coisa julgada[14].

O ato processual nulo é aquele em desconformidade ao modelo legal. Dado que desobedecidas as disposições que o tipificam, a nulidade é imposta como uma sanção, de modo que não se deve confundir a imperfeição do ato processual – que não lhe retira, por si, os efeitos – com a nulidade. O ato processual é nulo posteriormente ao pronunciamento da invalidade e só então seus efeitos podem ser questionados. Frisando-se novamente a distinção, ato inexistente no processo é o não ato; ato nulo é o que não atende à tipicidade e à finalidade para a qual foi predeterminado e irregular é o ato processual que não se comporta no tipo legal, mas não compromete os fins para os quais fora programado[15].

Ineficácia é a não produção dos efeitos jurídicos. Porém, não há equivalência perfeita entre ato imperfeito (ato que não corresponde ao tipo legal, no sentido mais amplo dessa expressão) e ato ineficaz, porque, em processo, o ato produz efeitos até que seja invalidado – e, mesmo depois, alguns efeitos podem remanescer. No CPC, não há distinção expressa entre nulo e anulável, categorias essas que só se separam com relativa clareza no âmbito do direito material. A invalidade processual não se confunde com o vício e não existe antes do pronunciamento judicial. Portanto, uma sentença viciosa só será inválida por força de sua rescisão. Doutrinariamente, pode-se distinguir a nulidade absoluta (insanável) da nulidade relativa (sanável e ligada a norma cogente); e esta, da anulabilidade (sanável e ligada a norma dispositiva). As nulidades absolutas podem ser decretadas de ofício pelo juiz e é dever da parte alegá-las. As nulidades

---

14 CALMON DE PASSOS, J. J. *Esboço de uma teoria das nulidades aplicada às nulidades processuais*. Rio de Janeiro: Forense, 2002, p. 95-104.

15 Ibidem, p. 114.

relativas também se reconhecem se ofício, mas desde que se verifique prejuízo. O reconhecimento das anulabilidades depende de alegação no momento próprio; do contrário, se convalidam[16].

No entanto, nem todos os processualistas admitem as distinções elementares anteriormente tratadas. Obtempera-se que as formas processuais têm caráter instrumental e que o processo pode ser enxergado como um conjunto de formas. Além disso, deve-se obter o maior rendimento possível do mínimo de atividade jurisdicional. Esse conjunto de diretrizes leva a um sistema de invalidades original e distinto da tradição do direito privado. A economia em matéria de nulidades faz com que nem mesmo as de natureza absoluta sejam decretadas na ausência de prejuízo. Outra originalidade decorre da interdependência ou concatenação dos atos processuais, em vista do que a nulidade de um ato (originária) contamina o segmento posterior (nulidade derivada). Chega-se mesmo a dizer que tudo pode ser sanado e que até da inexistência pode-se retirar algo de útil[17].

Por fim, há especialistas que preferem distinguir as nulidades decorrentes de fundo das decorrentes de forma. Os vícios de fundo estão relacionados com a constituição e o desenvolvimento da relação jurídica processual. Podem ser conhecidos de ofício e não dependem da prova de prejuízo. Os vícios de forma afeiçoam-se com os atos do procedimento. Também podem ser conhecidos de ofício, com algumas exceções, e seu reconhecimento depende da existência de prejuízo. Como regra, deve-se procurar a sanação, salvo se isso for impossível. E, já que a sentença de mérito leva à coisa julgada, cumpre distinguir entre os vícios em processo pendente e os vícios em processo findo. Tal distinção leva a outra, triádica, entre (a) vícios preclusivos (não alegados oportunamente e acobertados pela coisa julgada); (b) vícios rescisórios, ultra-

---

16 Cf. KOMATSU, Roque. *Da invalidade no processo civil.* São Paulo: RT, 1991, p. 196-211.

17 Cf. WAMBIER, Thereza Arruda Alvim. *Nulidades do processo e da sentença.* São Paulo: RT, 2007, p. 167-179.

passados após o prazo decadencial da ação rescisória; e (c) vícios transrescisórios, nas hipóteses de falta ou nulidade de citação e de relativização da coisa julgada[18].

Assim, parece adequado concluir que o sistema processual de invalidades, afeito aos princípios da economia, da celeridade e da necessidade de prejuízo, tem características e normas próprias. Não obstante, a noção ampla de uma razoabilidade (e economia) na declaração do nulo é comum com o propósito do art. 21 da LINDB.

> **Art. 22.** Na interpretação de normas sobre gestão pública, serão considerados os obstáculos e as dificuldades reais do gestor e as exigências das políticas públicas a seu cargo, sem prejuízo dos direitos dos administrados.
>
> § 1º Em decisão sobre regularidade de conduta ou validade de ato, contrato, ajuste, processo ou norma administrativa, serão consideradas as circunstâncias práticas que houverem imposto, limitado ou condicionado a ação do agente. (*Incluído pela Lei n. 13.655, de 2018*)
>
> § 2º Na aplicação de sanções, serão consideradas a natureza e a gravidade da infração cometida, os danos que dela provierem para a administração pública, as circunstâncias agravantes ou atenuantes e os antecedentes do agente. (*Incluído pela Lei n. 13.655, de 2018*)
>
> § 3º As sanções aplicadas ao agente serão levadas em conta na dosimetria das demais sanções de mesma natureza e relativas ao mesmo fato. (*Incluído pela Lei n. 13.655, de 2018*)

O *caput* do art. 22 da LINDB atenta ao que se convencionou chamar de *primado da realidade*: as circunstâncias concretas de cada gestor público devem ser consideradas na interpretação das normas aplicáveis. Norma dirigida ao intérprete tem em vista o aplicador da lei, notoriamente o Poder Judiciário e os Tribunais de Contas. E pede-lhe que tenha em consideração a realidade concreta de cada gestor, diversa nos diferentes

---

18 TESHEINER, José Maria Rosa; BAGGIO, Lucas Pereira. *Nulidades no processo civil brasileiro*. Rio de Janeiro: Forense, 2008, passim.

rincões de um País com dimensões continentais e manifesta desigualdade. Para os fins deste comentário, vamos adotar definição doutrinária de políticas públicas: "complexo juspolítico de processos destinado à efetivação dos direitos fundamentais"[19].

O princípio aqui enunciado, de primazia da realidade, não tem sido recebido com muita simpatia, porque parece universalizar uma excludente de ilicitude – ou pelo menos uma minorante – demasiado vulgar: o gestor não cumpriu suas metas porque as circunstâncias concretas eram muito árduas, porque os recursos eram poucos ou porque os óbices eram intransponíveis. Mas deve-se ter em linha a importante ressalva da parte final do *caput* do art. 22: "sem prejuízo dos direitos dos administrados". A lesão de direito individual ou coletivo não é escusável com fundamento nas dificuldades que cercam a atuação do gestor. E essa baliza não tem sido suficientemente ressaltada.

A norma resultante do art. 22 tem as fraquezas e limitações de toda aquela dirigida ao aplicador do Direito: normas de interpretação devem ser entendidas como simples regras técnicas ou como normas vinculantes do comportamento (e, portanto, sancionáveis)? Em nosso modo de sentir, a primeira alternativa (natureza de normas técnicas) é a mais correta. Ainda assim, a norma de interpretação serviria de fundamento para a cassação de uma decisão que a confrontasse de modo óbvio. Dito de outro modo, a única sanção cabível é a revisão da decisão na instância apropriada.

Qual é o objeto da norma inferida a partir do art. 22? Gestão pública é, *grosso modo*, sinônimo de administração pública, embora haja uma tendência para dissociar e especializar o primeiro termo. O que não se sabe ainda é se a ressignificação do termo "gestão" corresponde a algo de substancial ou se é mera moda intelectual, com propósitos de *marketing*. A administração como disciplina sistemática não nasceu em época histórica muito recuada, nem tendo por finalidade as coisas do Estado, mas a

---

19 MOREIRA NETO, Diogo de Figueiredo. *O direito administrativo no século XXI*. Belo Horizonte: Fórum, 2018, p. 219.

esfera privada. A primeira escola de administração "científica", nome pretensioso que todo campo de conhecimento especializado assume em seus inícios, deve-se a F. W. Taylor e visava à especialização das tarefas e aumento da produtividade, por meio da análise mecanicista dos movimentos relacionados ao trabalho humano. Pode-se chamá-la de abordagem *pela tarefa*[20]. A escola *clássica* de H. Fayol também tinha por meta a eficiência, pela reordenação das unidades de uma organização ou subdivisões de uma empresa. Essa é uma abordagem *pela estrutura* e cuja ênfase está no comando e controle, embora Fayol também defendesse as vantagens da divisão do trabalho[21].

Às abordagens precitadas, típicas do último quartel do século XIX, seguiu-se a assim chamada escola humanística, que podemos associar a E. Mayo[22]. Ela nasceu do aproveitamento da ciência psicológica, em pleno desenvolvimento em torno de 1930. No viés humanístico, procura-se selecionar o trabalhador segundo características psíquicas ajustadas ao tipo de trabalho e, em um momento mais avançado, procura-se adaptar o trabalho à personalidade do trabalhador. Além disso, enfatiza-se o conceito de liderança como fenômeno interpessoal, baseada na confiança e no respeito inspirados. Após o fim da Segunda Guerra Mundial, o classicismo foi retomado por P. F. Drucker e outros, frisando-se a administração como plano, organização e controle, bem como nos objetivos e resultados[23].

---

20 A propósito, veja-se TAYLOR, Frederick Winslow. *Princípios de administração científica*. São Paulo: Atlas, 1995, p. 34: o autor destaca que não se pode deixar a responsabilidade do trabalho ao operário; pois a ciência que a estuda é tão vasta e complicada, que jamais chegará a dominá-la.

21 FAYOL, Henri. *Administração industrial e geral*. São Paulo: Atlas, 1989, p. 23-26: a administração é definida como previsão, organização, direção, coordenação e controle.

22 MAYO, Elton. *The human problems of an industrial civilization*. New York: Macmillan, 1933, especialmente o cap. 7 (O problema do administrador).

23 DRUCKER, Peter F. *Management-revised edition*. S.l.: HarperCollins, 2008, p. 3, em que uma definição indireta é oferecida, ao se declarar que a gestão (*management*) é necessária quando uma variedade de tarefas deve ser executada com cooperação, sincronicidade e colaboração.

Mas esse *neoclassicismo* descola a ênfase dos meios (tarefas) para a predição e realização dos objetivos.

A abordagem *estruturalista* deve muito à visão do sociólogo M. Weber, que se dedicou ao estudo das organizações e tinha, em seu tempo, grande interesse na burocracia, considerada por ele a maior de todas as organizações. É preciso tomar cuidado com o significado popular do termo, porque Weber pretendia, ao contrário do que hoje se sugere, que a burocracia fosse eficiente e racional. Um sistema é burocrático quando os funcionários, escolhidos por critérios de competência técnica, trabalham segundo normas neutras e impessoais, há uma clara hierarquia e os procedimentos de trabalho são padronizados, gerando resultados previsíveis. Temos um conceito pobre da palavra burocracia porque esse sistema jamais se adaptou bem ao caráter brasileiro, tipicamente baseado em relações compadrio, quando não de sangue e parentesco, adversário, portanto, da aplicação de critérios impessoais. Mas é verdade que a burocracia acaba por originar deformidades universalmente reconhecidas. Na teoria estruturalista, as burocracias são o nascedouro das organizações formais, marcadas pelo regulamento, pela hierarquia, pelos objetivos previamente explicitados e pela redução da incerteza.

M. Weber referia-se à burocracia no contexto das formas de dominação, das quais a moderna, tomada como paradigma, é a dominação legal com quadro burocrático, cujo dirigente detém competências legais e cujos funcionários têm certas características (e aqui apresentaremos apenas as que julgamos mais aplicáveis à realidade brasileira): a) liberdade na vida pessoal, mas sujeição às obrigações do cargo; b) qualificação profissional e exercício do cargo como atividade principal ou exclusiva; c) carreira progressiva por antiguidade ou por mérito; d) não são proprietários dos meios com que trabalham; e d) hierarquia, disciplina e controle por sistemas homogêneos[24].

---

24 WEBER, Max. *Economia e sociedade*: fundamentos da sociologia compreensiva. Brasília: UNB, 1972, v. 1, p. 144. Deixamos de lado características estranhas, como a contratualidade mencionada pelo autor.

Não precisamos ir além no exame das diversas concepções de administração, porque as já expostas são suficientes para compreender o que sói chamar-se de modelos de administração pública no Brasil[25]. Nas primeiras etapas de nossa História, a administração pública é descrita como patrimonialista, pois os recursos do Estado confundem-se com os do governante. Inclusive seus auxiliares, que comporão uma elite enobrecida. Esse modelo é, portanto, pré-capitalista e pré-moderno. Foi deixado de lado em prol do modelo burocrático, com as características mencionadas e que assim poderiam ser desenvolvidas: a) profissionalização e organização dos funcionários em carreira; b) controles rígidos nos processos de admissão, das compras públicas e da prestação de serviços aos administrados; c) competências e funções disciplinadas por atos normativos; d) procedimentos *standard*, também enrijecidos por meio de normas jurídicas. Embora se costume dizer o contrário, tentou-se implantar no Brasil alguns aspectos do modelo burocrático desde os tempos coloniais, por exemplo, com a estruturação dos serviços judiciários. Mas é verdade que a tentativa mais abrangente de burocratização, no sentido weberiano, deu-se com a República. Na década de 1990, tentou-se agregar, mais do que substituir, o modelo gerencial por sobre a administração pública burocrática. É tentador opor uma concepção à outra e tentaremos fazê-lo em termos conceituais, mas entre nós o modelo gerencial foi somado ao burocrático, em uma tentativa de expungir as principais deficiências do último. Por enquanto não se cogitou a pura e simples eliminação do modelo burocrático-weberiano. A administração pública gerencial, de um ponto de vista ideal, incorpora os seguintes princípios: a) o administrador público deve ter objetivos ou metas, devidamente quantificados por índices; b) deve-se dar-lhe, em contrapartida, autonomia quanto a seus recursos materiais e humanos; c) os níveis hierárquicos são reduzidos e é introduzida a participação dos administrados; d) o administrador público é

---

25 Descrição didática e detalhada das diversas escolas de pensamento por ser encontrada em GEORGE JR., Claude S.; MEDINA, María de Lourdes Álvarez. *Historia del pensamiento administrativo*. Pearson: México, 2005.

responsabilizável pelos resultados, cuja mensuração se faz *a posteriori*. Então se pode, para maior clareza, demarcar algumas distinções com a administração burocrática: a) na administração gerencial, a ênfase está nas metas e não nos procedimentos padronizados; b) os controles *a priori* são flexibilizados; c) o administrador não será cobrado em função de como fez, mas por quais objetivos (de preferência, quantitativos) atingiu. Tendo em vista que o Estado não tem objetivos lucrativos e é mantido por receitas, em regra, derivadas, elementos do modelo burocrático são mantidos, em especial os controles prévios (ainda que suavizados) e a impessoalidade enquanto princípio.

O plano diretor de reforma lançado em 1995 pretendia superar o suposto "retrocesso burocrático" atribuído à Constituição de 1988, distinguindo na Administração Pública quatro setores. O setor estratégico recebeu esse nome porque corresponde à cúpula dos Poderes e seus assessores imediatos, onde decisões dessa natureza são tomadas. O segmento de atividades exclusivas integra as atividades que só o Estado pode realizar (como a cobrança de tributos e a atividade de polícia). O setor de atividades não exclusivas é aquele em que o Estado atua simultaneamente com outras organizações, por exemplo, na saúde, no ensino e na pesquisa. E o setor de produção de bens e serviços seria aquele ainda titularizado pelo Estado, mas que corresponde, materialmente, às atividades econômicas privadas. A reforma divisada em meados dos anos 1990 tinha como objetivos, resumidamente: a) a correção e a efetividade das decisões do núcleo estratégico; b) no campo das atividades exclusivas, transformar autarquias e fundações em agências autônomas, disciplinadas por contratos de gestão, e substituir a administração burocrática pela gerencial, lastreada em controles *a posteriori*; c) no setor de serviços não exclusivos, transformar as fundações públicas em organizações de direito privado, também mediante contratos de gestão; d) no segmento de atividades de mercado, privatizar as entidades, reforçando os órgãos reguladores[26].

---

26 PRESIDÊNCIA DA REPÚBLICA. Câmara da Reforma do Estado. *Plano diretor*

As normas sobre gestão pública a que alude o art. 22, enfim, têm como objeto a administração dos serviços públicos que, assinalando-se com franqueza, são no Brasil contemporâneo um misto de patrimonialismo, burocracia (no sentido weberiano e, também, no sentido vulgar) e modelo gerencial instituído de forma apenas parcial e voluntarista. Quanto a este último aspecto, merece ser lembrado que a implantação do padrão de resultados e *accountability* nunca se consolidou e convive com o modelo anterior, burocrático. E a literatura, nesse meio-tempo, chegou à conclusão de que talvez seja melhor assim, pois os dados empíricos não comprovaram a pretensa superioridade do modelo de resultados (*New Public Management*)! De fato, a literatura especializada já fez notar que a avaliação pejorativa das organizações burocráticas esbarra, com frequência, em dificuldades como: a) a organização jamais ter incorporado o modelo burocrático no sentido técnico da expressão – o que é bem o caso do Brasil; b) a impossibilidade de certas decisões ou políticas serem satisfatoriamente traduzidas em índices de desempenho; c) a onipresença de normas e procedimentos em todo tipo de organização, tendendo o modelo gerencial a abundar em normas não escritas, por vezes mais perigosas do que as explícitas; e d) o erro na detecção do problema mais agudo, qual seja, a incompetência dos formuladores de políticas, que tendem a transferir a culpa para os extratos médios, ou seja, a burocracia[27].

Os parágrafos do art. 22 reportam-se a circunstâncias que devem ser consideradas na imposição de sanções ao gestor, muito semelhantes às "circunstâncias judiciais" do direito penal. São elas: a) as circunstâncias

---

da reforma do aparelho do Estado. Brasília: Ministério da Administração e Reforma do Estado, 1995, p. 51-59.

27 CARNEIRO, Ricardo; MENICUCCI, Telma Maria Gonçalves. Gestão pública no século XXI – as reformas pendentes. In: FUNDAÇÃO OSWALDO CRUZ. *A saúde no Brasil em 2030 – prospecção estratégica do sistema de saúde brasileiro*: desenvolvimento, Estado e políticas de saúde [on-line]. Rio de Janeiro: Fiocruz/Ipea/Ministério da Saúde/Secretaria de Assuntos Estratégicos da Presidência da República, 2013, v. 1, p. 135-194. Os autores fazem excepcional síntese dos problemas encontrados na implementação da NPM, inclusive a desconsideração para com dados sociológicos, como a cultura das organizações.

práticas de entorno (limitadoras, impositivas ou condicionantes); b) a natureza e a gravidade da infração; c) os danos resultantes para a Administração; e d) os antecedentes do agente, mas não vemos como não combinar isso com a intensidade do dolo ou a gravidade do erro mencionados pelo art. 28, mesmo porque não há nenhum dado lógico ou contextual que indique responsabilidade objetiva. Quanto aos agravantes e atenuantes, resta supor que o dispositivo em comento está se reportando àquelas circunstâncias dessa natureza previstas em outros diplomas normativos, de modo que poderão ter tanto caráter subjetivo como objetivo, conforme o caso.

Nesse ponto, convém indagar qual a relação do tema em discussão com o princípio da *reserva do possível.* Esse princípio foi formulado como uma espécie de contrapartida ao controle judicial amplo e inafastável, pois à lei não é dado removê-lo. A reserva do possível é um limite à imposição judicial de políticas públicas. Decorre da finitude dos meios orçamentários, em contraste com a infinitude das necessidades públicas. A alocação de recursos em um determinado setor, por determinação judicial, pode fazer com que outro setor fique desatendido, supondo-se que os recursos orçamentários permaneçam constantes, ou não conheçam rápido aumento de volume. A solução pela elevação das receitas derivadas depende do *placet* do Poder Legislativo, não do administrador. Portanto, a ordem judicial voltada à implementação de políticas públicas, ou à sua intensificação, é excepcional. Isso porque deve ser considerada a repercussão para as demais políticas, confrontada com o espartilho orçamentário. Definida assim, a reserva do possível está, sim, relacionada com as dificuldades reais que o gestor pode invocar, não apenas para apuração de sua responsabilidade pessoal, mas também para justificar o modo peculiar como compreendeu e executou a norma jurídica subjacente à política pública em questão. Não é a única dificuldade, nem o único obstáculo que possa conclamar para justificar-se, mas é uma delas. Mas não se olvide que a justificativa baseada em reserva do possível, neste como em outros casos, não pode resumir-se a uma mera alegação de insuficiência orçamentária, sem demonstração analítica e sem a apresentação de provas.

Art. 23. A decisão administrativa, controladora ou judicial que estabelecer interpretação ou orientação nova sobre norma de conteúdo indeterminado, impondo novo dever ou novo condicionamento de direito, deverá prever regime de transição quando indispensável para que o novo dever ou condicionamento de direito seja cumprido de modo proporcional, equânime e eficiente e sem prejuízo aos interesses gerais.

Parágrafo único. (VETADO)[28]. (*Incluído pela Lei n. 13.655, de 2018*)

É relativamente fácil notar que o art. 23 da LINDB guarda certa simetria com o princípio da irretroatividade da lei, segundo o qual ela não deve ser aplicada para o passado, a menos que expressa nesse sentido e, mesmo assim, respeitados certos óbices, como o direito adquirido. Partindo-se da distinção entre norma (sentido) e lei (texto), fica fácil inferir que os obstáculos à retroação pertencem mais à intepretação (norma) do que à fonte do direito interpretada. Nesse contexto, é natural concluir que a interpretação que importe em novos deveres ou ônus não deva servir de padrão de julgamento para condutas que se deram sob o império de outra, antes estabelecida e aceita. A Constituição, em primeiro lugar, veda a retroação da lei penal, salvo em benefício do réu (art. 5º, LX); impondo, também, como obstáculos intransponíveis à retroeficácia o direito adquirido, o ato jurídico perfeito e a coisa julgada (art. 5º, XXXVI). Isso já se observava no direito tributário: a autoridade lançadora só pode aplicar critérios jurídicos novos no lançamento de fatos geradores posteriores (art. 146 do CTN). A Lei do Processo Administrativo Federal também veda a retroação de interpretação (Lei n. 9.784/99, art. 2º, parágrafo único, XIII).

---

28 O texto vetado é o seguinte: "Art. 23. (...) Parágrafo único. Se o regime de transição, quando aplicável nos termos do *caput* deste artigo, não estiver previamente estabelecido, o sujeito obrigado terá direito a negociá-lo com a autoridade, segundo as peculiaridades de seu caso e observadas as limitações legais, celebrando-se compromisso para o ajustamento, na esfera administrativa, controladora ou judicial, conforme o caso". Razões do veto: "O *caput* do artigo impõe a obrigatoriedade de estabelecimento de regime de transição em decisão administrativa, controladora ou judicial que preveja mudança de entendimento em norma de conteúdo indeterminado quando indispensável para o seu cumprimento, todavia, o parágrafo único traz um direito subjetivo do administrado ao regime. Assim, o dispositivo reduz a força cogente da própria norma e deve ser vetado, de modo a garantir a segurança jurídica de tais decisões".

E o art. 14 do CPC aduz que a norma processual não retroage, embora se aplique imediatamente aos processos em curso. É certo que o significado prático da não retroação, em cada um desses casos, não é exatamente igual; mas o que nos importa, neste momento, é o sentido geral de que não convém que a norma (resultado da interpretação) retroaja – e o sentido específico de que, em certas hipóteses, isso é totalmente inadmissível.

O art. 23 da LINDB é claramente voltado à promoção de segurança jurídica na interpretação. Sua aplicação pressupõe que exista interpretação ou orientação a respeito do que chama de "norma de conteúdo indeterminado"; que tal interpretação ou orientação tenha sido modificada; e, finalmente, que dessa modificação tenham surgido novas obrigações, novas sujeições ou novos ônus ("novo dever ou condicionamento de direito"). Dados esses pressupostos, há que ser conferido um regime de transição para a implementação das novas obrigações, sujeições ou ônus. A partir do contexto da reforma da LINDB, o beneficiário desse regime mais leniente é o administrador ou o gestor. Mas não se deu conta o legislador de que o contexto histórico e a *mens legislatoris* não são os únicos vetores de interpretação do próprio art. 23 e, portanto, ele facilmente poderia ser amplificado para qualquer outra situação, inclusive relação jurídica regida pelo direito privado.

A linguagem empregada pelo art. 23 é pobre. Há evidente confusão entre texto e norma. Quer-se dizer que o intérprete, ao defrontar-se com certa fonte do Direito, geralmente um texto legal, atribui-lhe sentido (norma) que impõe novo dever ou novo condicionamento. Em vista da inovação normativa (novo sentido estabelecido) é que se segue a consequência de que haverá regime de transição. Na locução "norma de conteúdo indeterminado" podem-se compreender as *cláusulas gerais* e os textos normativos que contenham *termos jurídicos indeterminados*.

Termos jurídicos indeterminados são aqueles cuja conotação seja aberta. Expliquemos: conotação ou intensão é o conjunto de atributos que define um conceito, enquanto que denotação ou extensão é o universo de coisas ou de indivíduos a que o termo se aplica[29]. Normalmente, a cono-

29 Cf. JOLIVET, Regis. *Tratado de filosofia*: introdução geral-lógica-cosmologia. São Paulo: Agir, 1969, t. 1, p. 61.

tação é função inversa da denotação, porque, quanto mais rico em atributos ou em qualificativos, menor é o número de sujeitos ou de objetos a que o conceito se aplica. Dado que os termos são convenções linguísticas destinadas a expressar conceitos, aplica-se a estes últimos, por empréstimo, as propriedades da denotação e da conotação. O termo jurídico indeterminado (que expressa verbalmente ou por escrito um conceito mental indeterminado) é aquele empregado pela técnica do Direito com vagueza ou textura aberta propositais. Sua indeterminação não decorre de erro ou de acidente do legislador, mas é deliberada, para permitir maior liberdade de ação ao aplicador do ato normativo. Naturalmente, essa liberdade importa em atribuição de discricionariedade do administrador. Pois bem, os termos indeterminados (e os conceitos indeterminados) enunciam atributos de nitidez propositadamente débil, sendo potencialmente aplicáveis a uma miríade de sujeitos, situações ou coisas.

Cláusulas gerais são textos normativos em que a indeterminação comparece, simultaneamente, na hipótese e no consequente da norma por eles enunciada. Tanto a descrição da hipótese fática é vaga, como também o comando da norma. As cláusulas gerais consistem, portanto, em técnica legislativa empregada para conferir a maior liberdade concebível ao intérprete e ao aplicador. Sua diferença com os princípios é a de que estes últimos são entidades do próprio Direito e não o resultado de uma forma de escrever ou formular textos legais. Mais modestas, as cláusulas gerais nascem de uma técnica legislativa.

O art. 23 em comento não se aplica, *a contrario sensu*, à interpretação primeva realizada pela autoridade judicial, administrativa ou de controle. É dizer, à primeira vez em que dita autoridade estabeleceu o sentido da fonte interpretada. Mas não temos dúvidas de que será invocado na tentativa de justificar atos ilícitos indiretos (fraude à lei, desvio de finalidade e abuso de direito) toda vez que for estabelecida interpretação distanciada da literal, mesmo que pela primeira vez. É preciso um *caveat*: que os órgãos de controle e o Judiciário não se deixem levar por essa armadilha. Se a jurisprudência administrativa ou judicial não mudou e apenas está reafirmando a norma ladeada pelo ilícito indireto na primeira oportunidade de fazê-lo, não há razão, nem sequer fundada no art. 23, para premiar administradores ímprobos. Esse cuidado deve ser estritamente observado em ambiente de baixa moralidade pública, como desgostosamente temos de admitir que é nosso. Empregue-se, pois, o art. 23 dentro de seus requisitos estritos, isto é, quando houver evolução da jurisprudência administrativa ou judicial, e não em caso diverso, quando o entendimento jurisprudencial é firmado pela primeira vez.

Tarefa espinhosa será o cumprimento do consequente do art. 23. Dentro de sua premissa fundamental, vale dizer, a hipótese de inovação jurisprudencial, terá o decisor de fixar um regime de transição para o cumprimento dos deveres que surgem desse novo entendimento. Tal regime pressupõe a fixação de prazos e metas. Normalmente, não poderá consistir apenas em um termo genérico, no estilo de conferir-se um prazo único para cumprimento, a modo de tudo ou nada. Para atendimento das finalidades do art. 23, importa que o regime de transição seja progressivo e tabulado, dividido em passos concretos. Se possível, por metas quantitativas. E é de rigor que as sanções previstas também o fossem (progressivas e quantitativas), de modo a induzir não apenas o adimplemento externo, mas a mudança de mentalidade.

> **Art. 24.** A revisão, nas esferas administrativa, controladora ou judicial, quanto à validade de ato, contrato, ajuste, processo ou norma administrativa cuja produção já se houver completado levará em conta as orientações gerais da época, sendo vedado que, com base em mudança posterior de orientação geral, se declarem inválidas situações plenamente constituídas. (*Incluído pela Lei n. 13.655, de 2018*)
>
> **Parágrafo único.** Consideram-se orientações gerais as interpretações e especificações contidas em atos públicos de caráter geral ou em jurisprudência judicial ou administrativa majoritária, e ainda as adotadas por prática administrativa reiterada e de amplo conhecimento público. (*Incluído pela Lei n. 13.655, de 2018*)
>
> **Art. 25.** (VETADO). (*Incluído pela Lei n. 13.655, de 2018*)

Comecemos pelas definições elementares, pois elas são necessárias para a determinação do sentido do art. 24 e, também, do art. 20, parágrafo único:

a) *Ato administrativo* é espécie de ato jurídico (ato que produz efeitos jurídicos), praticado pela Administração Pública, ou por quem lhe faça as vezes (critério subjetivo), em regime de direito público (critério contextual), no exercício de função administrativa (critério objetivo). Conforme doutrina prestigiosa, o ato administrativo pode ser definido de modo mais restritivo, que nos parece mais adequado para os fins da LINDB: nessa linha, ato administrativo é o pronunciamento particular de uma autoridade no exercício de função administrativa. Sendo pronunciamento, não inclui atos materiais da administração, como a inauguração de uma obra. E, sendo particular, não inclui diretamente as normas, o que representa critério distintivo entre ato e regulamento. Por fim, o ato administrativo não se confunde com o negócio de direito privado que possa ser praticado pela Administração[30].

b) *Contrato administrativo* é o acordo celebrado em regime de direito público, no interesse social, em que o particular comparece como aderente e está sujeito à alteração unilateral das cláusulas, à resilição unilateral e à imposição de sanções pela Administração. As cláusulas exorbitantes – pois é esse o nome que recebem – conferem essas prerrogativas à Administração, de alteração, resilição e imposição unilateral de sanções. O contratado tem, em contrapartida, o direito à preservação da equação econômica (equilíbrio econômico-financeiro) contratual, de maneira que deve ser compensado por acréscimos unilateralmente agregados às suas obrigações.

c) *Processo administrativo* é a sequência de atos, praticada perante a Administração, animada por relação jurídica que inclui diversas posições jurídicas, como os direitos potestativos, deveres, faculdades, obrigações e ônus. Há múltiplas funções para o processo administrativo: c.1) garantia dos direitos dos administrados; c.2) aperfeiçoamento das decisões; c.3) legitimação do exercício do poder; c.4) justiça; c.5) aproximação com o administrado; c.6) sistematização da atividade administrativa; c.7) aproximação com o administrado; c.8) facilitação do controle pelo administrado[31].

---

30 ROMANO, Santi. *Principii di diritto amministrativo italiano*. Milano: Società Editrice Libraria, 1906, p. 49-51.

31 Cf. MEDAUAR, Odette. *Direito administrativo moderno*. Belo Horizonte: Fórum, 2018, p. 160-163.

d) *Norma administrativa* é todo ato, de cuja interpretação possa se extrair sentido definível como norma (antecedente ante o qual se deve seguir o consequente), que tenha como objeto órgãos públicos, entidades da administração indireta, agentes e servidores, atos administrativos, processo e procedimento administrativo, licitações, contratos administrativos, serviços públicos, concessões, permissões, autorizações, poder de polícia, desapropriações, bens públicos, responsabilidade do Estado e temas correlatos. A bem de maior concisão, pode-se dizer que a matéria administrativa, objeto que define uma norma administrativa, diz respeito à organização administrativa, à ação administrativa e ao controle da administração[32].

O art. 24 da LINDB é complemento direto do art. 23. Digamos que seja a face oposta da mesma moeda. Se a inovação jurisprudencial administrativa ou judicial deve observar regime de transição para a imposição de obrigações nascidas da nova interpretação, por outro lado, a revisão de alguma das situações jurídicas descritas pelo art. 24 há de tomar em conta a interpretação vigente à época em que os fatos se produziram. Desse modo, *tempus regit factum* (qualquer dos *facta* previstos no art. 29), também no sentido de que a interpretação existente à época dos fatos se lhes aplica, como se encontrava então, para fins de declaração de invalidade.

Há uma longínqua simetria entre o art. 24 e a rescisão de decisão judicial fundada em violação manifesta de norma jurídica (art. 966, V, do CPC/2015 – ou, como se dizia outrora, por *violação de disposição literal de lei*). Não se rescinde julgado que aplicou interpretação considerada possível, dentro de um espectro razoável de divergência, ao aplicar lei aludida para justificar o pedido de rescisão[33]. De outro modo: se a inter-

---

32 Essa é a divisão didática adotada por LEGRAND, André; WIENER, Céline. *Le droit public*. Direction de l'information légale et administrative. Paris, 2017, p. 63-160.

33 Esse, o enunciado n. 343 da Súmula de Jurisprudência do STF: "Não cabe ação rescisória por ofensa a literal disposição de lei, quando a decisão rescindenda se tiver baseado em texto legal de interpretação controvertida nos tribunais". O antigo Tribunal Federal de Recursos havia sumulado, semelhantemente: TFR editou a Súmula 134: "Não cabe ação rescisória por violação de literal disposição de lei se, ao tempo em que foi prolatada a sentença rescindenda, a interpretação era controvertida nos Tribunais, embora, posteriormente se tenha fixado favoravelmente à pretensão do autor".

pretação dada pelo julgado rescindendo era razoável ou aceitável – em um universo de divergência interpretativa – na época em que foi proferido, não pode ser rescindido por violar a lei – ou a norma jurídica, como se enuncia hoje. O art. 24 da LINDB segue a linha de que, se havia orientação geral e foi seguida pelo fato cuja invalidação é discutida, então não se pronuncia a invalidade.

Pode-se também formular o mandamento do art. 24 assim: o ato, contrato, ajuste, processo ou norma cuja produção se completou é *fato jurídico perfeito*. Como já percorreu todas as suas etapas de formação (aperfeiçoamento) e concluiu-se no plano da existência, resiste à mudança de diretriz interpretativa que, retroativamente, pudesse afetá-lo no plano da validade. Isso pressupõe que já houvesse interpretação estabelecida na época do fato, posteriormente modificada no órgão que pretende – mas a quem agora é vedado – invalidá-lo com fulcro em nova orientação.

O parágrafo único trabalha com noção bastante ampla do que sejam as orientações gerais, à luz das quais o fato é perfeito e resiste às inovações interpretativas. Ela inclui: a) interpretações e especificações em atos públicos de caráter geral, do que seriam exemplos as respostas às consultas públicas e os pareceres; b) a jurisprudência judicial ou administrativa majoritária; e c) a prática administrativa reiterada e de amplo conhecimento público. Esse dispositivo contém certos perigos a exorcizar, a bem da moralidade e da probidade públicas. As orientações administrativas constantes de atos públicos vinculam apenas a Administração, mas não os tribunais judiciais nem as cortes de contas. Assim, aqueles não podem ser invocados perante estes para concluir que o fato seja imune à invalidação. E a prática administrativa reiterada e pública invocada para imunizar o fato não pode ser, ela própria, imoral ou contrária aos valores básicos do Direito. Parece-nos que essa advertência é crucial, pois predominam entre nós as práticas administrativas lassas e seria um paradoxo que viessem a ser invocadas para afastar o cumprimento da Constituição, ou da lei imperativa. Enfim, pressupõe-se a legitimidade da prática administrativa reiterada e não apenas o seu caráter costumeiro. Maus costumes administrativos não podem ser invocados para encobrir antijuridicidade.

Art. 26[34]**.** Para eliminar irregularidade, incerteza jurídica ou situação contenciosa na aplicação do direito público, inclusive no caso de expedição de licença, a autoridade administrativa poderá, após oitiva do órgão jurídico e, quando for o caso, após realização de consulta pública, e presentes razões de relevante interesse geral, celebrar compromisso com os interessados, observada a legislação aplicável, o qual só produzirá efeitos a partir de sua publicação oficial. (*Incluído pela Lei n. 13.655, de 2018*)

§ 1º O compromisso referido no *caput* deste artigo: (*Incluído pela Lei n. 13.655, de 2018*)

I – buscará solução jurídica proporcional, equânime, eficiente e compatível com os interesses gerais; (*Incluído pela Lei n. 13.655, de 2018*)

II – (VETADO)[35]; (*Incluído pela Lei n. 13.655, de 2018*)

III – não poderá conferir desoneração permanente de dever ou condicionamento de direito reconhecidos por orientação geral; (*Incluído pela Lei n. 13.655, de 2018*)

---

34 Art. 25 foi vetado pelo Presidente da República. "Art. 25. Quando necessário por razões de segurança jurídica de interesse geral, o ente poderá propor ação declaratória de validade de ato, contrato, ajuste, processo ou norma administrativa, cuja sentença fará coisa julgada com eficácia *erga omnes*. § 1º A ação de que trata o *caput* deste artigo será processada conforme o rito aplicável à ação civil pública. § 2º O Ministério Público será citado para a ação, podendo abster-se, contestar ou aderir ao pedido. § 3º A declaração de validade poderá abranger a adequação e a economicidade dos preços ou valores previstos no ato, contrato ou ajuste". *Razões do veto*: "A ação declaratória preconizada pelo dispositivo, cuja sentença terá eficácia para todos, inclusive podendo dispor a respeito de preço e valores, poderá acarretar em excessiva demanda judicial injustificada, tendo em vista a abrangência de cabimento para a impetração da ação por 'razões de segurança jurídica de interesse geral' o que, na prática, poderá contribuir para maior insegurança jurídica. Ademais, há omissão quanto à eficácia de decisões administrativas ou de controle anteriores à impetração da ação declaratória de validade, uma vez que a atuação judicial pode se tornar instrumento para a mera protelação ou modificação dessas deliberações, representando, também, violação ao Princípio Constitucional da Independência e Harmonia entre os Poderes". Não houve ainda votação do veto pelo Congresso (art. 66, § 4º, da CF/88).

35 O texto vetado é o seguinte: "II – poderá envolver transação quanto a sanções e créditos relativos ao passado e, ainda, o estabelecimento de regime de transição". Razões do veto: "A celebração de compromisso com os interessados, instrumento de natureza administrativa previsto no *caput* do artigo, não pode, em respeito ao princípio da reserva legal, transacionar a respeito de sanções e créditos relativos ao tempo pretérito e imputados em decorrência de lei. Ademais, poderia representar estímulo indevido ao não cumprimento das respectivas sanções, visando posterior transação".

IV – deverá prever com clareza as obrigações das partes, o prazo para seu cumprimento e as sanções aplicáveis em caso de descumprimento. (*Incluído pela Lei n. 13.655, de 2018*)

§ 2º (VETADO)[36]. (*Incluído pela Lei n. 13.655, de 2018*)

Poder-se-ia chamar o ato previsto pelo art. 26 da LINDB de *compromisso de acertamento ou de cessação*, conforme a hipótese, por conta da posição privilegiada que ocupa em nosso ordenamento. Afinal, o seu objeto é o de eliminar antijuridicidade ou insegurança jurídica, mediante acordo com os interessados diretos. O acordo, porém, afeta o interesse da sociedade – como o próprio art. 26 reconhece, tanto que invoca o interesse geral –, de modo que não há exercício de autonomia no sentido privado dessa expressão. É contrato, mas não como se compreende essa expressão no direito privado. O compromisso não é ajustado por conveniência da autoridade administrativa ou para acomodar interesse do interessado direto, e sim com vistas ao interesse público e coletivo, aquelas duas outras circunstâncias sendo bem secundárias e acidentais.

Mal posta a nova regra, já se fizeram ouvir críticas à sua possível ineficiência – quando não inconstitucionalidade: o compromisso administrativo não teria terreno muito fértil no Brasil, onde se adotam os princípios da unidade e da inafastabilidade de jurisdição. Não há uma instância administrativa em que a solução jurídica do compromisso possa se esgotar, fazendo coisa julgada[37]. Esse importante constrangimento das possibilidades do compromisso administrativo deve ser confessado.

---

36 O texto vetado é o seguinte: "§ 2º Poderá ser requerida autorização judicial para celebração do compromisso, em procedimento de jurisdição voluntária, para o fim de excluir a responsabilidade pessoal do agente público por vício do compromisso, salvo por enriquecimento ilícito ou crime". Razão do veto: "A autorização judicial destinada à celebração de compromisso administrativo com a finalidade de excluir a responsabilidade pessoal do agente público viola o Princípio Constitucional da Independência e Harmonia entre os Poderes, ao comprometer a apreciação das esferas administrativa e de controle".

37 Cf. MENDES, Marco Aurélio Sousa. As novas disposições sobre segurança jurídica e eficiência na criação e aplicação do direito público sob o enfoque da jurisdição administrativa. *Revista Digital de Direito Administrativo da Faculdade de Direito de Ribeirão Preto – Universidade de São Paulo*, vol. 7, n. 1, 2020, p. 226-251.

Mas ele não chega a torná-lo inviável, como também não tem sido nas hipóteses concretas admitidas na legislação, a que faremos menção.

Há notórias analogias entre o compromisso do art. 26 e outras formas de consensualidade previstas na legislação especial, cuja aplicação é cuidadosamente ressalvada. Imediatamente vêm à mente os termos de ajustamento de conduta tão comuns em ações coletivas e o compromisso de cessação previsto pela lei de defesa da concorrência, de modo que analisaremos os casos mais expressivos em apartado. Mas já se deve adiantar que a previsão do art. 26 tem uma originalidade – ela não depende de situação contenciosa potencial ou consumada. Pode-se aplicar para eliminar, como se afirma expressamente, a simples dúvida ou incerteza jurídica. Não é preciso, ao contrário do que ocorre com os casos da legislação especial, que haja indícios de infração ou investigação formalizada. Por isso, o art. 26 não foi editado – como ele próprio refere – para revogar a legislação especial em matéria de consensualidade, mas para funcionar como uma espécie de norma de encerramento do sistema. O art. 26 da LINDB instaura e completa um sistema em que a consensualidade deixa de ser exceção – sem embargo dos requisitos rigorosos para a sua aplicação.

"Irregularidade", no dispositivo em comento, não tem o sentido costumeiro de inobservância de pequena monta, facilmente sanável, mas um significado mais dilargado de antijuridicidade. No primeiro sentido, mais fraco, estariam aquelas infrações que não gerariam nenhum tipo de invalidade. Mas é claro que a denotação do art. 26 é mais ampla, por conta do conteúdo de inserção necessária nas cláusulas do acordo, que indica situações bem mais sérias. A irregularidade, portanto, foi apontada como é conhecida na linguagem vulgar, como sinônimo de infração ou de situação contrária ao Direito.

Subjetivamente, a história é bem diversa. Apesar das aparências, o compromisso do art. 26 da LINDB não tem a largueza subjetiva que se poderia supor em primeira leitura. Não é qualquer autoridade que pode firmá-lo, mas aquela que tenha a competência de impor sanções dentro de uma escala variável, que se encontra, por exemplo, desde a advertência até a interdição de atividade. O agente fiscal de tributos, portanto, não pode deixar de autuar a receita sonegada e impor a sanção pecuniária, pois age de modo vinculado. Do mesmo modo, o agente que fiscaliza a observância da legislação municipal quanto ao direito de construir não pode relevar a autuação com fulcro na LINDB. O art. 26 tem em mira as autoridades – e os colegiados – de rango superior, que têm uma certa discricionariedade quanto ao rol ou à gradação de sanções aplicáveis a uma conduta ilícita e aqueles julgadores que finalizam o processo administrativo em grau de recurso. São essas, aliás, as autoridades que dispõem de órgãos de consultoria e assessoria jurídica e de poder de apreciação do *interesse geral* mencionado pela LINDB.

Os objetivos diretos do compromisso do art. 26 são: a) eliminar irregularidade, isto é, fazer cessar estado de coisas ou atividade antijurídicos, assumindo o signatário obrigações positivas e negativas; b) eliminar incerteza jurídica, quando o interessado direto não sabe como proceder, obtendo a clareza necessária a partir das cláusulas do ajuste; e c) eliminar situação contenciosa, chegando a uma composição com o particular para evitar ou pôr fim ao ingresso em juízo; ou para evitar a imposição de sanções.

Como ficou registrado, o compromisso não tem como fundamento o exercício de autonomia privada. Daí seus requisitos específicos: a) que sejam atendidas primacialmente as razões de interesse geral, isto é, *público ou coletivo em sentido amplo* – e que o sejam de forma justa, sendo essa a inteligência das palavras "proporcional", "equânime" e "compatível"; b) a oitiva do órgão jurídico, a saber, o órgão de procuradoria ou advocacia pública que assessora a autoridade em questão; e c) a realização de consulta pública, se as normas de procedimento, o estatuto ou o regimento do órgão ou entidade envolvidos a impuserem; d) além de justa, a solução buscada no compromisso deve ser *eficiente*, apta para a realização prática dos fins declarados ou implícitos no compromisso, pelo que há de prever os meios para fiscalização e controle dessa eficiência; e) a necessidade – decorrente do requisito eficiência – de prever-se obrigações concretas e prazos para cumprimento (não um prazo global, mas prazos adaptados à natureza e complexidade de cada obrigação assumida); f) as sanções por descumprimento, que se somarão às sanções legais e dentre as quais já se pode prever, com frequência, as multas pecuniárias, as suspensões do exercício de atividade e até as inabilitações.

A doutrina já comemora o compromisso do art. 26 como ruptura de velhos paradigmas, instituindo a consensualidade no exercício do poder de polícia, mas uma consensualidade pública, que tem como fundamento de legitimidade o interesse geral. Conforme as características anteriormente reconhecidas, o exercício desse *poder extroverso* eram a discricionariedade, a autoexecutoriedade e a coercitividade. E os títulos de habilitação com ele relacionados seriam a licença (vinculada e estável) e a autorização (discricionária e precária). Todo esse quadro já estava abalado em função da processualização da função estatal de regulação econômica. Agora, com a consensualização inerente ao compromisso, ficam as mencionadas características assim desconstruídas: a) a participação do particular amortece a coercitividade, pois seus interesses também são considerados; b) pela mesma razão, a discricionariedade é minada; c) o poder de polícia deixa de ser algo interno à burocracia e passa a ser participativo. O processo sancionador, agora, pode ser precedido e, na verdade, substituído pelo compromisso, a exemplo do que já ocorria na legislação esparsa. As vantagens apontadas seriam: redução de custos para o exercício do poder de polícia consensualizado e adesão espontânea do particular (o que eliminaria a coercitividade), levando-o ao cumprimento voluntário. A mesma doutrina aponta que, para o poder de polícia consensual e a substituição do processo administrativo sancionador funcionarem efetivamente, são necessários alguns requisitos: a) o compromisso não pode importar em confissão de ilícito; b) deve ser estável (e, portanto, vinculante para todos os entes); c) deve ser objetivo e transparente; e d) deve ser procedimentalizado, para que todos possam ter acesso ao compromisso[38]. O futuro dirá se esse ambicioso plano de desconstrução e reconstrução do Direito Administrativo terá êxito. A adoção de consensualidade na função de polícia e/ou como alternativa ao processo sancionador não é nova, como se verá pelos numerosos exemplos colacionados a seguir, já presentes em copiosa legislação.

---

38 Cf. MARQUES, Floriano de Azevedo; FREITAS, Rafael Véras de. *O artigo 26 da LINDB e o consenso na função de polícia administrativa*. Disponível em <https://www.conjur.com.br/2018-jul-16/opiniao-lindb-consenso-funcao-policia-administrativa>, último acesso em 6 de maio de 2021.

Não se nota, porém, uma revolução nos hábitos da Administração, ainda presos ao patrimonialismo e desgastados pela corrupção sistemática. Como o art. 26 da LINDB não prevê – nem poderia – os procedimentos necessários para a consensualização, a previsão óbvia é a de que será uma via de elite, dentro de um futuro próximo. Dificilmente a população terá acesso generalizado ao compromisso e a Administração poderá ser capturada pelos interesses particulares daquela elite. Isso contaminará, como já comentamos, a validade dos acordos, o que virá em prejuízo de seu prestígio e estabilidade. A consequente judicialização poderá retirar os benefícios da agilidade e da redução de custos. Essas possibilidades sombrias não são aqui apontadas como crítica ao art. 26 em comento, nem para promover a ideia de que deveria ser revogado. Apenas servem como aviso para prováveis vicissitudes e lembrete para que seu impacto seja apreciado mais sobriamente, sem excessos de entusiasmo.

Causa-nos certa surpresa que a mesma doutrina condene, *a priori*, a hipótese de contratação por adesão. Se houver multiplicidade de contenciosos, com fundamento na mesma situação-base, e a solução homogênea for possível, não vemos, dentro desse quadro, por que amputar logo de saída essa possiblidade. O *termo padronizado* não será apenas plausível, mas necessário quando se tratar de contencioso com características coletivas. Assim como acontece no campo privado, os pontos principais da contratação por adesão são a facilidade e a velocidade. A homogeneidade também torna o compromisso mais acessível ao grande público, inclusive do ponto de vista psicológico. E lembremos que o conceito de contrato de adesão admite, mesmo em outras áreas do Direito, a inserção de cláusulas periféricas na minuta-padrão, sem que, essencialmente, o acordo perca aquela natureza.

É de bom aviso apontar que um compromisso desse naipe tem quase todas as características de um título executivo extrajudicial, em que pese a falta de previsão expressa nesse sentido, tendo como peculiaridade a presença de obrigações de fazer e de não fazer. Primeiramente, porque a própria LINDB já dispõe que as obrigações assumidas devem ser certas e líquidas, exigíveis dentro de prazos determinados. E, em segundo lugar, porque basta que seja subscrito pelos procuradores das partes para que se integre no conceito de título executivo (art. 784, IV, do CPC). Atendido esse requisito adicional, poderá ser o cumprimento do compromisso na via judicial, com a imposição das técnicas de tutela específica, sem prejuízo da incidência das sanções previstas no termo. Isso já sucede com outros ajustes previstos pela legislação esparsa, com a diferença de que essas leis já qualificam o termo de compromisso como título executivo.

Seria o compromisso passível de revisão por onerosidade excessiva? Sim. A nosso parecer, tanto a revisão administrativa quanto a judicial. Primeiramente, porque nada a proíbe. Mas, principalmente, porque o compromisso tem natureza contratual – embora não contratual privada –, e em todos os ajustes dessa estirpe a revisão, por comum acordo ou judicial, é possível em princípio. Também nos contratos administrativos, em que pese (e por conta de) todos os privilégios atribuídos ao Estado, impõe-se a observância da equação econômica e, caso ela tenha se rompido, a revisão. Poder-se-á objetar que a revisão poderia implicar em tratamento excessivamente complacente, mas deve-se ter em conta que, se o interesse geral é requisito de validade do compromisso, também o é de sua revisão. Revê-se o compromisso para possibilitar a consecução dos fins de interesse geral, que, por acontecimento superveniente[39], se tornou impossível ou ruinosa; do contrário, se o objetivo for apenas a leniência indevida com o particular, será inválida a revisão. E a autoridade que compactuou dolosamente com revisão excessivamente generosa e, no fundo, desviada de sua finalidade poderá ver-se com as penas da improbidade.

Dessarte, pode-se conceber a revisão do compromisso tanto por inadequação originária das cláusulas, que torne impossível o seu cumprimento, como por onerosidade excessiva superveniente. Como o que importa é a exequibilidade prática do ajuste, não há necessidade de que os fatos supervenientes sejam imprevisíveis; basta que corrompam as bases do acordo, a ponto de tornar seu cumprimento impossível ou ruinoso. Se o propósito do compromisso é a adequação do administrado à legalidade e evitar a imposição de medidas coercitivas unilaterais, não vemos por que não se possa cogitar de revisão em todos esses casos. Uma palavra de

---

39 Não estamos sugerindo que seja necessário um acontecimento imprevisível, pois a boa-fé objetiva e a necessidade de manter-se a equação econômica já são, por si, os requisitos para a revisão.

cautela é necessária: é preciso que haja motivos sérios e fundados, devidamente comprovados, que levem à impossibilidade ou à dificuldade insuportável na execução. Não há que se falar dela por mera conveniência do administrado. Por corolário, não há que se cogitar de revisão sem que o particular signatário comprove a alteração das bases objetivas do acordo.

É importante, agora, situar o art. 26 da LINDB em face da legislação correlata, pois a consideração no plano sistemático leva a problemas bem complexos. Vejamos:

a) Métodos consensuais em *improbidade administrativa*: o § 1º do art. 17 da Lei n. 8.429/92 (Lei de Improbidade) vedava, em sua redação original, transação, acordo ou conciliação nas ações de improbidade administrativa. Foi objeto da ação direta de inconstitucionalidade 5.980/DF sob a alegação de que, ao proibir métodos consensuais (transação, acordo ou conciliação) de solução de conflitos, entraria em confronto com diversos princípios constitucionais-administrativos: da eficiência administrativa (CF, art. 37); da tutela jurisdicional efetiva e da razoável duração do processo (CF, art. 5º, XXXV e LXXVIII); e da segurança jurídica (CF, art. 5º, XXXVI). Houve sugestão doutrinária de que o art. 26 da LINDB teria revogado o art. 17 da Lei n. 8.429, em referência, na sua redação primeva – e isso se ela não fosse efetivamente inconstitucional em primeiro lugar[40]. Todavia, essa interessante análise não foi acolhida nem pelo Supremo Tribunal Federal nem pelo legislador, dado que o Ministro Relator da ADI 5.980/DF houve por bem julgá-la prejudicada, por perda superveniente do objeto e ante o advento da Lei n. 13.964/2019. A Lei n. 13.964 atribuiu redação nova ao art. 17, § 1º, permitindo a celebração de acordo de não persecução cível em ação de improbidade administrativa. Pois bem, uma lei não pode ser revogada duas vezes, nem sequer derrogada por duas ocasiões. Se a Lei n. 13.964 (posterior à reforma da LINDB) o fez, a única conclusão logicamente

40 FERRAZ, Luciano. *LINDB autoriza TAC em ações de improbidade administrativa*. Disponível em <https://www.conjur.com.br/2018-ago-09/interesse-publico-lindb-autoriza-tac-acoes-improbidade-administrativa>, último acesso em 1º de maio de 2021.

possível é a de que, aos olhos do STF, a LINDB não tivera esse efeito derrogatório. Pode-se então argumentar que o art. 17, § 1º, da Lei de Improbidade, em sua redação vigente e mais liberal em matéria de acordos – em relação à redação original –, é especial no que se refere à Lei de Introdução, de maneira que cada qual teria seu próprio campo de aplicação. Nesse caso, seguindo-se essa hermenêutica cautelosa e conservadora, nem o Ministério Público, nem a pessoa jurídica de direito público, enquanto autores da ação por improbidade, seriam "autoridade administrativa", para efeito do art. 26 da LINDB. Note-se que não se está afirmando que sejam impossíveis os métodos consensuais em matéria de improbidade, mas sim que tais métodos, ao incidirem sobre esse tipo de conflito, não podem se estribar no art. 26 da LINDB – e, sim, na lei especial. Não obstante, os paradigmas de equanimidade, clareza, não exoneração definitiva de dever e prazo certo são suficientemente universais para inspirar um acordo de não persecução cível, conquanto que não por aplicação direta, mas por simetria de razão.

b) Compromisso condicionante de *autorização para serviços de telecomunicações*: é previsto no art. 135 da Lei n. 9.472/97. A autorização prévia para exploração de telecomunicações *em regime privado* é vinculada (art. 131). Razões de interesse coletivo podem levar ao compromisso como condicionante prévio à autorização, de acordo com normativa expedida pela agência reguladora.

c) *Proteção do meio ambiente* (art. 79-A da Lei n. 9.605/98): os poluidores potenciais ou atuais podem celebrar compromisso com os órgãos do sistema nacional de proteção ao meio ambiente, a fim de adequar-se às exigências destes e, em última instância, da própria legislação de regência. São cláusulas essenciais as metas trimestrais; o intervalo temporal de 90 dias a três anos; a catalogação das hipóteses de rescisão e multas; e a cláusula de foro. A eficácia de título executivo é expressamente prevista, bem como a publicação de extrato do termo de compromisso, essencial para a produção de efeitos. Uma particularidade digna de nota é a *cláusula resolutiva inerente e expressa* nesses termos de compromisso: resolvem-se (a lei menciona "rescisão", mas o tecnicamente correto é "resolução") de pleno direito pelo descumprimento de qualquer das suas cláusulas.

d) *Ajustamento de conduta em ação civil pública*: há previsão de acordos substitutivos e outros métodos de solução de controvérsia baseados no consenso no art. 5º, § 6º, da Lei n. 7.347/85 (termos de ajustamento de conduta). Trata-se da lei de ação civil pública, ou de responsabilidade por danos morais e patrimoniais por lesão a interesses coletivos e difusos. Os órgãos públicos legitimados podem celebrar termos de ajustamento de conduta às exigências constitucionais e legais. Tais termos operam como títulos executivos extrajudiciais, por expressa disposição legal, o que não ocorre com os ajustes do art. 26 da LINDB (embora tenhamos defendido que eles podem vir a convolar-se em títulos executivos, observadas as exigências do CPC). Os bens jurídicos protegidos pela ação civil pública são os interesses coletivos *lato sensu*, enquanto que o art. 26 da LINDB alude ao direito público e aos interesses gerais, ressalvando "a legislação aplicável". Baseando-se nisso e na posição sistemática dos atos legais referidos, pode-se extrair que a lei de ação civil pública mantém relação de especialidade com a LINDB, cuja densidade normativa é mais genérica. Não se enxerga, porém, óbice a que os critérios gerais da LINDB sejam observados *a pari ratione* em um termo de ajustamento de conduta. Nomeadamente, os critérios de clareza, equanimidade, não exoneração permanente de dever e prazo certo para o cumprimento das obrigações.
e) *Responsabilidade de pessoas jurídicas por atos contra a Administração Pública*: é dessa responsabilidade, de natureza objetiva, na seara administrativa e civil, que trata a Lei n. 12.846/2013. Os arts. 16 e 17 desse Diploma preveem acordos de leniência, o que também remete à consensualidade, mas se ressalve que o objeto é um pouco diferente daquele a que a LINDB remete. Nos acordos de leniência – de modo geral – o que se pretende obter é a cooperação do infrator, para que a autoridade possa identificar os demais envolvidos e obter informações (que de outro modo não obteria) sobre a infração. Em contrapartida, o colaborador pode ter as sanções atenuadas ou relevadas, de acordo com o caso, sem prejuízo da responsabilidade civil. Esses acordos também se estendem às licitações públicas e a ilícitos em matéria de abuso do poder econômico (a que se fará referência adiante). A Lei n. 12.846/2013 é minuciosa ao tratar dos requisitos e balizas para o

acordo de leniência. Sua densidade normativa é bem diversa da presente no art. 26 da LINDB. A Lei n. 12.846 aplica-se à leniência com o colaborador – tanto a hipótese quanto a consequência são muito específicas –, de modo que guarda relação de especialidade, aplicando-se exclusivamente em seu próprio campo.

f) Consensualidade em matéria de *concorrência e infrações contra a ordem econômica*: a defesa da concorrência é objeto da Lei n. 12.529/2011. Ela também trata (arts. 86 e 87) de acordos de leniência (que não devem ser confundidos com outros compromissos, como o de cessação), no contexto das infrações contra a ordem econômica, concisamente, as agressões ao livre mercado. Como já vimos, trata-se de obter a cooperação efetiva do infrator (infrator contra a ordem econômica, nesse caso) para que seja apurada a infração e sejam conhecidos os demais envolvidos. A designação popular "delação premiada" é incorreta, pois não confere a imagem adequada. O cooperador não é mero informante, nem simples delator. Ele deve conservar sua atitude cooperativa durante a investigação e o processo, além de afastar-se totalmente da prática infracional. Deve ser o primeiro a pedir leniência. De sua cooperação devem nascer frutos concretos – provas a que a autoridade não teria acesso sem ela. Como contrapartida, terá a responsabilidade administrativa atenuada ou relevada. O acordo de leniência em matéria de infração contra a ordem econômica conduz, se cumprido, à extinção da punibilidade penal. Já se entrevê, do tratamento muito preciso atribuído pela Lei n. 12.529, que há rigorosa especialidade, tanto na hipótese quanto no consequente das normas, afastando totalmente a aplicação do art. 26 da LINDB.

Os acordos de leniência não se confundem com os *compromissos de cessação da prática investigada*, também presentes na Lei n. 12.529. O objetivo destes últimos é a cessação da possível infração, ou o desfazimento de seus efeitos. Para tanto, firma-se termo em que são detalhadas as obrigações do investigado e as sanções previstas para o caso de descumprimento. O objeto é que não prossiga a prática supostamente lesiva à concorrência e ao livre mercado; e que seus efeitos nocivos sejam revertidos. Ou seja, aquilo que a autoridade poderia impor em uma medida preventiva pode ser alcançado consensualmente, em um compromisso de cessação. A contrapartida do investigado é obter, primeiramente, a suspensão do processo administrativo e, exauridas as suas obrigações, a extinção.

O *termo de compromisso de cessação* de infração contra a ordem econômica é proposto pelo Superintendente do CADE e aprovado pelo plenário do Tribunal Administrativo de Defesa Econômica. Dentre as semelhanças com o termo que estamos comentando, destacam-se: a) o compromisso de cessação é firmado para que se ponha fim à prática infracional ou para que seus efeitos sejam afastados; b) nele se especificam minuciosamente as obrigações do representado no processo administrativo; c) nele devem constar as sanções por descumprimento, em particular as multas pecuniárias.

g) *Arbitragem na Administração Pública direta e indireta*: a Lei n. 13.129/2015 veio a ampliar o escopo da arbitragem, admitindo-a também para julgamento, por título judicial, dos conflitos em que envolvida a Administração Pública. Esta referência é aqui grafada por amor ao sistema, evidenciando-se que também há consensualidade ao firmar-se a convenção de arbitragem[41]. O objeto, porém, deve ser patrimonial disponível. Não se admite, nessa matéria, arbitragem julgada por equidade – devendo ser sempre de direito – nem o sigilo. Em nosso modo de ver, também a arbitragem tributária, em vias de implantação no Brasil, deve seguir os princípios do direito estrito e da publicidade, mas depende da adoção de um marco legal específico. Isso porque o conflito julgado heteronomamente – seja na esfera arbitral ou na judicial – é iniciado por uma forma de disposição patrimonial. Sim, é isso que desejamos apresentar ao leitor: litigar é uma forma de dispor; um conceito está compreendido no outro, em nossa tradição jurídica centenária. Não é por outra razão que a pessoa casada, para *litigar* sobre bem imóvel, necessita, em regra, da autorização do seu cônjuge (pois de certa forma está dispondo do direito real imobiliário). Similarmente, quem dá início à instância dispõe, de

---

41 Não ignoramos, naturalmente, que a decisão do árbitro represente uma solução heterônoma.

certa forma, do objeto da lide. O Estado só pode provocar o juízo porque há autorização legal – no caso da execução fiscal – e necessita igualmente de um marco regulatório apropriado para fazê-lo no caso da arbitragem. Tal marco há de disciplinar o atendimento do interesse da Administração tributária, mas também a igualdade de tratamento dos contribuintes interessados na solução arbitral.

h) Mediação e autocomposição: a Lei n. 13.140/2015, lei de mediação entre particulares, também cuida da autocomposição de conflitos em que seja parte a Administração Pública (art. 32 e seguintes). Para bom entendimento, refere-se a lei tanto a conflitos internos (entre órgãos e entidades) quanto a conflitos entre a Administração e particulares. As câmaras administrativas servem, primacialmente, para dirimir os conflitos internos, mas também para verificar a admissibilidade de soluções consensuais em havendo controvérsias com o administrado. Esse exame de admissibilidade é indispensável, mormente porque é vedada composição sobre direitos que dependam de autorização legislativa. O consenso obtido será representado por termo de acordo ou por termo de ajustamento de conduta, se for o caso. Conclui-se que este é o caso tipificado na legislação esparsa que mais se aproxima da norma de fecho do art. 26 da LINDB. A diferença é que os sujeitos, órgãos de advocacia pública e câmaras administrativas, estão mais precisamente identificados e suas competências minudentemente discriminadas.

As relações entre o art. 26 da LINDB e a legislação extravagante (já nos sentimos animados a chamá-la assim) são de mão dupla. É preciso haver diálogo entre essas diversas fontes. O art. 26 pode ser interpretado como *norma geral (ou pequena cláusula geral)*. Conquanto ele não tenha tessitura tão vaga em sua hipótese e em suas consequências, como a que estaria presente em uma cláusula geral, ainda assim é menos denso e, por isso mesmo, mais vago do que as previsões particulares de compromisso administrativo. Estas servem de exemplo mais concreto e, portanto, auxiliam o intérprete a compreender a norma que se possa extrair do art. 26. Este fecha o sistema. Para efeito de comparação, pode-se tomar as relações entre as previsões especiais de responsabilidade objetiva e a *cláusula geral de risco* do Código Civil. Aquelas se aplicam nos respectivos microssistemas; este (o Código Civil), encerra o sistema.

> **Art. 27.** A decisão do processo, nas esferas administrativa, controladora ou judicial, poderá impor compensação por benefícios indevidos ou prejuízos anormais ou injustos resultantes do processo ou da conduta dos envolvidos. *(Incluído pela Lei n. 13.655, de 2018)*
>
> § 1º A decisão sobre a compensação será motivada, ouvidas previamente as partes sobre seu cabimento, sua forma e, se for o caso, seu valor. *(Incluído pela Lei n. 13.655, de 2018)*
>
> § 2º Para prevenir ou regular a compensação, poderá ser celebrado compromisso processual entre os envolvidos. *(Incluído pela Lei n. 13.655, de 2018)*

A primeira leitura do art. 27 da LINDB pode induzir perplexidade, pois já havia, antes de sua vigência, processos administrativos, administrativos-financeiros e principalmente judiciais cuja decisão pudesse impor o pagamento de indenizações, evidentemente, se esse fosse um dos pedidos. Mas o texto legal vai muito além disso. A primeira novidade introduzida pelo art. 27 está na correlação entre compensação e processo. Trata-se de estipular a primeira em função de intercorrências do segundo, inclusive a conduta das partes ou intervenientes. A segunda novidade está na generalização da medida. A terceira, que não há necessidade de pedido inicial, porque o benefício ou prejuízo a ser compensado decorreu de causas supervenientes à instauração do processo. A quarta novidade se trata de via de mão dupla: tanto o ganho indevido quanto o prejuízo podem ser compensados – com o reconhecimento dos respectivos direitos ou deveres, conforme a hipótese. E, finalmente, outra inovação está em que possa ser, a compensação, tanto *in natura* (e isso porque cumpre à decisão configurar sua forma e valor), quanto *in pecunia* (e a decisão do processo deve liquidá-la, nessa hipótese).

Doutrinariamente, já se estabeleceu que o art. 27 não vê no processo em si algo de negativo. Pelo contrário, ele é indispensável para o Estado de Direito e não é praticado apenas na esfera judicial, mas também na controladora e na tomada de decisões pela instância administrativa. Mas pode-se seguir do processo efeitos não pretendidos, seja por conta da demora na concretização de direitos, seja porque houve medidas (liminares, provas ou recursos) requeridas pela parte que, afinal, não tinha razão. A alteração decorrente do art. 27 permite que, já no curso do processo, seja imposta compensação desses prejuízos[42].

O "processo" em causa no art. 27 não é necessariamente o processo administrativo contencioso, embora certamente essa categoria esteja sob sua regência. Pode ser também o simples procedimento, como a licitação. É justamente dela que se pode extrair um exemplo de aplicação do art. 27 da LINDB: imagine-se a licitação anulada, no bojo da qual algum dos licitantes, sem concorrer culposamente para a invalidade, houvesse feito desembolsos elevados. Ele poderia pedir a compensação de que se cogita aqui e a autoridade poderia arbitrar, tendo elementos para isso, seu valor inicial, sem prejuízo de outras perdas e danos comprovados em juízo.

O devedor da compensação pode ser: a) a parte que atuou culposamente no processo, dando origem a prejuízo injusto; b) o próprio Estado, se foi violado o devido processo legal, podendo-se até mesmo pensar em dano decorrente do prolongamento desarrazoado do processo, sem o concurso da parte. O credor da compensação pode ser também o Estado, quando for imposta à parte em razão de benefício indevido (ou seja, enriquecimento sem causa), como também a outra parte que tenha experimentado redução no seu patrimônio.

A compensação pode ter por objeto obrigações de fazer, de não fazer ou de pagar quantia certa, neste último caso, quando a autoridade que a impôs foi capaz de aferi-la e quantificá-la. Nem sempre isso será possível, de modo que restará à autoridade judicial fazê-lo pelas vias comuns, quando indispensável.

Como dissemos, não há necessidade de pedido inicial, nem de correlação entre a decisão e esse pedido, pois o prejuízo ou benefício surgem no curso do processo/procedimento. Mas é necessário observar o devido processo legal: a decisão deve ser precedida de contraditório e há de ser proferida com motivação suficiente, aludindo-se às razões deduzidas pelos interessados, sempre que elas sejam relevantes e pertinentes ao tópico.

---

42 Cf. ALMEIDA, Fernando Menezes de. Artigo 29. In: SENADO FEDERAL. *Segurança jurídica e qualidade das decisões públicas* – desafios de uma sociedade democrática. Senado: Brasília, 2015, p. 43-45.

Como eventualmente a autoridade administrativa pode se ver compelida a quantificar uma compensação mínima e, também, a decisão está sempre sujeita a controle jurisdicional, não vemos por que não se possa reclamar complemento em juízo, com a apresentação das provas necessárias.

No que se refere à indenização devida por litigância de má-fé, aplica-se, por especialidade, o Código de Processo Civil. Sim, especialidade, porque, para a avaliação do que é uma lei geral ou especial, não importa o rótulo (lei, Código, Estatuto etc.), mas sim a densidade normativa de suas disposições. No âmbito do processo judicial, a compensação por litigância de má-fé deve ser prestada na forma da lei processual. O juiz, portanto, dispõe dos meios específicos lá previstos, a saber: a) a pronúncia de decisão que impeça o ato simulado ou o objetivo fraudulento das partes (art. 142 do CPC); b) a imposição da indenização e penas ao executado que descumpra ordem judicial, sem prejuízo da sanção penal (art. 536, § 3º, do CPC); c) a multa, de até 20% do valor da causa (o valor real do benefício visado pela parte, não o meramente estimado), na fase de conhecimento e de até 20% do crédito exequendo (art. 774, parágrafo único, do CPC); d) a multa, de até 10% do valor corrigido da causa, a que se soma indenização, no caso de dano processual incorrido pela outra parte (art. 81 do CPC). Importante destacar que a lei processual tipifica genericamente as hipóteses de ato atentatório à dignidade da Justiça nas fases de conhecimento e execução, mas também o faz com respeito à litigância de má-fé para efeito de responsabilidade por dano processual. Além dessas tipificações, há também previsões específicas, como a parte que não comparece injustificadamente à audiência de conciliação; o executado que interpõe embargos meramente protelatórios; e o que argui vício em leilão, apenas para provocar a desistência do arrematante. Portanto, o que se poderia cogitar no processo judicial é a situação oposta, de benefício indevido.

Tudo isso sugere uma questão interessante. E se o juiz se deparar com o benefício indevido, mas não aquele que possa ser prevenido pela aplicação do art. 142 do CPC, ou seja, por uma decisão que frustre o objetivo ilícito das partes? Nesse caso, haveria campo para aplicação do art. 27 do CPC também no processo judicial, determinando-se, conforme a hipótese, a restituição do enriquecimento sem causa à outra parte ou, ainda, ao Estado, se dito enriquecimento deu-se às custas do Erário.

Por último, a compensação por prejuízos ou por benefício indevido pode ser objeto de negócio jurídico processual, tratando-se de mais um caso em que a lei tipifica esse tipo de negócio.

Art. 28. O agente público responderá pessoalmente por suas decisões ou opiniões técnicas em caso de dolo ou erro grosseiro. *(Incluído pela Lei n. 13.655, de 2018)*

§ 1º (VETADO)[43]. *(Incluído pela Lei n. 13.655, de 2018)*

§ 2º (VETADO)[44]. *(Incluído pela Lei n. 13.655, de 2018)*

§ 3º (VETADO). *(Incluído pela Lei n. 13.655, de 2018)*

A responsabilidade de que trata o art. 28 não é a do Estado por atos de seus agentes ou de seus concessionários, mas a de natureza *pessoal do agente público*. Ademais, para que seja bem compreendida, sequer se trata da responsabilidade comum do agente público quaisquer atos ou omissões, normalmente calibrada nos estatutos do funcionalismo pela

---

43 O texto vetado é o seguinte: "§ 1º Não se considera erro grosseiro a decisão ou opinião baseada em jurisprudência ou doutrina, ainda que não pacificadas, em orientação geral ou, ainda, em interpretação razoável, mesmo que não venha a ser posteriormente aceita por órgãos de controle ou judiciais". Razão do veto: "A busca pela pacificação de entendimentos é essencial para a segurança jurídica. O dispositivo proposto admite a desconsideração de responsabilidade do agente público por decisão ou opinião baseada em interpretação jurisprudencial ou doutrinária não pacificada ou mesmo minoritária. Deste modo, a propositura atribui discricionariedade ao administrado em agir com base em sua própria convicção, o que se traduz em insegurança jurídica".

44 Os textos vetados (parágrafos segundo e terceiro) são os seguintes: "§ 2º O agente público que tiver de se defender, em qualquer esfera, por ato ou conduta praticada no exercício regular de suas competências e em observância ao interesse geral terá direito ao apoio da entidade, inclusive nas despesas com a defesa. § 3º Transitada em julgado decisão que reconheça a ocorrência de dolo ou erro grosseiro, o agente público ressarcirá ao erário as despesas assumidas pela entidade em razão do apoio de que trata o § 2º deste artigo". Razões dos vetos: "Os dispositivos criam direito subjetivo para o agente público obter apoio e defesa pela entidade, em qualquer esfera, decorrente de ato ou conduta praticada no exercício regular de suas competências, inclusive nas despesas com a defesa. Tal como se apresenta, fica caracterizada a não exclusividade do órgão de advocacia pública na prestação, podendo impor a cada entidade dispêndio financeiro indevido, sem delimitar hipóteses de ocorrência de tais apoios nem especificar o órgão responsável por esse amparo, o que poderia gerar significativos ônus sobretudo para os entes subnacionais".

culpa em sentido amplo, mas da responsabilidade por atos muito específicos: *a decisão e a opinião técnica* (parecer). Esse é o motivo que se pode encontrar para que o elemento subjetivo tenha sido definido como dolo ou erro grosseiro. Padrão tão estrito, que na verdade dificulta a imputação de responsabilidade, deve-se ao fato de que as atividades em tela – decisões e pareceres – tenderiam a tornar-se inviáveis em caso contrário. O servidor que atua subalternamente, o faz em conformidade com instruções e regulamentos bem certos e determinados – portanto, o seu padrão de culpa *lato sensu* já está prefigurado nesses atos. Se quer evitar responsabilidade, basta se ater a eles. Mas o decisor e o parecerista não têm um horizonte tão estreito. Ao revés, os atos que praticam defrontam-se com situações inusitadas, em que não há práticas consagradas e que demarcam, não poucas vezes, o tratamento original das questões opinadas ou decididas. Por isso, o legislador, no afã, mais uma vez, de conferir-lhes tranquilidade e segurança – e para não inibir atos que são essenciais no dia a dia da Administração –, balizou de modo bem apertado o elemento subjetivo da responsabilidade. Um dos objetivos evidentes na lei é o de evitar a paralisia da administração, pelo receio de responsabilidade.

O principal – embora não o único agente – que se tinha em mente, quando da proposta de reforma da LINDB, eram os advogados públicos pareceristas. A doutrina comenta que do Tribunal de Contas da União partiu a iniciativa de, ao responsabilizar autoridades administrativas por lesão ao Erário, incluir pareceristas cuja interpretação compusesse a motivação dos atos lesivos. Ou ainda o fazia porque editais de licitação, minutas de contratos e convênios são sujeitos à aprovação da consultoria jurídica. Mas essas manifestações, por si, não produzem efeitos isoladamente. Nem é razoável que o advogado público seja punido porque sua opinião divergiu do entendimento jurídico adotado pelo órgão de controle externo. Daí a necessidade de disciplina legislativa da responsabilidade pessoal[45].

O critério subjetivo do comentado art. 28 não se aplica à magistratura, nem ao Ministério Público, na prática dos atos típicos de suas atribui-

---

45 DI PIETRO, Maria Sylvia Zanella. Artigo 27. In: SENADO FEDERAL. *Segurança jurídica e qualidade das decisões públicas* – desafios de uma sociedade democrática. Senado: Brasília, 2015, p. 36-39.

ções. A responsabilidade pessoal de magistrados é delimitada, por um lado, pelo Código de Processo Civil (responsabilidade civil por dolo ou fraude – art. 143 do CPC) e, no que toca aos atos decisórios, a Lei Orgânica da Magistratura é bastante clara: não podem ser, de modo algum, prejudicados pelo conteúdo de suas decisões[46]. Do mesmo modo, o membro do Ministério Público é inviolável por suas manifestações processuais ou procedimentos. O magistrado judicial e o membro do Ministério Público, porém, que se encontrem no exercício de funções administrativas – e os há –, poderão ter o elemento subjetivo da conduta analisado segundo o critério do art. 28 da LINDB, na medida em que tais funções sejam administrativo-decisórias.

Aparentemente, portanto, o fim colimado pelo art. 28 foi o de proteger o administrador inovador. Admite-se que, ao defrontar-se com situações novas ou ao aplicar soluções novéis, o administrador erra e pode equivocar-se até um certo ponto. Que ponto? Aquele que não configure erro grosseiro. Por decorrência lógica, é aceitável um certo grau de culpa, na modalidade imperícia, que não se caracterize como grave. Fica superado, então, o conceito de "administrador médio" de que se valia o Tribunal de Contas da União para avaliar as condutas sob o ponto de vista da subjetividade do agente. Pois quem age com erro grosseiro é menos hábil ou menos perito do que um administrador médio. É pessoa que age com diligência inferior à normal. Dentro dessa linha, o Regulamento – Decreto n. 9.830/2019 – procedeu a equiparação entre erro grosseiro e culpa grave (art. 12, § 1º). Prossegue, ainda, o Regulamento ao extrair todas as consequências da leniência para com o gestor inovador: a) o caráter grosseiro do erro deve ser atestado por evidências específicas (situação ou circunstância fática); b) o dano em si não acarreta automaticamente responsabilidade do gestor,

---

46 LC n. 35/79: "Art. 41. Salvo os casos de impropriedade ou excesso de linguagem o magistrado não pode ser punido ou prejudicado pelas opiniões que manifestar ou pelo teor das decisões que proferir". Lei n. 8.625/93 (Lei Orgânica Nacional do Ministério Público): "Art. 41. Constituem prerrogativas dos membros do Ministério Público, no exercício de sua função, além de outras previstas na Lei Orgânica: (...) V – gozar de inviolabilidade pelas opiniões que externar ou pelo teor de suas manifestações processuais ou procedimentos, nos limites de sua independência funcional".

nem mesmo se for de grande monta, porque é necessário que o elemento subjetivo esteja configurado claramente; c) o erro de cada agente público deve ser aferido individualmente, de maneira que o erro grosseiro do parecerista não contamina o decisor que adotou o parecer como fundamento – ou seja, o erro grosseiro do gestor deve ser avaliado por si; d) o mesmo acontece com a culpa *in vigilando*: ela supõe o erro grosseiro de quem deveria velar pelo subordinado, de modo que não basta que este último tenha agido dolosa ou grosseiramente, para haver responsabilidade do superior. A complexidade da matéria e das atribuições do agente também é tomada em conta pelo Regulamento, o que é compreensível, pois isso é essencial para se determinar se houve ou não culpa grave.

Também se tem comentado que os novos parâmetros para responsabilização do legislador têm em vista a tutela do gestor público honesto preocupado com a inovação. E isso em duas frentes: primeiro, pela confiança depositada no gestor (ele não será punido, mas eventuais correções poderão ser efetuadas); e, segundo, pela confiança, inoculada no gestor, de que poderá atuar segundo sua avaliação técnica, podendo inovar desde que o faça fundamentadamente[47].

É natural que em seus julgados o Tribunal de Contas da União tenha se preocupado em desenhar conceitualmente o erro grosseiro. Vejamos alguns exemplos notórios:

a) Em certa ocasião, partiu-se do conceito civil do erro substancial que torna anulável o negócio jurídico ou do erro que poderia ser divisado por uma pessoa de diligência normal (art. 139 do CC). Por comparação, estabeleceu-se que o erro leve é aquele que poderia ser notado por pessoa de diligência extraordinária; o erro sem qualificativos especiais, aquele que poderia ser evitado por alguém de diligência normal; e o erro grosseiro, aquele que poderia ser percebido por pessoa cuja diligência e cuidado estão aquém do normal. Consumou-se então a equiparação entre erro grosseiro e culpa grave – aquele só

47 Cf. PALMA, Juliana Bonarcosi de. Segurança jurídica para a inovação pública: a nova Lei de Introdução às Normas do Direito Brasileiro (Lei n. 13.655/2018). *Revista de Direito Administrativo*, Rio de Janeiro, v. 279, n. 2, maio/ago. 2020, p. 209-249.

pode ser cometido por quem age imbuído desta. A citada decisão, no entanto, distinguiu a aplicação de sanções – para a qual deve concorrer o conceito estabelecido de erro grosseiro – da responsabilidade do agente pela reparação de danos ao Erário, esta última aferida pelo dolo ou pela culpa como tal considerada na legislação civil (grave, leve ou levíssima). Embora tenha sido mencionado, no acórdão, o art. 37, § 6º, da Constituição, é nossa impressão que a referência está demais no raciocínio lá desenvolvido, porque esse dispositivo constitucional, na porção que nos interessa, se ocupa da responsabilidade do agente público na via regressiva, uma vez que o Estado tenha sido condenado a indenizar terceiros. Na verdade, a Corte de Contas poderia ter se limitado a estabelecer que a reparação civil é devida segundo os pressupostos do direito comum (dolo ou culpa não qualificada), mas a aplicação de sanções administrativas (tais como multa e inabilitação) depende, esta sim, nos termos da precitada decisão, da constatação de erro grosseiro (culpa grave)[48]. Essa interpretação reduz parcialmente a aplicação do art. 28 da LINDB, não é demais notar, pois restringe o que possa ser entendido como *responsabilidade pessoal* do agente público – responsabilidade por sanções administrativas, não a responsabilidade civil por danos.

b) Subsequentemente, o Tribunal de Contas da União mais uma vez teve ocasião de concretizar um exemplo de erro grosseiro, ao decidir que o desatendimento puro e simples de parecer jurídico (parecer da consultoria do órgão), *sem a devida motivação* por parte de quem o faz, configura erro grosseiro, sujeitando o agente, no caso, à imposição de multa[49]. Parece-nos importante destacar que, nessa decisão, o TCU

---

48 TCU, Plenário, Acórdão 2.391, Rel. Benjamin Zymler. Excerto, 17-10-2018: "é preciso conceituar o que vem a ser erro grosseiro para o exercício do poder sancionatório desta Corte de Contas. Segundo o art. 138 do Código Civil, o erro, sem nenhum tipo de qualificação quanto à sua gravidade, é aquele 'que poderia ser percebido por pessoa de diligência normal, em face das circunstâncias do negócio' (grifos acrescidos). Se ele for substancial, nos termos do art. 139, torna anulável o negócio jurídico. Se não, pode ser convalidado".

49 TCU, Plenário, Acórdão 1.264, Rel. Augusto Nardes, 5-6-2019.

não afirmou que o administrador esteja vinculado à posição da consultoria jurídica, mas que integraria a configuração de erro grosseiro a omissão de motivação para fazê-lo, além da desatenção, em licitação, para com a proposta mais vantajosa e com o princípio da isonomia.

c) Considerou-se de erro grosseiro a falha na realização de pesquisa de preços, ocasionando a desclassificação de licitantes sob o pretexto de inexequibilidade das propostas, tudo isso no ambiente de contratação de valor expressivo[50].

d) O critério dolo/erro grosseiro é apto para fazer incidir ou afastar a responsabilidade administrativa por sanções do gestor ou parecerista, mas não a responsabilidade pelo ressarcimento de danos ao Erário. A composição de danos ("responsabilidade financeira") depende da simples constatação de dolo ou culpa[51].

e) Também se considerou erro grosseiro, por parte de parecerista, aprovar minuta de edital contendo vícios que não envolvam controvérsias jurídicas ou complexidades técnicas[52]. No caso, os critérios de habilitação restringiam a participação em concorrência e o projeto básico não havia sido aprovado pela autoridade competente, configurando o que se chamaria, em outras áreas do Direito, de "culpa contra a legalidade", equivalente ao dolo (embora o Tribunal de Contas tenha qualificado o fato diferentemente).

f) O fato de o gestor basear-se em pareceres jurídicos não faz presumir sua boa-fé, pois ele não é vinculado a tais pareceres e deve analisar a correção de seu conteúdo. O gestor pode ser exonerado de censura se os vícios do parecer eram de difícil detecção[53].

g) Em contrapartida, não é erro grosseiro, mas mera falha procedimental, aceitar notas fiscais eletrônicas de empresa contratada sem conferir sua autenticidade. Isso, dentro de empreendimento substancialmente executado, sem superfaturamento[54].

---

50 TCU, 2ª Câmara, Acórdão 4.447, Rel. Aroldo Cedraz, 30-4-2020.

51 TCU, 1ª Câmara, Acórdão 7.982, Rel. Benjamin Zymler, 21-7-2020.

52 TCU, 1ª Câmara, Acórdão 9.294, Rel. Bruno Dantas, 1-9-2020.

53 TCU, 1ª Câmara, Acórdão 7.632, Rel. Walton Alencar Rodrigues, 4-5-2021.

54 TCU, 1ª Câmara, Acórdão 7.300, Rel. Walton Alencar Rodrigues, 27-4-2021.

Art. 29. Em qualquer órgão ou Poder, a edição de atos normativos por autoridade administrativa, salvo os de mera organização interna, poderá ser precedida de consulta pública para manifestação de interessados, preferencialmente por meio eletrônico, a qual será considerada na decisão.

§ 1º A convocação conterá a minuta do ato normativo e fixará o prazo e demais condições da consulta pública, observadas as normas legais e regulamentares específicas, se houver.

§ 2º (VETADO)[55].

Nos termos do art. 29 da LINDB, é aceita a tradicional distinção entre atos normativos de efeitos internos e atos de efeitos externos. Já se clamava, há tempos, na doutrina, contra a edição de atos que, a pretexto de organizar o serviço nas repartições, criavam obrigações para os administrados, extrapolando os limites da regulamentação.

O art. 29 em comento vai além dessa justificada queixa. Quaisquer atos de efeitos externos, mesmo que expedidos com atenção às balizas do poder regulamentar, devem ser precedidos de consulta pública. Ou seja, os interessados devem ser ouvidos. Além de consagrar a ideia de participação popular na Administração, o art. 29 encoraja, mais uma vez, a segurança jurídica, posto que as inovações serão previamente discutidas e conhecidas. E, dado que o *e-government* já foi adotado em certa medida no Brasil (pelo menos no que toca à divulgação e atendimento ao público por meios eletrônicos), o dispositivo em comento também estipula o meio eletrônico como preferencial para a consulta pública prévia. Assim nos

55 O texto vetado é o seguinte: "§ 2º É obrigatória a publicação, preferencialmente por meio eletrônico, das contribuições e de sua análise, juntamente com a do ato normativo". Razão do veto: "Configura-se de todo louvável o comando do dispositivo de tornar obrigatória a publicação das contribuições oriundas das consultas públicas que precedam a edição de atos normativos. Não obstante, a extensão dessa obrigatoriedade à publicação também das respectivas análises, e de modo concomitante à edição do respectivo ato normativo, poderia tornar extremamente morosa e ineficiente a sistemática por parte dos órgãos ou Poderes, ou mesmo retardar sua implementação, indo de encontro ao interesse público e recomendando, assim, o veto do parágrafo".

parece bem, pois a consulta pela internet permite participação mais cômoda e generalizada, devendo atentar-se, quanto ao ponto, por que o direito de acesso à internet é considerado objetivo básico pelo assim chamado Marco Civil da Internet (Lei n. 12.965/2014), art. 4º, I. Uma das razões fundamentais é precisamente essa: sem acesso, fica severamente limitada, ou até prejudicada, a participação popular.

Consoante a doutrina, a consulta pública não é mera faculdade ou boa prática, mas sim um dever, emparelhado com o dever de motivação dos atos administrativos, sendo um e outro requisitos de validade do ato[56].

E mais, se o resultado da consulta há de ser tomado em conta na decisão, como reza a lei, a consequência lógica inexorável é a de que o ato há de ser motivado – inclusive motivado especificamente quanto ao aspecto ora em consideração.

Exceção é aberta aos atos administrativos de efeitos exclusivamente internos, assim compreendidos aqueles que se esgotam na organização dos serviços, sem gerar ônus para o público atendido pelo serviço. A linha divisória, portanto, nem sempre é fácil de divisar. Se, com a pretensão de organizar o serviço, for instituída qualquer obrigação para o público, a consulta será de rigor, sob pena de invalidade da regra novel. Decerto, nesses casos, a nulidade poderá afetar apenas as partes que tocam ao administrado, se as demais (envolvidas com a mera organização íntima do serviço) puderem ser aplicadas sem prejuízo. Como já foi explicado, essa economia em matéria de nulidades faz parte do espírito da própria LINDB, daí a interpretação aqui proposta.

Esse art. 29 não entrou em vigor simultaneamente com o restante da "lei de segurança jurídica", o conjunto de adaptações da Lei de Introdução às particularidades do Direito Público. Enquanto que a primeira passou a viger na data de sua publicação (26-4-2018), o art. 29 teve de aguardar a *vacatio legis* de 180 dias (art. 2º da Lei n. 13.655/2018).

---

56 MONTEIRO, V. Art. 29 da LINDB – Regime jurídico da consulta pública. *Revista de Direito Administrativo*, 2018, p. 225-242.

Art. 30. As autoridades públicas devem atuar para aumentar a segurança jurídica na aplicação das normas, inclusive por meio de regulamentos, súmulas administrativas e respostas a consultas. *(Incluído pela Lei n. 13.655, de 2018)*

Parágrafo único. Os instrumentos previstos no caput deste artigo terão caráter vinculante em relação ao órgão ou entidade a que se destinam, até ulterior revisão. *(Incluído pela Lei n. 13.655, de 2018)*

A segurança jurídica é a grande diretriz da Lei n. 13.655, que acrescentou dez dispositivos à LINDB. Não é de estranhar que a tenha transformado em dever funcional das autoridades públicas, determinando que elas devam especificar os padrões de conduta próprios e dos administrados a elas sujeitos, concretizando-os por via de atos de conhecimento público. O regulamento é um meio tradicional para o fim colimado. O art. 30 da LINDB não está se referindo apenas aos decretos do Chefe do Executivo, mas a regulamentos em sentido amplo – instruções, ordens e portarias que tornem mais clara, previsível e segura a execução de deveres impostos por lei. As súmulas administrativas, já comuns nos órgãos colegiados, agora também podem ser adotadas, por força do art. 30, por autoridades integrantes de cargos unipessoais. E as respostas a consultas dos administrados – ou até dos funcionários subordinados – já são conhecidas na prática administrativa brasileira, de longos anos.

Quais são, então, as inovações do art. 30 da LINDB? Primeiramente, ele introduziu um dever. O que se fazia de modo descontínuo, por mera conveniência, agora é prática permanente e exigível. Em segundo lugar, o art. 30 destaca que os regulamentos, súmulas e respostas, antes vistos – por uma peculiar cultura administrativa – como imponíveis apenas a subalternos e particulares (às vezes até excedendo os limites legais), passam a ser, invariavel e independentemente de previsão específica, vinculantes para a própria autoridade emissora. Esta, conquanto conserve o poder de revisão, deve observar a norma concreta até que tenha finalizado a revisão que será eficaz, também, para todos – o que inclui, mais uma vez, o emissor da revisão.

Novamente, somos obrigados a admitir que os impactos da LINDB reformada são assimétricos. Seu art. 30 é mais facilmente aplicável por certas autoridades administrativas do que por outras. Notadamente quanto ao reforço da segurança jurídica por meio de regulamento – aqui tomado amplamente, como qualquer ato administrativo de conteúdo normativo, subalternamente à lei. No que se refere aos agentes administrativos em geral, a consequência é pouca, porque o regulamento do art. 30 serve apenas para desdobrar, particularizar e facilitar o cumprimento do que já se encontra, ao menos implicitamente, na lei. Concebida a regulamentação nesses termos muito estritos e clássicos, nem sempre a sua emissão acrescerá a segurança jurídica. Pelo contrário, a profusão de regulamentos no afã de cumprir o dever do art. 30 pode levar à derrotabilidade – isto é, a efeitos opostos àqueles visados pelo legislador. O art. 30 da LINDB, portanto, não deve servir de ímpeto para a regulamentação desenfreada. A instância a que melhor se aplica o dispositivo é a das agências reguladoras, porque seu poder normativo é exercido de forma muito mais aberta. Essas autarquias especiais são providas do mencionado poder nas próprias leis que as criam e não emitem regulamentos de mera execução, mas vão muito além disso, não contra a lei, como alguns acreditam, mas no espaço de discricionariedade técnica criado pela lei. São elas, mais do que qualquer outra autoridade, que podem tirar melhor proveito do poder-dever de elevação do grau de segurança jurídica instituído pelo art. 20 da LINDB. Os demais instrumentos lá previstos dependerão da competência atribuída ao agente público, porque não é todo agente administrativo que detém a atribuição de responder consultas ou emitir súmulas. Mais uma vez, somos forçados à admissão de que os propósitos da lei, conquanto excelentes, são de limitada consecução.

REFERÊNCIAS

ABADE, Denise Neves. Carta rogatória e o auxílio direto na cooperação jurídica internacional. In: CARVALHO RAMOS, André de; MENEZES, Wagner. *Direito internacional privado e a nova cooperação jurídica internacional*. Belo Horizonte: Fórum, 2014. p. 79-86.

ABADE, Denise Neves. *Direitos fundamentais na cooperação jurídica internacional*. São Paulo: Saraiva, 2013.

AFONSO DA SILVA, Virgílio. Interpretação constitucional e sincretismo metodológico. In: *Interpretação constitucional*. São Paulo: Malheiros, 2005.

AGO, Roberto. Règles générales des conflits de lois. *Recueil des Cours de l'Académie de Droit International de la Haye*, t. 58, 1936, p. 243-470.

ALEXY, Robert. *Teoria dos direitos fundamentais*. São Paulo: Malheiros, 2008.

ALMEIDA, Fernando Menezes de. Artigo 29. In: SENADO FEDERAL. *Segurança jurídica e qualidade das decisões públicas* – desafios de uma sociedade democrática. Senado: Brasília, 2015.

AMAZONAS, José Antônio de Almeida. *Da execução de sentenças estrangeiras*. São Paulo: RT, 1940.

ARAUJO, Nadia de. *Direito internacional privado*. 5. ed. Rio de Janeiro: Renovar, 2011.

ASCENSÃO, José de Oliveira. *O direito:* introdução e teoria geral – uma perspectiva luso-brasileira. Lisboa: Fundação Calouste Gulbenkian, 1978.

ASCENSÃO, José de Oliveira. *O direito:* introdução e teoria geral. Almedina: Coimbra, 1991.

ÁVILA, Humberto. *Teoria dos princípios*. São Paulo: Malheiros, 2013.

BADARÓ, Gustavo Henrique Righi Ivahy. *Ônus da prova no processo penal*. São Paulo: RT, 2003.

BALMACEDA CARDOSO, P. *O direito internacional privado em face da doutrina, da legislação e da jurisprudência brasileiras.* São Paulo: Martins Editora, 1943.

BANDEIRA DE MELLO, Celso Antonio. *Curso de direito administrativo.* São Paulo: Malheiros, 2015.

BAPTISTA, Luiz Olavo. Aplicação do direito estrangeiro pelo juiz nacional. *Revista de Informação Legislativa,* Brasília, ano 36, n. 142, abr./jun. 1999, p. 267-277.

BAPTISTA, Luiz Olavo. *Dos contratos internacionais* – uma visão teórica e prática. São Paulo: Saraiva, 1994.

BARBI, Celso Agrícola. *Comentários ao Código de Processo Civil:* Lei n. 5.869, de 11 de janeiro de 1973. Rio de Janeiro: Forense, 1998. v. I.

BARBOSA MOREIRA, José Carlos. Problemas relativos a litígios internacionais. *Temas de direito processual:* quinta série. São Paulo: Saraiva, 1994.

BARTIN, E. *Principes de droit international privé selon la loi et la jurisprudence françaises.* Paris: Éditions Domat-Montchrestien, 1930. t. 1.

BARTIN, Etienne. La doctrine des qualifications et ses rapports avec le caractère national du conflit des lois. *Recueil des Cours de la Académie de Droit International de la Haye,* t. 31, 1930, p. 561-622.

BASSO, Maristela. A autonomia da vontade nos contratos internacionais do comércio. In: BAPTISTA, Luiz Olavo; HUCK, Hermes Marcelo; CASELLA, Paulo Borba (Org.). *Direito e comércio internacional* – Tendências e perspectivas – Estudos em homenagem ao Prof. Irineu Strenger. São Paulo: LTr, 1994. p. 42-66.

BATALHA, Wilson de Souza Campos. *Tratado de direito internacional privado.* 2. ed. São Paulo: RT, 1977. v. I.

BATALHA, Wilson de Souza Campos. *Tratado de direito internacional privado.* 2. ed. São Paulo: RT, 1977. v. II.

BATIFFOL, Henri. *Traité élémentaire de droit international privé.* Paris: LGDJ, 1959.

BEALE, Joseph Henry (Tradutor). *Bartolus on the conflict of law.* Cambridge: Harvard University Press, 1914.

BECKETT, W. E. The question of classification ("qualification") in private international law. 15 *British Yearbook of International Law,* 1934.

BELLOT, H. H. L. La théorie anglo-saxonne des conflits de lois. *Recueil des Cours de l'Académie de Droit International de la Haye,* 1924.

BENTHAM, Jeremy. *An introduction to the principles of morals and legislation.* S.l.: Kitchener, 2000.

BERMAN, Harold J. *La formación de la tradición jurídica de Occidente.* México: Fondo de Cultura Económica, 1996.

BETTI, Emílio. *Teoria geral do negócio jurídico.* Tradução de Fernando de Miranda. Coimbra: Coimbra, 1969. t. 1 e 2.

BEVILÁQUA, Clóvis. *Princípios elementares de direito internacional privado*. 1. ed. Salvador: Livraria Magalhães, 1906.

BEVILÁQUA, Clóvis. *Princípios elementares de direito internacional privado*. 3. ed. Rio de Janeiro: Freitas Bastos, 1938.

BEVILÁQUA, Clóvis. *Teoria geral do direito civil*. 2. ed. atual. e revisto por Caio Maio da Silva Pereira. Rio de Janeiro: Livraria Francisco Alves, 1976.

BOTELHO DE MESQUITA, José Ignácio. Da competência internacional e dos princípios que a informam. *Revista de Processo*, n. 50, abr./jun. 1988, p. 51-71.

BOUCAULT, Carlos Eduardo de Abreu. *Direitos adquiridos no direito internacional privado*. Porto Alegre: Sergio Antonio Fabris, 1996.

BRITO, Luiz Araújo Corrêa de. *Do limite à extraterritorialidade do direito estrangeiro no Código Civil Brasileiro*. São Paulo: Escolas Profissionais Salesianas, 1952.

BROCHER, Charles. *Nouveau traité de droit international privé au double point de vue de la doutrine et de la pratique*. Paris: E. Thorin Éditor, 1876.

BUCHER, Andreas. La dimension sociale du droit international privé. *Recueil des Cours de l'Académie de Droit International de La Haye*, v. 341, 2009, p. 9-526.

BUREAU, Dominique; WATT, Horatia Muir. *Droit international privé*. 3. ed. Paris: PUF, 2014. t. I.

CAENEGAM, R. C. Van. *Uma introdução histórica ao direito privado*. São Paulo: Martins Fontes, 1995.

CALMON DE PASSOS, J. J. *Esboço de uma teoria das nulidades aplicada às nulidades processuais*. Rio de Janeiro: Forense, 2002.

CANARIS, Claus-Wilhelm. *Direitos fundamentais e direito privado*. Coimbra: Almedina, 2012.

CANOTILHO, J. J. Gomes. *Direito constitucional*. Coimbra: Almedina, 1996.

CARVALHO RAMOS, André de. *Curso de direito internacional privado*. 2. ed. São Paulo: Saraiva, 2021.

CARVALHO RAMOS, André de. *A construção do direito internacional privado*: heterogeneidade e coerência. Salvador: JusPodivm, 2021.

CARVALHO RAMOS, André de. *Curso de direitos humanos*. 8. ed. São Paulo: Saraiva, 2021.

CARVALHO RAMOS, André de. Direito internacional privado e a ambição universalista. In: TIBURCIO, Carmem; VASCONCELOS, Raphael; MENEZES, Wagner (Org.). *Panorama do direito internacional privado atual e outros temas contemporâneos* – Festschrift ao professor Jacob Dolinger. Belo Horizonte: Arraes, 2015. p. 14-33.

CARVALHO RAMOS, André de. Direito internacional privado e o direito transnacional: entre a unificação e a anarquia. *Revista de Direito Internacional*, v. 13, 2016, p. 504-520.

CARVALHO RAMOS, André de. Direitos dos estrangeiros no Brasil: a imigração, direito de ingresso e os direitos dos estrangeiros em situação irregular. In: SARMENTO, Daniel; IKAWA, Daniela; PIOVESAN, Flávia (Org.). *Igualdade, diferença e direitos humanos.* Rio de Janeiro: Lumen Juris, 2008. p. 721-745.

CARVALHO RAMOS, André de. Evolução histórica do direito internacional privado e a consagração do conflitualismo. *Revista de la Secretaría del Tribunal Permanente de Revisión,* año 3, n. 5, Marzo 2015, p. 423-446.

CARVALHO RAMOS, André de. Pluralidade das fontes e o novo direito internacional privado. *Revista da Faculdade de Direito da Universidade de São Paulo,* v. 109, jan./dez. 2014, p. 597-620.

CARVALHO RAMOS, André de. *Pluralidade das ordens jurídicas* – a relação do direito brasileiro com o direito internacional. Curitiba: Juruá, 2012.

CARVALHO RAMOS, André de. *Processo internacional de direitos humanos.* 6. ed. São Paulo: Saraiva, 2019.

CARVALHO RAMOS, André de. *Teoria geral dos direitos humanos na ordem internacional.* 7. ed. São Paulo: Saraiva, 2019.

CARVALHO RAMOS, André de. Universal, tolerante e inclusivo: uma nova racionalidade para o direito internacional privado na era dos direitos humanos. *Cadernos do Programa de Pós-Graduação em Direito* – PPGDIR./UFRGS, v. XV, 2020, p. 107-137.

CASELLA, Paulo Borba. *Direito internacional:* vertente jurídica da globalização. Porto Alegre: Síntese, 2000.

CASELLA, Paulo Borba. *Fundamentos do direito internacional pós-moderno.* São Paulo: Quartier Latin, 2008.

CASELLA, Paulo Borba; ARAÚJO, Nadia de (Coord.). *Integração jurídica interamericana* – as convenções interamericanas de direito internacional privado e o direito brasileiro. São Paulo: LTr, 1998.

CASSIN, René. La nouvelle conception du domicile dans le règlement des conflits de lois. *Recueil des Cours de l'Académie de Droit International de la Haye,* t. 34, 1930, p. 659-809.

CASTRO, Amílcar de. *Direito internacional privado.* 5. ed., rev. e atualizado por Osiris Rocha. Rio de Janeiro: Forense, 2000.

CLARENCE SMITH, J. A. Bartolo on the conflict of laws. *The American Journal of Legal History,* v. 14, n. 3, Jul. 1970, p. 174-183 e também p. 247-275.

COELHO, Inocêncio Mártires. O novo Código Civil e a interpretação conforme à Constituição. In: FRANCIULLI NETTO, Domingos; MENDES, Gilmar Ferreira; MARTINS FILHO, Ives Gandra da Silva. *O novo Código Civil.* São Paulo: LTr, 2003. p. 25-53.

CONSELHO NACIONAL DE JUSTIÇA (Ed.). Grupo de Trabalho (Portaria n. 155/2013): Política Nacional de Priorização do Primeiro Grau de Jurisdição. Brasília, 2013.

COPLESTON, Frederick. *Historia de la filosofia*. Barcelona: Ariel, 1993. v. VIII.

CORMACK, Joseph M. Renvoi, Characterization, localization and preliminary question in the conflict of laws: a study of problems involved in determining whether or not the forum should follow its own choice of a conflict-of-laws principle. *Southern California Law Review*, v. XIV, march, 1941 n. 3, p. 221-275.

COSTA, Luiz Antônio Severo da. *Da aplicação do direito estrangeiro pelo juiz nacional*. Rio de Janeiro: Freitas Bastos, 1968.

DAVÍ, Angelo. Le renvoi en droit international privé contemporain. *Recueil des Cours de l'Académie de Droit International de la Haye*, t. 352, 2012, p. 1-521.

DE MORAES, Maria Celina (Coord.). *Princípios do direito civil contemporâneo*. Rio de Janeiro: Renovar, 2006.

DESPAGNET, Franz. Des conflits de lois relatifs à la qualification des rapports juridiques. *Journal de Droit International*, 1898.

DESPAGNET, Franz. *Précis de droit international privé*. 4. ed. Paris: Libraire de la Société du Recueil Général des Lois et des Arrêts, 1904.

DEWEY, John. *How we think*. Chicago: Gateway, 1971.

DIDIER, Fredie Souza; OLIVEIRA, Rafael Alexandria. Dever judicial de considerar as consequências práticas da decisão: interpretando o art. 20 da Lei de Introdução às Normas do Direito Brasileiro. *Revista de Direito Administrativo &Constitucional*, Belo Horizonte, n. 75, jan./mar. 2019, p. 143-160.

DINAMARCO, Cândido Rangel. *Instituições de direito processual civil*. 5. ed. rev. e atual. São Paulo: Malheiros, 2005. v. II.

DINIZ, Maria Helena. Código Civil de 1916. In: BITTAR, Eduardo C. B. *História do direito brasileiro*. 2. ed. São Paulo: Atlas, 2010. p. 229-240.

DI PIETRO, Maria Sylvia Zanella. Artigo 27. In: SENADO FEDERAL. *Segurança jurídica e qualidade das decisões públicas* – desafios de uma sociedade democrática. Senado: Brasília, 2015.

DOLINGER, Jacob. *A evolução da ordem pública no direito internacional privado*. Tese apresentada para o concurso à Cátedra de Direito Internacional Privado da Faculdade de Direito da Universidade do Estado do Rio de Janeiro. Rio de Janeiro, 1979.

DOLINGER, Jacob. *Direito civil internacional*. Rio de Janeiro: Renovar, 1997. v. I: A família no direito internacional privado.

DOLINGER, Jacob. *Direito internacional privado* – parte geral. 10. ed. Rio de Janeiro: Forense/GEN, 2011.

DOLINGER, Jacob. *Direito internacional privado* (parte especial). Rio de Janeiro: Renovar, 2007. v. II: Contratos e obrigações no direito internacional privado.

DOLINGER, Jacob; TIBURCIO, Carmen. The forum law rule in international litigation: lex fori or lex diligentiae? – Unresolved choice-of-law issues in the transnational rules of civil procedure. *Texas International Law Journal*, v. 33, 1997.

DRUCKER, Peter F. *Management-revised edition.* S.l.: HarperCollins, 2008.

ELHOUEISS, Jean-Luc. Retour sur la qualification *lege causae* en droit international privé. *Journal de Droit International,* n. 2, avril/juin 2005, p. 281-313.

ENGISCH, Karl. *Introdução ao pensamento jurídico.* 6. ed. Lisboa: Calouste Gulbenkian, 1977.

ESPÍNOLA, Eduardo. *Elementos de direito internacional privado.* Rio de Janeiro: Jacintho Ribeiro dos Santos, 1925.

ESPÍNOLA, Eduardo; ESPÍNOLA FILHO, Eduardo. *A Lei de Introdução ao Código Civil brasileiro* – comentada na ordem dos seus artigos. 2. ed. Rio de Janeiro: Renovar, 1995.

ESPÍNOLA, Eduardo; ESPÍNOLA FILHO, Eduardo. *Tratado de direito civil brasileiro.* Rio de Janeiro: Freitas Bastos, 1939. v. II.

ESPÍNOLA, Eduardo; ESPÍNOLA FILHO, Eduardo. *Tratado de direito civil brasileiro.* Rio de Janeiro: Freitas Bastos, 1941. v. VII: Do direito internacional privado brasileiro – parte geral.

ESPÍNOLA, Eduardo; ESPÍNOLA FILHO, Eduardo. *Tratado de direito civil brasileiro.* Rio de Janeiro: Freitas Bastos, 1942. v. VIII: Do direito internacional privado brasileiro – parte especial, t. I.

ESPÍNOLA, Eduardo; ESPÍNOLA FILHO, Eduardo. *Tratado de direito civil brasileiro.* Rio de Janeiro: Freitas Bastos, 1943. v. VIII: Do direito internacional privado brasileiro, t. II.

FAYOL, Henri. *Administração industrial e geral.* São Paulo: Atlas, 1989.

FERRAZ JR, Tércio Sampaio. *Introdução ao estudo do direito.* São Paulo: Atlas, 1994.

FERRAZ, Luciano. *LINDB autoriza TAC em ações de improbidade administrativa.* Disponível em <https://www.conjur.com.br/2018-ago-09/interesse-publico-lindb-autoriza-tac-acoes-improbidade-administrativa>, último acesso em 1° de maio de 2021.

FERRER CORREIA, A. *Lições de direito internacional privado.* Coimbra: Almedina, 2000. t. I.

FERRI, Luigi. *L'autonomia privata.* Milano: Giuffrè, 1959.

FOELIX, M. (Jean Jacques Gaspard). *Traité du droit international privé, ou, du conflit des lois de différentes nations en matière de droit privé.* 3. ed. Paris: Marescq et Dujardin, 1856.

FRAGISTAS, Charlambo M. La competence internationale em droit international privé. *Recueil des Cours de l'Académie de Droit International de la Haye,* t. 104, 1964, p. 159-272.

FRANÇA, Rubens Limongi. *A irretroatividade das leis e o direito adquirido.* São Paulo: RT, 1994.

FRANCESCAKIS, Ph. *La théorie du renvoi et les conflits de systèmes en droit international privé.* Paris: Sirey, 1958.

FREITAS, Augusto Teixeira de. *Código civil:* esboço. Rio de Janeiro: Typographia Universal de Laemmert, 1860.

FREITAS, Augusto Teixeira de. *Consolidação das leis civis.* Prefácio de Ruy Rosado de Aguiar – fac-símile da 3. ed. de 1876. Brasília: Senado Federal, 2003. 2 v.

FUX, Luiz. Homologação de sentença estrangeira. In: TIBURCIO, Carmem; BARROSO, Luís Roberto (Org.). *O direito internacional contemporâneo* – estudos em homenagem a Jacob Dolinger. Rio de Janeiro: Renovar, 2006. p. 643-644.

GAMA E SILVA, Luis Antonio. *A ordem pública em direito internacional privado.* Monografia de concurso à docência-livre de direito internacional privado, na Faculdade de Direito da Universidade de São Paulo. São Paulo, 1944.

GAMA E SILVA, Luis Antônio. *As qualificações em direito internacional privado.* Tese apresentada para o concurso de catedrático de Direito Internacional Privado da Faculdade de Direito da Universidade de São Paulo. São Paulo, 1953.

GAUDEMET-TALLON, Hélène. Le pluralisme en droit international privé: richesses et faiblesses (Le funambule et l'arc-en-ciel). *Recueil des Cours de l' Académie de Droit International de la Haye,* t. 312, 2005, p. 9-40.

GILISSEN, John. *Introdução histórica ao direito.* Lisboa: Calouste Gulbenkian, 1995.

GODOI, Marcela Gonçalves. *Do caráter pragmatista das disposições da nova Lei de Introdução às Normas do Direito Brasileiro – LINDB e o impacto na gestão pública e na atuação dos órgãos de controle.* Disponível em <https://conteudojuridico.com.br/consulta/artigos/53821/do-carter-pragmat>, último acesso em 2 de maio de 2021.

GOMES FILHO, Antonio Magalhães. *Direito à prova no processo penal.* São Paulo: RT, 1997.

GONÇALVES, Carlos Roberto. Análise da lei de introdução ao Código Civil: sua função no ordenamento jurídico e, em especial, no processo civil. *Revista de Processo,* v. 37, jan. 1985.

GOTHOT, Pierre. La méthode unilatéraliste face au droit international privé des contrats. *Droit international privé*: travaux du Comité français de droit international privé, 1e année, 1975-1977. Persée: Université de Lyon, CNRS & ENS de Lyon, 1979. p. 201-232.

GRAMSTRUP, Erik Frederico. *O princípio da igualdade entre os cônjuges.* Dissertação de mestrado apresentada à Faculdade de Direito da Pontifícia Universidade Católica de São Paulo, 2000.

GRAMSTRUP, Erik Frederico. O princípio da igualdade. *Videtur,* n. 17, 2002, p. 21-31.

GRECO FILHO, Vicente. *Homologação de sentença estrangeira.* São Paulo: Saraiva, 1978.

GRINOVER, Ada Pellegrini; CINTRA, Antônio Carlos de Araújo; DINAMARCO, Cândido Rangel. *Teoria geral do processo.* 25. ed. São Paulo: Malheiros, 2009.

GUIMARÃES, Hahnemann. As pessoas jurídicas como situações patrimoniais. *Revista Forense,* v. 91, ano 1942, p. 299-310.

GUTZWILLER, Max. Le développement historique du droit international privé. *Recueil de Cours de l'Académie de Droit International de la Haye,* t. 29, 1929, p. 291-400.

HOBSBAWM, Eric J. *Nações e nacionalismo.* 5. ed. São Paulo: Paz e Terra, 2008.

HUCK, Hermes Marcelo. *Sentença estrangeira e* lex mercatoria. São Paulo: Saraiva, 1994.

INSTITUT DE DROIT INTERNATIONAL. *Conflits de lois relatifs à la capacité des mineurs, aliénés, faibles d'esprit et prodigues, en matière d'actes patrimoniaux entre vifs.* Relatores: Georges Streit e J. H. P. Niboyet. Sessão de Oslo, 1932. Disponível em <http://www.idi-iil.org/idiF/resolutionsF/1900_neu_04_fr.pdf>, último acesso em 2 de maio de 2015.

INSTITUT DE DROIT INTERNATIONAL. *Conflits entre les dispositions des lois nationales relatives au droit international privé. Question du renvoi.* Relatores: Giulio Cesare Buzzati e Jules Armand Lainé. Sessão de Neuchâtel, 1900. Disponível em <http://www.idi-iil.org/idiF/resolutionsF/1900_neu_04_fr.pdf>, último acesso em 2 de maio de 2015.

INSTITUT DE DROIT INTERNATIONAL. La prise en compte du droit international privé étranger. Quatrième Commission, Relator: Kurt Lipstein. Sessão de Berlim, 1999. Disponível em <http://www.idi-iil.org/idiF/resolutionsF/1999_ber_01_fr.PDF>, último acesso em 2 de maio de 2015.

INSTITUTO DE DIREITO INTERNACIONAL. *Resolução de 1880,* Oxford, referente aos "Principes généraux en matière de nationalité, de capacité, de succession et d'ordre public". Item VI: "VI. L'état et la capacité d'une personne sont régis par les lois de l'Etat auquel elle appartient par sa *nationalité.* Disponível em <http://www.idi-iil.org/idiF/resolutionsF/1880_oxf_01_fr.pdf>, último acesso em 25 de janeiro de 2015.

JAEGER JUNIOR, Augusto. *Europeização do direito internacional privado.* Curitiba: Juruá, 2012.

JAMES, William. Pragmatism. *Writings 1902 1910.* New York: Penguin, 1987.

JATAHY, Vera Maria Barrera. *Do conflito de jurisdições. A competência internacional da Justiça Brasileira.* Rio de Janeiro: Forense, 2003.

JAYME, Erik. Le droit international privé du nouveau millénaire: la protection de la personne humaine face à la globalisation. *Recueil des Cours de l'Académie de Droit International de la Haye,* t. 282, 2000, p. 9-40.

JAYME, Erik. O direito internacional privado no novo milênio: a proteção da pessoa humana em face da globalização. In: ARAÚJO, Nadia de; MARQUES,

Claudia Lima (Org.). *O novo direito internacional. Estudos em homenagem a Erik Jayme*. Rio de Janeiro: Renovar, 2005. p. 3-20.

JOLIVET, Regis. *Tratado de filosofia* – introdução geral-lógica-cosmologia. São Paulo: Agir, 1969. t. I.

JORGE JUNIOR, Alberto Gosson. *Cláusulas gerais no novo Código Civil*. São Paulo: Saraiva, 2004.

KANT, Immanuel. *Metafísica dos costumes*. Lisboa: Fundação Calouste Gulbenkian, 2017 [1797].

KASSIR, Walid J. Le renvoi en droit international privé: technique de dialogue entre les cultures juridiques. *Recueil des Cours de l'Académie de Droit International de La Haye*, v. 352, 2015, p. 9-120.

KELSEN, Hans. *Teoria geral do direito e do estado*. Porto Alegre: Sergio Fabris, 1986.

KELSEN, Hans. *Teoria pura do direito*. Coimbra: Armênio Amado, 1984.

KOMATSU, Roque. *Da invalidade no processo civil*. São Paulo: RT, 1991.

KUHN, A. K. La conception du droit international privé d´aprés la doctrine et la pratique aux États-Unis. *Recueil des Cours de l´Académie de Droit International de la Haye*, 1928, p. 193.

LAGARDE, Paul. Le principe de proximité dans le droit international privé contemporain; cours général de droit international privé. *Recueil des Cours de l'Académie de Droit International de La Haye*, vol. 196, 1986, p. 9-238.

LALIVE, Jean-Flavien. Contrats entre États ou entreprises étatiques et personnes privées: développements récents. *Recueil des Cours de l´Académie de Droit International de la Haye*, t. 181, 1983-III, p. 9-283.

LARENCE SMITH, J. A. Bartolo on the conflict of laws. *The American Journal of Legal History*, v. 14, n. 3, Jul. 1970, p. 174-183 e também p. 247-275.

LARENZ, Karl. *Metodologia da ciência do direito*. Lisboa: Calouste Gulbenkian, 1997.

LEGRAND, André; WIENER, Céline. *Le droit public*. Direction de l'information légale et administrative. Paris, 2017.

LEWALD, Hans. La théorie du renvoi. *Recueil des Cours de l´Académie de Droit International de la Haye*, t. 29, 1929, p. 515-620.

LEWALD, Hans. Règles générales des conflits de lois. Contribution à la technique du droit international privé. *Recueil des Cours de l'Académie de Droit International de La Haye*, v. 69, 1939, p. 5-145.

LIEBMANN, Enrico Tullio. Os limites da jurisdição brasileira. *Revista Forense*, n. 92, dez. 1942, p. 647-650.

LORENZEN, Ernest G. Renvoi theory and the application of foreign conflict of laws law: renvoi in particular classes of cases. *Yale Law School Legal Scholarship Repository*. Faculty Scholarship Series. Paper 4523, 1910.

LORENZEN, Ernest G. Qualification, classification, or characterization problem in the conflict of laws. *Yale Law Journal,* n. 50, 1940-1941, p. 743-761.

LORENZEN, Ernest G. The theory of qualifications and the conflict of laws. 20 *Colombia Law Review,* 1920, p. 247-282.

LOUSSOURAN, Yvon. La condition des personnes morales en droit international privé. *Recueil des Cours de l'Acadèmie de Droit International de la Haye,* t. 96, 1959, p. 443-552.

MACHADO VILLELA, Álvaro da Costa. *O direito internacional privado no Código Civil brasileiro.* Coimbra: Imprensa da Universidade, 1921. Publicação no *Boletim da Faculdade de Direito da Universidade de Coimbra,* ano III, n. 26 e 27.

MACHADO VILLELA, Álvaro da Costa. *Tratado elementar* (teórico e prático) *de direito internacional privado.* Coimbra: Coimbra Editora, 1921. v. I.

MACHADO, João Baptista. *Lições de direito internacional privado.* 3. ed. Coimbra: Almedina, 1999.

MANCINI, Pasquale S. A nacionalidade como fundamento do direito das gentes (1851). *Direito Internacional – coletânea.* Ijuí: Ed. Unijuí, 2003. p. 35-86.

MANCINI, Pasquale Stanislao. *Direito internacional.* Tradução de Ciro Mioranga (edição original em italiano de 1873). Ijuí: Unijuí, 2003, em especial "A nacionalidade como fundamento do direito das gentes" e "A vida dos povos na humanidade", respectivamente p. 31-86 e p. 175-226.

MARESCA, Adolfo. Les relations consulaires et les fonctions du consul en matière de droit privé. *Recueil des Cours de l'Académie de Droit International de la Haye,* t. 134, 1971, p. 105-161.

MARINONI, Luiz Guilherme; ARENHART, Sergio Cruz. *Prova.* São Paulo: RT, 2010.

MARNOUCO E SOUZA, José Ferreira. *Execução extraterritorial das sentenças cíveis e commerciais.* Coimbra: F. França Amado Editor, 1898.

MARQUES, Claudia Lima. Human rights as a bridge between private international law and public international law: the protection of individuals (as consumers) in the global market. In: ARROYO, Diego P. Fernández; MARQUES, C. Lima (Org.). *Derecho internacional privado y derecho internacional público:* un encuentro necesario. Asunción: CEDEP, 2011. p. 363-389.

MARQUES, Claudia Lima. O 'diálogo das fontes' como método da nova teoria geral do direito: um tributo à Erik Jayme. In: MARQUES, Claudia Lima (Coord.). *Diálogo das fontes* – do conflito à coordenação de normas do direito brasileiro. São Paulo: RT, 2012. p. 18-66.

MARQUES, Claudia Lima. The brazilian 'draft convention on cooperation in respect of the protection of tourists and visitors abroad' and The Hague Conference and the UN Word Tourism Organization's draft convention. *Los servicios en el derecho internacional privado – Jornadas de la ASADIP 2014,* Porto Alegre, ASADIP e Editora RJR, 2014, p. 823-848.

MARQUES, Claudia Lima; JACQUES, Daniela Corrêa. Normas de aplicação imediata como um método para o Direito Internacional Privado de proteção do consumidor no Brasil. *Cadernos do Programa de Pós-Graduação em Direito da UFRGS*, n. 01, 2004, p. 65-96.

MARQUES, Floriano de Azevedo; FREITAS, Rafael Véras de. *O artigo 26 da LINDB e o consenso na função de polícia administrativa*. Disponível em <https://www.conjur.com.br/2018-jul-16/opiniao-lindb-consenso-funcao-policia-administrativa>, último acesso em 6 de maio de 2021.

MARQUES, Sérgio André Laclau Sarmento. *A jurisdição internacional dos tribunais brasileiros*. Rio de Janeiro: Renovar, 2007.

MARTINS, Gilberto de Andrade; THEÓPHILO, Carlos Renato. *Metodologia da investigação científica para Ciências Sociais aplicadas*. São Paulo: Atlas, 2007.

MARTINS-COSTA, Judith. *A boa-fé no direito privado*. São Paulo: RT, 1999.

MARTINS-COSTA, Judith; BRANCO, Gerson Luiz Carlos. *Diretrizes teóricas do novo Código Civil brasileiro*. São Paulo: Saraiva, 2002.

MAYO, Elton. *The human problems of an industrial civilization*. New York: Macmillan, 1933.

MEDAUAR, Odette. *Direito administrativo moderno*. Belo Horizonte: Fórum, 2018.

MEIJERS, E. M. L`histoire des principes fundamentaux du droit international privé a partir du moyen age. Spécialement dans l'Europe occidentale. *Recueil des Cours de l'Académie de Droit International de la Haye*, t. 49, 1934, p. 547-686.

MEINERO, Fernando Pedro. *Sucessões internacionais no Brasil*. Curitiba: Juruá, 2017.

MEIRELLES, Hely Lopes. *Direito administrativo brasileiro*. São Paulo: RT, 1988.

MENDES, Marco Aurélio Sousa. As novas disposições sobre segurança jurídica e eficiência na criação e aplicação do direito público sob o enfoque da jurisdição administrativa. *Revista Digital de Direito Administrativo da Faculdade de Direito de Ribeirão Preto – Universidade de São Paulo*, vol. 7, n. 1, 2020, p. 226-251.

MERRYMAN, John Henry. *La tradición jurídica romano-canónica*. México: Fondo de Cultura Económica, 1998.

MILL, John Stuart. *Utilitarianism and On liberty*. Oxford: Blackwell, 2003.

MIRANDA, Jorge. *Teoria do Estado e da Constituição*. Rio de Janeiro: Forense, 2002.

MONTEIRO, Antonio Pinto; NEUNER, Jorg; SARLET, Ingo. *Direitos fundamentais e direito privado* – uma perspectiva de direito comparado. Coimbra: Almedina, 2007.

MONTEIRO, V. Art. 29 da LINDB – Regime jurídico da consulta pública. *Revista de Direito Administrativo*, p. 225-242, 2018.

MONTEIRO, Washington de Barros. *Curso de direito civil:* parte geral. 38. ed. São Paulo: Saraiva, 2001.

MOREIRA NETO, Diogo de Figueiredo. *O direito administrativo no século XXI.* Belo Horizonte: Fórum, 2018.

MORELLI, Gaetano. *Derecho procesal civil internacional.* Tradução de Santiago S. Melendo. Buenos Aires: Ed. Jurídicas Europa-America, 1953.

MORI, Celso Cintra; NASCIMENTO, Edson Bueno. A competência geral internacional do Brasil: competência legislativa e competência judiciária no Direito brasileiro. *Revista de Processo,* n. 73, 1994, p. 74-93.

NAZO, Nicolau. *Da aplicação e da prova do direito estrangeiro.* São Paulo: Tipografia Siqueira, 1941.

NEGREIROS, Hamanda Rafaela L. F. V. de. A aplicação da teoria processual administrativa à Lei n. 13.655/2018. *Revista de Direito Setorial e Regulatório,* v. 5, n. 2, out. 2019, p. 129-146.

NERY JUNIOR, Nelson. Competência no processo civil norte-americano: o instituto do *forum (non) conveniens. Revista dos Tribunais,* 781, 2000.

NERY, Rosa Maria Andrade; NERY JUNIOR, Nelson. *Instituições de direito civil.* São Paulo: RT, 2014.

NOLDE, Boris. La codification du droit international privé. *Recueil de Cours de l'Académie de Droit International de la Haye,* t. 55, 1936, p. 303-430.

OCTÁVIO, Rodrigo. *Dicionário de direito internacional privado,* 1933.

OCTÁVIO, Rodrigo. *Droit international privé dans la legislation brèsilienne.* Paris: Librarie de la Société du Recueil Sirey, 1915.

OVERBECK, Alfred E. von. La contribution de la Conference de la Haye au developpment du droit international privé. *Recueil de Cours de l'Académie de Droit International de la Haye,* t. 233, 1992, p. 13-98.

PALMA, Juliana Bonarcosi de. Segurança jurídica para a inovação pública: a nova Lei de Introdução às Normas do Direito Brasileiro (Lei n. 13.655/2018). *Revista de Direito Administrativo,* Rio de Janeiro, v. 279, n. 2, maio/ago. 2020, p. 209-249.

PASCAL, Robert A. Characterization as an approach to the conflict of laws. 2 *Louisiana Law Review* (1940), p. 715-728.

PEIRCE, Charles Sanders. How to make our ideas clear. *Philosophical writings of Peirce.* New York: Dover, 1955.

PEIRCE, Charles Sanders. *Semiótica.* São Paulo: Perspectiva, 2005.

PEREIRA, Caio Mário da Silva. *Instituições de direito civil* – introdução ao direito civil. Rio de Janeiro: Forense, 2009.

PEREIRA, Marcela Harumi Takahashi. *Sentença estrangeira.* Efeitos independentes da homologação. Belo Horizonte: Del Rey, 2010.

PILLET, Antoine. *Des personnes morales en droit international privé.* Paris: Librairie de la Société du Recueil Sirey, 1914, n. 108, p.150. Disponível em <http://gallica.bnf.fr/ark:/12148/bpt6k95793s>, último acesso em 14 de fevereiro de 2015.

PILLET, Antoine. *Principes de droit international privé.* Paris: Pedone/Allier Frères, 1903.

PIMENTA BUENO, José Antônio. *Direito internacional privado e applicação de seus principios com referencia as leis particulares do Brazil.* Rio de Janeiro: Typographia Imp. e Const. de J. Villeneuve e C, 1863.

PONTES DE MIRANDA, Francisco Cavalcanti. *Comentários ao Código de Processo Civil*: arts. 46 a 153. 3. ed. 4. tir. Rio de Janeiro: 1996. t. II.

PONTES DE MIRANDA, Francisco Cavalcanti. *Tratado de direito internacional privado.* Rio de Janeiro: José Olympio, 1934. t. II: Parte Especial.

PRESIDÊNCIA DA REPÚBLICA. Câmara da Reforma do Estado. *Plano diretor da reforma do aparelho do Estado.* Brasília: Ministério da Administração e Reforma do Estado, 1995.

RAAPE, Leo. Les rapports juridiques entre parents et enfants comme point de départ d'une explication pratique d'anciens et de nouveaux problèmes fondamentaux du droit international privé. *Recueil des Cours de l'Académie de Droit International de la Haye,* t. 50, 1934, p. 401-544.

RABEL, E. Le problème de la qualification. *Revue de Droit International Privé,* v. 28, 1933, p. 1-62.

REISDORFER, Guilherme F. dias. A Lei de Introdução às Normas do Direito Brasileiro e os contratos administrativos. *Informativo Justen, Pereira, Oliveira e Talamini,* Curitiba, n. 135, maio 2018. Disponível em <www.justen.com.br/informativo>, último acesso em 6 de maio de 2021.

RIGAUX, François. Les situations juridiques individuelles dans un système re relativité générale. Cours général de droit international privé. *Recueil des Cours de l'Académie de Droit International de la Haye,* t. 213, 1989, p. 9-407.

ROBERTSON, A. H. *Characterization in the conflict of laws.* Cambridge (MA): Harvard University Press, 1940.

RODAS, João Grandino. Elementos de conexão do direito internacional privado relativamente às obrigações contratuais. In: RODAS, João Grandino (Coord.). *Contratos internacionais.* 3. ed. São Paulo: RT, 2002. p. 19-65.

RODRIGUES JUNIOR, Otavio Luiz. A influência do BGB e da doutrina alemã no direito civil brasileiro do século XX. *Revista dos Tribunais,* São Paulo, v. 102, n. 938, dez. 2013, p. 79-155.

ROLDÁN, Luís Martinez; SUÁREZ, Jesús A. Fernández. *Curso de teoría del derecho.* Barcelona: Ariel, 1999.

ROMANO, Santi. *Principii di diritto amministrativo italiano.* Milano: Società Editrice Libraria, 1906.

RORTY, Richard. *Pragmatismo e política.* São Paulo: Martins Fontes, 2005.

RÜHLAND, Curt. Le problème des personnes morales en droit international privé. *Recueil des Cours de l'Académie de Droit International de la Haye*, t. 45, 1933, p. 387-474.

RUSSO, Ennio. *L'interpretazione delle leggi civili*. Torino: G. Giappichelli, 2000.

SAMTLEBEN, Jürgen. A codificação interamericana do direito internacional privado e o Brasil. In CASELLA, Paulo Borba, ARAÚJO, Nadia de (Coord.). *Integração jurídica interamericana* – As Convenções Interamericanas de Direito Internacional Privado e o Direito Brasileiro. São Paulo: LTr, 1998. p. 25-45.

SANDEL, Michael J. *Justiça*: o que é fazer a coisa certa. Rio de Janeiro: Civilização Brasileira, 2012.

SAVIGNY, Friedrich Carl von. *Sistema do direito romano atual*. Tradução de Ciro Mioranga (edição original de 1849). Ijuí: Unijuí, 2004. v. VIII.

SCHLOSSER, Peter. Jurisdiction and international judicial and administrative co-operation. *Recueil des Cours de l'Académie de Droit International de la Haye*, t. 284, 2000, p. 9-428.

SERPA LOPES, Miguel Maria de. *Comentários à Lei de Introdução ao Código Civil*. 2. ed. Rio de Janeiro: Freitas Bastos, 1959. v. II.

SERPA LOPES, Miguel Maria de. *Comentários à Lei de Introdução ao Código Civil*. 2. ed. Rio de Janeiro: Freitas Bastos, 1959. v. III.

SILVA, Agustinho Fernandes Dias da. *A competência judiciária no direito internacional privado*. Rio de Janeiro: Freitas Bastos, 1965.

SILVA, José Afonso da. A lei. *Interesse Público*, n. 75-87, nov./dez. 2011.

SILVA, Nuno Ascensão et al. *Direito internacional da família*. Lisboa: Centro de Estudos Judiciários, 2014. t. I.

SILVA, Ricardo Perlingeiro Mendes. Reconhecimento de decisão judicial estrangeira no Brasil e o controle da ordem pública internacional no Regulamento (CE) 44: análise comparativa. *Revista de Processo*, n. 118, 2004, p. 173-186.

SOARES, Boni de Moraes. Um réquiem ao velho juízo de delibação: homenagem póstuma à tradicional cognição no direito processual internacional brasileiro. In: CARVALHO RAMOS, André de e MENEZES, Wagner (Org.). *Direito internacional privado e a nova cooperação jurídica internacional*. Belo Horizonte: Arraes, 2015. p. 53-78.

SOARES, Oscar de Macedo. *Casamento civil – Decreto n. 181 de 24 de janeiro de 1890 commentado e annotado*. Rio de Janeiro: B. L Garnier, Livreiro-Editor, 1890.

STORY, Joseph. *Commentaries on the conflict of laws* (1. ed. 1834), 4. ed. Boston: Little Brown and Company. Disponível em <http://www.unz.org/Pub/StoryJoseph-1834n02>, último acesso em 8 de maio de 2015.

STRENGER, Irineu. *Direito internacional privado*. 4. ed. São Paulo: LTr, 2000.

STRENGER, Irineu. *Direito processual internacional*. São Paulo: LTr, 2003.

STRENGER, Irineu. La notion de *lex mercatoria* en droit du commerce international. 227 *Recueil des Cours de la Académie de Droit International de la Haye*, 1991, p. 309-335.

SUNDFELD, Carlos Ari. A Lei de Introdução às Normas do Direito Brasileiro e sua renovação. In: CUNHA FILHO, Alexandre Jorge Carneiro da; ISSA, Rafael Hamze; SCHWIND, Rafael Wallbach (Coord.). *Lei de Introdução às Normas do Direito Brasileiro Anotada*: Decreto-Lei n.º 4.657, de 4 de setembro de 1942. São Paulo: Quartier Latin, 2019. v. 1, p. 33-39.

TANAKA, Aurea Christine. *O divórcio dos brasileiros no Japão.* O direito internacional privado e os princípios constitucionais. São Paulo: Kaleidos-Primus, 2005.

TENÓRIO, Oscar. *Direito internacional privado.* 11. ed. Rio de Janeiro: Freitas Bastos, 1976. v. I.

TENÓRIO, Oscar. *Direito internacional privado.* 11. ed. Rio de Janeiro: Freitas Bastos, 1976. v. II.

TENÓRIO, Oscar. *Lei de Introdução ao Código Civil brasileiro.* 2. ed. Rio de Janeiro: Borsoi, 1955.

TESHEINER, José Maria Rosa; BAGGIO, Lucas Pereira. *Nulidades no processo civil brasileiro.* Rio de Janeiro: Forense, 2008.

VALLADÃO, Haroldo. *A devolução nos conflitos sobre a lei pessoal.* São Paulo: RT, 1930.

VALLADÃO, Haroldo. A Lei de Introdução ao Código Civil e sua reforma. *Revista dos Tribunais*, v. 49, n. 292, fev. 1960, p. 7-21.

VALLADÃO, Haroldo. Conséquences de la différence de nationalité ou de domicile des époux sur les effets et la dissolution du mariage. *Recueil des Cours de l'Académie de Droit International de la Haye*, t. 105, 1962, p. 69-171.

VALLADÃO, Haroldo. Da competência judiciária no direito internacional privado. *Estudos de Direito Internacional Privado.* Rio de Janeiro: José Olympio, 1947. p. 421-463.

VALLADÃO, Haroldo. *Direito internacional privado.* 2. ed. Rio de Janeiro: Freitas Bastos, 1977. v. I.

VALLADÃO, Haroldo. *Direito internacional privado.* 2. ed. Rio de Janeiro: Freitas Bastos, 1977. v. II.

VALLADÃO, Haroldo. *Direito internacional privado. Direito intertemporal, introdução e história do direito.* Material de classe. 9. ed. Rio de Janeiro: Freitas Bastos, 1977. p. 108-169.

VALLADÃO, Haroldo. Lei geral de aplicação das normas jurídicas. *Revista da Faculdade de Direito da Universidade de São Paulo*, v. 60, 1965, p. 121-131.

VALLADÃO, Haroldo. Sentenças estrangeiras de divórcio, devolução e competência dos tribunais brasileiros face à nova lei de introdução. *Estudos de Direito Internacional Privado.* Rio de Janeiro: José Olympio, 1947. p. 175-184.

VITTA, Heraldo Garcia. Invalidação dos atos administrativos. *Revista do Tribunal Regional Federal da 3ª Região*, n. 60, jul./ago. 2003, p. 43-64.

WAMBIER, Thereza Arruda Alvim. *Nulidades do processo e da sentença*. São Paulo: RT, 2007.

WEBER, Max. *Economia e sociedade*: fundamentos da sociologia compreensiva. Brasília: UNB, 1972. v. 1.

WEISS, André. *Manuel de droit international privé*. Paris: Librairie de la Société du Recueil Général des Lois et des Arrêts, 1899.

WENGLER, Wilhelm. The general principles of private international law. *Recueil des Cours de l'Académie de Droit International de La Haye*, v. 104, 1961, p. 273-469.

WINTER, L. I. de. Nationality or domicile? – the present state of affairs. *Recueil des Cours de l'Académie de Droit International de la Haye*, t. 128, 1969, p. 347-503.

WOLFF, Martin. *Derecho internacional privado*. Tradução de José Rovira y Emergol, Barcelona: Labor, 1936.

ZACHARIAE VON LINGENTHAL, Karl Eduard. *Cours de droit civil français*. Strassbourg: F. Lagier, 1839. v. 3.

ANEXO

QUADRO COMPARATIVO

Decreto n. 4.657/42 – Lei de Introdução às Normas do Direito Brasileiro – VIGENTE	Código Civil de 1916 – Introdução	Projeto do Código de Aplicação das Normas Jurídicas – Prof. Haroldo Valladão, revisado pela comissão revisora do anteprojeto	Projeto de Lei do Senado n. 269, de 2004 – Rel. Senador Pedro Simon (já arquivado, baseado no Projeto de Lei n. 4.905/95, fruto dos trabalhos da Comissão composta pelos Professores João Grandino Rodas, Jacob Dolinger, Rubens Limongi França e Inocêncio Mártires Coelho, instituída pela Portaria do Ministro da Justiça n. 510/94)
Art. 1º Salvo disposição contrária, a lei começa a vigorar em todo o país quarenta e cinco dias depois de oficialmente publicada. § 1º Nos Estados, estrangeiros, a obrigatoriedade da lei brasileira, quando admitida, se inicia três meses depois de oficialmente publicada. § 2º (Revogado pela Lei n. 12.036, de 2009). § 3º Se, antes de entrar a lei em vigor, ocorrer nova publicação de seu texto, destinada a correção, o prazo deste artigo e dos parágrafos anteriores começará a correr da nova publicação. § 4º As correções a texto de lei já em vigor consideram-se lei nova.	Art. 1º A lei obriga em todo o território brasileiro, nas suas águas territoriais e, ainda, no estrangeiro, até onde lhe reconhecerem exterritorialidade os princípios e convenções internacionais. Art. 2º A obrigatoriedade das leis, quando não fixem outro prazo, começará no Distrito Federal três dias depois de oficialmente publicadas, quinze dias no Estado do Rio de Janeiro, trinta dias nos Estados marítimos e no de Minas Gerais, cem dias nos outros, compreendidas as circunscrições não constituídas em Estados. Parágrafo único. Nos países estrangeiros a obrigatoriedade começará quatro meses depois de oficialmente publicadas na Capital Federal.	Art. 2º A lei obriga em todo o espaço correspondente ao território brasileiro, inclusive em sua plataforma submarina, a nacionais e estrangeiros e, ainda, no exterior, até onde for prescrita ou admitida a sua extraterritorialidade. § 1º Consideram-se como território brasileiro o navio e a aeronave brasileiros, se militares, onde quer que se encontrem, e, se de outra espécie, em alto mar ou em território que não pertença a nenhum outro Estado. § 2º Consideram-se em território brasileiro qualquer navio ou aeronave, não militar, nele navegando, ancorado ou em pouso. § 3º Reputam-se praticados no Brasil, atos iniciados em território estrangeiro que produzirem ou vierem	Art. 1º Vigência da Lei – A lei entra em vigor na data da publicação, salvo se dispuser em contrário: e perdura até que outra a revogue, total ou parcialmente. (...) § 3º Republicação – O texto da lei republicada, inclusive da lei interpretativa, considera-se lei nova.

		a produzir efeitos no território nacional. Se os atos partirem do território brasileiro e atingirem suas consequências território estrangeiro, serão cumulativamente do domínio das leis brasileiras e estrangeiras. § 4º A aplicação da lei brasileira poderá sofrer restrições em virtude da imunidade internacional assegurada em convenções internacionais ou em virtude de outros princípios vigentes, internacionais ou interno, de direito internacional privado. Art. 3º A lei, quando não fixar outra data, obrigará no Brasil trinta dias e no exterior sessenta dias após sua publicação na íntegra. § 1º A parte vedada da lei uma vez mantida pelo Congresso Nacional e promulgada, será publicada e terá a mesma vigência da referida lei, com a ressalva do art. 81. § 2º Se a lei fizer depender a sua execução, no todo ou em parte, do regulamento, só após a publicação deste passará ela a obrigar total ou parcialmente. § 3º a republicação da lei para correção só é permitida a fim de sanar a divergência do texto publicado com o do respectivo autógrafo. § 4º Feita a republicação, a vigência do texto será considerada a partir da nova publicação.	

Art. 2º Não se destinando à vigência temporária, a lei terá vigor até que outra a modifique ou revogue. § 1º A lei posterior revoga a anterior quando expressamente o declare, quando seja com ela incompatível ou quando regule inteiramente a matéria de que tratava a lei anterior. § 2º A lei nova, que estabeleça disposições gerais ou especiais a par das já existentes, não revoga nem modifica a lei anterior. § 3º Salvo disposição em contrário, a lei revogada não se restaura por ter a lei revogadora perdido a vigência.	Art. 4º A lei só se revoga, ou derroga por outra lei; mas a disposição especial não revoga a geral, nem a geral revoga a especial, senão quando a ela, ou ao seu assunto, se referir, alternando-a explícita ou implicitamente.	Art. 4º A lei se revoga, no todo ou em parte, de forma expressa ou tácita, por lei posterior e por força do costume ou do desuso, geral e contínuo, confirmado pela jurisprudência assente. Parágrafo único. A lei especial não revoga a geral nem a geral revoga a especial, senão quando a ela se referir, explicita ou implicitamente.	Art. 1º (...) § 1º Revogação – A lei posterior revoga a anterior quando expressamente o declare ou quando com ela seja incompatível. § 2º Repristinação – A vigência da lei revogada só se restaura por disposição expressa. (...) § 4º Regulamentação – A lei só dependerá de regulamentação quando assim o declare expressamente e estabeleça prazo para sua edição; escoado o prazo sem essa providência, a lei será diretamente aplicável.
Art. 3º Ninguém se escusa de cumprir a lei, alegando que não a conhece.	Art. 5º Ninguém se excursa, alegando ignorar, a lei; nem com o silêncio, a obscuridade, ou a indecisão dela se exime o juiz a sentenciar, ou despachar.	Art. 5º Ninguém se escusa alegando ignorar a lei, salvo o erro comum e outros por ela excepcionados. Parágrafo único. Ao juiz e às autoridades é facultado aceitar escusa de ignorância da lei por parte de indivíduos evidentemente rústicos, em especial se habitarem longe dos núcleos urbanos, quanto a prazos, sanções e multas, incapacidades, formalidades e nulidades, podendo ser prorrogados, perdoados, suprimidos, ratificados ou convalidados.	Art. 2º Ignorância da lei – Ninguém se escusa de cumprir a lei, alegando que não a conhece.

Art. 4º Quando a lei for omissa, o juiz decidirá o caso de acordo com a analogia, os costumes e os princípios gerais de direito.	Art. 7º Aplicam-se nos casos omissos as disposições concernentes aos casos análogos, e, não as havendo, os princípios gerais de direito.	Art. 6º O juiz e as autoridades não se eximem de sentenciar ou providenciar por ser a lei silenciosa, obscura ou ambígua. Art. 7º Aplicam-se como fontes subsidiárias: o direito costumeiro; a analogia; os princípios gerais do direito; a jurisprudência assente e a doutrina aceita dos jurisconsultos.	Art. 3º Dever de decidir – O Juiz não se eximirá de julgar alegando inexistência, lacuna ou obscuridade da lei. Nessa hipótese, em não cabendo a analogia, aplicará os costumes, a jurisprudência, a doutrina e os princípios gerais de direito.
Art. 5º Na aplicação da lei, o juiz atenderá aos fins sociais a que ela se dirige e às exigências do bem comum.	Art. 6º A lei que abre excepção a regras gerais, ou restringe direitos, só abrange os casos, que especifica.	Art. 10. A aplicação das normas jurídicas se fará sob a inspiração do bem comum, da justiça social e da equidade. Art. 11. A lei, que abre excepção a regras gerais ou restringe direitos, só abrange os casos que especifica.	Art. 4º Aplicação do Direito – Na aplicação do direito, respeitados os seus fundamentos, serão atendidos os fins sociais a que se dirige, as exigências do bem comum e a equidade.
Art. 6º A Lei em vigor terá efeito imediato e geral, respeitados o ato jurídico perfeito, o direito adquirido e a coisa julgada. § 1º Reputa-se ato jurídico perfeito o já consumado segundo a lei vigente ao tempo em que se efetuou. § 2º Consideram-se adquiridos assim os direitos que o seu titular, ou alguém por êle, possa exercer, como aquêles cujo comêço do exercício tenha têrmo pré-fixo, ou condição pré-estabelecida inalterável, a arbítrio de outrem. § 3º Chama-se coisa julgada ou caso julgado a decisão judicial de que já não caiba recurso.	Art. 3º A lei não prejudicará, em caso algum, o direito adquirido, o ato jurídico perfeito, ou a coisa julgada. § 1º Consideram-se adquiridos, assim os direitos que o seu titular, ou alguém por ele, possa exercer, como aqueles cujo começo de exercício tenha termo prefixo, ou condição preestabelecida, inalterável a arbítrio de outrem. § 2º Reputa-se ato jurídico perfeito o já consumado segundo a lei vigente ao tempo em que se efetuou. § 3º Chama-se coisa julgada, ou caso julgado, a decisão judicial, de que já não caiba recurso.	Art. 81. A lei nova terá aplicação imediata, não podendo, todavia, prejudicar o direito adquirido, o ato jurídico perfeito e a coisa julgada (Constituição, art. 153, § 3º). § 1º Consideram-se adquiridos assim os direitos que o seu titular, ou alguém por ele, possa exercer como aqueles cujo começo de exercício tenha termo prefixo, ou condição preestabelecida, inalterável a arbítrio de outrem. § 2º Reputa-se ato jurídico perfeito o já consumado segundo a lei vigente ao tempo em que se efetuou. § 3º Chama-se coisa julgada, ou caso julgado, a decisão judicial de que já não caiba recurso.	Art. 5º Irretroatividade – A lei não terá efeito retroativo. Ela não prejudicará o direito adquirido, o ato jurídico perfeito e a coisa julgada. § 1º Direito adquirido – Direito adquirido é o que resulta da lei, diretamente ou por intermédio de fato idôneo, e passa a integrar o patrimônio material ou moral do sujeito, mesmo que seus efeitos não se tenham produzido antes da lei nova. § 2º Direito a termo ou condição – Constituem igualmente direito adquirido as consequências da lei ou de fato idôneo, ainda quando dependentes de termo de condição.

		Art. 82. Os fatos iniciados, porém ainda não completados, regem-se segundo a lei nova, reconhecidos os respectivos elementos autônomos que se realizam, validamente, de acordo com a lei anterior. § 1º A lei que aumenta prazos em curso aplica-se imediatamente, computando-se, quando foram também observados os requisitos da lei nova, o tempo decorrido na vigência da lei antiga. § 2º A lei que diminui prazos em curso aplica-se imediatamente, correndo os novos prazos da vigência da mesma lei, salvo se os prazos terminarem antes, de acordo com a lei anterior. § 3º A lei nova não prejudica a maioridade já completada na vigência da lei anterior. § 4º Se a lei nova cria direitos nas relações de trabalho público ou particular, condicionando-os a certo prazo de atividade, computa-se também o tempo decorrido anteriormente à referida lei.	§ 3º Ato jurídico perfeito – Ato jurídico perfeito é o consumado de acordo com a lei do tempo em que se efetuou. § 4º Coisa julgada – Coisa julgada é a que resulta de decisão judicial da qual não caiba recurso. Art. 6º Efeito imediato – O efeito imediato da lei não prejudicará os segmentos anteriores, autônomos e já consumados, de fatos pendentes. Art. 7º Alteração de prazo – Quando a aquisição de um direito depender de decurso de prazo e este for alterado por lei nova, considerar-se-á válido o tempo já decorrido e se computará o restante por meio de proporção entre o prazo anterior e o novo.
Art. 7º **A lei do país em que domiciliada** a pessoa determina as regras sobre o começo e o fim da personalidade, o nome, a capacidade e os direitos de família. § 1º Realizando-se o casamento no Brasil, será aplicada a lei brasileira quanto aos impedimentos dirimentes e às formalidades da celebração.	Art. 8º A **lei nacional da pessoa** determina a capacidade civil, os direitos de família, as relações pessoais dos cônjuges e o regimen dos bens no casamento, sendo licito quanto a este a opção pela lei brasileira. Art. 9º Aplicar-se-á subsidiariamente a lei do domicílio e, em falta desta, a da residência:	Art. 22. A existência e o reconhecimento da personalidade regem-se segundo o direito brasileiro. (...) Art. 24. Os direitos da personalidade, inclusive o nome, serão protegidos segundo o direito brasileiro. Art. 25. As incapacidades especiais de direitos regem-se segundo a lei	Art. 8º Estatuto Pessoal – A personalidade, o nome, a capacidade e os direitos de família são regidos pela **lei do domicílio**. Ante a inexistência de domicílio ou na impossibilidade de sua localização, aplicar-se-ão, sucessivamente, **a lei da residência habitual e a lei da residência atual.**

<table>
<tr>
<td>§ 2º O casamento de estrangeiros poderá celebrar-se perante autoridades diplomáticas ou consulares do país de ambos os nubentes.
§ 3º Tendo os nubentes domicílio diverso, regerá os casos de invalidade do matrimônio a lei do primeiro domicílio conjugal.
§ 4º O regime de bens, legal ou convencional, obedece à lei do país em que tiverem os nubentes domicílio, e, se este for diverso, a do primeiro domicílio conjugal.
§ 5º O estrangeiro casado, que se naturalizar brasileiro, pode, mediante expressa anuência de seu cônjuge, requerer ao juiz, no ato de entrega do decreto de naturalização, se apostile ao mesmo a adoção do regime de comunhão parcial de bens, respeitados os direitos de terceiros e dada esta adoção ao competente registro.
§ 6º O divórcio realizado no estrangeiro, se um ou ambos os cônjuges forem brasileiros, só será reconhecido no Brasil depois de 1 (um) ano da data da sentença, salvo se houver sido antecedida de separação judicial por igual prazo, caso em que a homologação produzirá efeito imediato, obedecidas as condições estabelecidas para a eficácia das sentenças estrangeiras no país. O Superior</td>
<td>I – Quando a pessoa não tiver nacionalidade.
II – Quando se lhe atribuírem duas nacionalidades, por conflito, não resolvido, entre as leis do país do nascimento, e as do país de origem; caso em que prevalecerá, se um deles for o Brasil, a lei brasileira.</td>
<td>reguladora da substância dos mesmos direitos, se não contrariarem, manifestamente, a ordem pública.
Art. 26. As incapacidades por impossibilidade física ou moral de agir e dependência de representação ou assistência necessárias regem-se segundo a lei do domicílio da pessoa ao tempo do ato.
§ 1º Não será nulo o ato de direito das obrigações realizado no Brasil se o agente for capaz pela lei brasileira.
§ 2º A pessoa que mudar seu domicílio para o Brasil conserva-se capaz, se já era pela lei domiciliar anterior, e tornar-se-á capaz, se o vier a ser pela lei brasileira.
Art. 27. As medidas de proteção social dos incapazes serão estabelecidas, desde logo, pelas autoridades e segundo as leis do país onde eles se encontram ou onde estão localizados os respectivos bens.
§ 1º Tais autoridades comunicarão suas providências às do país do domicílio, residência habitual e da nacionalidade do incapaz, podendo, se a finalidade social da proteção deste não se opuser, declinar de sua competência em favor das últimas e, se elas não acordarem, da que julgar mais apta para a mesma proteção.
§ 2º As autoridades consulares do Brasil tomarão as medidas necessárias</td>
<td>Parágrafo único. As crianças, os adolescentes e os incapazes são regidos pela lei do domicílio de seus pais ou responsáveis; tendo os pais ou responsáveis domicílios diversos, regerá a lei que resulte no melhor interesse da criança, do adolescente ou do incapaz.
Art. 9º Casamento – As formalidades de celebração do casamento obedecerão à lei do local de sua realização.
§ 1º As pessoas domiciliadas no Brasil, que se casarem no exterior, atenderão, antes ou depois do casamento, as formalidades para habilitação reguladas no Código Civil Brasileiro, registrando o casamento na forma prevista no seu art. 1.544.
§ 2º As pessoas domiciliadas no exterior que se casarem no Brasil terão sua capacidade matrimonial regida por sua lei pessoal.
§ 3º O casamento entre brasileiros no exterior poderá ser celebrado perante autoridade consular brasileira, cumprindo-se as formalidades de habilitação como previsto no parágrafo anterior. O casamento entre estrangeiros da mesma nacionalidade poderá ser celebrado no Brasil perante a respectiva autoridade diplomática ou consular.
§ 4º A autoridade consular brasileira é competente para lavrar atos de</td>
</tr>
</table>

Tribunal de Justiça, na forma de seu regimento interno, poderá reexaminar, a requerimento do interessado, decisões já proferidas em pedidos de homologação de sentenças estrangeiras de divórcio de brasileiros, a fim de que passem a produzir todos os efeitos legais. § 7º Salvo o caso de abandono, o domicílio do chefe da família estende-se ao outro cônjuge e aos filhos não emancipados, e o do tutor ou curador aos incapazes sob sua guarda. § 8º Quando a pessoa não tiver domicílio, considerar-se-á domiciliada no lugar de sua residência ou naquele em que se encontre.		à proteção social dos incapazes brasileiros, procedendo, se for o caso, ao repatriamento. (...) Art. 33. O casamento celebrado no Brasil reger-se-á, substancial e formalmente, segundo a lei brasileira. Parágrafo único. Será reconhecido o casamento de estrangeiros celebrado perante autoridades diplomáticas e consulares do Estado da nacionalidade o de ambos os cônjuges, provada a reciprocidade de tratamento quanto aos realizados por brasileiros no mesmo Estado ressalvado o disposto no art. 34, § 1º. Art. 34. O casamento celebrado no estrangeiro será reconhecido no Brasil se obedecer, substancial e formalmente, a alguma das seguintes leis: do lugar da realização, da nacionalidade, do domicílio ou da religião dos nubentes, salvo as limitações de ordem pública (arts. 39, 40 e 80). § 1º O brasileiro ou domiciliado no brasil que se casar no exterior fica sujeito aos impedimentos dirimentes da lei brasileira. § 2º Os assentos desses casamentos (art. 30, § 4º) e dos celebrados perante autoridades consulares brasileiras (art. 31) serão transcritos, no Brasil, no 1º Ofício do Registro Civil do	registro civil referentes a brasileiros na jurisdição do consulado, podendo igualmente lavrar atos notariais, atendidos em todos os casos os requisitos da lei brasileira. § 5º Se os cônjuges tiverem domicílios ou residências diversos, será aplicada aos efeitos pessoais do casamento a lei que com os mesmo tiver vínculos mais estreitos. Art. 10. Regime Matrimonial de Bens – O regime de bens obedece à lei do país do primeiro domicílio conjugal, ressalvada a aplicação da lei brasileira para os bens situados no País que tenham sido adquiridos após a transferência do domicílio conjugal para o Brasil. Parágrafo único. Será respeitado o regime de bens fixado por convenção, que tenha atendido à legislação competente, podendo os cônjuges que transferirem seu domicílio para o Brasil adotar, na forma e nas condições do § 2º do art. 1.639 do Código Civil Brasileiro, qualquer dos regimes de bens admitidos no Brasil.

		domicílio de qualquer dos cônjuges até três meses após sua fixação, ou, em falta, no 1º Ofício do Distrito Federal, quando tiverem os respectivos casamentos de produzir efeitos no Brasil. Art. 35. A inexistência, a nulidade e a anulação do casamento, bem como os respectivos feitos, regem-se segundo a mesma lei a que deveria ele obedecer (arts. 33 e 34). Parágrafo único. A invalidade do casamento de brasileiro ou de domiciliado no Brasil, decretada no exterior, só será reconhecida se prevista, também, pela lei brasileira. Art. 36. Os efeitos de ordem pessoal do casamento regem-se segundo a lei do domicílio comum, e, na falta, da residência habitual comum dos cônjuges, ressalvada a aplicação da lei brasileira, no Brasil, se um deles for brasileiro. Art. 37. Os efeitos de ordem patrimonial do casamento regem-se, salvo intenção contrária dos cônjuges, expressa ou tácita, segundo a lei do primeiro domicílio conjugal e, se este não se constituiu, a opção pela lei brasileira nos casamentos de brasileiros efetuados nos consulados do Brasil. § 1º A lei estrangeira do primeiro domicílio conjugal não se aplicará:	

<table>
<tr><td></td><td></td><td>a) se os cônjuges, transferidos para o Brasil o domicílio conjugal, optarem pelo regime comum da lei brasileira, respeitados os direitos de terceiros, através de escritura pública transcrita no registro de imóveis competente;
b) quanto a bens existentes no Brasil, se a lei brasileira for mais favorável ao cônjuge brasileiro, salvo estipulação em contrário;
c) quanto aos bens adquiridos no brasil pelo esforço comum dos cônjuges aqui domiciliados, que se presumem sujeitos ao regime de comunhão da lei brasileira.
§ 2º Considera-se válida no Brasil a mudança do regime de bens do casamento, permitida pela lei estrangeira competente, com a ressalva e as cautelas da letra a do parágrafo anterior.
Art. 38. O desquite será decretado no Brasil, segundo a lei brasileira, se os cônjuges forem aqui domiciliados ou residentes, ou se um deles for brasileiro.
Art. 39. Não será reconhecido, no Brasil, o divórcio de brasileiros nem de estrangeiro, cônjuge de brasileiro.
Art. 40. O divórcio de estrangeiros legalmente pronunciado no exterior, sem fraude ou ofensa à ordem pública (arts. 13 e 80), será reconhecido no Brasil (art. 79), após homologação da respectiva sentença pelo Supremo Tribunal Federal (art. 72).</td><td></td></tr>
</table>

		Parágrafo único. Se o divórcio for de pessoas referidas no art. 39, será reconhecido apenas com efeitos de desquite. Art. 41. A filiação em todas as suas formas e os direitos e deveres dela resultantes reger-se-ão segundo a lei mais favorável ao filho dentre as leis da nacionalidade, do domicílio ou da residência do pai, da mãe ou do mesmo filho. Art. 42. A tutela e a curatela gerais e especiais regem-se segundo a lei mais favorável ao incapaz dentre as leis da nacionalidade, do domicílio ou da residência do tutor, do curador ou do incapaz. § 1º A ausência rege-se segundo a lei do último domicílio do ausente ou segundo a lei brasileira, se no Brasil tinha ele sua última residência ou aqui deixou bens. § 2º A competência das autoridades organizadoras da tutela e da curatela, bem como à capacidade para ser tutor ou curador e respectivas escusas, inclusive quanto à ausência, aplicam-se as regras do art. 27 e seus parágrafos. Art. 43. O direito a alimentos entre parentes rege-se segundo a lei mais favorável ao alimentando dentre as leis da nacionalidade, do domicílio ou da residência do alimentante ou do mesmo alimentando.	

Art. 8º Para qualificar os bens e regular as relações a eles concernentes, aplicar-se-á a **lei do país em que estiverem situados.** § 1º Aplicar-se-á a **lei do país em que for domiciliado** o proprietário, quanto aos bens móveis que ele trouxer ou se destinarem a transporte para outros lugares. § 2º O penhor regula-se pela **lei do domicílio** que tiver a pessoa, em cuja posse se encontre a coisa apenhada.	Art. 10. Os bens, móveis, ou imóveis, estão sob **a lei do lugar onde situados**; ficando, porém, sob a **lei pessoal do proprietário** os moveis de seu uso pessoal, ou os que ele consiga tiver sempre, bem como os destinados a transporte para outros lugares. Parágrafo único. Os móveis, cuja situação se mudar na pendência de ação real a seu respeito, continuam sujeitos à **lei da situação**, que tinham no começo da lide.	Art. 44. Regem-se segundo a lei do lugar da situação os bens, sua posse e os respectivos direitos reais. Art. 45. A aquisição da posse e dos direitos reais rege-se segundo a lei da situação do bem no dia em que se integraram as respectivas condições, e os direitos alegados nas ações reais, segundo a mesma lei, no dia em que se iniciou o processo judicial. Parágrafo único. Serão reconhecidos os requisitos, inclusive o decurso do prazo para o usucapião, ocorridos na vigência da lei da situação anterior.	Art. 11. Bens e Direitos Reais – Os bens imóveis e os direitos reais a eles relativos são qualificados e regidos pela **lei do local de sua situação**. Parágrafo único. Os bens móveis são regidos pela **lei do país com o qual tenham vínculos mais estreitos**.
Art. 9º Para qualificar e reger as obrigações, aplicar-se-á a **lei do país em que se constituírem.** § 1º Destinando-se a obrigação a ser executada no Brasil e **dependendo de forma essencial, será esta observada, admitidas as peculiaridades da lei estrangeira quanto aos requisitos extrínsecos do ato.** **§ 2º A obrigação resultante do contrato reputa-se constituída no lugar em que residir o proponente.**	Art. 11. A forma extrínseca dos atos, públicos ou particulares, reger-se-á segundo a **lei do lugar em que se praticarem.** Art. 13. Regulará, salvo estipulação em contrário, quanto á substância e aos efeitos das obrigações, **a lei do lugar, onde forem contraídas.** Parágrafo único. Mas sempre se regerão pela lei brasileira: **I – Os contratos ajustados em países estrangeiros, quando exequíveis no Brasil.** **II – As obrigações contraídas entre brasileiros em país estrangeiro.** **III – Os atos relativos a imóveis situados no Brasil.** **IV – Os atos relativos ao regime hipotecário brasileiro.**	Art. 30. A forma extrínseca dos atos públicos ou particulares rege-se segundo a lei do lugar em que se praticarem, se não foi observada quer a forma da lei reguladora da substância do ato, quer a da lei da nacionalidade ou do domicílio do declarante, ou, comum dos contratantes. § 1º Os atos de direito das coisas sobre bens sitos no Brasil serão sempre realizados no território nacional de acordo com a lei brasileira. § 2º Não serão nulos no Brasil, por defeito de forma extrínseca, atos que seriam válidos segundo a lei brasileira. § 3º Os atos públicos e particulares serão, no Brasil, escritos em língua	Art. 12. Obrigações Contratuais – As obrigações contratuais são regidas pela **lei escolhida pelas partes.** Essa escolha será expressa ou tácita, sendo alterável a qualquer tempo, respeitados os direitos de terceiros. **§ 1º Caso não tenha havido escolha ou se a escolha for ineficaz, o contrato, assim como os atos jurídicos em geral, serão regidos pela lei do país com o qual mantenham os vínculos mais estreitos.** § 2º Na hipótese do § 1º, se uma parte do contrato for separável do restante, **e mantiver conexão mais estreita com a lei de outro país, poderá esta aplicar-se,** a critério do Juiz, em caráter excepcional.

		nacional, facultada, no caso de sua ignorância pelo declarante e por todos os contratantes, se forem estrangeiros, a redação dos atos particulares em língua estrangeira. Quaisquer atos redigidos em língua estrangeira deverão, para ter efeitos no Brasil, ser previamente traduzidos para o português, independendo de transcrição obrigatória no Registro de Títulos e Documentos. § 4º O ato praticado no exterior no exterior deverá, para produzir efeitos no território nacional, ser legalizado pelas respectivas autoridades consulares brasileiras e, onde inexistirem, pelas de um Estado com o qual o Brasil mantenha relações, e, a seguir, pelas brasileiras do Estado mais próximo. (...) Art. 51. A substância e os efeitos das obrigações oriundas de declaração da vontade regem-se, salvo estipulação em contrário, segundo a lei do lugar em que forem contraídas. § 1º A estipulação em favor de outra lei deverá ser expressa e não terá eficácia se constituir abuso de direito (art. 12) ou ofender a ordem pública (arts. 13 e 80). § 2º Presumem-se, todavia, contraídas segundo a lei brasileira as obrigações constituídas entre brasileiros no estrangeiro.	§ 3º A forma dos atos e contratos rege-se pela **lei do lugar de sua celebração,** permitida a adoção de outra forma aceita em direito. § 4º Os contratos realizados no exterior sobre bens situados no País, ou direitos a eles relativos, poderão ser efetuados na forma escolhida pelas partes, devendo ser registrados no Brasil de acordo com a legislação brasileira. **Art. 13.** Obrigações por atos ilícitos – As obrigações resultantes de atos ilícitos serão regidas pela **lei que com elas tenha vinculação mais estreita, seja a lei do local da prática do ato, seja a do local onde se verificar o prejuízo, ou outra lei que for considerada mais próxima às partes ou ao ato ilícito.**

		§ 3º Regem-se segundo a lei brasileira os contratos realizados nos Consulados do Brasil no estrangeiro (art. 31). § 4º Ocorrendo conflitos de leis sobre a conceituação do lugar do contrato, aplica-se a lei brasileira se esta o localizar no Brasil; se o conflito for entre leis estrangeiras, aplicam-se, subsidiariamente, as leis da residência habitual, do domicílio ou da nacionalidade dos declarantes ou comum dos contratantes, e, na falta, as do lugar da execução; permanecendo a dúvida, aplicar-se-ão as leis mais favoráveis à prevalência da intenção dos interessados. § 5º Na impossibilidade de localizar o contrato no Brasil ou no estrangeiro, aplicam-se as leis subsidiariamente previstas no parágrafo anterior. Art. 52. Regem-se segundo a lei brasileira os contratos exequíveis no Brasil. Art. 53. Todas as modalidades da execução das obrigações, inclusive a moeda de pagamento, regem-se segundo a lei do lugar da respectiva execução. Parágrafo único. São válidas as obrigações contraídas no exterior, efetivamente em moeda estrangeira, para serem executadas no Brasil.	

		Art. 54. As obrigações não oriundas de declaração de vontade regem-se segundo a lei que as estabeleceu ou segundo a lei do lugar do fato ou ato que lhes deu origem. Art. 55. As obrigações decorrentes de atos ilícitos regem-se segundo a lei do lugar do ato, mas a indenização a ser concedida ou reconhecida, no Brasil, não poderá ser inferior à prevista, para o caso, pela lei brasileira.	
Art. 10. A sucessão por morte ou por ausência obedece **à lei do país em que domiciliado** o defunto ou o desaparecido, qualquer que seja a natureza e a situação dos bens. **§ 1º A sucessão de bens de estrangeiros, situados no País, será regulada pela lei brasileira em benefício do cônjuge ou dos filhos brasileiros, ou de quem os represente, sempre que não lhes seja mais favorável a lei pessoal do *de cujus*.** § 2º **A lei do domicílio** do herdeiro ou legatário regula a capacidade para suceder.	Art. 14. A sucessão legítima ou testamenteira, a ordem da vocação hereditária, os direitos dos herdeiros e a validade intrínseca das disposições do testamento, qualquer que seja a natureza dos bens e o país onde se achem, guardado o disposto neste Código acerca das heranças vagas abertas no Brasil, obedecerão à **lei nacional do falecido**; **se este, porém, era casado com brasileira, ou tiver deixado filhos brasileiros, ficarão sujeitos à lei brasileira.** Parágrafo único. Os agentes consulares brasileiros poderão servir de oficiais públicos na celebração e aprovação dos testamentos de brasileiros, em país estrangeiro, guardado o que este Código prescreve.	Art. 64. A sucessão legítima ou testamentária rege-se segundo a lei do domicílio do falecido à data do óbito. § 1º Quanto aos bens imóveis, à sucessão rege-se segundo a lei do lugar da situação à data do óbito. § 2º É facultado ao testador domiciliado no estrangeiro a submeter sua sucessão, quanto aos móveis existentes no Brasil, ao regime da lei brasileira. § 3º Ficam sempre sujeitas às disposições da lei brasileira as heranças vagas abertas no Brasil. Art. 65. A vocação para suceder em bens de estrangeiro existentes no brasil será regulada pela lei brasileira e em benefício do cônjuge ou de filhos brasileiros, sempre que lhes não seja mais favorável a lei nacional do *de cujus*.	Art. 14. Herança – A sucessão por morte ou ausência é regida pela **lei do país do domicílio do falecido à data do óbito, qualquer que seja a natureza e a situação dos bens.** Parágrafo único. **A sucessão de bens situados no Brasil será regulada pela lei brasileira em benefício de cônjuge ou dos filhos brasileiros, assim como dos herdeiros domiciliados no País, sempre que não lhes seja mais favorável a lei pessoal do falecido.**

		Parágrafo único. A vocação para suceder em bens móveis, existentes no Brasil, de brasileiro domiciliado no estrangeiro, será regulada pela lei brasileira e em benefício do cônjuge ou de filhos brasileiros sempre que lhes não seja mais favorável a lei estrangeira. Art. 66. A capacidade para testar rege-se segundo a lei nacional ou a lei do domicilio do testador, ou a lei da situação dos respectivos bens ao tempo do testamento. Parágrafo único. Não será inválido no Brasil, por defeito de capacidade, o testamento válido segundo a lei brasileira se esta reger a sucessão.	
Art. 11. As organizações destinadas a fins de interesse coletivo, como as sociedades e as fundações, obedecem à **lei do Estado em que se constituírem.** § 1º Não poderão, entretanto ter no Brasil filiais, agências ou estabelecimentos antes de serem os atos constitutivos aprovados pelo Governo brasileiro, ficando sujeitas à lei brasileira. § 2º Os Governos estrangeiros, bem como as organizações de qualquer natureza, que eles tenham constituído, dirijam ou hajam investido de funções públicas, não poderão adquirir no Brasil bens imóveis ou susceptíveis de desapropriação.	Art. 19. São reconhecidas as pessoas jurídicas estrangeiras. Art. 20. As pessoas jurídicas de direito público externo não podem adquirir, ou possuir, por qualquer TÍTULO, propriedade imóvel no Brasil, nem direitos suscetíveis de desapropriação, salvo os prédios necessários para estabelecimento das legações ou consulados. Parágrafo único. Dependem de aprovação do Governo Federal os estatutos ou compromissos das pessoas jurídicas estrangeiras de direito privado, para poderem funcionar no Brasil, por si mesmas, ou por filiais,	Art. 28. A existência e a capacidade das pessoas jurídicas estrangeiras de direito privado regem-se segundo a lei de sua constituição. § 1º Tal capacidade não poderá exceder à das correspondentes pessoas jurídicas brasileiras. § 2º Não poderão, entretanto, funcionar no Brasil por si mesmas, ou por filiais, agências ou estabelecimentos que as representem sem a prévia aprovação pelo Governo Federal de seus atos constitutivos, ficando sujeitas às leis e aos tribunais brasileiros.	Art. 21. Pessoas Jurídicas – As pessoas jurídicas serão regidas pela **lei do país em que se tiverem constituído.** Parágrafo único. Para funcionar no Brasil, por meio de quaisquer estabelecimentos, as pessoas jurídicas estrangeiras deverão obter a autorização que se fizer necessária, ficando **sujeitas à lei e aos tribunais brasileiros.** Art. 22. Aquisição de imóveis por pessoas jurídicas de direito público estrangeiras ou internacionais – As pessoas jurídicas de direito público estrangeiras ou internacionais, bem

§ 3º Os Governos estrangeiros podem adquirir a propriedade dos prédios necessários à sede dos representantes diplomáticos ou dos agentes consulares.	agencias, estabelecimentos que as representem, **ficando sujeitas às leis e aos tribunais brasileiros.** **Art. 21. A lei nacional das pessoas jurídicas determina-lhes a capacidade.**	Art. 29. A existência e a capacidade das pessoas jurídicas brasileiras regem-se, sempre, segundo a lei brasileira.	como as entidades de qualquer natureza por elas constituídas ou dirigidas, **não poderão adquirir no Brasil bens imóveis ou direitos reais a eles relativos.** **§ 1º Com base no princípio da reciprocidade e mediante prévia e expressa concordância do Governo brasileiro, podem os governos estrangeiros adquirir os prédios urbanos destinados às chancelarias de suas missões diplomáticas e repartições consulares de carreira, bem como os destinados a residências oficiais de seus representantes diplomáticos e agentes consulares nas cidades das respectivas sedes.** **§ 2º As organizações internacionais intergovernamentais sediadas no Brasil ou nele representadas, poderão adquirir, mediante prévia e expressa concordância do Governo brasileiro, os prédios destinados aos seus escritórios e às residências de seus representantes e funcionários nas cidades das respectivas sedes, nos termos dos acordos pertinentes.**
Art. 12. É competente a autoridade judiciária brasileira, **quando for o réu domiciliado no Brasil ou aqui tiver de ser cumprida a obrigação.** § 1º Só à autoridade judiciária brasileira **compete conhecer das ações relativas a imóveis situados no Brasil.**	Art. 15. Rege a competência, a forma do processo e os meios de defesa a lei do lugar, **onde se mover a ação; sendo competentes sempre os tribunais brasileiros nas demandas contra as pessoas domiciliadas ou residentes no Brasil, por obrigações**	Art. 67. A lei do tribunal onde tem curso o processo ou seus incidentes rege a forma, a competência e a representação judicial das partes. § 1º Além dos casos determinativos de competência constantes no Código de Processo Civil e de outros	Art. 23. Escolha de Jurisdição – **A escolha contratual de determinada jurisdição, nacional ou estrangeira, resultará em sua competência exclusiva.**

§ 2º A autoridade judiciária brasileira cumprirá, concedido o exequatur e segundo a forma estabelecida pele lei brasileira, as diligências **deprecadas por autoridade estrangeira competente, observando a lei desta, quanto ao objeto das diligências.**	**contraídas ou responsabilidades assumidas neste ou noutro país.**	textos legais, é a justiça brasileira competente: *a)* se tiver sido eleita expressamente (art. 51, § 1º); *b)* se se tratar de negócio jurídico regido pela lei brasileira; *c)* se o réu possui bens no Brasil; *d)* se apenas no Brasil for possível tornar efetivo o direito em causa. § 2º Os tribunais brasileiros tem competência exclusiva, de ordem pública, (arts. 13 e 80), além dos casos que decorrem de preceitos especiais, taxativos, para as causas referentes a: *a)* imóvel situado no Brasil; *b)* obrigação exequível no Brasil; *c)* contrato de transporte em que o lugar de destino seja o Brasil; *d)* responsabilidade decorrente de fato ou ato verificado no Brasil; *e)* falência ou concordata de comerciante domiciliado no Brasil ou que aqui tenha estabelecimento; *f)* regulação de avarias se o porto de entrega da carga for no Brasil. § 3º A eleição de foro estrangeiro, pactuada expressamente, será reconhecida se não versar sobre questões de estado ou assuntos de competência exclusiva dos tribunais brasileiros e ser não importar abuso de direito (art. 12) ou ofensa à ordem pública (arts. 13 e 80).	

		§ 4º A prevenção e a prorrogação de competência em favor de foro estrangeiro serão reconhecidas com as ressalvas do parágrafo anterior. § 5º Não implica prorrogação (§ 4º) o comparecimento apenas para contestar a competência, ou para a defesa no mérito forçada por ameaça ou imposição de medidas coercitivas sobre a pessoa, direitos ou bens do réu.	
Art. 13. A prova dos fatos ocorridos em país estrangeiro **rege-se pela lei que nele vigorar, quanto ao ônus e aos meios de produzir-se**, não admitindo os tribunais brasileiros provas que a lei brasileira desconheça.	**Art. 12.** Os meios de prova regular-se-ão conforme a **lei do lugar,** onde se passou o ato, ou fato, que se tem de provar.	Art. 70. A produção e a apreciação judiciais da prova regem-se segundo a lei do foro (art. 67). § 1º A admissibilidade dos meios de prova, a sus força probante, as presunções legais dependem da lei reguladora do negócio jurídico em causa. § 2º Os atos públicos ou particulares provam-se de acordo com a lei reguladora da respectiva forma (arts. 23, 30 e 31)	**Art. 24. Produção de Provas – A prova dos fatos ocorridos no exterior é produzida em conformidade com a lei que regeu a sua forma. § 1º Não serão admitidas nos tribunais brasileiros provas que a lei brasileira desconheça. § 2º As provas colhidas no Brasil obedecerão à lei brasileira, admitindo-se a observância de formalidades e procedimentos especiais adicionais a pedido da autoridade judiciária estrangeira, desde que compatíveis com a ordem pública brasileira.**
Art. 14. Não conhecendo a lei estrangeira, poderá o juiz exigir de quem a invoca prova do texto e da vigência.	Não há previsão correspondente.	Art. 76. O juiz e as autoridades aplicarão de ofício o direito estadual, municipal particular ou estrangeiro, declarado competente, sendo-lhes, porém, facultado determinar diligências para apuração do teor, vigência e interpretação de tal direito.	Art. 15. Lei Estrangeira – A lei estrangeira indicada pelo Direito Internacional Privado brasileiro será aplicada de ofício; sua aplicação, prova e interpretação far-se-ão em conformidade com o direito estrangeiro.

		Parágrafo único. Entre as medidas cabíveis para a apuração acima se incluem a apresentação de cópia autêntica de publicação oficial, a citação de obra notável não contestada, o parecer ou o depoimento, inclusive através de cartas rogatórias, de juristas especializados ou advogados ou advogados militantes, o pedido de informações aos Ministérios da Justiça e das Relações Exteriores, a consulta a associações dedicadas à matéria.	Parágrafo único. O juiz poderá determinar à parte interessada que colabore na comprovação do texto, da vigência e do sentido da lei estrangeira aplicável.
Art. 15. Será executada no Brasil a sentença proferida no estrangeiro, que reúna os seguintes requisitos: *a)* haver sido proferida por juiz competente; *b)* terem sido os partes citadas ou haver-se legalmente verificado à revelia; *c)* ter passado em julgado e estar revestida das formalidades necessárias para a execução no lugar em que foi proferida; *d)* estar traduzida por intérprete autorizado; *e)* ter sido homologada pelo Supremo Tribunal Federal.	Art. 16. As sentenças dos tribunais estrangeiros serão exequíveis no Brasil, mediante as condições que a lei brasileira fixar.	Art. 72. As sentenças e decisões estrangeiras, de tribunais ou de outras autoridades que as possam proferir, só produzem efeitos no Brasil após a respectiva homologação pelo Supremo Tribunal Federal (Constituição art. 119, I, *g*), o que se dará, se nelas concorrerem os seguintes requisitos: I – virem revestidas das formalidades externas necessárias para que se tornem exequíveis, segundo a legislação do respectivo Estado; II – haverem sido proferidas por juiz competente segundo a mesma legislação, salvo se versarem sobre questões da competência dos tribunais brasileiros; III – haverem sido citadas as partes ou verificadas à sua revelia segundo	Art. 25. Homologação de sentença estrangeira – As sentenças judiciais **e atos com força de sentença judicial, oriundos de país estrangeiro,** poderão ser executados no Brasil, mediante homologação pelo Supremo Tribunal Federal, atendidos os seguintes requisitos: I – haverem sido proferidos por autoridade com competência internacional; II – **citado o réu, lhe foi possibilitado o direito de defesa;** III – tratando-se de sentença judicial ou equivalente, ter transitado em julgado nos termos da lei local; **IV – estarem revestidos das formalidades necessárias para serem executadas no país de origem;**

		a legislação do respectivo Estado, salvo se a citação não foi realizada pessoalmente apesar de residência em lugar sabido e certo, ou se, feita por edital, não foi este publicado com prazo razoável; IV – terem assegurado a defesa das partes; V – terem passado em julgado; VI – estarem devidamente legalizadas pelo Cônsul do Brasil; VII – estarem acompanhadas de tradução feita por tradutor oficial. Art. 73. A homologação de sentença ou decisão estrangeira se fará pelo processo que o Supremo Tribunal Federal estabelecer em seu Regimento. Art. 74. O processo da execução e de seus incidentes serão regulados pelas normas estabelecidas para a execução de sentença brasileira da mesma natureza. A interpretação da sentença e os seus efeitos serão determinados pela lei do país em que houver sido proferida. Art. 75. A homologação de sentença estrangeira de falência não prejudicará os direitos dos credores com garantia real no Brasil, que poderão executar os respectivos bens, nem dos outros credores aqui domiciliados com ações ajuizadas contra o falido à data da homologação, que poderão nelas prosseguir e penhorar os bens aqui situados.	V – estarem traduzidos por intérprete público ou autorizado; **VI – estarem autenticados pela autoridade consular brasileira.**

		§ 1º Os credores residentes no Brasil, que não houverem sido citados para tomar em concordata ou em quaisquer meios preventivos da falência não ficarão a eles sujeitos, apesar de aprovados por sentenças estrangeiras homologadas no Brasil. § 2º Os credores do estabelecimento existente no Brasil, (art. 67, § 2º, *e*) serão pagos pela respectiva massa, de preferência aos credores do estabelecimento no estrangeiro. § 3º Independentemente, da homologação e só com a exigibição da sentença e do ato de nomeação, em forma autêntica, os síndicos ou outros representantes legais da massa falida terão qualidade para, como mandatários, requer diligências assecuratórias de direitos e intentar ações, umas e outras dependentes, afinal, da mesma homologação.	
Art. 16. Quando, nos termos dos artigos precedentes, se houver de aplicar a lei estrangeira, ter-se-á em vista a disposição desta, sem considerar-se qualquer remissão por ela feita a outra lei.	Não há correspondência.	Art. 78. Na observância do direito estrangeiro declarado competente, o juiz brasileiro atenderá às disposições do mesmo direito sobre a respectiva aplicação, inclusive a referência a outro direito com base em critério diferente, religião, raça, origem, naturalidade, nacionalidade, domicílio, vizinhança, residência, território etc. Parágrafo único. A referência acima só ficará excluída se não for feita ao direito brasileiro ou se não for feita a qualquer outro direito que afinal a aceite.	**Art. 16. Reenvio – Se a lei estrangeira, indicada pelas regras de conexão da presente Lei, determinar a aplicação da lei brasileira, esta será aplicada.** **§ 1º Se, porém, determinar a aplicação da lei de outro país, esta última prevalecerá caso também estabeleça sua competência.** **§ 2º Se a lei do terceiro país não estabelecer sua competência, aplicar-se-á a lei estrangeira inicialmente indicada pelas regras de conexão da presente Lei.**

Art. 17. As leis, atos e sentenças de outro país, bem como quaisquer declarações de vontade, não terão eficácia no Brasil, quando ofenderem a soberania nacional, a ordem pública e os bons costumes.	Art. 17. As leis, atos, sentenças de outro país, **bem como as disposições e convenções particulares**, não terão eficácia, quando ofenderem a soberania nacional, a ordem pública e os bons costumes.	Art. 12. Não será protegido o direito que for ou deixar de ser exercido em prejuízo do próximo ou de modo egoísta, excessivo ou antissocial. Art. 13. Não terá eficácia qualquer declaração de vontade que ofender a soberania nacional, a ordem pública, a moral e os bons costumes. (...) Art. 80. As leis, atos e sentenças de outro país, bem como quaisquer declarações de vontade ali formuladas, não terão eficácia no Brasil quando ofenderem a soberania nacional, a ordem pública, a moral e os bons costumes. Parágrafo único. Poderão ser admitidos, por motivos de justiça e equidade, declaração e reconhecimento de efeitos parciais que se aproximem dos permitidos pelo direito brasileiro (parágrafo único do art. 40).	Art. 20. Ordem Pública – As leis, atos públicos e privados, **bem como as sentenças de outro país, não terão eficácia no Brasil se forem contrários à ordem pública brasileira.**
Art. 18. Tratando-se de brasileiros, são competentes as autoridades consulares brasileiras para lhes celebrar o casamento e os mais atos de Registro Civil e de tabelionato, inclusive o registro de nascimento e de óbito dos filhos de brasileiro ou brasileira nascido no país da sede do Consulado. § 1º As autoridades consulares brasileiras também poderão celebrar a	Não há correspondência.	Art. 23. É obrigatória a inscrição no Registro Civil brasileiro de todos os nascimentos e óbitos ocorridos no território nacional, salvo nascimento de filhos de pais estrangeiros a serviço do governo de seu país. § 1º A inscrição acima, tratando-se de brasileiro ou de filho de brasileiro, será feita no exterior, de preferência pelas autoridades consulares brasileiras, que remeterão duas	Não há correspondência.

separação consensual e o divórcio consensual de brasileiros, não havendo filhos menores ou incapazes do casal e observados os requisitos legais quanto aos prazos, devendo constar da respectiva escritura pública as disposições relativas à descrição e à partilha dos bens comuns e à pensão alimentícia e, ainda, ao acordo quanto à retomada pelo cônjuge de seu nome de solteiro ou à manutenção do nome adotado quando se deu o casamento. § 2º É indispensável a assistência de advogado, devidamente constituído, que se dará mediante a subscrição de petição, juntamente com ambas as partes, ou com apenas uma delas, caso a outra constitua advogado próprio, não se fazendo necessário que a assinatura do advogado conste da escritura pública. Art. 19. Reputam-se válidos todos os atos indicados no artigo anterior e celebrados pelos cônsules brasileiros na vigência do Decreto-lei n. 4.657, de 4 de setembro de 1942, desde que satisfaçam todos os requisitos legais. Parágrafo único. No caso em que a celebração dêsses atos tiver sido recusada pelas autoridades consulares, com fundamento no artigo 18 do mesmo Decreto-lei, ao interessado é facultado renovar o pedido dentro em 90 (noventa) dias contados da data da publicação desta lei.		certidões ao Ministério das Relações Exteriores, uma das quais será ali arquivada e registrada, e outra enviada para transcrição, de ofício, ao cartório do 1º Ofício do Registro Civil das pessoas naturais do domicílio do registrando, ou, se no exterior ou se desconhecido, do Distrito Federal. § 2º Se o assento de nascimento ou óbito tiver sido tomado no exterior perante autoridades locais, será a respectiva certidão legalizada pela autoridade consular brasileira e transcrita, a pedido do interessado, segundo o disposto no parágrafo anterior. (...) Art. 31. As autoridades consulares brasileiras exercerão para os brasileiros e seus filhos as funções de oficial dos registros públicos e tabelionato, de acordo com as leis brasileiras. Parágrafo único. Poderão, também, exercer funções de tabelionato para os estrangeiros que o solicitarem, quanto a atos exequíveis e bens sitos no Brasil.	

Não há correspondência.	Não há correspondência.		Art. 17. Qualificação – A qualificação destinada à determinação da lei aplicável será feita de acordo com a lei brasileira. Art. 18. Fraude à Lei – Não será aplicada a lei de um país cuja conexão resultar de vínculo fraudulentamente estabelecido. Art. 19. Direitos Adquiridos – Os direitos adquiridos na conformidade de sistema jurídico estrangeiro serão reconhecidos no Brasil com as ressalvas decorrentes dos artigos 17, 18 e 20.
Não há correspondência.	Não há correspondência.	Art. 71. A carta rogatória emanada de tribunais estrangeiros competentes será cumprida no Brasil, após a concessão do exequatur pelo Presidente do Supremo Tribunal Federal (Constituição, art. 120 parágrafo único, *d*), pelos juízes e tribunais brasileiros com a observância das formalidades da lei brasileira. § 1º a carta rogatória deve ser legalizada pelo Cônsul do Brasil e vir acompanhada de tradução oficial. § 2º Se for apresentada por via diplomática não necessita de legalização consular, mas deverá indicar pessoa responsável no Brasil pelo pagamento das despesas judiciais, salvo nos casos de crime de ação pública ou do parágrafo único do art. 69.	Art. 26. Medidas cautelares – Poderão ser concedidas, no foro brasileiro competente, medidas cautelares visando a garantir a eficácia, no Brasil, de decisões que venham a ser prolatadas em ações judiciais em curso em país estrangeiro. Art. 27. Cooperação Jurídica Internacional – Serão atendidas as solicitações de autoridades estrangeiras apresentadas por intermédio da autoridade central brasileira designada nos acordos internacionais celebrados pelo País, que serão cumpridas nos termos da lei brasileira. Art. 28. Cartas Rogatórias – Na ausência de acordos de cooperação, serão atendidos os pedidos oriundos de Justiça estrangeira para citar,

		§ 3º A carta rogatória terá por objeto a citação e diligencia de instrução dos processos, excluídas quaisquer medidas de execução que dependam sempre de homologação (art. 72) da respectiva sentença ou decisão estrangeira. § 4º Não será cumprida carta rogatória referente a processos de competência exclusiva dos juízes e tribunais brasileiros art. 67, § 2º).	intimar ou colher provas no País, mediante carta rogatória, observadas as leis do Estado rogante quanto ao objeto das diligencias, desde que não atentatórias a princípios fundamentais da lei brasileira. A carta rogatória, oficialmente traduzida, poderá ser apresentada diretamente ao STF para concessão do exequatur. Parágrafo único. Qualquer requisição de documento ou informação, feita por autoridade administrativa ou judiciária estrangeira, dirigida a pessoa física ou jurídica residente, domiciliada ou estabelecida no País, deverá ser encaminhada via carta rogatória, sendo defeso à parte fornecê-la diretamente, ressalvado o disposto no artigo anterior.
Art. 20. Nas esferas administrativa, controladora e judicial, não se decidirá com base em valores jurídicos abstratos sem que sejam consideradas as consequências práticas da decisão. Parágrafo único. A motivação demonstrará a necessidade e a adequação da medida imposta ou da invalidação de ato, contrato, ajuste, processo ou norma administrativa, inclusive em face das possíveis alternativas.	Não há correspondência.	Não há correspondência.	Não há correspondência.

Art. 21. A decisão que, nas esferas administrativa, controladora ou judicial, decretar a invalidação de ato, contrato, ajuste, processo ou norma administrativa deverá indicar de modo expresso suas consequências jurídicas e administrativas. Parágrafo único. A decisão a que se refere o *caput* deste artigo deverá, quando for o caso, indicar as condições para que a regularização ocorra de modo proporcional e equânime e sem prejuízo aos interesses gerais, não se podendo impor aos sujeitos atingidos ônus ou perdas que, em função das peculiaridades do caso, sejam anormais ou excessivos.	Não há correspondência.	Não há correspondência.	Não há correspondência.
Art. 22. Na interpretação de normas sobre gestão pública, serão considerados os obstáculos e as dificuldades reais do gestor e as exigências das políticas públicas a seu cargo, sem prejuízo dos direitos dos administrados. § 1º Em decisão sobre regularidade de conduta ou validade de ato, contrato, ajuste, processo ou norma administrativa, serão consideradas as circunstâncias práticas que houverem imposto, limitado ou condicionado a ação do agente.	Não há correspondência.	Não há correspondência.	Não há correspondência.

§ 2º Na aplicação de sanções, serão consideradas a natureza e a gravidade da infração cometida, os danos que dela provierem para a administração pública, as circunstâncias agravantes ou atenuantes e os antecedentes do agente. § 3º As sanções aplicadas ao agente serão levadas em conta na dosimetria das demais sanções de mesma natureza e relativas ao mesmo fato.			
Art. 23. A decisão administrativa, controladora ou judicial que estabelecer interpretação ou orientação nova sobre norma de conteúdo indeterminado, impondo novo dever ou novo condicionamento de direito, deverá prever regime de transição quando indispensável para que o novo dever ou condicionamento de direito seja cumprido de modo proporcional, equânime e eficiente e sem prejuízo aos interesses gerais. Parágrafo único. (VETADO).	Não há correspondência.	Não há correspondência.	Não há correspondência.
Art. 24. A revisão, nas esferas administrativa, controladora ou judicial, quanto à validade de ato, contrato, ajuste, processo ou norma administrativa cuja produção já se houver completado levará em conta as orientações gerais da época, sendo vedado que, com base em mudança posterior de orientação geral, se declarem inválidas situações plenamente constituídas.	Não há correspondência.	Não há correspondência.	Não há correspondência.

Parágrafo único. Consideram-se orientações gerais as interpretações e especificações contidas em atos públicos de caráter geral ou em jurisprudência judicial ou administrativa majoritária, e ainda as adotadas por prática administrativa reiterada e de amplo conhecimento público.			
Art. 25. (VETADO).	–	–	–
Art. 26. Para eliminar irregularidade, incerteza jurídica ou situação contenciosa na aplicação do direito público, inclusive no caso de expedição de licença, a autoridade administrativa poderá, após oitiva do órgão jurídico e, quando for o caso, após realização de consulta pública, e presentes razões de relevante interesse geral, celebrar compromisso com os interessados, observada a legislação aplicável, o qual só produzirá efeitos a partir de sua publicação oficial. § 1º O compromisso referido no *caput* deste artigo: I – buscará solução jurídica proporcional, equânime, eficiente e compatível com os interesses gerais; II – (VETADO);	Não há correspondência.	Não há correspondência.	Não há correspondência.

III – não poderá conferir desoneração permanente de dever ou condicionamento de direito reconhecidos por orientação geral; IV – deverá prever com clareza as obrigações das partes, o prazo para seu cumprimento e as sanções aplicáveis em caso de descumprimento. (Incluído pela Lei n. 13.655, de 2018) § 2º (VETADO).			
Art. 27. A decisão do processo, nas esferas administrativa, controladora ou judicial, poderá impor compensação por benefícios indevidos ou prejuízos anormais ou injustos resultantes do processo ou da conduta dos envolvidos. § 1º A decisão sobre a compensação será motivada, ouvidas previamente as partes sobre seu cabimento, sua forma e, se for o caso, seu valor. § 2º Para prevenir ou regular a compensação, poderá ser celebrado compromisso processual entre os envolvidos.	Não há correspondência.	Não há correspondência.	Não há correspondência.
Art. 28. O agente público responderá pessoalmente por suas decisões ou opiniões técnicas em caso de dolo ou erro grosseiro. § 1º (VETADO). § 2º (VETADO). § 3º (VETADO).	Não há correspondência.	Não há correspondência.	Não há correspondência.

Art. 29. Em qualquer órgão ou Poder, a edição de atos normativos por autoridade administrativa, salvo os de mera organização interna, poderá ser precedida de consulta pública para manifestação de interessados, preferencialmente por meio eletrônico, a qual será considerada na decisão. § 1º A convocação conterá a minuta do ato normativo e fixará o prazo e demais condições da consulta pública, observadas as normas legais e regulamentares específicas, se houver. § 2º (VETADO).	Não há correspondência.	Não há correspondência.	Não há correspondência.
Art. 30. As autoridades públicas devem atuar para aumentar a segurança jurídica na aplicação das normas, inclusive por meio de regulamentos, súmulas administrativas e respostas a consultas. Parágrafo único. Os instrumentos previstos no *caput* deste artigo terão caráter vinculante em relação ao órgão ou entidade a que se destinam, até ulterior revisão.	Não há correspondência.	Não há correspondência.	Não há correspondência.